读心方法

大全

宿文渊　编著

北京联合出版公司

Beijing United Publishing Co.,Ltd.

图书在版编目（CIP）数据

读心方法大全 / 宿文渊编著.—北京：北京联合出版公司，2015.8（2018.11 重印）

ISBN 978-7-5502-5442-8

Ⅰ.①读… Ⅱ.①宿… Ⅲ.①心理交往—通俗读物 Ⅳ.①C912.1-49

中国版本图书馆 CIP 数据核字（2015）第 113352 号

读心方法大全

编　　著：宿文渊
责任编辑：王　巍
封面设计：李艾红
责任校对：刘雅君
图文制作：北京东方视点数据技术有限公司

北京联合出版公司出版
（北京市西城区德外大街 83 号楼 9 层　100088）
北京市松源印刷有限公司印刷　新华书店经销
字数 486 千字　720 毫米×1020 毫米　1/16　28 印张
2018 年 11 月第 2 版　2018 年 11 月第 3 次印刷
ISBN 978-7-5502-5442-8
定价：68.00 元

前　言

　　读心是一门通过人的外在表现来探测人的心理活动的学问，是认识自己、看透别人和看透人性的艺术。社交高手懂得通过密切关注对方的相貌，甚至连对方的言行举止、眼神、小动作等多方面的蛛丝马迹都会认真对待，仔细分析其真实意图。人的一举一动都在泄露"天机"，一个无意识的动作，一句不经意的话语，都能反映人深藏不露的本意。在人际交往中，如何才能看人"不走眼"？如何才能瞬间识破他人心？如何才能在不为人知的情况下了解和影响他人？"读心"将心理学知识应用于日常工作、生活中，教你在与人交往的过程中灵活运用心理学的方法，用眼睛洞察一切，"读"懂他人的微妙心思，并对此作出精准的判断，使自己成为所在行业的终极赢家，进而在事业上取得突出的成就，赢得美好、幸福的人生。

　　现如今，读心方法的运用可谓五花八门，凡是能够深刻领悟读心精髓的人，都能够在某一领域结合自身特点，发挥读心的优势，在自己所从事的行业取得可喜的成就，在社会生活、家庭生活、职场、算命、刑事侦查等方方面面都会体现到读心的知识。

　　如果那些很"灵验"的算命先生为你卜算、看相，你一定会很惊讶——他怎么会知道那么多关于你的事情？此刻，我们可能会相信那些神秘的超科学的力量，认为算命先生有通灵的本领。可是，真的是这样吗？其实，算命先生使用的无非是"读心"的技巧而已，借助这种技巧，即使面对素不相识的人，算命先生也能够"读"懂他的内心想法，并对其做出精确度高达 80％的评判。这就是读心的神奇所在。占星家以及算命先生都会利用这一技巧来收集"客户"的私人信息。许多懂得"读心"的人通常自己都没有意识到这其实就是一种解读无声的肢体语言信号的能力，所以，他们渐渐地也都认为自己一定是具备了某种"神力"，从而才能够窥探到他人微妙的心思。为什么算命先生说出的话让你惊叹不已，只不过他们略懂读心方法罢了，没有什么神秘可言，如果你能深入了解读心的精髓，相信你也能够成为一个"神算"先生。

现如今，社会交往的种种艰难之处，全在于个人无法洞察他人的内在心理，无法因时因地与他人在心理上达成融合——内在心理活动上的差异和心理上的距离总是会演变为误解、隔阂、矛盾，甚至于冲突。这种艰难正日益使大多数人对社会交往产生畏惧和困扰——无论是刚刚步入社会的年轻人，还是在社会上奔走多年的职业人士，无论这个人从事什么行业，心理上的困扰都是一样的。在管理领域，一个管理者最艰难的是在与下属的交流中如何能够让下属听进去，下属是接受还是排斥，因为无法洞察下属内在的心理变化，管理活动总是阻碍重重；在与领导的交往中，职员普遍存在的困扰也许是不能清晰地把握领导的真实意图；在社会交往中，当你试图接近一个人的时候，确定对方的态度非常重要，我们要避免犯以下错误：在不应该说某句话的时候说了某句话，在不应该谈论某个问题的时候滔滔不绝地发表长篇评说，在应该让双方保持距离的时候贸然接近对方……如果你希望更加熟悉自己，了解他人；如果你渴望发现自己的内在需求并把握住命运的方向，那就从了解读心开始吧！

其实，读心并不是高深莫测的科学技术，而是一种人人都可以通过练习而掌握的一种能力。只要你留心观察、认真揣摩，久而久之，也能够练就读懂人心的高明技巧。

《读心方法大全》是一部系统讲解读心原理、方法和现实运用的大型图书。本书分为原理篇、方法篇和提升篇：原理篇通过观察身体反应、面部表情、感官特征等方面为大家介绍读心的基本原理。方法篇详细介绍各种读心、识人的具体方法，如何通过一个人的外表、言谈、肢体动作、面部表情、行为习惯等方面了解一个人的内心，深入细致地分析一个人内心的真实想法和目的。最后，读心的目的是为了与他人更好地相处，在提升篇中为大家介绍了一系列了解他人的心理策略，有助于读者在职场、商场和生活中与他人和谐相处并顺利实现自己的目标和愿望，成就完美的人生。

目 录

·提升篇·
瞬间了解他人的心理策略

原理篇
揭秘读心技巧

·第一章·

观察身体反应，可了解心理活动

第一节　精神和生理是一个硬币的两面

头脑中的每一个想法都会引发一连串的生理反应

咬嘴唇、摸鼻子、揉眼睛、摩擦前额、摸脖子、倾斜身体、抱手臂……这些动作都是我们一直在做的。你可以花一点时间观察一下周围的人，你会发现他们也经常做这些动作。可曾想过他们为什么做这些动作？又可曾想过你为什么会做这些动作？这些问题的答案就藏在我们的大脑里。

当你思考时，大脑会发生电气化学反应。为了让你产生一个想法，很多脑细胞必须根据相应的模式互相传递信息。如果你的大脑中存在既有模式，那么脑细胞就会按照这个模式产生与过往相似的想法。如果你的大脑中没有既有模式，你的大脑就会创建一个崭新的模式或者神经细胞网络，让你产生一个崭新的想法。大脑中的模式不仅会让你产生想法，同样会影响你的肉体，改变你体内荷尔蒙（如内啡肽）的分泌，引起自主神经系统的变化，例如呼吸急促、瞳孔大小的变化、血压升高、出汗、脸红，等等。

大脑中的每一个想法都以这样或那样的方式影响你的身体，有时候这种影响非常显著。例如，当你感到恐惧时，你的嘴唇会发干，涌到大腿的血液会增加，以便帮助你随时逃跑。有时候，身体所起的变化很细微，难以被察觉，但是它们的确存在。例如：当你撒谎时，你可以尽量让自己保持"脸不红，心不跳"的状态，但是你还是会不敢直视对方的眼睛，这样看似不经意的回避，也是你无法避免的，它是由大脑中的想法控制的。

那大脑中的想法是如何引发一连串的生理反应的呢？这与我们大脑的边缘系统大有关系。很多人都知道自己拥有一个大脑，也知道这个大脑是他们认知能力的基地。事实上，人的头颅中有三个"大脑"，每个大脑都有着不同的职责。它们合并起来就形成了"命令加控制中枢"，后者驾驭着我们身体的一切。1952年，一个名叫保罗·麦克林的科学先驱提出，人类大脑是由"爬虫类脑"（脑干）、"哺乳动物类脑"（边缘系统）和"人类大脑"（新皮质）组成的三位一体。

大脑边缘系统对我们周围世界的反应是条件式的，是不加考虑的。它对来自环境中的信息所作出的反应也是最真实的。边缘系统是唯一一个负责我们生存的大脑部位，它从不休息，一直处于"运行"状态。另外，边缘系统也是我们的情感中心。各种信号从这里出发，前往大脑的其他部位，而这些部位各自管理着我们的行为，有的与情感有关，有的则与我们的生死有关。

这些边缘的生存反应是我们神经系统中的硬件，很难伪装或剔除——就像我们听到很大的噪声时试图压抑那种吃惊的反应一样。所以，边缘行为是诚实可信的行为，这已经成为了公理，这些行为是人类的思想、感觉和意图的真实反映。

1999年12月，美国海关截获了一名被称作"千年轰炸者"的恐怖主义分子。入境检查时，海关人员发现这名叫阿默德的人神色紧张且汗流不止，于是勒令他下车接受进一步询问。那一刻，阿默德试图逃跑，但是很快就被抓住了。海关人员从他的车里搜出了炸药和定时装置，阿默德最终供认了他要炸毁洛杉矶机场的阴谋。

神色紧张和流汗正是大脑对巨大压力固有的反应方式，由于这种边缘行为是最真实的，海关人员才能毫无顾虑地逮捕阿默德。这件事情说明，一个人的心理状态会反映在身体语言上。

一般来说，当边缘系统感到舒适时，这种精神或心理上的幸福就会反映在非语言行为上，具体表现为满足和高度自信。然而，当边缘系统感到不适时，相应的身体语言就会表现出压力或极度不自信。这些身体语言将帮助你了解社交对象和工作对象的所思所想。

所以，人不可能在思考的同时不发生任何生理反应，人的大脑边缘系统会将我们的想法以身体语言的形式"泄露"给其他人。这意味着，只要观察一个人发生了哪些生理反应，就能知道那个人的感觉、情感和想法是什么。

任何发生在人们身上的事情都会影响精神活动

我们在一生中有过很多经历，这些经历会留在我们的脑海中，这往往和强烈的情感状态有关，比如快乐、憎恨、爱、欢喜、背叛、愤怒、紧张，等等。当我们回想起以往的这些经历时，不仅事件本身历历在目，当时的感受也记忆犹新，就像它们刚刚发生过一样。有时候，我们即使记不清当时事件的具体内容，也能回忆起当时的情感。

例如，你远远地看见某一个人，就本能地感到不喜欢他，直到偶然间你才想起这可能是因为他曾经冤枉你偷摘了花园的花，或者是因为他穿着和那个冤枉你的人一样的上衣。

像这样因为偶然看到某件上衣而引发回忆中的情感反应，被称为心锚。我们之所以在无意识中把某种事物或经历与某种情感联系在一起，就是因为这些事物或经历的出现引发了特定的情感记忆。发生在我们身上的事情对我们的情感留下很多的印记，于是我们随时随地都会碰到心锚，比如远在异乡时吃到家乡菜，会勾起我们对家乡的回忆和思念；听到熟悉的歌，会使我们回到当初被它打动时的心境；当翻看毕业照时，我们会想起那一张张青春阳光的笑脸；当我们进医院时，会想起曾经某位亲友在这里诊治伤病的痛苦，而觉得悲从中来……

心锚不仅会让我们想起特定的记忆，也会与强烈的情感联系起来。在这里，我们感兴趣的心锚不是那种引发回忆的心锚，而是可以触发人们不同情感状态的心锚。你如果知道别人无意识中隐藏着什么样的心锚，你只需要去引发它们，就能影响对方的情感。当然，你不能怀有恶意地去触动别人的心锚，故意揭别人的伤疤，或者有意地让别人难堪。

我们不妨在别人身上创造出新的心锚，让他一想起你就有快乐舒服的情感。你可以在与对方聊天的时候，保持快乐阳光的状态，说一些让大家快乐高兴的话题，再附上一则笑话，让对方在交谈中感到快乐和轻松。那么，以后每当他看到你的时候，都会有一种高兴的心理，因此对你有比较好的印象，以后打交道也就容易多了。

总之，发生在人们身上的事情都会影响他的精神活动，你要想了解或者掌控对方的心理或是情感，可以从那些发生以及即将发生在他身上的事情着手，这是读心术的一大准确信息来源。

激活与某种情感相联系的肌肉，就会激活相应的情感

不仅我们的身体语言会反映出我们的思想，反过来也是一样，我们的身体也会影响我们的精神活动。因为思想并不只是发生在大脑中，思想也发生在整个身体之内。就拿情感这一精神活动来举例，如果你激活了与某种情感相联系的肌肉，你也会激活并经历相应的情感，甚至是相应的精神活动，而这些又会反过来再次影响你的身体。正如演员演一个愤怒的人的时候，他会强迫自己皱起眉毛、怒视前方、咬紧嘴唇，等等。通过做这些愤怒的动作，演员激活了自己的自主神经系统，从而产生了愤怒的情绪，让自己融入角色。而这些情绪又会再影响他的身体，这也就是为什么有些演员演完戏以后还不能从角色中出来的原因，他们被角色的情绪影响太深了，以至于不能控制自己的身体语言。

所以，身体和思想的影响是双向的，正在进行的思考会影响身体，而身体的任何变化也会影响思考。精神和生理是一枚硬币的两面，是相互依存、相互影响的。通过观察他人的身体反应，我们可以了解和掌握他人的心理活动，成为一个出色的读心者；而通过激活对方与某种情感相联系的肌肉，我们可以调动起对方强烈的情感体验，控制对方的喜怒哀乐。

当你的朋友和爱人陷入忧伤、抑郁、悲痛的消极情绪中时，你不妨使用自己的身体语言来帮助他们赶走低落的情绪。例如，在一个因丢失钱包而心烦的人面前，你千万别跟着他一起愁眉苦脸，不如给他一个温暖的微笑，并说一些安慰的话语。当对方看到你诚挚的眼神和温暖的微笑时，会不自觉地把撇下的嘴角收起来，甚至学着你的样子将嘴角轻轻上扬。这个时候，一股暖流通过你的身体语言传递到他的身上，再传递到他的心里，丢钱包的低落感就能消散很多呢！再比如你的同事因为工作进展不顺利而情绪低落，你的劝慰不管用，不如学习那些励志人士最喜欢使用的姿势——举起你的小臂，握紧拳头，这个动作将你的鼓励和信心传递到你的同事身上，他给你回应同样的动作时，必然会感受到这个身体动作所带来的信心和勇气，从而拥有更多的正面能量，将失落心情渐渐驱除！所以说，你的身体语言是具有治疗效果的，你可以运用它来帮助他人转变消极情绪，带领对方进入你想要的积极的阳光的心理状态。

你的身体语言会影响他人的身体语言，从而影响对方的情绪，所以，在与别人交流时，你一定要注意自己的身体语言，不要给别人的情绪带来不良影响，而致使交流受阻。例如：当别人在发表意见时，你不要把头扭到一边或者嘴向下撇，这些动作都能显露出你想打断谈话的意图，是对别人的不尊敬，因而对良好的交谈投出致命的一击。同样的，如果别人发现你在谈话中扮鬼脸、皱眉头或摇头不信，他很可能也会跟着皱起眉头，会停下交谈，或至少改变谈话的方向，这对对方也是一种伤害，对其情绪有着强大的不良影响。

记住，你可以通过综合使用动作、表情等身体语言不断地影响对方的身体语言，在其脑海中留下你的情感的烙印，加强对方的情感体验，随后就能准确而快速地点燃你想要的情感状态了。但是，千万不要错误使用你的身体语言，对别人的情感造成不良的影响。另外，身体语言的使用也要有度，不是任何消极情绪都是你能用身体语言去影响和改变的。例如，沉浸在悲痛中的人需要让其沉浸一段时间。悲痛是一种让人们保存能量、对引起悲痛情绪的事件进行心理消化的状态。如果你对真正经历着悲痛心情的人做出一些积极快乐的身体语言时，那么他需要心理消化从而继续前进的这个心理状态就会被你打乱甚至被封锁起来，这对他的恢复和发展都是不好的，因此，在这种情况下，你最好让对方沉浸在悲痛但必要的心理状态中一段时间，让他自己进行心理消化，逐渐走出阴霾，重获更多的阳光。

总而言之，身体语言和情感之间的联系非常紧密，在与人交流的过程中，你一定要谨慎使用自己的身体语言，让自己正确适当的身体语言引发对方的适当情感。

第二节　人际沟通中90％的非语言信息被忽略了

面对面的沟通中，信息所产生的影响力中仅有7％是来自于说话内容

美国心理学家艾伯特·梅拉比安曾提出"7％～38％～55％定律"：当人们进行面对面沟通的时候，会使用到三个主要的沟通元素——用词、声调，还有肢体语言。所谓的"7％～38％～55％定律"，指的就是这三项元素在沟通中所担任的影响比重。用词占7％，声调占38％，肢体语言占得最重，是55％。从这个定律中，我们至少可以明白这样一个道理，在面对面的沟通中，说话内容是最不重要的，身体语言在信息交流中的重要性也可见一斑。

美国行为学家斯泰恩将非言语沟通中的显性行为称为身体语言，亦称体语。主要包括眼神、手势、语调、触摸、肢体动作和面部表情这类显性行为。肢体语言虽然无声，但具有鲜明而准确的含义，它与我们每一个人的生活息息相关。

譬如，星期天，忙碌了一上午的妻子吃完午饭后刚睡着，丈夫轻轻打开窗户准备让正在楼下玩耍的女儿回家做作业。为了不吵醒妻子，丈夫没有大声呼喊女儿，而是朝她招了招手，女儿看见爸爸的手势后，顿时明白了爸爸的意思，便迅

速朝家走来。这时，丈夫抬手一看表，不到一点半，心想还可以让女儿再玩一会儿，于是，丈夫又向正朝家走来的女儿挥挥手。女儿看见爸爸的这个手势后，稍微一想，便又调转头，兴高采烈地和伙伴们玩去了。整个过程丈夫没有说一个字，仅凭手的两个简单动作，便和女儿完成了两次沟通。

同理，大街上的交通警察指挥来来往往的汽车和行人，靠的也是这种无言的体语。而一些目的性很强的动作，则完全可以看作是一种行为的信号。譬如，书店里，某一个人踮着脚去拿书架上的一本书，我们知道，他想看看这本书。尽管他已把脚踮得很高，但还是够不着。这时，他旁边身材较高的营业员注意到了他的这个动作，于是，从书架上拿了那本书递给了这位顾客。营业员是怎么知晓这位顾客心理的呢？因为顾客踮脚的动作表现了一种难以被人忽视的窘境："我需要帮助！"

不同于有声语言的蕴含性和委婉性，我们身体所表达的话语是鲜明而准确的，尽管这一点我们经常意识不到。有时候肢体语言一旦和有声语言相结合，能准确传达话语者内心思想和情感的不是有声语言而是体语。如，一位年轻女孩告诉她的心理医生，她很爱她的男朋友，与此同时却又下意识地摇着头，从而否定了她的话语表达。可见，要想真正了解交谈对象的话语意思，在认真倾听其述说的同时，还必须认真解读对方的体语。她的一颦一笑、举手投足，都在传达着她的真实想法。

"在没有得到任何证据的情况下是不能进行推理的，那样，只能是误入歧途。"这是文学经典形象福尔摩斯侦探的名言。福尔摩斯是作家柯南·道尔笔下的神探，他的神奇之处就在于他可以凭借指甲、外套的袖子、脚上的靴子、膝盖处的褶皱、食指和拇指上的老茧，以及面部表情和种种行为判断人的内心活动。

"假如在得到所有这些信息的情况下，竟然还是无法对这些信息的主人作出准确的判断，我认为，这一定是天方夜谭。"福尔摩斯如是说。

为什么他有如此大的信心呢？因为他内心十分清楚人的身体语言密码所拥有的巨大力量。犯罪嫌疑人可以用制造出种种口头的谎言，但是却没有办法控制住自己的身体语言。不经意中他们就会把内心的秘密泄露在一个眼神，或者一个看似没有深意的手势里。与一般人相比，福尔摩斯的优势就在于他懂得从人的身体语言来分辨他是否在说谎，同时从这些不说谎的信号里知道对方的真实想法。

告别了福尔摩斯，我们再来看看卓别林。卓别林是无声电影时代最伟大的电影名星。他塑造了一个又一个的大银幕经典形象。只要提起他的名字，我们就会回忆起那个穿着破烂的燕尾服，迈着八字步的形象。

　　与今天音画俱全，推崇技术的电影相比，卓别林的电影受时代和技术的限制，没有声音也没有色彩。但是，这些并没有影响到卓别林对故事的讲述，我们还是能看到一个个结构精巧、感人至深的故事。那么，你不会感到惊奇吗？他是凭借什么在无声的世界里把这些故事完整地叙述出来的呢？

　　这些问题的答案，既简洁又内涵丰富，那就是身体语言。卓别林就是使用丰富的肢体语言把人物的感情、想法、经历一一呈现在观众眼前。观众没有感觉有缺憾，也并不会觉得唐突，而是被他的一举一动所感动。演员的肢体表现也就是无声电影的灵魂。

　　从福尔摩斯到卓别林，我们一再提及一个词——身体语言。而我们总是过分重视口头内容表达，而忽略了身体语言的能量之大。福尔摩斯与卓别林给了我们新的启示，在与人面对面交流沟通时，即使不说话，我们可以凭借对方的身体语言来探索他内心的秘密，对方也同样可以通过身体语言了解到我们的真实想法。所以，开始注意去探究身体语言的密码！那些曾经被你忽视的非语言信息才是读懂对方心思的最可靠的资源。

人们的态度不是由文字，而是由讲话的声音表现出来

　　谈话实际上都会有两种对话产生：一种是使用文字，一种是使用声调。有时候这两者很有契合，但通常并非如此。当你问对方："你觉得怎么样？"得到的回答是："挺好的。"你通常不会凭借这句"挺好的"来判断他的感受，而会凭他的音调来判断他是否真的觉得很好，还是觉得一般或者不好。怎么样说话比说什么样的话更重要，因为我们的态度不是经由文字，而是经由讲话的声音表现出来。

　　有时候人们迫切需要自我表达，却不想直接说出来，例如，"你伤害了我的感情"，"我好难过，我希望你能帮我减少痛苦"，"我的工作让我感到沮丧，我需要你来听我诉苦"……这些话你很少会听到，但是你会从人们的音调中听出这样的讯息。对方会叹息、缓慢地说话、简短地回答问题，并以肢体语言——像是双眼垂视、死气沉沉的姿势，配合低沉无力的声调来表达。于是，你从中就能知道对方真正的情绪和态度。声调的作用很大，尤其是在电话、广播等看不到对方的交流形式中，通过电波，主持人的声音传到你的耳中，你从中可以得知主持人对所说内容的态度，他是赞成还是怀疑，他是喜欢还是厌恶，他是热情还是冷淡，你都能得知。所以，即使看不到模样，电台主播们还是以他们的声音征服了很多

听众。

声音的重要性远远超过了言词，而在交流中我们往往要回答对方的问题，于是我们通常把注意力放在言词，而非声音上。这是片面的，只有仔细聆听对方说话的声音，才能丰富言词的含意。

一个放大说话音量的人，通常有控制环境的目的。说话大声是独断、强制且具威胁性的行为，所以想支配或控制他人的人，讲话通常很大声。大部分人认为说话大声、低沉是自信的表现，但有些人大吼大叫，是因为害怕如果轻声细语，没有人会听得见。

说话小声的人一开始可能会被认为缺乏信心或优柔寡断，但是小心别上当。轻柔的声音可能反映出平静的自信，说话者认为没有必要支配谈话。要是对方说话总是轻声细语，请注意抑扬顿挫之处是否适当。当在场的人听不清楚的时候，他是否努力放大音量？如果不是，也许他不够细心，不能体贴别人，或者骄傲自大。如果持续轻声细语伴随着不舒服的肢体语言，像是缺乏眼神接触，转过身去或扭过脸，这些就是不舒服的象征以及自信心的缺乏。

说话一向很快的人，对于事情的评估和判断通常也很快，因此他们常常不假思索就作出判断。有些人说话快则是为了掩饰内心的不安全感，这种人会有自卑的反应，像是紧张兮兮，或是刻意引起别人的注意。也有一些人在以一般速度闲聊一阵子之后，发现谎言很难再编下去，于是说话就愈来愈快，企图对谎言加以解释。

说话一直都很慢的人也许是身体或心理有障碍，如果对方是因为心理有障碍而说话慢，会伴随着无法表达意见的反应。而要是因为身体障碍而说话慢，你只要和对方谈上几分钟，就能看出来。教师、演讲者以及经常要对大众说话的人，有时会故意放慢说话速度，让每个听众都听到他们的话，了解他们的意思。

说话结巴，如果不是由于先天身体障碍造成的话，通常是缺乏安全感、紧张或困惑所造成。但也有可能是说话者想准确表达自己的意思，而绞尽脑汁搜寻正确的字眼，或者对方有意暂停，好让你有机会插话。

人的声音高低是天生的，但是人们通常会为了一些固定的理由提高或降低音高。当特别害怕、高兴、痛苦、兴奋时，大多数的人声音会提高；有些人为了引诱别人，会明显地降低声音；当一个人伤心、沮丧或者疲倦时，音调也会降低。

有些人用谄上傲下的音调或其他假装的语调来呈现成功、老练、聪明、富有的形象。然而这些特性也许并非他们主要的人格特质，相反的，这只是没有安全感，企图寻求赞美与认可的表现而已。

在许多语言里，单凭音节或是对字句的强调，说话内容就会有全然不同的意思。我们问别人，愿不愿意和我们到哪儿去，如果得到的是语气坚定的回答："好啊，没问题。"我们就知道对方接受了邀约，而如果对方以犹豫的语气说出同样的话，我们知道他接下来会说："但是……"如果你仔细聆听对方的语调，就能察觉语意是否完整。如果对方欲言又止，即使你无法猜出真正的意思，至少能感受到暧昧模糊之处，并提出适当的问题加以理清。

声音只能透露一部分的情感，如果配合对肢体语言和说话内容的观察，通常就能掌握对方真实的情绪。对方的声音、说话内容和肢体语言如果协调一致，也就是在持续模式下，你就能轻易分析他的感觉，并预测他会对不同情况作出何种反应。要是声音与说话内容或身体语言相冲突，你就得依据一般模式推论可能的原因，以免妄下断语。例如，声音的强调通常伴随着肢体语言的强调。说话者强调某个字句时，可能会出现身体向前靠、点头或比手势的动作。因此，如果你能在倾听时，顺道观察肢体语言，这样一来，即使是细微的变化也难逃你的法眼，对方的任何一点小心思也能被你掌握。

言语的意义比不上声音，而声音的意义比不上肢体语言

人际沟通包括许多方面，言语沟通和非言语沟通是其中最主要的两个方面。口头语言和书面语言是言语沟通的两种主要方式，非言语沟通则主要包括眼神、手势、语调、触摸、肢体动作和面部表情这类显性行为，以及通过空间、服饰等表露出来的非显性信息。

口头语言往往被人们认为是最直接的交流，在与他人沟通中发挥着重大的作用，其实，语言是出于人的主观的，是最不可靠的信息，有时甚至可以蛊惑人心。就像那么一类人，他们当面恭维你，背后则诋毁你，"两面三刀"的例子，不胜枚举。因为，人们能够通过逻辑思维任意修饰自己的语言，为了能达到自己的目的，难免会增加语言的虚假成分。同这类人交往时，如果你能更留意一些，就会发现这些人言不由衷的声音和其他表示排斥的动作。也就是说，他的声音和身体在告诉你完全相反的含义。在这种场景下，你该相信哪一个？

最佳的建议，就是相信他的身体。因为，人身体的动作是自发的，难以控制的。即使有人想通过长期的训练，控制自己的身体，这也是相当困难的。人的身体语言太过复杂，所包含的细节太多，即便你刻意控制了其中的一个细节，你隐

藏的信息也会在另一些细节上表现出来。

言语有时会是谎言，和真实想法不一样。而一般来说，身体语言则不会出现"口是心非"的现象，也不会撒谎，它比经过理性加工的有声语言更能表现一个人内心真实的情感和欲望。因为一个人内心的真实情感和欲望总是通过身体来直接表达的。身体首先会对我们的感觉和情绪作出反应和判断，然后才会做出具体的姿势。

总体上来说，身体语言符合人们的内心活动。有声语言同身体语言的矛盾主要产生于逻辑——数字化秩序之间的对立，或是经过定型化训练与内心活动之间的对立。如果我们不能在对立之间作出抉择，就会在身体语言上出现矛盾状态。如，当一个人问别人是否需要他准备啤酒时，却坐在椅子上一动不动，可能很少有人会相信他真的愿意去准备啤酒。因为他如果真的愿意的话，至少有一定的行动，比如从椅子上站起来。再如，当一个人想逃避别人审视的目光，或是掩饰自己的尴尬状态时，他往往会避开对方的目光。然而逃避倾向的加剧，以及害怕暴露自己的逃避意图，其逃避动作又会受到一定的遏制。

由此可见，虽然我们能控制身体某些部位的动作，但不能同时控制身体所有部位的动作。因而一旦内心真实想法和有声语言发生矛盾，我们的身体语言就会通过我们无法控制的一些部位展现出内心和有声语言发生的种种矛盾。

所以，正如精神分析学派的鼻祖弗洛伊德所说，要想真正了解说话者的深层心理，即无意识领域，仅凭有声语言是不够的。因为有声语言往往把话语表达者所要表达意思的绝大部分隐藏了起来，要想真正了解话语表达者所述话语的意思，必须把有声语言同体语相结合。

20 世纪 50 年代，美国加利福尼亚大学洛杉矶分校的心理学教授阿尔伯特·麦拉宾在《沉默的语言》一书中指出："人的感情和态度能用声音表达的只有不到 40%，而无声的肢体动作表达的能达到 50%。可见，身体的动作对于人们表达自己的感情起着主导的作用。尽管大多数研究人员都认为，日常生活中应当注意身体动作的沟通，但人们却对此并不在意。"

还有一个特别有趣的现象可以说明身体语言的巨大作用，那就是传奇的占卜术。对于普通人来说，可能没有办法理解一个算命或者占卜者是如何知道你那么多的事情的。所以，你会认为这是一种灵幻的本事。但根据美国学者的研究，这些从业者实际上是使用一种被称作读心术的方法来读懂对方的想法的。

从某种角度上讲，那些占卜者，尤其是那些具有丰富实践经验的占卜者，都是善于识别身体语言的"大师"。可能不少曾经拜访过所谓"神算子"的人在离开后，常常会这样想："太不可思议了，我什么都没说，他居然连我家有几口人，我现在的情绪状态，以及我曾经有过哪些失败的经历都能说得分毫不差，真是个'活神仙'啊！"

真的是这样吗？非也，虽然你没有开口告诉占卜者自己的情况，但你的身体语言已经悄悄地把自己的相关情况暗示给了他。比如，你的嘴角后拉，面颊向上抬，眉毛平舒，眼睛变小，占卜者据此可以判定你现在肯定处于一种愉快的情绪状态之中；看见你嘴角下垂，面颊往下拉，变得细长，眉毛深锁，呈倒"八"字，占卜者据此可以判定你现在肯定处于一种不愉快的情绪状态之中；在为你具体算命的过程中，占卜者若是看见你的眉毛在上下迅速移动，他就知道你很赞同他所说的内容，据此他会沿此思路大吹特吹；如果看见你单眉上扬，他知道你在怀疑他说的内容了；如果看见你皱起了眉头，他知道你不赞同他所说的，于是会马上按相反的方向为你算命。

一份关于占卜术的研究表明，很多经验丰富的占卜者都喜欢使用一种名为冷观解读的技巧来为自己的客户算命，其准确率竟然高达70％左右。难道冷观解读技巧真的能知晓一个人的前世今生、福祸安危？研究人员进一步研究发现，事实并非如此，所谓的冷观解读技巧其实就是占卜者在对"客户"身体语言进行仔细观察、揣摩，再加以对人性的理解和运用一定的概率知识而作出的一个大概推断。

记住，身体语言是绝对坦诚的，能将每个人真实的情绪暴露在他人面前，甚至用谎言也无法掩盖。身体语言对于人们的沟通的确有着不可忽视的意义。所以，如果你能充分识别和掌握身体语言，你也可以当一个占卜师，你也可以掌握这一读懂对方心思的读心术。

·第二章·

观察面部表情，可预见对方的情感

第一节　情感的实质是体内触发的生理反应

情感的产生来源于人类逃离威胁的生存本能

情感是人类性格的重要组成部分，我们所做的事情中有很大一部分是受到情感的驱使，也就是说，情感会控制我们的行为和决定。甚至有些时候我们并不能意识到自己正处在什么样的情感状态之中。

如果我们想要深入地掌控读心术，那么了解什么是情感是十分必要的。情感究竟是什么，情感又是怎样产生的呢？很多的关于情感的理论都直指一个事实：所有人都具有同样的基本情感，并因为同样的事物受到触动。

当我们感受到自己受到了威胁，不论是个人安全方面的威胁还是一般福利方面的威胁，都会触发情感的产生，所以有一个这样的理论：情感的起源是像生存机制一样的生物机制，当危险发生时，他是超越理性的最佳应急机制。比如，当一辆汽车在你身边飞驰而过的时候，假如你还要分析汽车正在以多少时速驶向你，那么恐怕你早就丧命车轮了。实际上，我们总是在无意识中就接受和探测了周围的这种信号，当信息被传递到自主神经系统之后，就会激活相应的过程，同一时间内，信息业会被传达给意识，来告诉我们的大脑将要发生什么。

当某个信号飞速地冲向我们，就会形成触发恐惧情感的一种刺激，这种恐惧反应在身体上就会出现脉搏跳动加快、血液更多地涌向腿部肌肉种种现象，以便及时帮助我们逃跑，如此一来，身体比头脑先感觉到了危险，所以你的身体会下意识地快速逃离危险。当你成功的脱离危险过后，你的身体恢复到正常状态所需的时间，比你的头脑意识到危险已过去的时间更长，这也就能说明，为什么危险已去，你仍然会心有余悸。

也就是说，情感最初是作为一种自动化系统来帮助我们逃离威胁的。情感会让我们大脑的不同区域产生及时的变化，影响我们的自主神经系统，从而产生呼吸、出汗、心跳等身体功能的变化，而其情感还会改变我们的声音、面部表情和肢体语言。

很多人认为情绪和感情是一回事，其实并非如此。感情是激烈的、短暂的，而情绪可以是持久的，情绪常常作为感情产生的"背景"。

当然，并不是每次都是为了生存的原因才能感受到情感，随着人类的进化发展，我们的感情变得更加复杂，更加多元，在下面的内容中我们就来看一看触发情感的常见方式。

所有人都具有同样的基本情感，并因为同样的事物受到触动

正是我们的情感把我们同外在的事务联系在一起，情感在我们的生活中占有着重要的位置，触发情感的因素也是多种多样的，下面就看看一些比较普遍的形式：

第一，前面有一只恶狼！

突然从周围环境中探测到一个正确的信号是触发感情的最常见方式，我们没有充足的时间来思考目前的情感反应是否合适，也许我们是错的，也许所谓的恶狼只不过是一块石头，但也会让我们使出全身的力气来抛出最锋利的武器。

第二，这到底是为什么？

思考正在发生的任何事情也能够触发我们的情感。当我们试图弄明白一件事的时候，情感就会被启动。思考的时候我们通常不容易犯错，但是，思考花费的时间却相对较长。

第三，想想你和她接吻时候的情景！

通过回忆具有强烈情感的事件也是触发感情的方式之一，我们既可以回忆过去的感情，也可以对过去的感情产生新的感情。比如，以前发生的某一件事在当时让你异常愤怒，现在回想起来你可能惊讶当时的你为什么如此愤怒。

第四，如果我能飞到月球上，那该多好啊！

当我们开始让想象力在脑海中徜徉的时候，能唤醒我们内心的情感。比如，你可以幻想你登上了月球，在月球上体会失重的快感，怎么样，不如试一把吧！

第五，别再提这个了，我会再一次感到不安。

谈论过去的情感经历会把那些情感带回给你，即使你并不想要它们。有些时

候，只要你和别人谈谈上一次是什么惹怒你的，就足以让你再一次发怒。

第六，哈哈！

我们可以通过同情触发情感，也就是说，当我们看到别人正在经历某种情感时，那种情感也会传染给我们，使我们有相同的感受。你更喜欢和阿甘式的傻瓜在一起，还是更喜欢和尼采那样整天苦着个脸的哲学家在一起呢？

第七，嗨，调皮鬼！离电源远一些，别碰它。

童年的时候，父母和其他大人告诫我们要害怕或者喜欢的事物，会在我们长大以后使我们产生同样的反应。小孩看到大人在不同的情况下作出不同的反应后，还会通过模仿产生同样的情感。

第八，那个人，说你呢！你怎么插队呀！

违反社会规则的人会让我们产生强烈的情感。当然，不同文化中的社会规则也不尽相同，但相同的是：违反社会规则会引起厌恶、鄙视、愤怒等各种反应。至于会引起哪一种反应，就要看社会规则是什么，以及是谁在践踏规则了。

第九，咬住你的下嘴唇！

我们知道了情感会引起身体做出相应的表达，其实我们也可以反过来通过有意识的身体动作、肌肉反应来引发相应的情感。当你努力变得生气的时候，不妨紧咬你的下嘴唇，看看愤怒的感情是不是已经在心中酝酿了！

颜色的巧妙运用能改变人的情感

古时候，有人开了一家旅馆，但是由于经营不当，面临倒闭。正好此时碰上一名智者经过这里，就向旅馆老板献策：将旅馆进行重新装饰。到了夏季，将旅馆墙面涂成绿色；到了冬日，再将墙面刷成粉红色。旅馆老板按智者所说的做了之后，果然很是吸引顾客，生意渐渐兴隆起来。

为什么粉刷墙壁就能改善旅馆的经营状况，使之扭亏为盈？其中的奥秘在哪儿呢？原来智者巧妙利用了人们的联觉心理。联觉是一种感觉引起另一种感觉的现象，这种心理现象实际上是感觉相互作用的结果。上述事例就是通过改变颜色，使不同颜色产生不同的情感效果，从而起到吸引顾客的作用。

不同的颜色会给我们不同的情感，这是每个人都能体会到的。比如我们会根据不同的心情和个性选择不同颜色的衣服，颜色对人的心理影响是很大的。还比如不同色调的画作和摄影作品，会使我们感受到不同的情感。还有，房间里墙壁刷上不同的颜色，也让我们感觉不同。

上面的这些说明，颜色会影响人们的情感。有的时候，这种影响是至关重要的。

国外某地有一座黑色的桥梁，每年都有很多人在那里自杀。后来有人提议把桥涂成天蓝色，结果在那儿自杀的人明显减少了。后来人们又把桥涂成了粉红色，结果，再也没人在这里自杀了。

从心理学的角度分析，黑色显得阴沉，会加重人痛苦和绝望的情感，容易把本来心情绝望、濒临死亡的人，向死亡更推进一步。而天蓝色和粉红色则容易使人感到愉快开朗，充满希望，所以不容易让人产生绝望的情感。

心理学家对颜色与人的心理健康进行了研究。研究表明在一般情况下，红色表示快乐、热情，它使人情感热烈、饱满，激发爱的情感；黄色表示快乐、明亮，使人兴高采烈，充满喜悦；绿色表示和平，使人的心里有安定、恬静、温和之感；蓝色给人以安静、凉爽、舒适之感，使人心胸开朗；灰色使人感到郁闷、空虚；黑色使人感到庄严、沮丧和悲哀；白色使人有素雅、纯洁、轻快之感。

研究指出，颜色还能影响人的食欲。橙黄色可以促进食欲，黑白色则会降低食欲。适宜的颜色不仅影响食欲，而且可以增进健康。人们通常习惯于把医院和诊所的墙壁刷成白色就是这个道理。因为白色给人清洁的印象，也可使痛苦的病人安静下来，这样有利于治疗、恢复健康。德国慕尼黑市的医院通过实验还发现，浅蓝色的墙有帮助高烧病人退烧的作用，紫色会使孕妇安静，赭色有助于升高低血压病人的血压。

颜色与工作效率也有关系。某企业有过这样有趣的事例：许多搬运黑色和深灰色部件的工人感到这些部件特别沉重。在心理顾问的指导下，管理部门把这些部件漆成浅黄色后，工人感到比以前轻松多了。专家们还发现，黄色、橙色和红色能激发人们的热情，提高人们的积极性。运动场上总是红旗招展，现在新型的塑胶跑道上也画出了色彩鲜艳的跑道线，其目的亦在于激起运动员的神经兴奋，使他们进入良好的竞技状态。相反，蓝色和紫色等属于消极色，会减慢人们的工作节奏。

不同的颜色使人产生不同的情绪、情感。长期住在红房子里，情绪会兴奋；如果住在苹果绿的屋里，心情会平静下来。接触阳光和灯光，因而对红、橙等色产生幸福温暖之感；接触树木、禾苗，因而对绿色产生生长、希望之感；接触即将收割的稻、麦等，就会对黄色产生成熟、务实之感；经常接触泥土、重金属，则会对黑色和棕色产生沉重、艰辛、凝重之感。

在临床实践中，学者们对颜色治病也进行了研究，效果是很好的。高血压病人戴上烟色眼镜可使血压下降；红色和蓝色可使血液循环加快；病人如果住在涂有白色、淡蓝色、淡绿色、淡黄色墙壁的房间里，心情会很安定、舒适，有助于健康的恢复。

颜色对人的脉搏和握力也有一定影响。实验证明，人在黄颜色的房间里脉搏正常，在蓝色的房间里脉搏减慢一些，在红颜色的房间里脉搏增快很明显。

法国的生理学家实验发现，在红色光的照射下，人的握力比平常增强一倍；在橙黄色光的照射下，手的握力比平常增强半倍。

由此可见，颜色不但可以影响人的情感，而且还会对人的健康产生影响。颜色的作用不容小视呀！

天气也会触发人不同的情感

生活中，你是否有过这样的体验？如果天气晴朗、阳光灿烂、微风和煦，你会觉得神清气爽、精神振奋、心情舒畅。如果一连几天阴雨绵绵，你会经常感到莫名其妙的烦躁不安、心情低落、郁郁寡欢。

对于这种由于天气变化带来的情感变化，我们不能简单地归结为多愁善感。因为科学家已发现，气候特别寒冷的地带，在冬天人们的会显著地忧郁、低落。而导致人们情绪低落的主要原因就是缺少阳光。此外人们还会出现容易疲劳、嗜睡、喜欢吃大量含碳水化合物的食物等现象。

精神治疗专家发现，人的情感确实或多或少地会受到天气的影响。人们对天气变化，特别是坏天气的刺激反应强烈，会表现出种种不适症状：疲倦、虚弱、健忘、眼冒金星、神经过敏、精神不振、情绪低落、工作提不起精神、睡眠不好、偏头痛、注意力不集中、恐惧、冒汗、没有食欲、肠胃功能紊乱、神经质、易激动，等等。

1982年至1983年的厄尔尼诺现象，曾经使全球大约10万人患上了抑郁症，而且精神病的发病率也上升了38%，交通事故也至少增加了5000次以上。原因就是，全球气候异常和天气的灾难，超过了一部分人的心理承受能力。环境心理学的研究指出，温度与暴力行为有关，夏日的高温可引起暴力行为增加。但是当温度达到一定限度时，即使再升高也不导致暴力行为，而导致嗜睡。温度也和人际吸引有关，在高温室内的被试者，比在常温室内的被试者，更容易对他人作出不友好的评价。

我们都知道，万物生长靠太阳。植物往往有向光性，人也是一样。一般来说，选择阳光充足的居所对人比较有利，因为光是热、土壤、植物、水、空气的轴心。

有心理学家研究表明，在日光灯中加入类似太阳光的紫外线，对健康有好处。让自闭者生活在光线较充足的地方，其自闭行为会减少一半，还会增加许多与人互动的行为。而阳光不足会造成视觉疲劳、反胃、头痛、忧郁、郁闷等行为反应。研究甚至发现，人在日光灯下与太阳光下的工作效率不同。生活中，如果你仔细观察就会发现，在阳光充足的地方，儿童会显得更加活泼。

在法国，曾有一段长时间的阴雨天气，于是许多治疗机构创造性地采用人造阳光治疗法，就是用光照来治疗这些等不及阳光出现的病人，并具有明显的疗效。

长时间的天气特征，会形成气候。研究发现，一个人所生活地区的气候与他的性格的形成有直接的关系。这也是因为天气影响到人的心情，天长日久，就影响了性格。所谓"一方水土养一方人"，几乎每个人都无法完全摆脱这种环境的影响。

长期生活在热带的人，性格比较暴躁易怒。纬度高的寒带，气候寒冷，阳光稀少，是抑郁症的高发区。生活在气候湿润、万物生机盎然的水乡的人，一般比较多情、反应机敏。生活在草原上的牧民大多性格豪放，山区的人多是性格率直。秋高气爽的气候被认为最适合创作，长年居住在 15～18 摄氏度环境中的人，头脑较为发达，文学艺术的成就比较突出。

由此可见，天气对人的情感有很大的影响，而且，一个地区的气候与人的性格形成也有很大的关联。但是，天气、气候不是人所能控制的，你若想拥有好的心情、良好的性格，能改变的唯有你自己。

第二节　无意识的表情是探测真情实感的线索

无意识的表情是探测真情实感的线索

有一部电影叫作《致命魔术》，讲述了一对夫妇的故事，影片中，当丈夫对妻子说出"我爱你"时，有的时候说的是真话，有的时候却是在说谎，而他的妻子总是能够通过直视丈夫的眼神看穿丈夫说的是真是假。

从小就有人告诉我们，当你想知道对方心里想的是什么的时候，你就盯着对方的眼睛看就能知道，真的是这样的吗？其实，与其看着对方的眼睛，不如看看他真个脸部。人的脸上有 40 多块肌肉，它们当中的大部分我们都无法有意识地掌控，那么，这就是说，你的面部表情会无意识地流露出许多信息，但是，许多人却无法对这些流露出的信息进行正确的分析。

我们每个人都有察觉他人情感的能力，能分辨出别人是高兴还是生气，但是，我们又常常忽视了一些信息，有些时候知道别人开始把心中的怒火发泄出来、爆发出来后才明白了他原来是多么地怒火中烧！并且，有些时候我们会混淆一些面部表情，比如，把害怕的表情当成惊讶，把入神的表情当成悲伤。

有时候我们会同时产生两种情感，那么在这两种情感的转化过程中，就会有一个承接两种情感的阶段，比如我们先是惊讶，然后我们又开始高兴，那么这之中就会呈现出又惊又喜的表情。当我们经历一种混杂的感情的时候，比如当我们坐过山车的时候，我们会既兴奋、又害怕，我们会在无意识中表现出我们想要隐藏的感情，与此同时，我们会有意识地假装出我们想要伪装的感情。还有些时候，一个人的面部表情不仅仅会配合我们的谈话场景和谈话内容，还会来评价我们的其他表情，比如，当你感到紧张的时候，你很可能会挤出一个假笑。

事实上，观察一个人无意识的表情，不仅能够知道他此时此刻的情感，还能够知道他即将会产生的情感。这是因为，肌肉的反应比思维的反应更快，利用这一点，你可以在对方的尚未感觉到他的感情之前先他一步做出应对措施，比如当你发现一个人即将发怒的时候，你可以提前帮助他控制愤怒情感的爆发，这比起他发怒后你手足无措要好得多吧！

综上所述，我们在与人交往的过程中要识破对方的感情，无意识的表情是我们可以参考的一项重要指标。当然，在你通过他人的面部表情识破了他的内心的时候，最好是让你看到的情感决定你下一步以什么样的方式来和他沟通，而不是直接面对它，因为你看穿的很可能是他的个人隐私！

轻微表情、局部表情与微表情

一个人的面部表情主要包括 3 种：轻微表情、局部表情与微表情，下面就让我们来逐个认识这 3 种表情。

1. 轻微表情

轻微表情是一种整个面部肌肉都轻微的、强度不大的参与到整个面部表情的构成中。每一块肌肉都形成了你表情的一部分，但是每一块肌肉的变化都不是很明显。轻微的表情说明情感较弱，比如，有的感觉可能本身比较强烈，但是当这种情感刚刚开始的时候，它可能比较弱，有的情感在刚开始的时候可能比较强烈，但是她真正慢慢地消退。轻微表情的产生还有另外一种情况，就是当一个人想要极力掩盖他强烈的感情没有成功所流下来的痕迹，比如，当我们看一些选秀节目的时候，被淘汰的选手面对镜头时会努力掩盖自己失落的情绪。

2. 局部表情

局部表情是指，只运用一两块肌肉来构成表情，局部表情有时候可能是轻微的，有时候可能是强烈的，在大多数时候局部表情是轻微的，这意味着，也许感情本来就是轻微的，也许感情真处在削弱期，也许意味着没能隐藏好某种强烈的情感。

3. 微表情

微表情是一种稍纵即逝但是能够很明了地表现出一个人的感情的表情。微表情可能会出现很短的时间，可能只有半秒钟那么短就消失不见了，而且很少人会有意识地观察一个人的微表情。我们常常会打断我们自己的微表情，比如，当我们意识到自己正在感到害怕的时候，我们会用别的表情来代替我们一晃而过的微表情。想通过微表情来看穿对方的心思其实并不是难事，一个人只要稍加训练就能捕捉到微表情。

以上就是面部表情的 3 个种类，在你与人交往的过程中，不妨有意识的留心他人的这 3 种面部表情，你一定能读透他的内心。

7 种全球通用的表情模式

美国著名心理专家保罗·艾克曼研究了不同的精神状态对人们的影响，以及这种精神状态是怎样反映到人的身体和脸上，他发现了有 7 种基本情感的表达方式是全球通用的。这 7 种情感表达方式是：惊讶、悲伤、愤怒、恐惧、快乐、厌恶，以及轻蔑。

1. 惊讶

惊讶是一个人持续时间最短的表情。人们在吃惊或有防备的时候，会把眼睛睁得特别大，并且巩膜（眼白）会在虹膜（眼睛中有颜色的部分）之上。再加上一些面部表情，例如，眉毛会抬起，且向上弯曲，而下颌下垂，双唇分开，年纪大的人的前额还会出现许多皱纹。在你看到这些现象后，就可以完全肯定，这个人正在震惊中。

2. 悲伤

和惊讶相反，悲伤是一个人持续时间最长的感情，很多事情都可以让我们感到悲伤，当我们因为种种原因要和心爱的人分别的时候，当你因为自己的失误而丢掉了一份宝贵的工作的时候，都会有悲伤的感情，悲伤还具有社会功能，但你的面部表情表现出悲伤的时候，你会得到别人的安慰、帮助、鼓励，等等。社会让男人不敢轻易表现自己的悲伤，他们总是强颜欢笑，但是表情不会骗人，强颜欢笑是很难掩盖的。悲伤的一大特点是脸部肌肉松弛，并且，眉毛里端收缩或扬起，眉毛之间产生垂直的皱纹，上眼皮里端抬起，形成三角形，下眼皮也可能会受到影响，变得紧张，嘴角会向下撇。

3. 愤怒

我们愤怒常常是因为某件事或者某个人阻止了我们想做某件事的想法，有时候我们也会对自己感到生气，还有时候别人不赞成我们的想法时我们也会愤怒。愤怒是一种危险的感情，常常伴随着我们想要伤害别人的冲动。当然愤怒也有一定的好处，它可以成为我们改变某件事情的动力。当一个人愤怒的时候，他的眉毛会收缩或者下垂，两眉间有皱纹但是前额不会有皱纹，从嘴巴上来看，双唇紧闭也是愤怒的一个信号。当某个人因为愤怒而直接盯着另一个人，显示出紧张的眼部状态时，他的上下眼皮也会很紧张，眼睛眯成一条缝。他用眼睛盯着别人，用以宣泄内心的感受，甚至达到吓唬对方，或威胁对方的目的。

4. 恐惧

对我们的心理或者身体产生伤害的事情都会让我们产生恐惧的情感。从生物意义上来讲，恐惧能让我们迅速逃离危险。他的眼睛会直愣愣地大睁着，好像要把那预示着迫近危险的最细微的动作都看个一清二楚。这种状态下，发出动作者的下眼皮很紧张，但同吃惊的情绪不同的是，感到恐惧的人的面部表情很不一样，他们的眉毛抬起并锁在一起，呈现平线形态，嘴巴是紧张而且向回收缩的。

5. 快乐

什么东西会让我们感受到快乐呢？美丽的鸟儿、孩子的笑声、花朵的芳香都会让快乐之感油然而生，而人们似乎把快乐更多地表现在声音之中，比如快乐的大叫、快乐的笑，脸部变化则不那么明显。真笑和假笑之间也有着明显的区别，真笑时，会有两块主要的肌肉被用到，颧骨肌和轮匝肌，颧骨肌把嘴巴仰起来，轮匝肌让眼睛周围变得紧张，当假笑的时候，轮匝肌是不会被用到的，因此我们在形容某个人假笑的时候常常说："他的嘴在笑，但是眼睛却没有笑。"

6. 厌恶

你知道厌恶的表情会是什么样子的吗？不妨开始这样的想象：你需要准备两样东西，一个玻璃杯，一口口水，现在想象你吐一口口水到玻璃杯里面，然后喝下去。这样的想象很可能会让你出现厌恶的表情。厌恶是一种非常强烈的情感，也是一种非常明显的表情，厌恶的表情很少会用到眉毛和前额，只是用到脸的下半部分，所以厌恶也是一种很容易假装的表情。判断一个人的厌恶是真是假，可以通过观察他的鼻子，如果鼻梁上出现了皱纹，就表示他真的升起了厌恶之情。

7. 轻蔑

轻蔑和厌恶密切相关，但是我们不会对物产生轻蔑之情，只会对人轻蔑。我们通常想让那些我们轻蔑的人感到我们自身的优越感。当一个人有轻蔑的感情的时候，他的嘴角会拉紧并且上扬，形成一个带点邪气的微笑，鼻子可能还会发出"噗"的声音，眼睛还会往下看。

·第三章·

通过感官特征，可知对方如何进行思考

第一节　不同的感官创造不同的思维方式

感官记忆在思考中既负责回忆也参与创建

想象你身处一个充满异国情调的热带岛屿，右手端着一杯热带水果鸡尾酒，正赤脚信步走在美丽的海滩上。原本银白色的沙滩在夕阳的余晖下泛起迷人的金色，温热的细沙顽皮地钻进你的趾缝，有点痒却又很舒服。微风拂身，空气里弥漫着海水的咸味和一股椰子的香味。你一边听海浪拍打在岸上，伴随着棕榈树摇曳发出的沙沙声，一边啜饮着沁凉的鸡尾酒，慵懒地望向海面，一只海鸥在远处掠过水面冲向天空，发出一声清亮的叫声。

继续随意地四处打量，你发现前面有一个银白色的贝壳，走过去把它拾起来，轻轻地用手指摩挲它表面有趣的纹理。这时，离沙滩不远的露天餐厅里已经开始飘出阵阵食物的香味，人们一边用餐，一边低语，仿佛不愿意破坏了黄昏的宁静。你忽然感到自己已经饥肠辘辘了，脚步不由得折向餐厅……

如果你心无杂念、沉浸在对上面这个情境的想象中，你一定会觉得真的听到了海浪拍打沙滩的声音、棕榈树发出的沙沙声和海鸥的叫声，也会感受到钻进脚趾间的沙子、清凉的微风、鸡尾酒的沁凉，还会闻到了空气中海水的咸味和椰子的香味，而在最后，你的嘴里恐怕还涌出了很多的口水。

不论你以前有没有在海滩漫步的真实经历，那些感受一定都会发生。因为它们不仅来自你的记忆，还来自创建。当我们思考时，通常会启动两种不同过程中的某一种——要么回忆起以前曾经有过的想法，要么创建出从未有过的新想法。不论是哪一种过程，我们的感官记忆都会在思考中扮演重要的角色。

我们的听觉、视觉、感觉、味觉、嗅觉和平衡感不仅对探索周围环境非常重要，而且也会被用来思考与感官体验无关的事物。我们会运用不同的感官记忆和体验来思考。如果我们回忆起以前的事情，比如一次愉快的度假，我们的脑海中就会浮现出生动的场景，想象出我们当时听到的声音，甚至闻到的气味，等等。当我们回忆时，我们再现了以前的感官记忆。然而，感官记忆对创建新的想法也很重要。

以上面的情境想象为例，为了在头脑中创建那个情境，你的大脑会从其他类似的回忆中选取和拼凑相关的片段。例如，你曾经用手摸过贝壳，你就会知道摸起来的感觉如何；你曾经喝过鸡尾酒，你也会知道它的味道。但是，如果从来没有过黄昏时分在漫步海滩的经历，没有类似的记忆可供调取，那么你的大脑就会用你从别人的照片、电影中看到过的画面来帮助你再现场景。也就是说，你的大脑在脑海中创建了一个新的经历，而这个经历就像你亲身经历过的一样。

事实上，我们在思考时总是以某种方式运用感官记忆，就像你刚才在脑海中创建那个黄昏时分的海滩漫步时做的那样。更多的时候，我们会运用这些感官探索外在的环境。从内在的（在脑海中）到外在的（探索周围环境），我们不断地转换运用感官的方式。我们越是专注于别人对我们说的话或者正在阅读的内容，我们就越是内在地运用感官。举个例子，此时此刻你肯定不知道右脚是什么姿势。也就是说，直到你被提醒以后，你才会有意识地想到：右脚？哦，我确实有右脚，那它在干吗呢？然后你就会看看右脚正处于什么位置、什么状态。

不同的感官创造不同的思维方式

上文那个黄昏时分海滩漫步的情境想象，可以说明人类的大脑并不能很好地区分内在与外在的感官运用，也就是说大脑不能够区分实际发生的情况和幻想的情况，这些也是臆想症产生的生理基础，出现这种情况的原因是不论在哪一种情况下，我们的大脑都有相同的区域被激活了。

人类的大脑包括左、右两个半球及脑干，它作为人体的神经中枢，指挥着人体的一切生理活动，如脏器的活动、肢体的运动、感觉的产生、肌体的协调以及说话、识字、思维等。科学研究证明，大脑特定功能源于大脑的某一区域，大脑也由此被划分为不同的区域，如视觉区、感觉区、记忆区、语言区、识字区、运动区和联合思维区等。

在大脑活动中，运用不同的感官记忆对我们从外界收集到的信息进行转换，会激发特定的大脑区域，使我们发现不同的重点，从而导致我们产生不同的思考方式，并以不同的方式进行人际交流。

在 20 世纪 70 年代末，一个心理学学生理查德·班德勒和一个语言学学生约翰·格林德提出了一个 EAC 模型，即眼睛解读线索。这个模型对不同的感官和思维方式之间进行一些有效的研究，这个模型认为：

眼睛向上方看，表示大脑的视觉区域正在被激活，叫作视觉记忆；看右上方，在创建图像，向左上方看，则在记忆图像。

眼睛平视，则意味着大脑的听觉区域正在被激活，叫作听觉记忆；朝左看，是在回忆声音，朝右看则是在创造新的想法，比如你在想象别人会对你说什么。

眼睛朝右下方看，则表明大脑的感觉区域和情感区域被激活，叫作动觉记忆；不过这时候并不能区分出人们究竟是在记忆还是在创建。

眼睛朝左下方看，说明大脑的联合思维区域被激活，正在进行逻辑思维，被心理学家称为中立阶层。

现在我们可以来测试一下 EAC 模型的有效性：

眼睛盯着左上方的某个点，在大脑里浮现出某一幅你喜爱的名画，如列宾的《伏尔加河上的纤夫》或者达·芬奇的《蒙娜丽莎》《最后的晚餐》，当然也可以是别的你喜欢的。那幅画你肯定已经看过很多次了，尽管你不一定特别关注过它。尽量想出这幅画的很多细节，比如，人物的脸、衣服、背景、画面的整体颜色，等等。

给自己 20～30 秒钟来做这个测试。

做完后，把画面从你的脑海里删除，然后，把眼睛朝右下方看，重复以上的过程，尽力想象刚才那幅画的画面。你的脑海里还可以很容易地形成图像吗？

尽管之前你成功地做了一次，但是这次眼睛在向右下方看时，想象画面却变得有些困难了，这是因为你大脑中的视觉区域不再被激活了。换句话说，眼睛朝右下方看是不能调动视觉记忆的，只有在朝左上方看时才能调动视觉记忆。

如果你问一个朋友"你的假期过得怎么样"，并注意观察他的眼睛，你会发现他的眼睛先是往左上方看，接着又迅速地往右下方看，这就表明他大脑中的思维过程是先回忆他的假期看起来怎样，然后通过回忆他的感觉来确定对假期的记忆。这正好说明不同的感官创造了不同的思维方式。

人们所偏好的感官记忆各不相同

感官记忆是大脑思维的一个重要组成部分，那些专门研究记忆原理及提高方式的人已经发现人们所偏好的感官记忆各有不同，并成为他们提出不同记忆偏好者应该使用不同的记忆方法的理论基础。

　　不同的人喜欢运用不同的感官记忆，有的人喜欢运用视觉记忆来思考外在的事物，有的人则喜欢运用听觉记忆，还有的人喜欢动觉记忆，比如所有的身体感觉，包括触摸、温度，等等。与动觉感官记忆相应的内在元素就是我们的情感，非常感性的人就属于这类群体。还有少数人喜欢味觉和嗅觉体验，不过，从实用的角度来看，他们通常也被划为喜欢动觉记忆的人群。

　　在感官记忆偏好中，这有一个中立群体，也就是上面提到的中立阶层。他们不像视觉、听觉或动觉群体那样依赖外在的刺激，而是更喜欢运用逻辑推导的思维方式，对外在的事物喜欢仔细推敲，甚至和自己进行辩论（自言自语）。对他们而言，每件事情不是对就是错，不是黑就是白，几乎不存在灰色的中间地带。

　　需要注意的是，有感官记忆偏好，并不是说我们就只使用一种感官记忆，事实上，每个人在接触外界事物时，都会在不同程度上使用所有的感官记忆，但有一种感官记忆会使用得很多，起到主导地位，其他的感官记忆则主要用于印证主导的感官记忆。而各种感官记忆之间的搭配是因人而异的，比如，有的人非常喜欢听觉记忆，但也会使用不少视觉记忆；有的人则几乎完全依靠自己的听觉记忆，而很少运用其他的感官记忆；有的人会以视觉记忆为主，同时运用情感和听觉记忆来支持自己视觉记忆的变化；但也有不少人仅仅使用视觉记忆，等等。我们要在与人交往中通过多种方式来判断其感官记忆偏好。

第二节　如何判断对方的主导感官

观察眼睛运动方向判断被激活的感官记忆

　　前面介绍过，大脑里的不同区域会被激活时，会导致眼睛以不同的方式进行运动，同时也介绍了 EAC 模型。现在我们运用它来判断他人的感官记忆类型，这个模型强调了感官记忆在思维过程中的重要地位，认为可以通过观察人们的眼睛活动来判断出哪一种感官记忆正在被激活。

　　再次复习一下 EAC 模型的内容：

　　眼睛向左上方看，表示他正在回忆图像；

　　眼睛向右上方看，表示他正在脑海中创建新的图像；

眼睛朝左看，表示他在回忆一些声音，比如别人曾经对他说了些什么；

眼睛朝右看，表示他正在创造新的想法，比如想象别人会对他说什么；

眼睛朝右下方看，表示他调动了身体感觉和情感，比如某个情境中的感受；

眼睛朝右下方看，表示他在考虑逻辑问题，或者在推理。

为了确保 EAC 模型真的适用于对方，你可以先询问对方一些对照问题（见下面的例子），促使他们调动相应的感官记忆，然后观察他们在回答问题时的眼睛活动。

1. 考察视觉记忆的问题

你奶奶家里的窗帘是什么颜色的？

描述一下电视上刚出生的那个婴儿是什么样子？

公园里的假山是什么形状的？

……

2. 考察视觉创建的问题

橱窗里那件金色礼服穿在你身上是什么样子？

把那个图案旋转 270 度是什么效果呢？

想象一下在你客厅的电视墙画上一幅山水画作为壁画，会怎么样？

……

3. 考察听觉记忆的问题

你记得他走的时候说了什么吗？

《非诚勿扰 2》的片尾曲开头是怎么唱的？

你用哪首歌做手机铃声？

……

4. 考察听觉创建的问题

那个音符提高一个八度唱起来会怎么样？

刘德华的声音在水底下听起来会怎样？

如果让你给蜡笔小新配音，你觉得如何？

……

5. 考察动觉记忆的问题

去年这个时候，好像已经很热了，你还有印象没？

那个店总是弥漫着一股很好闻的味道，是栀子花的香味吗？

那款新上市的冰激凌味道很棒，椰子味混合着香草味，你要不要尝尝？

……

6. 考察是否是中立阶层的问题

你有自言自语的习惯吗？

你喜欢遇到困难是自己鼓励自己吗？那时候你会对自己说些什么呢？

……

当你需要了解别人时，可以通过上面 6 类问题进行提问，然后运用 EAC 模型判断出对方哪个感官记忆被激活。虽然 EAC 模型的正确性引发了很多争论，但是更多的应用情况说明，它在多数情况下都是一种非常有效的模型。

运用 EAC 模型进行判断时，大部分人都适用，但毕竟"模型"只是一个简化和概括，不可避免地会存在一些例外，例如，有些人的眼睛运动和所提示的感官记忆会完全相反。如果在询问了一些对照问题之后，你发现对方眼睛的活动并不符合 EAC 模型，那就不要运用这个模型。任何一个不符合这一模型的人总是有他们自己的模型，只要提一些对照问题就可以很容易发现这些模型。

主导感官决定我们喜欢使用哪种词汇

你一定没有意识到自己在所有的语言词汇中存在着某种偏好，而别人和你一样，也有很喜欢使用的词汇，这就为我们发现别人喜欢运用哪种感官记忆提供了另一种途径——听他们说话。人们的话语往往包含了各种各样的判断、描述行为的词汇以及比喻。人们对感官记忆的偏好，会决定人们喜欢的词汇和表达方式。

1. 视觉词汇及其表达

有视觉记忆偏好的人总是偏爱：光、看、瞅、瞧、观察、看见、预见、洞悉、洞见、显现、描绘、呈现、揭露、展示、画面、肖像、景象、闪闪发光、澄清、多姿多彩等用到眼睛的词汇，他们认为这些词会使自己的语言形象生动。

这类人更倾向使用这样的表达：

我想要见你

我明白你的想法

我需要更仔细地观察

能不能把你的意思用图表示出来呢

这个项目的前景看起来很光明

几年后你想起这个肯定还会笑出声来

这样会使你的画作更增光添彩了

清澈的湖面泛起了阵阵涟漪

2. 听觉词汇及其表达

有听觉记忆偏好的人会使用各种不同的听觉词汇，例如：问、说、听、声音、大声、单调、沉闷、节奏、语音、聋、响、沉默、刺耳、悦耳、告诉、讨论、评论、听得见、倾听、尖叫、听众、听从、听候、听话、听讲、听来、听凭等与耳朵和口有关的词语。

他们更喜欢用这样的表达方式：

先听我说完

你的话听起来挺有道理的

能跟我说说你的想法吗

他们俩的声音听起来很像

你慢慢说

一个字一个字地说

我从来没有听说过这种事

我来给大家讲个笑话

我们也可以说

3. 动觉词汇及其表达

有动觉记忆偏好的人，包括由触觉或情感触发记忆的人，以及那些喜欢运用味觉或嗅觉的人，他们喜欢用这样一些词汇：身心、酸的、甜的、苦的、辣的、咸的、接触、抚摸、触摸、温暖、冰冷、疼痛、紧张、切实的、沉重的、轻松的、平静的、平滑的、粗糙的等和感觉感受有关的词语。

他倾向于使用这样的表达：

你不妨尝试一下

好香啊

我心里好疼啊

我抓到它了

它最终还是陷下去了

放松身体

抚摸着一只猫

这才只是接触到了问题的表面

这种关系基于一个很坚实的基础

她很甜美

4. 中立词汇及其表达

前面提到的中立阶层总是喜欢用那些与感官无关的词汇，例如：思考、逻辑、决心、决定、知道、理解、记住、估计、警惕、警醒、激励、励志、学习、接受、改变、放弃、过程等看起来毫无感情色彩的词语。

这类人的说话听起来或多或少像一篇论文，他们的表达方式都是以略带冰冷的严谨为基调。不过最令他人感到尴尬的是，虽然他们说话是努力避免自己被误解，但他们却是最容易被误解的一群人。这是因为人们通常都是以不同的感官记忆来解读外界事物，而中立阶层却几乎不使用与感官记忆有关的词汇，这使得他们的话语听来非常抽象、难以理解，而不同的听者会以自己的感官记忆来自由地解读，因此造成了许多种不同的理解结果。毕竟，通过自己能直接看到、听到或感觉到的事物来和抽象的事物作参照，谈话才会变得更容易理解，交流也更畅通。

此外，人们的主导感官不仅会影响词汇使用，还会影响对事物的关注方向。例如上面提到的四种人刚刚看了同一场音乐剧，如果你问他们对音乐剧的感觉，他们的回答可能是下面这样的：

"他们把剧中所有的歌都重新演绎，配乐也加入了很多现代元素，真令人激动，这是一出不错的音乐剧，不过我不明白为什么他们表演时要那么声嘶力竭。"

"我看的不大清楚，但这确实是一场不错的音乐展示，尤其是高潮部分，表演得太成功了，我看到了一个闪亮动人的画面。"

"我觉得剧场里面虽然拥挤但也很温暖，至于音乐，那给了我很深的触动。"

"这个音乐剧立意新颖、主旨很贴合时代……"

你能从中判断出说话的人各是什么感官记忆类型吗？

没错，说这话的人依次是听觉记忆偏好者、视觉记忆偏好者、动觉记忆偏好者和中立者。

开放式提问和言行节奏告诉你对方的思维模式

很多的时候，我们遇到的人都比较复杂，有的人会不同程度地使用各类感官词汇，而有的人实在深不可测。这使得我们很难单凭 EAC 模型或者对方讲话所使用的词汇就找到对方的主导感官。这时，你可以使用下面两种方法：

1. 询问开放式问题

很多推销员在面对一个陌生客户时，常会用的一个老把戏，在一开始问：

"这看起来怎么样？"如果没有得到有效的回应，那就变成这样问："你以前讨论过这个问题吗？"或者"我希望知道你对此有什么感觉。"你也可以运用这些问题来观察你的交际对象，提问时要注意你的哪种提问方式最有效，然后再用符合哪种方式的词汇和描述。

在我们面对陌生人时，不能够把前面那六类对照问题随意使用，为了找到方向，不妨找一些简单的但又不那么具体的问题进行提问，例如："你希望我以什么样的方式向你介绍呢？"这些简单的问题不同于前面介绍的那 6 类对照问题，简单、泛指，但能够为你了解对方更喜欢哪一种感官记忆提供有用的答案，因为它们更开放。

对于开放式问题，有的人会告诉你他想说什么，有的人会要求把他想说的写下来，并附上一些图表给你看，还有的人会告诉你最重要的事情就是让他们感觉良好，以便让他们信任你。

一旦你发现对方喜欢运用哪一种感官记忆，你就能在相当程度上了解他是怎么思考的，他喜欢用什么样的方式进行交流，以及他会认为哪些事情很重要而哪些事情无关紧要。对他人具备这种了解，会大大增进你的读心术，更不用说提高你的建立亲善关系的技巧了。

2. 观察对方的言行节奏

除了开放式提问，你还可以观察他人的讲话节奏和肢体动作节奏，来判断他们的主导感官，即使还没有和他们对视或交谈，也可以这么做。视觉记忆偏好者的言行节奏都很快，动觉记忆偏好者节奏则很慢，听觉记忆偏好者则不快不慢、居于其中。反之亦然：如果你知道对方的主导感官是什么，就会了解他们的呼吸、讲话和行为的节奏，帮助你提高对他人言行方式的接受程度。

对这种观察方式稍加练习之后，你还可以模仿对方在思考时的眼睛运动，体会到对方正在想什么，还可以帮助你体会到对方所听到或感受到的事物。这些都不是有意识做的，而是在无意识中发生的，并且有助于增强你和对方之间的归属感和亲和力。

当你了解了对方的感官记忆偏好，你就会更好地理解他想表达什么。而通过把自己的语言调整成对方的语言，你也能更清楚地表达自己的想法，让对方更好地理解你，而不产生任何误会。更重要的是，如果你能用对方的方式表达自己，谈论对方感兴趣的话题，这不仅向对方表明了你和他的思维方式一样，而且有助于你深刻地理解对方思维建立的过程。

行为特征是主导感官作用的综合表现

人们的行为方式受到所有感官的综合作用，由于主导感官的不同，我们看到每个人都有自己不同的行为特征，研究这些行为特征可以为大多数人提供参照。

1. 视觉记忆偏好者的行为特征

喜欢运用视觉记忆的人，最关心事物看起来怎么样，尤其是他们自己看起来怎么样。由于他们对颜色、形状和光线非常敏感，所以对他们来说，图像比语言文字来得更快，在说话时，他们的语速总是很快，并经常以清晰有力的声音来表达。这种快节奏的语速会导致他们呼吸加快、胸部起伏，因为他们在说话时从来就没有时间休息停顿。而他们的肢体语言也会随着说话的急促节奏变得同样急促，就连走路时也不自觉地加快脚步。前面介绍过，视觉记忆是被眼睛朝左上方看激活的，例如在听这类人的演讲时，你经常会看到尽管他们也经常保持着与听众的眼神交流，但眼睛总是时不时地朝左上方看；当一个视觉记忆强烈的孩子在回答问题，也会不自觉地盯上左上方的天花板，如果老师说，"答案可不在天花板上"，并强迫他们直视前方，他们甚至会无法回答问题。

2. 听觉记忆偏好者的行为特征

喜欢运用听觉记忆的人言行节奏都比较慢，他们使用横膈膜呼吸，并以悦耳的、有节奏的、富于变化的声音讲话。相对于视觉记忆偏好者来说，通过听觉来收集信息要比视觉慢得多，所以听觉记忆偏好者的思考速度比具有强烈视觉记忆的人慢，而他们的语速与思考速度总是能保持一致，手势则通常都围绕着身体中段。这类人通常处于一种放松的方式，其注意力会随着关注点的移动而移动。他们常常在思考的时候歪着脑袋，就好像在倾听别人谈话一样。使用听觉记忆的人很容易被其他噪音分散注意力，如果你和一位以听觉记忆为主导感官的人谈话，就会发现他常常分神，如果在他倒水的时候，跟他说话，他常常会不留神把水弄洒。

3. 动觉记忆偏好者的行为特征

喜欢运用动觉记忆的人总是能轻而易举地说出他们对某件事物的感觉如何（不论是内在的还是外在的）。他们把关注点放在自己对事物的感受上，座位坐起来是否舒服，工作服穿起来是否得体美观。动觉记忆偏好者的言行节奏通常很缓慢，他们用腹部呼吸，或者以缓慢、温柔而深沉的声音讲话，或者以尖锐高亢的声音讲话，而在讲话之前，他们则要首先了解自己的感觉如何，正确与否，所以在重要讲话前，千万不能做任何影响他们感觉的事。偏好动觉记忆的人的肢体语言幅度通常很小、节奏很慢，几乎只发生在腹部周围。对这类人来说，和别人进行交流时最重要的不是眼神接触，而是触碰。

4. 中立者的行为特征

目前还没有发现中立者具有哪些相应的行为特征，他们总是愿意使自己言行看起来符合逻辑，因而显不出独特的地方。多数中立者看起来像动觉记忆偏好者，但他们又似乎不仅仅如此。曾经有一个理论试图解释这其中的联系：由于我们的动觉感官（身体的和情感的）是最先发展出来的感官，而抽象思考（中立感官）出现得比较晚，所以一些中立的人不得不从动觉记忆开始。他们早年间在情感方面受到的伤害，会导致他们把自己的情感封锁在抽象严谨的逻辑推导这堵墙后面。这个理论也许能帮助我们理解他们，但不能帮助我们进行判断，对这类人还需要使用本书中其他的读心方式。

感官决定我们是谁——从职业来判断

主导感官对我们的影响其实是隐藏在很多基本的事情之中的，譬如服装的选择、饮食的选择、旅游地的选择以及职业的选择等。

表面上，人们对职业的喜好是基于自己所具备的能力，而从意识层面来讲，人们选择的总是那些能够使感官记忆偏好得到充分发挥的职业。视觉记忆偏好者，有着良好的视觉，他们通常会成长为优秀的画家、服装设计师、珠宝设计师、建筑师，等等；听觉记忆偏好者的听觉系统总是较常人更发达，在广播电台、电视台、乐坛、心理咨询界总是以这类人居多；动觉记忆偏好者具备良好的动觉系统，能够准确地感知自己的身体，他们往往会选择与运动有关的职业，品酒师、调酒师、健身教练、登山运动员，等等；而中立阶层，由于有着良好的逻辑推理能力，他们的选择则会是能充分运用这种能力的职业，如律师、检察官、科学研究，等等。

从人生的角度来说，主导感官不同的人将会有完全不同的经历，动觉偏好者会有更丰富的内心体验，而听觉偏好者会接触更多的音乐，视觉偏好者可能会到各地旅游，中立者会很少作出冲动的决定，等等。

因此，获得交流对象的职业信息和人生经历信息，可以作为我们判断对方的主导感官的有效途径之一。你只要判断其所从事的活动中最需要调动哪个大脑区域，就能够得到对方主导感官的有关信息。

　　至此，我们介绍了以眼睛为主的各种感官对人们心理和行为方式的影响，以及判断交流对象的主导感官的几种方式，这将有助于你掌握与对方谈话的相应内容，并将你的讲话方式调整成更容易被对方理解、思考和交流的方式。换句话说，发现对方更喜欢运用哪一种感官记忆，你就可以运用他倾向于使用的那种交流模式，更好地掌控交际过程。面对一个喜欢运用视觉记忆的人，你的讲话形象生动，勾勒出了未来光明的前景，而告诉对方如何建立一个坚固的基础以避免可能产生的问题则是没有用的，因为这些是动觉词汇，对方是没法明白你在讲什么的。

　　在交流中这样的情形并不少见：争论双方所讲的其实是同一回事，但彼此就没法赞同对方。比如：

　　甲："你难道真的看不出来我的意思吗？"

　　乙："是的，我听见你所说的了，但我就是不明白你的意思。"

　　这里的甲是视觉记忆偏好者，乙是听觉记忆偏好者，他们谈话时运用了不同的语言，现在乙改成了甲偏好的交流模式：

　　甲："你难道真的看不出来我的意思吗？"

　　乙："好的，我这次会好好看一看。"

　　使用这样的沟通方式，他们会很快达成统一意见的，因为他们彼此理解。

　　使用和交流对象同样的方式说话，运用相同的比喻和描述方式，能帮助你找到对方感兴趣的事物，并很快形成一致。这在我们的生活和工作中有着很广泛的应用。例如，新产品推广时，对一个视觉记忆偏好者，你可以请他看一看产品有哪些好处，对一个听觉记忆偏好者，你可以让他听听产品有哪些好处，对一个动觉记忆偏好者，你可以请他感受产品的好处。这样的方式，有助于快速找到目标消费者。

·第四章·

读心，是为了与人更亲近

第一节　人人都需要建立亲善关系

亲善，是一切交流的基础

亲善的意思是"建立或重建和谐友好的关系"，也就是说，我们可以通过建立亲善关系，创造一种相互信任、相互满意和相互合作的人际关系。

亲善是人们建立亲密私人关系的首要条件，同时也是一切交流的基础。如果你没有和对方建立亲善关系，那么，哪怕是让孩子把鞋放入鞋柜里这样简单的事也会举步维艰，因为对方根本不会听你的。

一个总统有了这种与他人建立亲善关系的能力，可以和世界其他国家搞好关系，可以使国家的政府要员团结在他的周围，将自己推行的政策执行好。

一个公司总裁有了很好的人际关系的能力，他可以有效地和其他公司的总裁打交道，来完成自己的目标；他可以有效地在公司内部建立起自己的威信，来完成公司的业绩。

一个销售人员如有很好的人际关系能力，可以将他的产品有效的销出去；一个办公室职员有了很好地与他人建立亲善关系的能力，他可以处理好与同事以及上司的关系，这对他的升迁以及职场发展是及为有利的。

一个老师有很好的人际关系能力，他可以和学生、和同事、和领导搞好关系，使他的教学更有效果，使他的同事喜欢他，领导也会更重用他。

正如唐太宗所说："水能载舟，亦能覆舟。"人在社会中生存，人际关系既能推动你走向成功，同时也能让你顷刻间一无所有。所以，我们一定要注重与他人建立亲善的关系，因为它是一切交流的基础，同时也是我们的人生发展能否顺利的重要因素之一。

良好的人际关系加速成功的进程

有人才华横溢，却终生不得志，也有人能力平平，却能够节节高升。其中，个人的机遇是一方面，另外很重要的则是个人的人际关系状况。一个人如果孤立无援，那他的一生就很难幸福；一个人如果不能处理好人际关系，就犹如在雷区里穿行，举步维艰。

古往今来，许多杰出的人士，之所以被能力不如自己的击垮，就是因为不善于与人沟通，不注意与人交流，被一些非能力因素打败。而人际关系好的人则可以在每条大路上任意驰骋。

刘邦出身低微，学无所长，文不能著书立说，武不能挥刀舞枪，但刘邦生性豪爽，善用他人，胆识过人。早年穷困时，他身无分文，却敢当座上宾。押送囚徒时，居然敢违王法，纵囚逃散。以后斩白蛇起义，云集四方豪杰，各种背景的人都为他所用，如韩信、彭越，这些威震天下的英雄。至于刘邦身边的文臣武将，如萧何、曹参、樊哙、张良等，都是他早期小圈子里的人，萧何、曹参、樊哙更是刘邦的亲戚。他们在楚汉战争中劳苦功高，最终帮助刘邦建立了西汉王朝。

可以说刘邦能够成就自己的帝王之业，离不开他手下的那些朋友。不仅帝王将相需要借他人之力，就是平民百姓也离不开朋友、离不开良好的人际关系。

人际关系背后的意义，其实比我们所能想得到的还要深远。正如魏斯能在采访了280位企业总裁后写《不上，则下》一书时说："那企业的总裁们，非常致力于发展'双赢'互利关系的基础。他们每个人都有如何步步高升到金字塔顶端的精彩故事，而大多数人把他们的成功归功于身旁人的提拔。"

美国作家柯达同样认为："人际网络非一日所成，它是数十年来累积的成果。你如果到了40岁还没有建立起应有的人际关系，麻烦可就大了。"

连美国石油大亨洛克菲勒在总结自己的成功经验时也曾表示："与太阳下所有能力相比，我更关注与人交往的能力。"正是洛克菲勒的这种卓越的人际关系能力成就了他辉煌的事业。

每个人都将成功作为自己追求的人生目标，因为在竞争的社会里只有拥有事业的成功才是完美的人生。一个人的成长、发展、成功，都是在人际交往中完成的，甚至一个人的喜怒哀乐也都与他的人际关系息息相关。没有良好的人际关系，人们无法预测自己的前途，无法面对困难，无法面对天灾人祸；没有良好的人际关系，人们就组不成家庭、社会和国家，更谈不上个人的前途和发展。

所以，别忽视了与他人建立良好的人际关系，它会在通向成功的道路上助你一臂之力，给你的成功加速。

第二节　明白别人在做什么，才能作出正确回应

多一分理解，就能少一分摩擦

在美国的一次经济大萧条中，90%的中小企业都倒闭了，一个名叫丹娜的女人办的齿轮厂的订单也一落千丈。丹娜为人宽厚善良，慷慨体贴，交了许多朋友，并与客户保持着良好的关系。在这举步维艰的时刻，丹娜想要找朋友、老客户出出主意、帮帮忙，于是就写了很多信。可是，等信写好后才发现：自己连买邮票的钱都没有了！

这同时也提醒了丹娜：自己没钱买邮票，别人的日子也好不到哪里去，怎么会舍得花钱买邮票给自己回信呢？可如果没有回信，谁又能帮助自己呢？

于是，丹娜把家里能卖的东西都卖了，用一部分钱买了一大堆邮票，开始向外寄信，还在每封信里附上2美元，作为回信的邮票钱，希望大家给予指导。她的朋友和客户收到信后，都大吃一惊，因为2美元远远超过了一张邮票的价钱。每个人都被感动了，他们回想了丹娜平日的种种好处和善举。

不久，丹娜就收到了订单，还有朋友来信说想要给她投资，一起做点什么。丹娜的生意很快有了起色。在这次经济萧条中，她是为数不多能站住脚而且有所成的企业家。

我们如果想要与他人建立亲善关系，就要学学例子里的丹娜，多理解他人一分，我们交往的摩擦也就少了一分了。

时常有些人抱怨自己不被他人理解，其实，换个角度可能别人也有同样的感受。当我们希望获得他人的理解，想到"他怎么就不能站在我的角度想一想呢"时，我们也可以尝试自己先主动站在对方的角度思考，也许会得到一种意想不到的答案。许多矛盾误会也会迎刃而解。

一位女孩刚开始上网的时候，个性十足，上论坛最喜欢批评人，当然也挨批

评。挨批评了，心里不好过，吃饭都吃不下去。好友知道后对女孩说了一句话："上网是为了快乐。"这句话如同醍醐灌顶，让女孩一下子释怀。

想想看，大家来自不同的城市甚至不同的国家，有不同的看法，操着不同的口音，如果没有网络，大家如何能彼此交谈？如何能够彼此分享快乐，分担忧伤？相识，本来就是缘分。珍惜缘分，珍惜彼此。伤人不快乐，被伤更不快乐。

后来再上网，女孩再也没有和人吵过架，没有恶意抨击过别人——不为别的，只为大家都要寻求快乐。

沟通大师吉拉德说："当你认为别人的感受和你自己的一样重要时，才会出现融洽的气氛。"我们需要多从他人的角度考虑问题，如果对方觉得自己受到重视和赞赏，就会报以合作的态度。如果我们只强调自己的感受，别人就会和你对抗，正如例子里的女孩最终所体会到的一样。

换个角度替对方多思考一下，多理解对方一下，关系立刻就会变得缓和。所以，如果我们想与他人建立亲善的关系，就应该给他人多一分理解，多一分宽容，人际交往才会更顺利。

读懂人心才不会雾里看花

人的复杂性不仅仅是生理构造上表现出的复杂性，还在于心理上表现出的复杂性。因此，当你不了解某人时，最好不要轻易被他的表象所左右。因为，这种表象很可能是一种假象。

美国心理学者奥古斯特·伯伊亚曾经做过一个实验，让几个人用表情表现愤怒、恐怖、诱惑、漠不关心、幸福、悲哀，并用录像机录下来，然后，让人们猜哪种表情表现哪种感情。结果，每人平均只有两种判断是正确的。当表现者做出的是愤怒的表情时，看的人却认为是悲哀的表情。

人是一个矛盾的综合体。人们的喜怒哀乐，远非自身所表现出来的那么简单。欢笑并不一定代表高兴，流泪并不一定代表伤心，鞠躬并不一定代表感谢，拍手并不一定代表赞赏……

要想与他人建立亲善关系，必须善于揣摩他人的心理。你只有读懂他人心，才不会雾里看花，才能替他人遮掩难言之隐。

郑武公的夫人武姜生有两个儿子，长子是难产而生，因而叫寤生，相貌丑陋，武姜心中深为厌恶；次子名叫段，成人后气宇轩昂，仪表堂堂，武姜十分疼爱。武公在世时武姜多次劝他废长立幼，立段为太子，武公怕引起内乱，就是不答应。

郑武公死后，寤生继位为国君，是为郑庄公。封弟段于京邑，国中称为共叔段。这个共叔段在母亲的怂恿下，竟然率兵叛乱，想夺位。但很快被老谋深算的庄公击败，逃奔共国。庄公把合谋叛乱的生身母亲武姜押送到一个名叫城颍的地方囚禁了起来，并发誓说："不到黄泉，母子永不相见！"意思就是要囚禁他母亲一辈子。

一年之后，郑庄公渐生悔意，感觉自己待母亲未免太残酷了点，但又碍于誓言，难以改口。这时有一个名叫颍考叔的官员摸透了庄公的心思，便带了一些野味以贡献为名晋见庄公。庄公赐其共进午餐，他有意把肉都留了下来，说是要带回去孝敬自己的母亲："小人之母，常吃小人做的饭菜，但从来没有尝过国君桌上的饭菜，小人要把这些肉食带回去，让她老人家高兴高兴。"

庄公听后长叹一声，道："你有母亲可以孝敬，寡人虽贵为一国之君，却偏偏难尽一份孝心！"颍考叔明知故问："主公何出此言？"庄公便原原本本地将发生的事情讲了一遍，并说自己常常思念母亲，但碍于有誓言在先，无法改变。颍考叔说："这有什么难处呢！只要掘地见水，在地道中相会，不就是誓言中所说的黄泉见母吗？"庄公大喜，便掘地见水，与母亲相会于地道之中。母子两人皆喜极而泣，即兴高歌，儿子唱道："大隧之中，其乐也融融！"母亲相和道："大隧之外，其乐也泄泄！"颍考叔因为善于领会庄公的意图，被郑庄公封为大夫。

这个事例告诉我们：与人相处，最重要的是那一份"心领神会"。有些事别人心里在想但不好说出来，更不用说去做了，这时，需要旁人的默契配合来解围。

但是读懂他人的心，准确领会其意图，并非一日之功，需要平时细心留意，学会观察生活。

解读表情的能力是人际和睦的关键

俗话说："出门看天色，进门看脸色。"无论做什么事，对什么人，只有读懂对方的表情，摸清对方的心思后，再付诸行动，才能做到得心应手，万无一失。

中国民间就有这样的说法，老人总是告诫小孩子要学会"看脸色"，也就是从对方的神态表情和其他身体语言中探知对方的心，从而做出一些顺从对方的事情，或者避免做出一些让对方不满意的事情。

关于"看人脸色"，还有一个关于康熙皇帝的故事。

据说康熙皇帝到了晚年，由于年纪大了，产生了一个怪脾气——忌讳人家说老。如果有谁说他老，他轻则不高兴，重则要让对方触霉头。所以，左右的臣子们都知道他这个心思，一般情况下都尽量回避说他老。

有一次，康熙率领一群皇妃去湖中垂钓，不一会儿，渔竿一动，他连忙举起钓竿，只见钩上钓着一只老鳖，心中好不喜欢。谁知刚刚拉出水面，只听"扑通"一声，鳖却脱钩掉到水里又跑掉了。康熙长吁短叹，连叫可惜，在康熙身旁陪同的皇后见状连忙安慰说："看样子这是只老鳖，老得没牙了，所以衔不住钩子了。"

话没落音，旁边另一个年轻的妃子却忍不住大笑起来，而且一边笑一边不住地拿眼睛看着康熙。康熙见了不由得龙颜大怒，他认为皇后是言者无心，而那妃子则是笑者有意，是含沙射影，笑他没有牙齿，老而无用了。于是将那妃子打入冷宫，终生不得复出。

为什么皇后在说话时明显说到"老"字，康熙并没有怪罪她，而妃子只是笑了一笑，康熙却怪罪她呢？首先是康熙的忌讳心理，他不服老，忌讳别人说他老，一旦有人涉及这个话题，心理上就承受不了。再者由于皇后与妃子同康熙的感情距离不同。皇后说的话，仔细推敲一下，有显义和隐义两个意义，显义是字面上的意义，因为康熙与皇后的感情距离较近，他产生的是积极联想，所以他只是从字面上去理解，知道皇后是一片好心的安慰。妃子虽然没有说话，只是笑了一笑，但她是在皇后的基础上故意引申，是把那只逃掉的老鳖比作皇上，是对皇上的大不敬。

所以，同样的问题，同样的环境，由于不同的人物的不同理解，便引出不同的结果来。正所谓"说者无心，听者有意"，实际上究其原因，还是那个妃子没有用心观察别人脸色，不能读懂皇帝心思的缘故。

生活中，与人交往如果不用心，就会遇到许多想象不到的问题，因为你并不知道自己什么时候就把别人给得罪了。所以要想与人建立亲善关系，一定要学会解读对方的表情，学会用心，否则你就会面临一道道难以预测的障碍。

听懂话里的"弦外之音"，交往才能顺利进行

在日常交往中，通常存在着两种类型话语：一种是表面话语，而另一种是"弦外之音"。"弦外之音"才是一个人真正表达其感情或祈求的内心话，因此，如果想要正确地理解他人，让交往顺利进行，我们就必须懂得如何去听取对方话

语中的"弦外之音"。

在日常的对话之中，我们是很难从对方话语的表面去了解他的真意。这时，就必须从隐藏在对话背后的"弦外之音"上着手探索，才能够使彼此的意思或感情得到有效的沟通，才有助于建立亲善关系。

举一个例子来说：

在一个天气暖和的上午，晓惠坐在公园里的一张长椅上欣赏风景。

这时候，坐在离晓惠不远的长椅上的一名男士，突然向她说："今天天气很好啊！天上一片云彩也没有。"

如果从他这句话的表面来想，他只是向她叙述天气的状况，可是实际上，它还隐藏着许多的意义。

首先，表示他很想和晓惠谈话。其次，由于他怕晓惠不愿意和他这样一名素不相识的人对话，所以，就借这句话来试探她的反应。

如果他一开口就问："你从事哪一方面的工作？""你有几个小孩？""请问贵姓？"很可能晓惠会不理他，那么他不是会很尴尬吗？所以，他就借叙述天气而和晓惠攀谈。

为了能够敏感地听懂别人的弦外之音，我们必须养成这样的习惯：当自己听别人在说话，或者是自己在和别人对话时，要自问一下："他为什么要这么说？他那句话中的'弦外之音'是什么？"

如果对方是在炫耀他那光荣的过去，这时候我们就要留心了，因为此时他心里正在期待着我们的夸奖，所以，只要顺其意夸奖他，你就一定能够获得他的好感。

同时，我们也要懂得如何听出讥讽、嘲笑、挖苦等言外之意。对方之所以会向我们说这种话，一定是因为对我们感到不满才会这样的。遇到这种情况时，我们不要立刻反驳或一味生气，就当作没有听到好了，免得和对方发生不必要的冲突。不过，事后最好能自己检讨一下，为什么别人会讥讽我？我本身是否有什么缺点？或者是无意中得罪了人家，才会引起别人的怨恨，而以讥讽来消除他心中的怨恨呢？当我们得知了其中的原因之后，并且及时改正自己的行为，那么，虽然受到别人的讥讽，也可以说是"因祸得福"了。

如果我们能够做到以上所说，与他人顺利交往、建立亲善关系会变得更容易。

别人待你的方式，就是他希望你待他的方式

生活中，我们常常会听到这样的抱怨："我待他那么好，他却这样待我！""他没有理由对我这样啊，因为我对他很好啊！""他向我借东西的时候，我什么都没问就很爽快借给他了！现在我向他借东西，他却支支吾吾的！真小气！"

这样的声音在我们的生活中每天都可以听到很多，那么为什么人们会有这样的抱怨呢？这是因为人们都有一种这样的心理：我们怎么对待别人，我们应该从对方那里得到"等价对待"，即我怎么对待别人，别人也应该如此对待我。如果我没有受到至少是同等的对待，那么我们就会认为这是不应该的事。这种心理被称为"应该效应"。

"应该效应"给我们的启示是，别人对待你的方式就是他们期望你待他们的方式。比如，如果你知道某个人很喜欢送花，那么十有八九这个人也喜欢收到花；如果某个人在谈话的最后喜欢加上"我爱你"，那么这个人会希望听到你也这样说；如果某个人在你急需用钱的时候，虽然自己手上也不宽裕，但还是毫不犹豫地把钱借给了你，那么，当他向你借钱的时候，他也希望你不假思索地就把钱借给他。一旦你的行为和他对待你的方式有偏差，随之而来的即是人际关系的受损，甚至是大矛盾或者双方言语相伤。

所以在人际交往中，我们一定要清楚对方的这种"应该心理"，并采取相应措施及时满足对方的这种心理，即使一时满足不了，也应该尽可能采取补救措施，避免让对方从心上产生"不平衡感"。如果我们能做到这一点，就可以轻松应对人际交往中很多无中生有的误会，处理起人际矛盾也会得心应手多了。

第三节　亲善的基本原则：把自己"变成"对方

每个人都喜欢与自己相似的人

中国有句古话是"物以类聚，人以群分"，说的是人们对和自己相似的人看着比较顺眼，相似的两个人容易成为朋友。

走在街上你会发现，浓妆艳抹的美女总是和同样打扮前卫的女人并肩而行；素面朝天的女生身边也总是一个同样打扮简单的女生。从外表上看就验证了那句

"物以类聚，人以群分"的老话。从深层次来看，浓妆艳抹的女人可能都对美容、服饰、流行这些东西感兴趣，而素面朝天的女生则可能喜欢看书、看电影。

由此可见，通常情况下，人们喜欢那些在各方面与自己存在某种程度相似的人。

钟子期和俞伯牙的友谊流传千古。俞伯牙有出神入化的琴技，而只有钟子期才能听出他琴技的高妙，于是钟子期和俞伯牙成了最知心的朋友。后来钟子期病死，俞伯牙非常伤心，在钟子期的坟前将琴砸得粉碎，终生不再弹琴。因为已经没有人能够听懂他的琴声了，何况这还会勾起他对钟子期的怀念和伤感。

钟子期、俞伯牙之所以有超乎寻常的友情，就是因为他们有个相似的特点——对音乐有高超的鉴赏力。因为无人能取代钟子期，所以他在俞伯牙心中的地位是独一无二的。

科学家曾人为地将某大学的学生宿舍进行了安排，他们先以测验和问卷的形式了解了部分学生的性情、态度、信念、兴趣、爱好和价值观等，然后把这些学生分为志趣相似和相异的，然后把志趣相似的学生安排在同一房间，再把志趣相异的也安排在同一房间，然后就不再干扰他们的生活和学习。过了一段时间，再对这些学生进行调查，发现志趣相似的同屋人一般都成了朋友，而那些志趣相异的则未能成为朋友。

那么，为什么人会喜欢与自己有相似性情、类似经历的人交往呢？

当人们与和自己持有相似观点的人交往时，能够得到对方的肯定，增加"自我正确"的安心感。他们之间发生冲突的机会较少，容易获得对方的支持，很少会受到伤害，比较容易获得安全感。

此外，有相似性情的人容易组成一个群体。人们试图通过建立相似性的群体，以增强对外界反应的能力，保证反应的正确性。人在一个与自己相似的团体中活动，阻力会比较小，活动更容易进行。

所以，每个人都喜欢与自己相似的人。如果你想与他人建立亲善关系，不妨把自己"变成"他人，让你们拥有相似的地方，这样能迅速拉近距离，增进感情。

模仿对方的动作，能够拉近心理距离

现在需要你闭上眼睛细想一下，在言情片中经常会出现的约会场面：一对甜蜜的恋人坐在茶馆或者咖啡厅里面，悠闲自在地品尝着香茶或咖啡。他们的表情动作会有什么特别之处吗？

　　他们是不是时不时地做着同一种表情或同一个动作，就像是镜外的人和镜里的影一样？一方用手摸摸头发，另一方也用手摸摸头发；一方跷起二郎腿，另一方也跟着跷腿；一方捂着嘴笑起来，另一方也跟着捂着嘴笑；一方举起了杯子，另一方也随之举杯……

　　想到或者看到这样一幅画面，你有什么感觉或想法？是不是感觉很温馨、很浪漫，感觉这两个人关系非常亲密、相互爱慕、心心相通？相信很多人都会有这种感觉。这是为什么呢？其实，这是因为他俩的步调是如此的一致，从读心的角度来讲，这种感觉是有道理的。

　　人与人之间这种表情或动作的一致被称之为"同步行为"。"同步行为"不仅存在于恋人之间，在我们日常的工作生活中也普遍存在，比如亲人、朋友、同事、上下级之间。那么，是什么诱发了人们的"同步行为"？

　　肢体动作是内心交流的一种方式。两人彼此把对方作为所效仿的对象，应该是相互欣赏或有相同的心理状态。即双方的相互欣赏或看法一致诱发了他们的同步行为。换句话说，"同步行为"意味着双方思维方式和态度的相似或相通。

　　一般而言，同步行为的一致性与双方关系的和谐度成正比。在双方的会面中，如果两个人关系和谐、相互欣赏，那么他们的同一行为会很多、很细微。反之，同一行为则很少。

　　想想会议中人们的表情，对某种意见持赞成态度的人和持反对态度的人，是不是往往各自做出相反的动作？赞成的那部分人面带微笑，不断地点头示意；反对的那部分人紧锁着额头，紧闭着嘴唇……

　　再想想生活中常会遇到的情景，去商场购物或去某展览会参观，你看上了一件物品，另一个人也看上了这件物品，你俩一同走近这件物品，一边看一边发出啧啧的赞叹声，"真漂亮"，就几秒钟，你们便互生好感，颇有点英雄所见略同的感觉。

　　俩人志趣相投、相互欣赏产生了"同步行为"，反过来，"同步行为"也可以促进彼此的内心交流，加深彼此的好感与欣赏程度。

　　在日常生活中，通过人为地制造"同步行为"，可以拉近彼此的心理距离，赢得对方的好感，让双方的交谈在不经意间变得和谐愉快。

　　作为下属，很多人都纳闷儿：为什么自己欣赏的领导也欣赏，自己不喜欢的领导也不喜欢？其实，这其中，"同步行为"就在发挥作用。你向领导传递了欣赏，领导感觉到了，对你有了好感，也试着以欣赏的眼光看你。由此推理，如果想得到领导的认可与欣赏，你首先应该认可、欣赏领导。你不妨这样做：与领导在一起时，当领导无意中做出某个动作时，你也跟着做某个动作；领导做出某种表情，你也以同样的表情回应。作为领导，有时故意与下属同步也很必要。比如，某下属在你面前很紧张，你不妨摆出与其一致的姿势，拉近彼此的心理距离，缓解下属的紧张情绪。

对于有利益往来的双方，"同步行动"的魅力也丝毫不减。在推销或谈判过程中，如果你的请求或劝说得不到回应，不妨故意制造一些"同步行为"，快速攻破对方的心理防线。比如，对方翻阅文件，你也翻阅文件；对方脱下外套，你也脱下外套；对方将视线投向窗外，你也掉头欣赏窗外景色。如此反复几次，自然会引发对方的好感，缓和矛盾，使对方乐于接受你的意见，满足你的请求。不过，在效仿对方的举止时，要注意不露痕迹，否则，让人误认为你是在故意取笑他或讨好他，反而坏事。

模拟对方的表达方式，用语言提升亲密度

不知道在生活中你有没有遇到过这样的情况：当你挂断电话时，和你待在一起的人不用你说就会知道你刚才和谁通话了。他们是如何知道的呢？正是从你的说话的方式中听出来的。因为在你和电话那头的人通话时，你不自觉地整了自己的表达方式，使自己听起来更像是电话那头的人。而你之所以会这么做，是因为这样更容易提升彼此的亲密度。

因此，我们如若想拉近与他人的距离，建立良好的亲善关系，一个很好的方法就是模拟对方的表达方式。

1. 个人表达

我们每个人都有各自的表达方式。我们常常喜欢在句子中添加一些多余的、不必要的词汇，尤其是在句子结尾的时候，或者在句子一开始就使用一个从句。如果你听到对方使用这样的表达方式，那你就和他做一样的吧！

2. 口头禅

几乎每个人都有自己的口头禅，而这些口头禅可能是俚语、行话或者其他什么。通常，这些词句是我们从别人那里学来并频繁用的，而我们很少意识到自己正频繁地使用这些词句。所以，和某人建立亲善关系的一条捷径就是注意观察他使用的口头禅，即他讲话时经常使用的词句，然后你自己跟着他说一样的。一旦

你开始讲对方的语言，向对方展示你和他类似，你所讲的话就会很容易被对方清楚领会。

3. 行话

一般在谈某些特定的主题时，行话使用率比较频繁。比如，当你谈论打高尔夫球时，有关高尔夫球的一些术语就可能被用到。使用行话，就等于向对方表示你对话题的了解程度和他一样。如果对方使用的术语比你通常使用的多，而你也有足够的知识来应付这些，那就尽管使用和对方一样多的术语。反过来，如果对方使用的术语比你通常使用的少，那你也应该克制自己，不要使用多于对方的术语。比如，如果对方指着电脑屏幕说电脑"坏"了，你就没有必要去问他的电脑硬盘分了几个区，而只需简单地问一下他是否按了显示器关闭键。

我们需要被接受和尊重，我们需要良好的亲善关系，尝试着模拟对方的表达方式，你会发现获得这些也并不是特别难的事。

调整你的声音，用声音建立一致性

有这样一个实验：

一个电话推销公司为了让更多的人订阅杂志，他们让销售人员给每个潜在客户打1~2次电话进行推销。所有的销售人员被分成了两组，第一组沿用老一套的方式进行电话销售，第二组则得到了一个额外的指示：在给客户打电话时，尽量模仿对方的语速。只是这么一个小小的差异，结果却大不同：第二组销售人员的业绩比以往提高了30%，而第一组销售人员的业绩则看不出有明显的改善。

除了配合对方的语速后，我们还可以配合对方的语调和音量等。这些都是声音里的某一个元素。声音是建立亲善关系的另一个强有力的工具，我们可以通过调整自己的声音，使之与谈话对方一致来获得对方的好感。我们需要根据自己的判断逐渐地调整声音，但是大可不必精准地模仿对方的声音，这样不仅很难做到，而且会显得很奇怪。为了使我们的声音模仿和对方相近，需要体会对方是怎样运用以下这些元素的：

1. 音调

对方的音调是低沉的还是轻快的？一般来说，男人讲话时发出的声音比他们的喉咙应该发出的声音更低沉，而女人讲话时比她们应有的声音更轻快。由于文化对行为的影响，我们习惯于用说话的音调来凸显自己的性别。所以男人习惯于从喉咙里发出含混低沉的声音，而很多女人则习惯于发出轻快尖锐的声音吸引他人的注意。

2. 语调

对方的声音是不是始终保持在一种语调上？会不会在陈述完毕时使用降调？或者会不会在提出问题后使用升调？一般使用单一的语调或者语调保持不变的人常常使人琢磨不透他所说的话的真正含义，比如他是认真的还只是开玩笑而已。他只是在陈述还是在提问？而说话时语调比较丰富的人通常比较容易理解。

3. 语速

对方说话的速度是快还是慢？通常，我们说话的速度和思考的速度是一样的，因此如果你说话太快，对方的思维速度可能就跟不上你，因而无法理解你所说话的意思，错过了你想传达的重要信息。而如果你说话的速度又太慢，对方则很容易感到厌倦无聊，很容易走神，不能专注于你想传达的信息。甚者，你太慢的说话语速还会导致对方烦躁不安，一心盼望着早点结束与你的谈话，避免浪费更多的时间。

4. 力量和音量

模仿别人的音量相对来说比较简单，而且很容易获得对方的好感。说话轻言轻语的人也会喜欢你把音量调整到小声安静的程度，而高声说话的人如果发现你的嗓门也不小，会把你视为同类，越发喜欢你。如果你嫌对方说话的声音过大，你可以通过提高讲话音量，让对方注意到他自己讲话的音量，从而使对方降低音量。

5. 饱满度

饱满度主要是用来形容对方的声音是浑厚而抑扬顿挫的还是细弱而轻快的。由于受文化的影响，饱满而富于变化的声音会被我们视为有力的、严肃的和可信赖的，而细弱轻快的声音则视为带些孩子气的、女性化的和诱人的。

由此可见，声音里包含了不少元素。我们如若想建立与他人的亲善关系，不妨模仿声音里的元素之一。

方法篇
读心，停！看！听！

·第一章·

外表的每一面都有意义

第一节　服装潜台词：想要呈现怎样的自己

常穿暖色系衣服者多开朗，常穿冷色系衣服者多含蓄

在选购衣物时，人们除了会遵循自己喜欢的类型和原则，还会考虑服装的色彩。所以，通过观察人们喜欢穿什么颜色的衣服，也可以看出他具有什么样的性格特征。服装的颜色大致上可以分为两类：暖色系和冷色系。暖色系的颜色例如红色、橙色，冷色系的颜色例如蓝色、白色等。仔细观察你会发现，一个人给别人的感觉就好像他身上穿的衣服给人的感觉，常穿暖色系衣服的人通常开朗大方，而常穿冷色系衣服的人则以内向含蓄者居多。

先来看看爱穿暖色系衣服的人。有的人喜欢穿黄色的衣服。这类人，通常有自己的独特见解和想法，富有高度的创作力及好奇心。他们心情欢畅，性格外向，精力充沛，并喜欢幽默，乐于广交朋友。他们也热爱生活，身心健康，乐于助人，做事潇洒自如。而且，他们通常都具有冒险、追求刺激和新鲜事物的特征，无法忍受一成不变。他们还相当自信，对于自己的决定坚定不移，很少听别人的安排。

有的人喜欢穿绿色衣服。这样的人，性格外向、活泼，个性谦虚、平实，并且善于克制，不爱与人争论。他们很少心绪烦乱，也少有焦虑不安或忧愁的感觉，是真正乐观开朗的人。他们同样具有宽大的胸怀，对于自己不喜欢的人也不会刻意地排斥或疏远，是真正和善可亲的人。而且这类人道德感强烈，个性爽直，是聊天的最佳人选。

有的人喜欢穿粉色衣服。选择此类衣服的人多是单纯天真的幻想家，喜欢做"白日梦"。他们的心境一般都是纯洁如白纸般的，而且比较感性，会因为一些完

全与自己无关的事而生气或者开心。他们处世温和，希望在别人眼中是个高贵的形象，常常想让自己呈现出年轻、有朝气的感觉。不过，他们有强烈逃避现实的倾向，总是喜欢沉溺于自己的幻想里。

再来看看爱穿冷色系衣服的人。有的人喜欢穿蓝色或者蓝紫色的衣服。他们的性格缺乏决断力、执行力。这类人平常待人虽温和，但自尊心强。而且，他们说话比较啰唆，缺乏羞耻心和责任感，但是他们并不善于表露自己真实的情感。不过他们的自尊心非常强烈，不能允许别人不认真听自己说话，哪怕是无关紧要的话。想和这样的人交往，最好不要在他们面前说别人的坏话，因为他们可能会假惺惺地骂你。

有的人喜欢穿棕色的衣服。这样的人自我价值观很强烈，很害怕因为外来因素的介入而改变自己的现状。他们的个性也很拘谨，在外表及处理事情的态度上，能给人一种很强的信赖感。他们对于人与人之间的利害关系分得很清楚，容易给别人一种冷漠的感觉，但其耿直的个性颇值得信赖。所以，他们是真正适合深交的朋友。

有的人喜欢穿黑色的衣服。黑色象征着神秘和庄严，所以喜欢穿这类颜色衣服的人常常会给人留下神秘、高贵的印象。而且，他们也确实不太善于社会交际，常常不知道该怎么和人打交道。不过，和他们熟悉以后，你会发现他们是非常有趣的人。这类人性格通常多是温柔善良，忠厚老实，且具有宽容的气度。不过他们的依赖性非常重，有时候看起来好像是个乐观的人，实际上是为了掩饰内心的不安和恐惧。不过，他们有坚持不懈的精神，无论干什么都不喜欢半途而废，任何事情都要彻底弄明白。

有人喜欢穿白色的衣服。一般情况下，这样的人清廉纯洁，是个现实主义者。他们常常会自以为是，对于自己喜欢从事的工作，则会勇往直前地追求和实现。不过，他们总会为自己的失误找出各种借口。他们没有什么话题可言，除重要的事情交涉后，关于酒色话题一般不参与谈论。为了维持自己的"白领'形象，他们无时不在为工作做出努力，他们是上司眼里的精英、下属心中的怪物。而且，喜好穿白衬衫的人，总是以工作为人生的支点，是不折不扣的现实主义者，对工作有一贯认真的态度。白色的优点是与任何颜色都能搭配，所以，有时候他们也能给人一种亲切感，但都是表面程度的亲切，内心还是很疏远的。

有的人喜欢穿紫色的衣服。这样的人，性格内向，多愁善感，敏感多疑。他们通常具有不错的文化素质和涵养，往往以艺术工作者居多。而且，虽然他们常常焦虑不安，然而往往能够驾驭和控制内心感情的忧虑和苦恼。但是常穿紫色衣服的人又有些自视清高，对于不属于同一领域或和他不是一个档次的人或事情，往往会表现出不屑的态度，容易让周围的人疏远他们。

追求时尚者从众心强，不求时尚者个性较强

对于时尚，不同的人有不同的态度，有的人紧跟潮流、亦步亦趋，有的人却不为所动，坚持自己的风格。对于时尚的不同态度，也反映出一个人的心理性格特征。

在穿衣打扮方面追求时尚和流行，是从众心理的一种突出表现。经常穿流行时装的人，他们的服装选择跟着时尚走，流行什么就穿什么，却往往缺乏主见，也没有自己明确的审美观。关于流行，法国启蒙思想家皮鲁迪尔曾经这样说道："流行就如同善变的心与无聊的女神。"而喜欢追逐流行服饰的人，通常也是在服饰上缺乏主见的人，缺乏自己独立的审美观，因此只能一切以"时尚"和"流行"为选择标准。这类人在团体中大多是顺应型，总是把自己埋没于多数人中，才能获得安全感。

另一方面，热衷于流行时尚的人，在心底里常有一种孤独感，害怕被孤立，害怕和别人不一样，因此通过追逐流行来融入大众，获得认同感。

而那些对时尚冷眼旁观的人，往往是追求个性的人。他们对流行和时尚似乎漠不关心，总是按照自己的偏好和标准来挑选衣服而不是跟着流行走。在这些人看来，流行和时尚不过是一时兴起的噱头，而找到适合自己的风格才是最重要的，何况流行天天在变，今天登上时尚封面的，明天可能就是俗物了。他们也并不在乎别人的眼光，不会因为自己的服装风格远离时尚而缺乏信心，除了对服装有自己独到的见解之外，在生活上也是很有主见和个性的一类人。

在人人都追逐流行的今天，这些能够不受外界干扰、按照自己的喜好选择服装与款式的人，在生活和工作中通常独立性较强，有很强的判断力与决策力，并具有很强的自主性。凡事不容易受他人意见的左右，他们非常清楚自己需要什么、适合什么，对自己的决定和判断充满自信，一旦制定了自己的目标，就努力完成，不达目的决不罢休。

同时，这类人也有过于自我的一面，常常听不见别人的意见，总是以自我为中心，喜欢特立独行、标新立异。在人际交往方面，个性不够随和，不容易和别人打成一片。

爱穿休闲装的人向往自由，爱穿西装的人重视形象

休闲装和西装是如今人们最主要的两种着装类型，不同的选择偏好可以折射出一个人关切点的差异。

随着工作压力加大、生活节奏变快，休闲对于很多人来说似乎成了一种奢侈品。而越来越多的人也重新开始重视休闲，对休闲服装的喜爱便是表现之一。不同的服装带给人们不同的心境和感受，职业装让人进入工作状态，给人以专业和稳重的感觉，但难免显得过于谨慎和拘束。而休闲服带给人身体的彻底放松和舒适，更能给人带来精神上的自由和愉悦，给人以无拘无束的自由感觉。喜欢穿休闲装的人，多半是向往自由和舒适的人，个性也比较随和。

这类人喜欢悠闲自在的生活方式，追求自然和简单，因此在为人处世上也比较单纯，没有什么心机，对人对己都没有过多的要求。他们为人十分亲切、随和，做事脚踏实地，也是容易配合。没有明确的自我主张，善于自我掩饰。因为不爱与人争，所以通常人缘也很好。几乎不会花言巧语地去欺骗和要弄他人，而且凡事都倾向于往好的方面想。

在工作上，他们不喜欢被各种规则束缚，通常也比较有自己的想法和创意。他们追求简单的人际关系，一般比较内向，埋头于自己的工作或者兴趣爱好，而懒于和人接触，除非是关系很好的朋友。

西装是人们在工作场合以及一些社交场合的正式着装，一套合身的西装能够让人看起来更成熟、更专业。因此，很多人即使在不必要穿西装的情况下也总是穿着西装，尤其是一些男性，常常都是西装革履。他们认为西装比较有品位，能够体现自己的身份和地位，也能够展现男性的阳刚之气。总的来说，爱穿西装的人，都希望给别人留下成熟、专业的印象。

穿西装是很有讲究的，西装的款式、颜色与衬衫、领带、皮鞋的搭配，一样都不能忽视，否则就会影响到整体效果。因此爱穿西装的人通常十分重视自己的外在形象，而且大多做事讲究原则和秩序，倾向于遵守传统的观念和各种规则以外，穿西服可能稍微缺乏情趣，生活中少了一点冒险和惊喜的成分。

西装以单色、无花纹的居多，但也有例外，例如格子花纹和浅色西装。

格子花纹西装在人群中很引人注目，爱穿格子花纹西装的人，喜欢与众不同。他们很有自己的主张和立场，不轻易听信别人的意见，有时显得特立独行，也有一点矛盾的心理。一方面他们和很多人一样穿西装，不希望自己太特别，另

一方面又选择样式特别的格子花纹西装，因为不想和别人太一样。

而爱穿浅色西装的人，全身的搭配以白色或浅色系为主，外表看起来比较平静、不苟言笑，而实际上属于冷面笑匠。他们选择浅色的西装，一方面引人注目，另一方面是希望别人把注意力放在他的脸上而不是身体其他部位。这类人对于事物通常有诙谐的见解，谈话机智而幽默。

同样是西装，不同的样式所隐含的信息也是不同的，从一个人喜爱的西装样式可以观察他的个性。一项关于西装样式的心理学实验表明，喜欢穿单排扣西装的人比喜欢穿双排扣西装的人更容易相处。穿单排扣西装的人较为随和、亲切自然，如果有陌生人和他打招呼，他会乐意和你交流。而喜欢穿双排扣西装的人，可能立即对你心生戒备，谈话也非常严肃谨慎。

此外，西装外套的合身程度也能够反映一个人的心理状态。服装是人们塑造形象的重要方式，西装也不例外。有的人在选择西装时，总是会选择比自己的尺码大一号的衣服，这并不是对自己的身材把握不好，而是另有原因。这类人通常刚刚离开校园踏入社会，略显得不自信，因此希望通过宽大的西装让自己看起来更高大、更有力量。也就是借助服装来提升自己的自信度。和这类人相处，最好多给予肯定和表扬，以寻求帮助的姿态打交道，这样更容易赢得他们的信任和好感。相反，选择稍小的西装外套的人，通常很有自信，喜欢控制别人，凡事按照自己的想法行事，在工作上会积极表现，行动力较强，和这类人相处不能硬碰硬，多称赞他的魄力和主见更容易得到好感。而那些总是穿着十分合身的西装外套的人，十分注重自己留给别人的印象，保守稳重、有教养，但是不太愿意和别人太亲近。和这类人相处要采取温和的、循序渐进的方式，重视礼貌和规范，才能赢得他们的信任。

喜欢华丽花哨服装的人有较强的自我表现意识

人们的穿着虽然不会说话，但是却可以传递着不同的性格、爱好及身份等多方面的信息。比如，规规矩矩、一本正经的人，喜欢穿西服、系领带；穿黑色衣服的人，显得冷静、深沉；穿着艳丽的人，显得活泼可爱；自由随便的人，喜欢穿牛仔服、宽松式便装；歪戴帽、敞胸怀、挽裤腿的人，显示其性格粗犷，很不在乎；地位高的人，则穿着严肃端庄。所以，衣服可以反映人的性格。

比如，总是喜欢穿华美服饰的人，有强烈的自我表现欲。在大庭广众之中，你可以发现某些人总是穿着引人注目的华美服饰，这种人大体上有强烈的自我显示欲。他们总是希望别人能够将目光集中在自己身上，也希望自己什么时候都有一副光彩照人的形象。所以他们的自我显示欲强，并且爱出风头。同时，这样的人对钱的欲望特别强烈。他们穿着华美，看似不是很缺钱，但是他们却对钱有强烈的欲望，会想方设法地赚钱。因此，当你看到这类身着华丽服装的同事或其他人时，就能洞察出他们的心理。如果你想得到他们的好感，可以多夸奖他的服装服饰，满足其膨胀的表现欲，这样肯定会使他们对你好感倍增。

有的人追求名牌服饰，这类人通常晋升意识很强。现在有很多上班族对名牌服装、名牌包等趋之若鹜，宁愿吃泡面度日也要省下钱来让自己拥有更多的名牌。同样，他们在选择工作时最关心的是某个公司是不是世界 500 强，选择男女朋友的时候最关心的是对方的家庭背景和高学历。名牌大学、名牌公司和名牌服装一样，都是上流社会的标志，追求名牌则是想要跻身上流社会的一种表现，用各种名牌来包装自己，让自己看起来生活富裕而且很有品位。喜欢追求名牌的人在工作中通常也有很强的竞争意识，他们明白，用名牌来包装自己只是进入上流社会的第一步，关键还是工作表现。他们不满足于仅仅拥有光鲜的外表，永远不会安于现状，不甘落于人后，因此会拼命工作，争取早日晋升，从而获得更高的地位和经济条件。

有的人喜欢穿与众不同的衣服。他们喜欢以自我为中心，标新立异。这种人对于流行趋势毫不关心，只穿自己喜欢的衣服，他们的个性可以说是十分强硬。并且这种人认为，如果跟别人同调，岂不是失去了自我？所以他们坚决不与他人雷同。由于他们喜欢以自我为中心，故经常弄得大家不欢而散，所以人缘不是很好。并且，他们中的部分人，不敢面对外面的花花世界，而一味地把自己关在小黑屋里，他们认为这样很安全，并且有自己的特色。

有的人的穿衣风格不稳定，经常会突然改变服装嗜好。这样的人，性格比较古怪，不喜欢与别人有过密的交往，对什么人都存有戒心。所以，对于这种突然改变自己服装嗜好的人，若想与他们继续保持良好的关系，应当对之视而不见，或者赞美他"穿什么都很不错"之类的话，相信他的心灵大门一定会向你敞开。而且，你承认他"穿得不错"的态度要比别人的质疑的态度强，这样，过不了多久，他就会靠近你，与你交流、谈心，说他改变服装的原因，从而增进你们之间的关系。

有的人只跟着潮流走，喜欢穿最流行的衣服。这种人完全不理会自己的嗜好，甚至说不清楚自己真正喜欢什么。所以他们以流行为嗜好，向流行看齐，随着潮流走，没有主见。他们不会自己决定，只能看大家都在追捧什么，就跟随大家。其实，这种人在心底里常有一种孤独感，他们很无助，不知道自己想要什么。他们的情绪也经常波动，会很容易开心，也会突然间情绪低落。所以他们是有孤独感、情绪不稳定的人。

有的人恰恰相反，他们会冷静对待流行，不盲目追随潮流。但是，他们也不会因循守旧，而是会渐渐改变穿着方式。这样的人，情绪稳定，处事中庸，一般不会做什么越轨的事。他们很理性，很少做出狂热的行为。他们不过于顺从欲望，也不盲从大众时尚。因此，这种人比较可靠，值得结交。他们在工作的时候，也是稳重的领导者。

总之，不同的人，会选择不同的服饰。很多人或许未曾料到，穿上自己喜爱的衣服，包括颜色、质料、款式等，会把他毫无掩饰地袒露出来了。不过，只要我们用心观察，就可以通过一个人的穿着，判断出他的性格。

领带的花纹显示出"想要别人怎么看自己"

领带的作用类似于女人的丝巾，但男人的行事原则和人品秉性却可以完完全全地展现在领带花纹及打法上。仔细观察周围的男士，便会发现他们本性中的一些蛛丝马迹。

领带中最常见的要数条纹领带，例如深蓝色底白色斜条纹，喜欢系条纹领带的男人通常性格谨慎而保守，希望给人留下成熟、稳重，有能力的形象。刚刚走入社会的年轻人也常常违背自己的心意，选择这种朴素大方的条纹领带，让自己看起来"很可靠"的样子。

另一种常见的领带样式就是圆点花纹。系这种领带的男人通常是很好相处的好好先生，性格温和但有时稍显懦弱，特别是做决定的时候常常优柔寡断，缺乏主见。

有时也会看见一些男人系着颜色花哨的领带，例如粉色系或红色系。他们很注重自己的风度和形象，希望打造出很有魅力和吸引力的形象。他们选择的领带不但颜色鲜艳，而且通常有特别的图案，例如动物、地图等图案，看上去十分亮眼，这也是他们希望通过领带来表现自己的品位与众不同。有些经理、总经理会刻意选择别致的领带让自己和普通的员工区别开来。

除了领带的花纹，从领带与衬衫的不同搭配方式也能看出一个人的性格。不同的颜色搭配给人以不同的视觉效果，也正是一个人希望呈现给别人的形象。

深蓝色领带搭配白色衬衫的男人事业心重。"蓝领"代表工人阶层，"白领"代表管理阶层，他们将两者融合到一起，上下兼顾，少年老成，同时不乏风度翩翩；由于视野开阔，白领的诱惑远远超过蓝领，所以他们对工资十分专注，事业心极重，因此在奋斗过程中常常出现急功近利的表现。

多色领带搭配浅蓝色衬衫的男人不够专一。五彩缤纷是人们对美好事物的形容，充满了迷离和诱惑，普通人和勤奋的人往往对此敬而远之。所以选择这种领带和衬衫的人拥有一股市井气息，热衷于名利。路边的野花繁多美丽，常常使他们心猿意马，见异思迁的他们对爱情往往不能用情专一，追逐的目标总是换了一个又一个。

黑色领带搭配白色衬衫的男人黑白分明。黑白分明是对于阅历丰富之人的形容，所以喜欢这种打扮的人多为稳健老成之士。由于看得多，感悟也会多，他们懂得什么是人生的追求。另外，他们还善于明辨是非，相信"善有善报，恶有恶报"，正义在他们身上得到了最大的展现。

黑色领带搭配灰色衬衫的男人内心忧郁。领带黑色、衬衫灰色的男人不用看他们的表情如何，仅这身打扮就让人有种不舒畅的感觉。这种人一般都有很深的忧郁，而这份忧郁是气量狭小所致，他们选择这身打扮，正是为了掩盖这个缺点。

红色领带搭配白色衬衫的男人热情开朗。红色象征火焰，代表奔放的热情，更是一种积极和主动的表现，所以男人选择红色领带，就像追逐太阳的光辉，以使自己成为注意的焦点。他们本应该属于充满野心的类型，但白色代表纯洁，是和平与祥和的象征，白色衬衫让别人对他们刮目相看，见到他们如火一样的热情和纯洁的心灵。

T恤上的文字和图案想要表达什么

当今，T恤已经成了夏日里最普遍而且最受欢迎的服装，男女老少皆宜。在过去，T恤只是用来保暖和吸汗的内衣，可是现在，它已演变成了一面公众告示牌，自己可以任意在上面留下或记录各种情绪和想法。所以，选择什么样的T恤可以更直观地看出一个人具有什么样的性格。

习惯于选择没有花样的白色T恤的人，多是一些自己比较独立的人，他们不会轻易地向世俗潮流低头。他们一般都会具有一定程度的叛逆性，但表现的形式往往不是特别明显与恰当。

喜欢选择没有花样的彩色 T 恤的人，自我表现欲望并不是十分强烈，他们甚至可以甘于平庸，做一个默默无闻的人。他们多数比较内向，不喜欢张扬，而且富有同情心，在自己能力许可的范围内，会去关心和帮助他人。

喜欢在 T 恤上印有自己名字的人，思想多数是比较开放和时尚前卫的，能够很轻松地接受一些新鲜的事物，他们对一些陈旧迂腐的老观念多是持一种排斥的态度。他们的性格比较外向，喜欢结交朋友，为人比较真诚和热情，所以通常会有良好而又不错的人际关系。他们的自信心还是挺强的，有一定的随机应变能力，在不同的情况下，能够随机应变地采取应对策略。

喜欢 T 恤上印上各种明星的画像及与之有关的东西的人，多属于追星族，他们对那些人十分崇拜，并且希望自己有朝一日能像他们一样。他们很乐于向别人表达自己的这种心理。

喜欢在 T 恤衫上印上一段幽默标语的人，多具有一定的幽默感，而且很聪慧。另外，他们也是具有很强的表现欲望的，希望能够引起别人的注意。

喜欢穿印有学校名称或大企业标志的 T 恤，这种类型的人一般比较希望他人知道自己的身份，并且对自己所在的单位和企业具有一定的感情。他们希望能够以此为载体，吸引一些志同道合的人。

喜欢穿印有著名景点风景的 T 恤，这一类型的人对旅游总是很有兴趣的。他们的性格多是外向型的，对新鲜事物的接收能力很强，而且具有一定的冒险精神。他们的自我表现欲很强，希望把自己所知道的一切都传达给他人。

总是穿相似款式鞋子的人，不爱冒险

鞋子，并不像人们所想象的那样，单纯地只起到保护脚的作用，这只是鞋子最基本的功能。在观察他人的鞋子的时候，人们除了注意其美观大方外，还可以通过鞋子对一个人进行性格的观察。

有的人特别偏好某一类型的鞋子，虽然拥有很多双鞋却都大同小异，始终穿着自己最喜爱的一款鞋子，这一双穿坏了，会再去买另外一双差不多的，这样的人思想是相当独立的。他们知道自己喜欢什么，不喜欢什么，他们十分重视自己的感觉，不会过多地在意他人怎样看。他们做事一般比较小心和谨慎，在经过仔细认真考虑以后，要么不做，要做就会全身心地投入，把它做得很好。他们很重视感情，对自己的亲人、朋友、爱人的感情都是相当忠诚的，不会轻易背叛。具体来说，又有以下几种情况：

1. 喜欢穿细高跟鞋的人

穿细高跟鞋，脚在一定程度上是要受些折磨的，但爱美的女性是不会在意这些的。这样的女性，有很强的表现欲望，她们希望能引起他人和异性的注意。

2. 喜欢穿运动鞋的人

喜欢穿运动鞋说明这是一个对生活持积极乐观态度的人，他们为人较亲切和自然，生活规律性不强，比较随便。

3. 喜欢穿拖鞋的人

喜欢穿拖鞋的人是轻松随意型人的最佳代表，他们只追求自己的感觉和感受，并不会为了别人而轻易地改变自己。他们很会享受生活，绝对不会苛刻地强求自己。

4. 喜欢穿露出脚趾的鞋子的人

喜欢穿露出脚趾的鞋子，这样的人多是外向型的，而且思想意识比较先进和前卫，浑身上下充满了朝气和自由的味道。他们很乐意与人结交，并且能做到拿得起、放得下，比较洒脱。

在古罗马时期，人们就用鞋来凸显一个人的身份。只要出身高贵或者有良好教养家庭的人会在成长中被教育道：鞋子是一个人的身份象征之一。正是因为鞋子容易被人们忽略，因此那些重视鞋子的人才是真正重视形象的人，你会发现那些每天把皮鞋擦得很干净的人，在其他方面一定也是一丝不苟、干净整齐的。一般来说，人们观察别人的外貌最多关注的头部和衣服，很少有人注意鞋子。鞋子跟衣服比起来，是目光不太注意的地方。而如果有人不仅衣着讲究，而鞋子也很有档次，那么可以说这样的人才是真正重视打扮的人。

穿着另类的人，与众不同

虽然说每个人都有自己喜欢的穿衣风格，但总体上大多数人的服装都是符合大众标准的、合情合理的。而有的人一旦出现在公众场合，一定会招来众人的目光以及随之而来的疑问："他（她）为什么穿成这样？"

穿着另类的人大致可以分为两种类型。一种是不分季节、场合，穿了不合时宜的衣服。例如穿着随便地出现在非常正式、讲究的场合，这样的人如果不是判断失误，就是故意想要吸引别人的目光，不喜欢受一般规则和观念的束缚，就要和别人不一样。另一种是在服装款式和搭配上十分另类，既不属于时尚潮流，也不符合一般人的审美标准，让人看了十分纳闷儿。如果仔细观察你会发现，他们常常独来独往，很少和朋友在一起，行为上也有些另类。

总的来说，穿着另类的人，通常性格也比较另类。他们不太和人交流，也不喜欢主动接近别人，习惯待在自己的世界里，而外面的世界在他们的眼里是庸俗的、奇怪的，所以他们对人很冷漠，而他们另类的穿着打扮也让别人不敢轻易接近，因此更加剧了这种隔阂，久而久之便很少与人打交道，并且在行为和服装上都与众不同，好像在和其他人划清界限。

这类人常有着一些与别人不一样的想法和举止，他们的行为在别人看来无法理解，有时在别人眼里他们就是一群疯子。而普通人的生活在他们眼里则太死板，缺乏创意和想象力，只是按部就班地过着和所有人一样的日子。因而，他们不喜欢别人的生活方式，也不愿意让别人走进他们的生活。因此，这样的人朋友很少，因为真正能接近并理解他们的人很少，只有理解他们才能与他们这样的人成为好朋友。而他们一旦有了朋友，那这个朋友一定是可以推心置腹、无话不说的朋友。

第二节　淡妆浓抹皆有玄机

发型变化大的人有大幅改变生活的想法

发型在个人形象中占据很重要的位置，通常来说，每个人都会有自己比较固定的、适合自己的一款发型，平时只是作局部的改变，一般很少有极大的变化，突然改变发型是需要勇气的，心理方面的因素影响很大。改变发型通常是一种寻求自我改变的方式，人身上没有什么比头发的造型和颜色更容易改变的了，人们常常通过发型的改变来展示情感和态度。

突然将长发剪成短发的人通常有大幅改变自己的心情、想法与生活方式的意味，原因可能有很多种，但总是想要开始一段新的生活，可能因为不满足与自己当前的状态，或者想从不快的情绪中走出来，积极向前进。在一些特殊的时间，比如新年或新学期开始等特别的情况下，改变发型，除了可修饰仪容以外，同时也有振奋心情的意味。例如很多人在失恋之后，为了更快地从失恋的阴影中走出来，把长发变成短发或者作其他一些明显的改变，总之，是想要摆脱过去的不快，以全新的面貌开始新的生活。

当然，也有的人无法决定一种满意的发型，总是对自己的形象不满，因而经常改变发型。也有很多人是因为心里感到不踏实、闷闷不乐，或是非常焦躁。还有一种人并非想要改变，而是喜欢不断尝试、不断改变，希望别人对他说"啊，你又换发型了"或是"这次的发型真好看"，希望能常常引起别人的注意。这类人通常乐观积极，而且乐于作出改变。

有人说，总是不停地换发型的人对自己没有自信，因为总是找不到自己满意的发型。其实，时常更换发型恰恰是自信的表现，这样的人敢于冒险尝试不同的发型，相信自己换成其他的发型也会很好看，而且，即使新发型没有得到朋友的好评，也不会太难过，这样的人通常比较想得开，不会斤斤计较。

反过来，许多年都保持同一款发型的人，尤其是女性朋友，如果不是因为工作的原因，那么确实有一些与众不同之处。这样的人通常非常谨慎，一旦找到了合适自己的发型就不会轻易作改变，即使想要改变发型也总是担心不好看而一拖再拖，于是就一直保持着同样的发型。

喜欢神秘忧郁香水的女人追求完美的爱情

对于现代的女性来说，一瓶自己钟爱的香水是必不可少的。香水让女人在举手投足中注入恒久的芳醇，让她们更有"女人味"。因此，不同的人有不同的味道，通过观察她们选择什么样的香水，也可以判断出她们的性格。

有的女人喜欢神秘忧郁的香水。选择充满了神秘忧郁气质香水的女人，往往热爱心中幻想的爱情，追求完美的感情生活。不同的恋爱有不同的回忆，所以香水也不只是香水，它还包含着爱情。喜欢神秘忧郁的香水，能够让女人们联想到完美的爱情，她们也追求这样的爱情。她们也希望能从对方的举动、表情中，猜测出对方的微妙变化，同时她们也能感知对方之所想，具备知觉爱人的能力，属于神秘高深的那种人。

如果她们不喜欢神秘，只是喜欢忧郁气味的香水，那她们是喜欢独立的感觉。她们所选择的香水从内到外都散发着淡淡的忧郁味道，犹如空谷幽兰般寂寞飘香，这种人不在乎是否有人为她的美丽而喝彩。虽然有时感觉孤独，却又不能忍受被世俗所侵染。而有的女人只喜欢神秘的香水，或者充满变幻莫测的香水。选择这种风格的香水的人永远喜欢新奇的东西，这种人受不了一成不变，也不能忍受平庸。她们迷恋着奔放的角色转换。在自我放逐的意识天地里，这种人拥有绝对的主宰能力。

有的女人喜欢浪漫情怀的香水。浪漫情怀的香水让人充满了浪漫气质。这种人喜欢追求热情、浪漫的情感生活，是典型的浪漫女人情怀，具有无比的魅力。她们对所爱的人从不计较感情的付出，内心充满对对方无私的爱。

有的女人喜欢甜点型香水。习惯使用这种甜点型香水的女性是个可信赖的、稳重的、忠实的和喜欢和睦的人，她们往往是那种站在成功男人身后的女人。与这种女人交往，你会心情非常愉快，并且可能不自觉地对她们产生好感。而且，这种女人在生活中富有同情心，能够急人之所急，因而会受到他人的认可。所以，人们总会津津乐道于她的善行、爽朗的笑声以及助人为乐的精神。

有的女人喜欢充满清泉般柔媚纯美的香水。选择这种香水的女人的气质也如这香水一般，柔媚幽雅如纯美的白色百合。她们的魅力将无人能敌。这样的人，热爱生命中一切细致美好的事物，懂得享受美好人生。她们还能使周围的人像依恋自然之水一样依恋着她们，宠爱着她们。

有的女人喜欢古典型香水。习惯于用这种香水的女人，表明她们具有高雅气质，相当有品位。她们在自己的生活中总是能够建立正确的社交圈子。并且，她们有自己独特的生活方式，经常接受别人的私人邀请。因此，习惯使用这种香水的女人，相对比较成熟，为人处世讲究技巧，容易得到他人的认可。

有的女人喜欢精神型香水。习惯使用精神型香水的女性，在生活中渴求一种闲适的生活状态。然而在闲适中，她们并非虚度光阴，而是在脑海中翻腾着一个又一个的想法或幻想。所以说，她们是有想法，却又不经常表露出来的人。

总之，不同的女人喜欢不同的香水，通过观察她们喜欢的香水类型，可以判断出她们的性格。

从眼镜的样式解读"希望改变自己的程度"

眼镜最初是为了矫正近视或为了保护眼睛而使用的工具，但今天它早已超出了其原本的使用概念，成了具有多种功能且很有装饰意义的大众用品。眼镜除了矫正视力、过滤阳光、挡风沙等使用价值外，有的人戴眼镜，甚至就是为了美观或制造某种气质。

眼镜的框架普遍具有修饰脸型的作用，戴上眼镜的同时也就改变了自己原来的面貌，不同的样式对脸型的修饰作用也不一样，从中可以大致解读人们渴望改变自己的程度。

1. 无框眼镜

无框眼镜对脸部形象的改变不大，因此戴无框眼镜的人，是尽量不改变原本面貌的人，也就是说对自己有相当程度的自信，很谨慎，不太重视装饰自己，对于虚伪和做作的人不屑一顾。

2. 金属细框眼镜

虽然金属框眼镜没办法让形象有很大的改变，但却能达到"中庸"的标准。男性戴金属框眼镜通常会显得更为成熟稳重，希望当别人看他们的时候，认为他们除斯文之余，还有着学者的风范。这种人喜欢追赶潮流，给人一种很现代的感觉。女性戴金属框眼镜也会显得更加知性。有的女性，宁愿冒着给人死板印象的风险也要戴着眼镜，只因为她们觉得自己戴上眼镜之后看上去很知性，在她们看来，知性比女人味更重要，或者说知性是另一种别具风味的女人味，至少在形象上要给人看起来具有知性的样子。

3. 粗框眼镜

而改变形象程度最高的是塑胶框眼镜，例如冲击力十足的黑色粗框眼镜。和使用其他镜框的人比起来，戴粗框眼镜的人有强烈的"变身"欲望，大胆而乐于改变，愿意尝试新鲜事物。

除了镜框的样式之外，不同形状的镜框也会给人不同的印象，镜框的形状同样能反映出"想呈现的自己"。正圆形或方形眼镜的很少，大多数都是在正方与正圆之间的过渡，而趋近于圆或方的程度正可以反映人的性格特点。

（1）戴椭圆形眼镜的人性格随和，不喜欢走极端，喜欢温和的风格，总是与他人步调一致，从不会反对他人以贯彻自己的主张。也有人会因为面对不同的人而改变想法，不坚持自己的意见，很优柔寡断。不过也有可能是完全反对任何事、自我主张强烈的人，因为讨厌这样的自己，所以戴上让人感觉柔和的眼镜。

机器猫漫画中的主人公"大雄"戴的眼镜镜框是正圆形的。"虽然功课不拿手、因为小差错而常常失败，但豁达开朗、人很好"，这种镜框的样式对他这样的角色非常适合。然而，现实生活中很少看到会戴圆形眼镜的人，是非常容易引起注意而且自以为是的人。因为对自身的独特性与原创性有强烈的感觉，所以喜好或价值观也会有所偏颇，对于任何事都有他独到的见解，对于人或事物有严格评断的倾向。

（2）对于戴方形眼镜的人而言，营造知性气质是非常重要的，对于知识性的事物怀有憧憬，是一本正经的内向性格。思考模式是以符合正统为基准，对事物看法倾向于"非黑即白"的二分法，容易被人形容成"一本正经"、"说一不二"。

全身珠光宝气，是没有自信的表现

佩戴首饰不仅是修饰外貌的方法，也带着很强的自我表现的意味。仔细观察就会发现，性格安静、内向的人和活泼外向的人选择的首饰类型会有明显的差别，因为他们想在人前呈现出的是完全不同的两种气质。

1. 全身珠光宝气的人缺乏自信

有的人喜欢佩戴闪耀光芒且引人注目的首饰，或比一般更大的首饰，任何人看了都会觉得似乎非常贵重。这类人通常自认为富有，并且乐于向别人夸耀自己是属于上流社会的人。这种人十分重视经济方面的因素，会因为经济状况的改变而忧心忡忡，金钱可以使他们心绪安宁、带来安全感和满足感。其实，全身珠光宝气的人，恰恰是缺乏自信的人，需要借助华丽的首饰来增强自信，隐藏自己虚弱、胆怯的一面。

而那些完全不戴首饰的人，或是饰品非常简单朴实的人，通常对自己的想法与生活方式都非常坚定，不需要依赖首饰之类的饰品，呈现出来的也是原本的自我。虽然外表看起来有点保守拘谨，但他们不单单只是成熟稳重而已，内心也是非常坚强的。

2. 从首饰的偏好看性格

不同造型、质地的首饰带给人不同的感受，也是人们表现自我的途径，从一个人对首饰的偏好可以看出一个人的性格。

喜欢戴手镯的人，多数是精力充沛、很有朝气和活力的。他们多是比较聪明和有智慧的，并且有某一方面的特长。他们是有追求、有理想的一群人，在绝大多数时候知道自己想要什么，并且会主动追求自己想要的东西，即使在感到迷茫时也不会轻言放弃，而是在行动过程中进行探索。

讲究衣着，重视整体搭配的人，常常会戴一枚小小的胸针。这样的人是相当重视自己在他人心中的形象的。他们在为人处世方面处处小心谨慎，不会贸然地作出某种决定。他们有一定的疑心，不会轻易地相信某一个人，即使是对非常要好的朋友，也是有一定保留的。他们希望自己能够引起别人的注意，但又总是习惯于用谦虚的态度来掩饰这种心理。

喜欢佩戴体积大、坠多、灿烂醒目的首饰的人，多是爱表现自己，爱出风头的人。无论他们走到哪里，总会成为众人的焦点。他们比较热情，并且这种情绪还会传染给其他人。他们比较积极和乐观，爱幻想。

喜欢佩戴体积小、不太打眼的首饰的人，多为谦虚而又稳重的人。他们的内心多十分平静，在任何事情面前都能保持顺其自然的心态。他们一般不太希望引起他人的注意，随便自然一些反倒更好。

所选择的装饰品具有很浓厚的民族风格的人，一般来说个性是相当鲜明的，他们总是有自己独特的思维和见解。

3. 首饰暗示你希望别人注意的部位

首饰和服装都是身体语言的道具，但与服装不同的是，首饰是可有可无的装饰品。没有首饰并不要紧，如果添加首饰配件的话，则是希望增添魅力的表现。首饰具有吸引视线的作用，人们会将视线自然而然地落在对方佩戴有首饰的部位。佩戴首饰饰品的部位，通常是自己最喜欢的部位或是最珍惜的部位，不然就是最希望对方能看见的地方。

如果胸前佩戴着项链坠子，下意识的想法就是希望男人将目光放在自己胸前，如果想让人家注意耳朵就戴耳环，想让人家注意手部就戴上戒指。除非是比较亲密的关系，否则男性不可能直接盯着女性的身体看，但如果注视着饰物，就不会显得那么不自然。在这一类女性面前的男性，最好能称赞首饰，女性会因为对方注意到这些细节而感到高兴，俩人的关系一定也会拉近许多。

爱化浓妆的女人喜欢成为注目的焦点

化妆是一种提升自信的方式，人们通常会着重修饰自己不满意的部位，以此提升整体效果，例如眼睛较小的人会运用眼线笔和睫毛膏来修饰眼睛，让自己的眼睛显得更大更有神，眼神也会充满自信。然而，如果对脸上某一处特别精心修饰，化上醒目的妆，而其他地方基本不做修饰，例如特意凸显眼部，画上很重的眼线和眼影，戴上长长的假睫毛，或者特意凸显嘴部，整张脸上以嘴部的颜色最显眼。

喜欢化浓妆的人表现欲望非常强烈。经常化妆的人通常都很在意别人对自己的看法，总是希望把自己最好的一面呈现给他人，尽量隐藏自己的缺点，提升自己的外在形象，在人前总是保持精致的妆容，因此就不能接受素面朝天出门了。她们不辞辛苦地将各种化学药剂喷洒在自己的脸上，为的是用一种极端的方式吸引他人的目光，而异性的欣赏往往使她们心甜如蜜。前卫和开放是她们的思想特征，她们对一些大胆和偏激的行为保持赞赏的态度。她们真诚、热忱，一些恶意的指责并不会给她们造成多大的伤害，她们对他人依然会很尊重。

化妆感不平衡的人，一方面是对自己脸上某个部位缺乏自信，一方面是不会考虑整体的平衡感，而只把注意力放在自己关注的哪一个点上。与其说是为了给人留下更好的形象而化妆，还不如说是为了自己的需求而化妆。不仅是化妆，这样的人在生活和工作中也显得固执己见，听不进别人的意见，因而常常钻牛角尖。其他的化妆方式背后也有一定的心理原因。

1. 轻描淡写

有的人喜欢淡妆，这样的人大多没有太强的表现欲望，希望最好谁也别发现她们。她们只要求能过得去，简单地涂抹一下，使自己不至于太难看就行。她们大都属于聪明和智慧的类型，不会将时间和精力耗费在梳妆台前。往往有着自己的理想，而且敢打敢拼，所以大多能获得成功。

2. 素面朝天

唐代诗人李白诗云："清水出芙蓉，天然去雕饰。"出自大自然之手的美往往会给人一种耳目一新的感觉。无论是工作还是社交娱乐都很少化妆的女性，一般来说对自己的容貌有相当的自信，或者不十分在意别人的看法。如果是后者，则属于性格很内向的人，人际交往的圈子很小。当然也有可能是因为她在其他方面的特质足以弥补外貌的不足，性格随和而朋友众多，大家都喜欢和她在一起，而化不化妆已经不重要了，这样的人更愿意相信，别人喜欢她是因为她这个人本身有吸引力，而不是因为脸蛋漂亮，从而和那些花枝招展但缺乏内涵的女性区别开来。

3. 从小就开始化妆

有的人从小就开始化妆。这样的人会将自小养成的那套化妆理论和方法，并延续到成年，甚至中年和老年。其实这是一种怀旧心理在作祟，美好的过去让她们回味无穷，忘记现实中的烦恼和不如意，但她们依然保持头脑清醒，不会沉迷其中而忘记现实。她们讲究实际，会极力把握住现在的所有。她们热情善良，善解人意，拥有很多可以推心置腹的朋友。

4. 把大量时间都用在化妆上

有的人会把自己绝大部分时间都花费在化妆上，这样的人为了完成自己的目标不惜花费巨大代价，任何事情都追求尽善尽美，属于典型的完美主义者。她们倾尽所有也要使自己的容貌达到自己满意的程度，最主要的是她们对自己的才智和财力都有十足的把握，而唯一放心不下的是自己的外貌，为了成为一块无瑕美玉，只好不停地审视自己，用化妆来掩饰不足，结果却适得其反。

5. 主次分明

有的人在化妆的时候则特别着意某一处。这样的人通常对自己有相当清楚的认识，对自己的优点和缺点知道得一清二楚，善于扬长避短。她们对自己充满了信心，坚信付出就会有回报，所以会脚踏实地地为自己的目标而奋斗。她们讲究实际、注重现实，不会沉湎于虚无缥缈的幻想之中。她们遇事镇静沉着，对事情的判断坚决果断，但不能纵观全局的弱点往往使她们收获甚微。

6. 喜欢怪妆

有的人喜欢化怪妆。眼皮周围或是黑乎乎的，或是蓝莹莹的；嘴唇也是有时黑有时红，有时大嘴巴，有时小嘴巴；脸如猴屁股一样红。喜欢化如此怪妆的人把这种妆当成宣泄感情的一种方式。她们通常具有强烈的反抗心理，主要是自小受到家庭的溺爱，总是要求说一不二，但现实生活每每与她们的愿望相悖，所以用一些非常规的思想和行为与社会抗争，但往往是失败多于成功。

7. 注重眼部修饰

在女性化妆的过程中，眼睛一向是不可忽视的地点。如果女性非常注意眼部的修饰，则说明她们性情浪漫，因为眼睛是五官中最容易显露自己情感的。所以，她们对感情都非常投入，有时甚至不顾一切，即使对方不能接受自己也会表明心迹。她们自我意识很强，在感情中也容易一个人幻想，并情绪波动剧烈。

8. 重视唇部的修饰

如果女性重视唇部的保护，并喜欢使用口红等化妆品，则是想凸显自己的性感。因为加强嘴唇的形状，将让人感到充满魅力。在潜意识里，她们具有魅惑男性的意味，所以在恋爱中，她们一般是较为积极的一方，擅长发挥女性柔媚的特质，懂得掌控异性的策略。不过，她们对喜欢和不喜欢的人态度非常鲜明，对前者会运用一切方法吸引过来，对后者则不屑一顾。

9. 注重肌肤的基础护理

能做到每日进行彻底的基础护理，拥有水嫩肌肤的女性，一般给人年轻和纯净的感觉。就像她们会仔细护理肌肤一样，对待爱情具有很强的正义感，一旦付出就一心一意，并厌恶所谓的花花公子。不过，这类女性专一并具有强烈的独占欲，有时会对男友身边的年轻同性产生极强的妒忌心和厌恶感，给男友造成强烈的束缚感。

从唇彩的颜色看女性的性格和职业

中国有句古话："女人心，海底针。"这句话蕴含的意思非常深刻，即女人的心理是很难猜测的。但是，近来心理学家通过"投射"方式发现，很多女性总会无意识地将自己的心理特征"投射"在自己的日常生活用品中，尤其是一些化妆品上。

就拿唇彩来说，现在全世界几乎有一半的女性每天都会用唇彩。对那些习惯于每天用唇彩的女性来说，如果哪一天忽然不让她们用唇彩，她们就会感到如同没穿好衣服一样别扭。唇彩作为女性增添自己魅力的手段之一，其颜色种类可谓是五花八门，既有红色、粉色、橙色，还有珍珠色、褐色、紫色等。通过观察一个女性对唇彩颜色的喜好，往往就能知晓她的性格特征和职业。

1. 红色唇彩

红色会使女性的嘴唇显得更为突出。所以，如果一个女性喜欢红色的唇彩，则说明其性格外向、活泼好动、乐观、崇尚自由、具有独立的个性。她的社交能力非常的强，对人真诚有礼，喜欢与人分享美好的事物，因而其人际关系处理得非常好，朋友很多。通常情况下，涂有这种唇彩的女性往往是从事销售、公关，或是美容、美发等行业。

2. 粉色唇彩

粉红是一种代表纯情和女性本色美的颜色。所以，很多女孩和男孩第一次约会时最喜欢使用此种颜色的唇彩。通常情况下，如果一个女性喜欢使用此种颜色的唇彩，则说明其性格较为温柔、和善、思想较为单纯、富有同情心和爱心。但是她的心理承受能力较弱，在挫折和失败面前常常会表现出很委屈、很受伤的样子。她很信任爱情，对恋爱抱有很大的期待。虽然她平时表现得温柔贤淑，但一旦知道冒险的乐趣，很可能会发生大胆的变化。在与人交往时，她可能显得有点矜持，但其内心却是火热的。你一旦成为她的朋友，往往会得到她无微不至的关怀。一般来说，涂着这种颜色唇彩的女性往往从事教师、医生等行业。

3. 橙色唇彩

橙色往往能给人亲切、温柔、温馨的感觉。所以，喜欢这种颜色唇彩的女性，其性格较为稳重、和蔼，具有较强的自我控制能力和判断力，无论是对人还是对事，都有自己的观点和看法，从不会人云亦云。她的口才较好，但不会强词夺理，喜欢以理服人，同时，她还具有较强的幽默感。在爱情方面，她往往愿意为对方付出自己的一切，是典型的贤妻良母型女性，她坚信"爱情的眼里容不得半粒沙子"。一旦恋人背叛了自己，她极有可能会报复对方。不过，她对朋友是非常坦荡和大度的，如果朋友不小心伤害了她，她往往会一笑而过。所以，她的人缘很是不错。通常情况下，涂着这种颜色唇彩的女性往往从事各种商业活动，如一些店铺的老板，或是大公司的高级职员。

4. 珍珠色唇彩

珍珠色是一种代表纯洁、高洁的颜色。喜欢珍珠色唇彩的女性，其性格文静、庄重，聪颖谨慎，心思细腻且喜欢追求完美。她具有较强的个性，自我主张非常明确，从不掩饰自己的追求和欲望，喜欢自由地享受生活。一旦她确定了自己的追求目标，她就会全力以赴，从不会在乎别人的眼光。在爱情方面，不喜欢受到对方的约束，要求对方尊重自己的个人空间。在与人交往时，她也不喜欢别人干预自己的事情，同时她也不会干预对方的事。通常情况下，涂着这种颜色唇彩的女性往往是一些自由职业者。

5. 紫色唇彩

紫色是一种代表高贵和典雅的颜色。喜欢紫色唇彩的女性，其性格较为外向，具有较强的表现欲望和优越感，虽然喜欢在别人面前展示自己的魅力，但从不虚伪。有些时候，她们很爱幻想，喜欢追求不平凡的生活方式。在与人交往时，她往往会给人，尤其是给男性一种高高在上、难以接近、不易被诱惑的感觉，但她恰恰具有让男性痴迷的不可思议的魅力和个性。通常情况下，涂着这种颜色唇彩的女性往往从事音乐、艺术等行业。

可见，一个女人对唇彩的喜好，往往可以透露出她的性格特征和职业特点。

从发丝中读懂对方的心理

从发丝中也能读懂对方的心思吗？有些人可能会惊讶得不敢相信，然而事实就是如此，下面就让我们先从男人的毛发分析起吧。头发和胡须连在了一起，且又浓又粗，这样的男性，给人的第一感觉往往是剽悍、强壮。一般来讲，这些认识都是不错的。但是，在有些场合，他们还显得比较鲁莽，性格豪放不羁，有侠义心肠，喜欢多管闲事好打不平，多不拘于小节。

头发稀疏，粗硬而卷曲。这样的人，多思维比较敏捷，而且善于思考，并有很好的口才，能够很容易地说服别人。他们的性格弹性比较大，可以说得上是能屈能伸，适应性很好。他们善于把立场的坚定性和策略的灵活性完美地结合起来。

头发浓密柔软，自然下垂。这一类型的人，大多性格比较内向，话语不多，善于思考。从某种程度上说，他们的生存能力比较强，许多环境都能适应自如，这一类型人所从事的事业多是和艺术方面有关的。

头发自然向内卷曲，如烫过一样。这样的人性格大多不稳定，而且脾气大多比较暴躁，而且疑心比较重，总是患得患失的，在犹豫和矛盾中挣扎，除此之外，嫉妒心还很重。

发根卷曲，发梢平直。这样的人大多喜欢比较自由地行动，厌恶被人约束和限制，不会轻易向他人妥协。

让自然来决定自己的发型，并且长时间保持，这样的人大多总是怨天尤人，但却从来不从自己身上寻找原因，更不会付诸行动去寻求改变。一般来说，我们很难弄懂他们的真实想法，因为在很多时候他们都会向别人妥协。

头发长长的，直直的，看起来显得非常飘逸和流畅。这种人的性格大多界于传统与现代之间，他们既含蕴世故，又大胆前卫，只是要视情况而定。他们大多非常自信，而且渴望成功，会为自己的理想不懈奋斗。

头发很短，这样看起来很简洁，而且也极为方便。这样的人，大多有勃勃的野心，他们的生活总是被各种各样的事情占据着。他们在内心很想把这些事情做好，但实际上却往往什么也做不好。他们责任感不强，在面临困难的时候容易退缩。

热衷于波浪形烫发的人，说明他们对流行是比较敏感的，他们大多很在乎自己外在的形象，并且知道怎样才能使自己的外在形象达到最佳的效果。他们积极主导自己的生活，能够应对各种变化。

喜欢蓬松及前端梳得很高的发型。这样的人比较保守，而且还有点固执或者也可以说是执着。一旦他们遇到自己喜欢的东西或是认准了某一件事物，在绝大多数的情况下，不会轻易地改变自己的想法及观念。

故意把发型弄得很怪。这样的人，表现欲望很强烈，他们希望自己能够吸引更多的目光，他们经常不考虑他人的心情和感受，有什么话就说什么话。他们对任何一件事情都有自己独特的见解和认识，并且会始终坚持着自己的立场。他们绝对是那种敢于拍案而起的人。

喜欢剪平头的人。大多男子汉的味道更浓一些，他们讨厌娘娘腔十足的人，而对很有硬气的人十分有好感。从表面上看，这样的人从来都不会给你留下温柔的印象，但实际上他们也有自己温柔的一面，而且他们比较细心。他们的思想从一定程度上来说还是相对比较保守和传统的，他们也很在乎自己在他人面前的表现。

喜欢剃光头的人。多是努力在营造一种能够让人产生误解的想法。这样的人非常希望给人留下一种神秘感，让人猜不透他们心里在想些什么。

男士不管是留长发、剃光头，或是其他各种各样比较特别的发型，其都有一个普遍的共同点，那就是标新立异，想别出心裁地突出自己，增加自身的魅力。

与男士相比，女士的发型若要研究分析起来，则要复杂得多。若留着飘逸的披肩发，则说她比较清纯、浪漫；若留的是齐眉的短发，则显得天真活泼，无忧无虑；烫成满头卷发，代表这个人较有青春的活力，充满野性。

把头发梳得很短，并让它保持顺其自然的状态。说明这个人比较安分守己，甚至是封闭保守的；如果她把头发梳理得很整齐，但并不追求某种流行的款式，则表明这可能是比较含蓄，但自主意识较强的一个人；在自己的发型上投入很多的精力，力争达到完美的程度，说明这是一个自尊心比较强，追求完美，爱挑剔的人。

头发像钢丝，又粗又硬，而且还很浓密。这样的人疑心较重，不会轻而易举地相信别人。他们最相信的就是自己，所以凡事都要亲力亲为，才觉得放心。他们做事很有魄力，而且组织能力也比较强，具有一定的领导才能。这一类型的人，理性的成分要大大地多于感性，所以涉及感情方面的问题时，往往显得外行。

头发很粗，但色泽淡，而且质地坚硬，很稀疏。这一类型的人自我意识极强，刚愎自用，很难听取别人的意见和建议。他们不甘心被人领导，渴望能够驾驭别人。他们多比较自私，缺乏容人的度量，但这一类型的人一般来说，头脑还算比较聪明，可是他们的目光又比较短浅和狭窄，所以不会有多大的成就。

头发柔软，而稀疏。这一类型的人，自我表现欲望一般来说比较强，他们喜欢出风头，更爱与人争辩，以吸引他人的目光，获得他人的关注。在他们的性格中，自负的成分占了很多，他们自以为是，很少把他人放在眼里，尽管自己比他人做得更糟糕。他们做事的时候，多缺少必要的思考，所以常会作出错误的判断，而且还容易疏忽和健忘。

头发浓密粗硬，但自然下垂。这种人从外形上来看，多半身体比较胖，而且也显得比较慵懒，不喜欢活动，但他们心思缜密，往往能察觉到一般人发现不了的细节。他们的感情比较丰富，易动情，对情感不专一。

总之，透过一个人的发型、发质，我们往往可以读懂他的内心。

不同的发型，不同的性格

发型是一个人表现自己最直接的形式，俗话说"一发二妆三服装"，同样一个人，可能因为变换了不同的发型而给人以完全不同的感觉，尤其对于女性来说，可以从对不同发型的偏好了解一个人的性格特征。通常，女人的青春和性感都和头发的长短有联系，而要不要留长发的决定，就意味着不同的含义了。

一般而言，长发的女人偏爱回忆，习惯于静态思维，行为被动，容易放弃自我，做事仔细，性别意识较强；短发者追寻新鲜感，注意力分散，情绪更易改变，处世主动，我行我素，较为粗犷，性别意识淡化。长发者较依赖别人，留恋过去；短发者相对较独立，面向未来。长发的女性通常看起来温柔、端庄，态度谨慎，但令人意外的是她的内心坚强，对自身与周围的人际关系能冷静判断，很懂得自我约束。

喜欢用长发盖住耳朵的人，有喜欢孤独的倾向。长发可以遮住脸的一部分，而且可以盖住接受外界信息的入口——耳朵，仿佛不愿意听见别人说话，只想躲在自己的世界里不受外界干扰。比起跟人交际来往，她们更喜欢自己独处。

一头乌黑秀丽的长发是青春活力的表现，很多女性在进入中年之后就会逐渐把头发剪短，而有的女性却始终留着长及腰部的长发，她们通常很在意别人的眼光，内心拒绝自己变老，不愿接受自己的年纪，因而一直保留少女般的长发。

喜爱留短发的女性通常对自己的容貌比较有自信，因为长发具有修饰脸型的作用，而短发会让整个脸孔显现在别人眼前，短发的人通常也比较开朗活泼、个性直爽，很少有多愁善感的时候。

具体来说，一头精心修剪的时髦短发通常代表与众不同的个性和经济上的宽裕。短发常常比长发更难打理，需要更多的时间和金钱来保持完美的效果。因此，留着一头时髦短发的女性是非常注重外表的人，而且想要表现自己与众不同的一面。

留着普通短发的女性则通常具有务实的个性。她们不想花太多时间来打理头发，不想把早上宝贵的时间浪费在梳妆打扮上，比起外表的修饰，她们更看重能力的培养。当然，在对留短发的女性进行判断时要排除对方正在接受手术或在复原中的情况。

一个人心情愉快时总是很乐意打理自己，如果一个平日里衣冠整洁的朋友突然头发散乱、很不清爽，一定是发生了什么事情，这时你就应该多关心一下他了。

第三节　相由心生，人可以貌相

皮肤白皙的男性通常内向而害羞

人们皮肤的颜色具有一定的社会和文化意义，虽然人的肤色在一定程度上取决于父母的肤色，但后天环境对肤色的塑造起着更大的作用，而肤色与人的性格也有密切的关系。当我们初次见到一个人时，通常会通过对方的肤色来判断他的身份。皮肤粗糙黝黑的人常被认为是体力劳动者，而皮肤白皙细腻的人则被认为是从事脑力工作的白领。这种认识有一定的合理性，但不能作为判断的绝对依据。

皮肤白皙的男性通常内向而害羞。人类学的研究指出，皮肤白皙的女性总是很受欢迎，而男性总是以黝黑的肤色取胜。原因在于，皮肤白皙的女性容易让人想到纯洁、善良、单纯等美好的词汇，而皮肤黝黑的男性则让人感觉很有力量、十分可靠。皮肤白皙的男性却没那么受欢迎，社会对他们总是有先入为主的偏见，认为皮肤白的男性一定是娇生惯养、软弱无力的人。这显然是一种偏见，但大多数皮肤白皙的男性的确性格内向、不善于和人打交道，他们个性比较封闭，喜欢独自一人待着，有些害羞和自卑，朋友聚会上常常独自一人坐在角落里，很少主动和人说话，和这类人相处，要多鼓励和称赞他们，敞开心扉地交谈，他们就会视你如知己。他们在生活和工作常常扮演独行侠和跟随着，而很少是领导者，即使因为工作出色而登上管理岗位，也是非常低调谦和的领导。

从一个人皮肤的状态也能略知他的个性。有的人皮肤粗糙，油脂分泌旺盛，眼袋和黑眼圈问题严重，而且身材粗壮、声音浑厚，这类人往往个性爽朗，较具侵略性，有很强的自信心，凡事喜欢以自我为中心，对权力和金钱有很强的欲望，在工作中常常担当领导的角色。

另外一些人皮肤细腻、头发柔软，这类人通常性情温和，显得比较懒散，做事总是慢腾腾的，非常重视生活品质，喜欢享受生活，对自己的要求不会太高，环境也没有给他们太大的压力。如果是女性，那么通常心思细腻而挑剔，购物时喜欢反复比较，很难买到一件称心满意的商品。她选择聚餐地点时，注重餐厅四周的气氛远胜过食物本身。

脸型也是个性的表征

世界上没有完全相同的两片叶子，世界上也没有完全一样的两张脸，即使是双胞胎也会有些许的差别，因为一个人的面相不仅和父母的遗传有关，也和后天的成长经历、身心状况有关。人的面相与人的心理有着密切的关系，能够反映出人的性格、气质等。

1. 国字脸的人

他们的脸型方正，下巴尖瘦，是一般人所称的"国字脸"，他们有大而明亮的眼睛，小而有肉的鼻子和嘴巴。一般来说，他们是个性开朗、乐观、聪明、心胸很开阔的那类人，对自己的事通常没有什么忌讳。国字脸的人，前额和下颌都较宽，且下颌棱角分明，脸庞轮廓分明。方形脸的人为人处世就像他们的脸部轮廓一样，规规矩矩、是非分明，在生活中沉默寡言，对人对事冷静而固执，原则性非常强，遇事不懂得变通，因此容易得罪别人，人际关系不是很好。他们很讨厌花言巧语爱吹牛的人，凡事看重实际。

如果你问他们："你的皮肤真水嫩啊，你应该不到 30 岁吧?"他们会马上回答你："哪里啊，我都快 40 岁了!"如果在细问几句，他们甚至会把生辰八字一股脑儿全告诉你。他们个性积极主动，一般喜欢你用直接的语气问话。

2. 鹅蛋脸的人

他们有着偏圆、呈鹅蛋的脸型，眼睛大而圆，樱桃小口通常还带着笑意。一般来说，这类人头脑清醒、聪明，记忆力好。他们口齿清晰，足智多谋，处事往往经过深思熟虑。但是他们的个性有时候像个孩子一样漂浮不定，有时会给人一种反复变化、心机很重的感觉。

他们往往是虚实相加的高手，他们说过的话，你得仔细筛选，即使你和他们交往了一段时间，他们提供给你的信息你也不可以全信。一般来说，他们对自己很有自信，最怕被人轻视，所以只要是他们打定主意不说的事，无论你怎样打探都不会有结果。虽然他们表面交游广阔，但其实极注重家庭隐私，除非他们对你有极高的信任，否则你别想和他们的家人扯上关系。

3. 椭圆形脸

即前额与下颌的宽度大致相同，脸的长度大概是宽度的一倍。椭圆形脸的人通常争强好胜而且性格急躁，不喜欢听到反对自己的意见，嫉妒心强，眼睛里容不得比自己优秀的人，但如果能够把这种嫉妒化成动力，在工作上会有非常出色的表现。

4. 圆脸的人

脸庞平滑，没有凸出的脸颊或颚骨。这种人通常面色红润，即使不笑也脸带喜色，头发有光泽。所以，他们大多热情、冲动、多才多艺、为人和蔼、谦恭有礼，但是他们往往不够坚定，有点浮躁，有时候做事情会拖拖拉拉的。

5. 瘦长形脸的人

他们通常皮肤偏黑、头发浓密，为人和蔼可亲，但非常敏感，常常闷闷不乐、郁郁寡欢，他们非常懂得居安思危、未雨绸缪，但也常常给自己找不必要的烦恼，对自己和别人都要求严格，经常对周围的人和事感到不满。

6. 倒三角脸型的人

他们通常骨骼明显，颧骨很高，两腮几乎没什么肉，整张脸几乎呈倒三角形。他们的五官清晰立体，浓眉，眼睛细长。一般来说，他们的个性风风火火的，动作快，说话也快。但是他们一般比较急躁，脾气不好，做事往往三分钟热度，缺乏耐心。因为他们是个火暴脾气，所以最讨厌你说话吞吞吐吐，含糊不清。他们很重视平等，一般比较喜欢交朋友，心情好的时候，可以有求必应。

他们一般和家人的关系不是很亲近，如果你询问他们与家人有关的话题，他们可能会"沉默"，甚至反感你继续追问。所以如果想询问他们和家人的关系，你可以先说自己和家人的关系，最好用诉苦的方式，这样往往能引起共鸣。

此外，看一个人的脸部比例的大小，也能对他的个性略知一二。和身体相比，脸部比例小的人，个性比较保守内向，他们总是遵循传统和主流规则，谨慎胆小，因此很少有所突破。他们的口头禅多半是"是吗？""真的吗？"这样的疑问句，对新鲜事物和陌生事物有一种天生的怀疑戒备心理，做决定的时候往往犹豫不决，总是需要征求别人的意见、让别人推他一把才能大胆改变。不过，他们在工作上通常扎实稳重，是非常可靠的实干者，适合繁琐细致的工作。相反，脸部比例相对较大的人，通常性格外向、朋友众多，他们处事圆滑，善于和不同的人打交道，而且具有冒险精神和开拓精神，在工作中喜欢挑战，希望能够独当一面，上进心很强。

不同体形的人有怎样的性格特征

细心观察身边的朋友，你会深有体会。如果你的朋友拥有瘦削的健壮身材，你能无时无刻地感受到他们的快乐，并能受到他们的情绪感染。他们积极热情，无论什么事都愿意接受挑战。他们拥有坚强信念，充满自信心，坚持不懈。有这样体型的人，判断及裁决迅速果断，坚信"天生我材必有用"。在工作中，他们是值得信赖的好伙伴，商业交往中也是好顾客。

通常，人们在工作或社交场合中总是把自己的内心包裹得严严实实，要想了解一个人的性格，并不简单。但是至少有一样东西是难以包裹的，这就是他的体型。人的体型无法受到意识控制，然而却能反映内心。因此我们可以通过体型识人，来大致判断别人的性格。

以下我们就介绍 5 种不同的体型的人及其相关性格分析：

1. 肥胖型

这种体型的人的特征就是在胸部、腹部、臀部上堆积了一些赘肉，一旦腹部等处凝聚大量的脂肪，俗称的"中年肥胖"便出现了。这类人能很快适应周围变化的情绪，大多属于好动的人，乐于偷懒和被人奉承，有时在工作中耍点小聪明。其中许多人仍容易被周围的人理解，是受欢迎的人。

他们的性格特征是热情活泼，喜好社交，行动积极，善良而单纯，经常保持幽默或充满活力，也有温文尔雅一面。他们中有许多人是成功的企业家，他们的理解力和同时处理许多事物的能力强，但考虑欠缺一贯性，常失言，过于草率，自我评价过高，喜欢干涉别人的言行，喜欢多管闲事。在工作中，如果有人无法默默地顺从他们的意志时，他们就会立即与该人断绝来往。

2. 苗条而有心事型

苗条是针对瘦弱的人所用的词语，瘦弱型的许多人都隐藏心事，给人无法接近和无从交往的感觉。瘦弱女性大都个性刚烈，生起气来男人都招架不住。这类人最大的特色是冷静沉着。但其性格十分复杂，存在互相矛盾的地方。对幻想中的事物兴趣大，不让他人了解自己的内心世界或私生活。此类人不愿与平常人相交为友，而表现出一种令别人意欲与他接近的贵族气质，他们身上常散发着一种浪漫情调。

如果你想与这类人交往，你要了解他们善良、细致的心。他们通常在生活上严谨慎重，意志薄弱，是很难交往的人。他们专心于鸡毛蒜皮的无聊小事，骄傲而外表冷漠，当无法下决心时，凭冲动决定事物。天生对手工艺、文学、美术感兴趣，对流行服饰感觉敏锐。

3. 强健型

拥有这样身材的人肌肉发达，体态匀称，头部肥大、筋骨强壮、肩膀宽阔，他们通常是黏液质类型的人。他们的言行循规蹈矩、一丝不苟，诚恳忠实，不少人是举重、摔跤选手或公司领导。如果你去翻看他们的抽屉，一定是井然有序，写的字也是一笔一画的正楷。

这类人的另一个特征是速度迟缓，说话绕弯子，唠叨不停。如果你叫他们写文章，必定是十分繁琐，谨慎而周到，洋洋洒洒的一大篇。他们是足以让人信赖但又稍嫌欠缺趣味性的人物。他们有顽固执着的一面，也有拘泥于形式思考的习惯。如果你想把握这种类型的人，不妨偶尔利用闲谈或请客来试试他们。

4. 娃娃脸半成熟型

这类人怎么也看不出年纪大小，脸长得像个娃娃脸，即未成熟型的人。他们大多以自我为中心，个性强，又称为显示性性格。谈话时若不以他们为中心，他们就会很不愉快，他们完全不听他人的话，属任性类型。

他们不一定精通每一行，但拥有广泛知识，谈吐风趣，擅长幽默。谈话常用"我……"的方式开口，没完没了。他们属于天真而无心机的人，但他们自己并不知道自己没有成人个性和思想，所以是个悲剧。如果自己被追捧，就很好；如果被冷遇，就会嫉妒。

5. 瘦弱细线条型

这类人强烈的敏感性使他们对自己周围的变化十分敏锐，常常会过于留意周围人的动静。这类人中绝对没有脑筋差的人，知识分子为多数。他们无论什么都自我承担一切责任，当他们犯错时常会说"都是我不好……"。

这类人心理不稳定，容易失衡，心情焦虑，自己却能经常发现自己的这种缺点，具有丰富和细腻的感情。文静真诚而又顺从的神经质的性格，给别人的印象是没有自主性、迟钝、性情易变、不易相交。对于受这类朋友或上司之托的事，一定要如实地实现，遵守约定，注意礼节，等等。

总之，从许多的事实看，某种体型的人也确实容易形成某种个性品质和特征，借此对人的心理进行粗略观察和初步判断。只要别过于呆板，也还是有一定效果的。

眉毛粗细代表一个人的精气神

我们在与人打交道时，还可以通过观察眉毛的特征来判断一个人具有什么样的性格，从而可以知道与这个人做事或是交谈时，应该采用什么样的方法，我们也可以通过眉毛来判断这个人是否适合做朋友，是否可以合作，等等。

首先粗眉毛的人性格比较积极、容易冲动，所以在事业发展上，一般更喜欢从事一些具有挑战性的工作。在历史上各个领域里有建树的伟人一般都是这一类型的人。他们勇于面对挑战，总是保有一种一往无前的气势。但有些人难免会给人一种有勇无谋的感觉，而且眉毛浓密的人压力承受度相对差一些，可能会因为一些小刺激而作出很大的反应。

长有粗眉毛的人因为眉毛浓密，所以眉毛看上去也比较光亮，比较有气势。长有这种眉毛的人总是能给人留下一个很深的印象，眉毛越浓密，在别人眼中的气质也就越好，同时代表一个人的生命力也很旺盛。但如果一个人的眉毛过于浓密的话，这种人便有了高傲、狡猾的趋向，他们往往可能会以自我为中心。

这样的人在生活中，往往也是外向乐观的。你会经常看到他们的脸上总是洋溢着笑容，即使面对困难与挫折，他们也能用一种积极的态度去面对，他们的热情也能感染周围的人。所以能够结交几个这样的朋友，那么在你今后的生活中，如果遇到什么问题，你都可以从他们身上看到希望。

在爱情方面，眉毛比较粗的人感情会更加细腻丰富、他们往往能敏锐地觉察到恋人的情绪，会因为恋人一个微笑而备感温暖，也会因为恋人一个冷漠的眼神而伤心。但即便伤心，他们自身的积极性格，也会让他们能在短时间内走出伤心的阴霾。在感情世界里，他们是属于越挫越勇的，有的眉毛比较浓的人可能会出现对恋人胡搅蛮缠的现象，那主要是一种多情的外在体现。

另外，眉毛粗而杂乱的人，物质欲望会比较强，喜欢占便宜，但也比较吃苦耐劳。眉毛粗但中间凹陷稀疏的人则比较自卑、缺乏安全感，不容易相信人。

那细眉毛的人性格相对来说就要消极一些，通常这一类人性情比较温和，只是比较丰富，但在处理问题上常常会表现出一种优柔寡断的倾向，面对比自己强势的人，就会展露比较懦弱的一面。并且由于缺少进取心和创造性，所以更喜欢被动地接受他人安排的工作。

细眉毛的人，因为眉毛较少，难以给人留下深刻的印象，还容易给人一种比较悲观的感觉，他们的气场会让身边的人觉得有些压抑，从而产生烦闷的感觉。

所以这类人在和他人的交往中，可能不如粗眉毛的人顺利。

在爱情中，这些人一般不太会采取主动，当然在恋人的激情带动下，他们也会被热情感染，但多少还是会放不开手脚，会有所顾忌和担心。但由于比粗眉毛的人行事更加谨慎，所以他们的婚姻生活虽然会有些平淡但通常能够和爱人相守一生，从这一点来看还是令人满意的。

如果你是一个性格有些消极的人，不妨交一些粗眉毛的朋友，他们的积极和热情也一定会带动你慢慢乐观起来。如果你需要找朋友帮你做一些比较繁琐需要细心处理的事情，那么不妨找细眉毛的朋友，他们通常会帮你完成得很好。

眉形间隐藏着丰富的内心信息

从生理学来说，眉毛对保护眼睛功不可没，而在美学上，眉毛的作用也不可小看。另外，不同的眉形也给我们披露了人们丰富的内心信息。

1. 威虎眉

这类人的眉毛清秀而修长，眉毛向上，给人一种威风凛凛、不可侵犯的感觉。他们胆子比较大，敢作敢为，有顶天立地的责任心，因此，事业往往有比较大的成就。

2. 罗汉眉

此种人的眉毛短而杂乱，从整体上看，显得局促而疏散。他们的眉毛就像长期劳碌的样子，给人一种落魄的印象，运气总是不好，但苦尽甘来，他们早年艰辛，中年往往有所成就，如果有一个得力的妻子管家，家产会有保障。

3. 狮子眉

这种人的眉毛粗壮而平直。狮子虽然给人威猛的感觉，但不像老虎那样凶猛，因此人们认为，这种人一辈子比较平淡，中年以后才有可能发达。在事业上属于大器晚成型。

4. 螺旋眉

这类人的眉毛既像一个螺旋，又像烫过的卷发，每一根眉毛都卷曲起来，给人一种比较威严的感觉，有如战场上的将军。可能是人们经常把这种人当成将军，所以他们常常用将军"兵不厌诈"的思维去处理问题，生性多疑，与人的关系比较冷淡，对家人也是一样。由于他们沉着冷静，所以寿命较长。

5. 利剑眉

此类人的眉毛粗壮，眉头斜上，形如短剑，往往给人凶悍的感觉。一般而言，他们的脾气比较急躁，心胸比较狭窄，与人的关系不很融洽。所以一方面他们要注意身体，另一方面应该特别注意陶冶自己的情操。

6. 卧蚕眉

这种类型的人的眉毛清秀而细长，眉头眉尾比较细，眉的中间较粗。传说关羽长着这样一对眉毛。他们生性比较机灵，为人仗义。虽老谋深算，但给人一种英俊的感觉，往往是少年得志。由于比较清高，使人产生敬意，所以与人的关系常常不很和谐。

7. 细弯眉

这种人的眉毛清秀而弯长，眉尾微微上翘，眉毛细长，看起来聪明伶俐。他们谦恭而文雅，非常注意品德的修养，很有作家的风采。与人的关系较好，做事容易取得成功，一生平安，吃穿不愁。

8. 柳叶眉

这类人眉毛较粗，眉尾弯曲，呈现出不规则的角状，就像春天的一片柳叶。他们表面上给人一种糊涂的感觉，但对人对事往往是哑巴吃汤圆——心中有数。他们比较诚实，与朋友的关系很融洽，家庭观念却比较淡薄。因为朋友很多，中年之后，往往事业有成，名声较大。

9. 短秀眉

这种类型的人眉毛短促而清秀，漆黑有光，给人一种慈眉善目的感觉。他们比较讲求信义，抱负远大，心地善良，对家庭负责，对朋友忠义，对父母有孝心，被人认为是有福之人。

10. 八字眉

此类人的眉毛像一个"八"字，眉尖上翘，眉梢下撇，眉尖细而浓，眉梢广而淡。这种人不仅看起来比较英俊，而且为人善良，极为勤奋，因而一生衣食无忧，但是终生劳作不息，有时还得不到家人的理解。

11. 扁担眉

这种人的眉毛眉头眉尾粗细均匀，给人一种清明的感觉，因形状像扁担而得名。正如扁担的爽直单纯一样，他们比较孤僻，但能够专心做事，很容易获得功名富贵。因为心态坦然，故身体健康，寿命较长。

12. 短眉

此种人眉短不过目，性情上自私易怒，不轻易与人妥协，多愁善感，和家人的缘分浅，结婚的机缘也很少，即使结婚也容易离婚或与另一半冷战。

13. 三角眉

也称勇士眉，很多杀手或武士有这种眉。他们刚毅果决，不怕遭遇挫折，喜欢以自我为中心，因而事业上常常是孤军奋战。

14. 疏眼眉

这类人眉眼距离宽，代表他们体内有长寿的因子，性格温和宽厚，是很好相处的人。但若宽过一根食指的距离，则可能是口是心非、言不由衷之人。

15. 亲眼眉

这一类型的人眉眼距离短，眉毛和眼睛太近，甚至眉低压眼，他们性急，脾气暴躁，疑心重，容易受骗，目光短浅，见识少。若距离窄过一根食指，则事业不顺，人际关系也不好。此外，也几乎没有继承祖产和拥有不动产的机遇。

16. 一字眉

也就是眉形像正楷写的"一"字的样子，又有粗细之分。粗一字眉的人，胆子大、意志力强并且有精神，说话声音大而且严厉，做事武断。细一字眉的人，固执，做事缺乏耐性，也有可能成为令警察头疼的智慧型罪犯。

17. 倒竖眉

倒竖之眉，指眉相呈倒八字，这类人性格坚毅，有理想、有抱负，勇于进取，具备了成功的所有心理品质，当然容易成功，所以属上相。但过则不美。这种眉如过于飞扬无度，使眼显得低陷无奇，则多好高骛远，命比纸薄。小事不愿做，大事又做不了，终无成就。

18. 上扬眉

这种人比较有杀气和霸气，过去有很多黑社会和杀手都有此眉，他们好强，不服输，霸道不讲理，非常有自尊心，甚至以封闭来保持他们神秘的自尊。

额头宽的人聪明，额头窄的人老实

额头是指发际与眉毛之间，宽度以三根手指为标准。额头占整个脸的面积是最大的，一般来说，从额头的形状可以看出一个人处事的智慧与态度。

一般情况下，一个人额头的左右跨度的大小是判断一个人额头宽阔或狭窄的依据。额头宽大的人看起来五官更为分明，轮廓更清晰。从人体构造上来讲，额头宽大的人，一般脑容量也就相对要大，头脑比较灵活，逻辑思维也很缜密，所以会给人一种聪明伶俐的印象。很多企业家都是这种类型的人。

另外宽额头的人一般都是心胸比较宽阔的人，在与人相处中不太会与别人斤斤计较，给人一种很开朗大气的印象，乐于交朋友，所以往往人缘都还不错。不过有时也难免会发生听不进去别人的劝说的情况，而且这种人做起事来难免有些浮躁，缺乏实干精神，和他们相处要注意方式方法。即使提意见也要委婉地表达，避免硬碰硬或是用一种挖苦的语气来进行劝导。那样只会适得其反。

对待爱情上，额头较宽的人可能更容易花心，他们或许可以和恋人说绵绵情话，但是也可能转眼就被别人吸引去了，同这样的人交往，就不要过于苛求他们一定要时刻地守在自己身边，适当放手，给予他们一定的空间，感情则能更长久一些。

另外还有一部分人额头不仅宽，还比较圆。这样额头的人多半是女性，男性相对较少。长有这样额头的女性比较乖巧、可爱，会得到别人的疼爱，不过她们遇事通常比较优柔寡断，对别人有依赖心理。

额头左右跨度较小的则是人们常说的窄额头。窄额头的人一般比较老实，给人一种温顺含蓄的感觉，他们通常与人为善，容易与别人相处。做事踏实认真，虽然思维不及宽额头的人敏锐，但好在勤勤恳恳。

窄额头的人同样也有缺点，比如没有太大毅力，常常会因为一点小挫折而轻易罢休，性格上稍显幼稚、任性，时常有一些一意孤行的行为。爱发脾气，并且不分场合不看情况，感情也较易冲动。

在与人相处上，这种人不太喜欢争强好胜，他们更向往平静安宁的生活，虽然可能不会有太大的成就，但是他们一般都会安居乐业。对待恋人也愿意付出真心与耐心，一旦锁定了一个对象，就希望能好好地爱对方到老，所以这种人一般家庭生活会比较幸福。

额头皱纹中的性格解读

额头上有三四条呈大圆弧形的横向皱纹的人，大多命运较好，能够长命百岁。这种人如果进政界发展，必定非常成功。如果投身商界，也能在所在的行业里取得非常可观的业绩。他们为人友善、开朗乐观，道德修养较高，有很强的实践能力。

额头的中央部位有很多条下坠皱纹的人，对周围的人和事非常敏感，能够很快地看出事物的本质。此种人适合从事科学研究或技术含量非常高的工作。但这种人人品不好，心术不正。

额头的皱纹呈现一道深沟的人，大多追求感官或精神上的刺激。他们为人不正直，对不公平的事情通过会睁一只眼闭一只眼。

额头的皱纹呈现出数道零星纹路的人，没有固定的居所，生活不稳定。他们的命运不是很好，因此需要自己多加努力才会有所成就。

额头有横纹或有一条垂直线的人，一般适合扛枪打仗。他们多少会有所成就。不过，这种人容易突然死亡，因此，自己在平时需要多加注意。

在印堂的下部、鼻子的上部有数条横纹的人，对周围的环境充满热情和好奇。他们开朗乐观，从不用消极的心态去对待人生。笑时会出现这种皱纹的人，大多为人友善、和蔼可亲。不过，他们爱管闲事。

在眉间有数条纵纹的人，对周围的环境过于敏感，多少有些神经质。不过他们为人本分，不会做欺诈之事。此外，他们有很强的实践能力，一般会有较高的社会地位和较好的个人信誉。

眉间可以看到皱纹的人，做事不爽快，而且不好说话。他们的逻辑思维能力较强，能够准确地预测事物的发展趋势，因此，他们很容易在工作中作出引人注目的成绩，成为群体中的核心人物。

眉间有一条纵纹的人，大多有比较独特的个性，很少会为别人改变自己。他们对金钱过于痴迷。他们能够严格要求自己，不过也希望别人能够达到自己的要求。

下巴也是一个人个性的象征

在所有人体部位中，下巴是生理和心理学家研究得最透彻的一个部位。下巴不仅是用来发声和咀嚼，外形上男性的下巴稍有棱角，女性则较为浑圆，通过观察下巴我们还能知道一个人的个性如何。

如果一个人的下巴呈半圆形或是椭圆形，看起来宽厚、浑圆，这种下巴的人为人比较和善，性格忠厚踏实，做事积极卖力。如果男人长有圆下巴，那么他一定是个性格开朗，乐于助人的人，会是一个很好的朋友。如果女人长有这种下巴，则她比较善解人意，并且家庭观念很强，成家之后，会是个贤妻良母。所以圆下巴的人一般都能拥有美满的婚姻生活。

在与人相处上，由于他们温和的性格，能给身边的朋友带来一种安全感，容易得到朋友的信任。

如果一个人下巴呈方形，下巴底部有左右两个棱角。这样的人则是天生的行动派，个性刚毅果断，一旦有了想法，就会立刻展开行动，并会有一种不达目的不罢休的坚韧精神。

此外，方下巴的人还是个理想主义者，有时他们明知道这样做会对自己不利，但仍然会付诸行动，最终如果能够取得成功，他们会认为是理所当然，如果最终以失败告终，则会一反常态，容易做出一些极端，带有破坏性的举动。

由于方下巴的人有强烈的进取心，他们一般容易在所从事领域获得成功。这种个性表现在爱情上则对于自己中意的人则会锲而不舍，即使遇到阻碍，也会想尽办法排除万难，努力追求。

另外下巴比较尖的人，通常性格比较活泼开朗，招人喜欢。但也比较争强好胜，自尊心很强。也很怕被人欺骗，如果不小心得罪他，很可能招到他的记恨。下巴尖且短的人，个性善变、急躁，好冲动，做事常常欠缺周密的思虑，缺乏计划与耐力，喜欢提出一大堆问题与构想，但是事后却无力完成。尖下巴的人喜欢把爱情理想化，并且有较高的审美观。

通过观察下巴帮助我们识别人的个性。与下巴比较圆的人做朋友或是做恋人，会让你的工作或是生活更加轻松，你可以得到他们慷慨的帮助。和下巴比较尖的人来往，可以让他们帮助你提高审美能力。

·第二章·

对方一开口，你就能了解他

第一节　善问问题是读懂人心的关键

适当地自我揭露，鼓励对方说出心里话

小刘是新来的同事，她看起来有点孤僻。每天，她在早上上班的时候和同事打声招呼"早上好"之后，就一直窝在椅子里，做出一副"请勿打扰"的姿态。午休时间大家都比较活跃，聊购物、聊美食……可是小刘仍然一言不发，依旧对着电脑。部门王经理看在眼里，就主动坐到小刘身边，询问小刘最近工作的情况。小刘仍是问一句说一句，一副心不在焉的样子。见她桌子上有一个米奇图案的杯子，王经理就说："你也喜欢米奇啊，我也喜欢呢。你看，我的手表都是米奇的，我啊，就是老有少心呢！其实刚到这个公司的时候，我也很内向，那时我刚刚离婚，和大家都刻意保持着距离，还好同事都很好相处，工作上也对我很支持。你也要开朗起来哦！"小刘的脸上终于露出了笑容，最终她坦言："新的工作环境，我有点难以适应，工作又没有上手，所以有时候不太想说话。"

从例子可以看出，王经理的自我揭露，打动了小刘，从而鼓励小刘说出了心里话。好的谈话内容是双向的沟通，除非你谈到自己，否则无论你问多少问题，问得多么精妙，都不会谈得太深。如果你想让别人坦白，就必须先说一些你自己的事情，这样你的谈话就变得值得一听，他会觉得你和他更亲近了。

人们都乐于接受和自己主动接近的人。有时候，如果你适当地揭露自己，包括性格上的小缺点，往往更能让人体会到真实。因为人人都有缺点，如果你表现得太过完美，高不可攀。往往会给人一种冷若冰山的感觉，从而疏远和你的距离。只有你收回了你的防卫心，对他敞开心扉，他才能对你积极回应。要知道，没有人有义

务对你开放自我，也没有人向你发誓一定要主动或诚实。如果你想从他那里得到不设防的话，你就一定要鼓励他，让他信任你。可见，适当地自我揭露，更能让他对你产生信任感，你的表现不是刻意伪装的，他也更容易对你吐露心声。

因此有人说，如果你想看清某人，你就必须先让自己被他看一眼。当然自我揭露是讲究效果的，你需要仔细挑选你要揭露的事，并选择适当的时机，如果不确定要透露多少，最好少说些。你可以在关系成熟的时候适时填补一些，这样，他会感觉到有新鲜感，你也不会因为透露太多缺点而吓跑他。

对于那些取得突出成绩的人来说，适当地进行自我揭露，让自己在别人心目中的完美形象掺杂点小缺憾，往往更能消除他人的妒忌心理从而鼓励对方说出心里话。

营造让对方吐露真心的氛围

有的谈话氛围会产生温室效果，暖洋洋的和谐空气会使谈话开花、结果；而有的谈话环境则像暴风雪一样打消了谈话的兴致。在大部分的情况下，我们都能尽量选择对话的环境，营造和谐的谈话氛围。比如，你绝不会选择在吃午餐的时刻问别人怎样治疗痔疮效果好，也不会在电影开场后的安静环境里大声谈论对方的私人糗事。如何营造让对方吐露真心的氛围？以下方法可供参考：

1. 环境：谁的地盘谁做主

谈话的环境往往影响着谈话的内容和质量。如果你想让对方在轻松的氛围里对你吐露真情实感，那么事先设计好对话环境是必不可少的。如果你追求一位美女未果，不妨和她去她最喜欢的那家西餐厅。在雅致的小包间里，花 4 个小时细品咖啡和 4 道精致的菜肴。伴随着悠扬的钢琴曲，还有什么比这种方式更能让一个人吐露心声？当然，如果你实在想不出在哪里谈话比较合适。你不妨直接问他："你想在哪里聊聊？"或者"你有特别想去的地方吗？推荐一下！"

一般情况下，人们在自己的地盘是最为自在和放松的，如果你想让他对你开诚布公，就在他自己的地盘或是他选择的地方吧！在那里，他有一种自己做主、控制谈话内容的感觉。这将使他十分惬意和放松，他也可以将话题发挥得淋漓尽致。反之，如果你让他来你的地盘，例如，你的办公室。他往往会保持警戒，不会对你透露太多，在你的地盘上解读他是很难的。

2. 旁观者：请他赶快离开

这有点像表演开始时清空舞台的感觉，不相关的人，还是请他赶快离开吧！

试想一下，如果你问谈话对象一个私人问题，有很多旁观者在场，他会将心里真实的想法吐露出来吗？他往往会采取自夸、敌对态度或表现出自我防卫的姿态。有时候，他甚至会以沉默来对抗你的问题。所以，明智的话赶快清场！

3. 障碍物：一脚踢碎它

你和谈话对象之间的任何物品都可能影响你们的交流，所以很多人在谈话的过程中，选择从桌子后面走出来，坐在交流对象的旁边。如果你想排除谈话对象的心理障碍，那么请先除去你们之间的障碍物。它有可能是一个过高的花瓶、多余的水杯或是任何干扰你和对方视线交流的物品。如果你戴着帽子或是太阳镜，也要摘下来。

4. 分心的事物：暂时隔离

如果你的谈话对象聊兴正起，她的心扉已经向你敞开了一半。这时你接了一个不合时宜的电话，10 分钟之后，电话被挂断，尽管你说了抱歉，但是你的谈话对象却连刚刚说到哪里都忘记了。一般来说，当一场对话谈到情绪高昂的时候，我们最不想的，就是被电话或其他事物所干扰。这些让人分心的事物，包括：电话、电视、收音机、呼叫器，等等。所以你需要关掉电话，关好房门，当你消除分心的事物时，你已经为坦诚、完美的对话准备了良好的氛围了。

总之，好的谈话就像潺潺的河水，蜿蜒前行，又永远不会中断。障碍物就是河中的杂草、碎石、淤泥，只有清除这些谈话的壁垒，交流才会更加顺畅。

三个问题让你迅速了解一个人

如果你想迅速地了解一个人，问他问题是最快捷的方法。不论你是相亲、工作、面试、看医生还是为孩子找个学校，事先设计好你想提出的问题，想好你究竟要网罗对方哪一方面的信息，这样做会达成许多目标。当然，你的问题需要有清楚的焦点，有时候你必须要求精准的答案，有时候你甚至需要严厉地问问题。

问什么样的问题要考虑环境因素以及你想从对方身上得到些什么。如果你遇到了一个漂亮女人，你想娶她为妻，你未来的妻子对你父母的态度以及她的家庭观念就是你要探究的。如果你想去看医生，你就需要预先设计好与你的病情相关的问题。这样，你不容易丢失谈话的焦点。如果想不起来问谈话对象什么问题，你可以把问题的侧重点放在以下三个方面：社会经济背景、生活满意度、爱心和同情心。

1. 社会经济背景

人们都喜欢谈论自己，你的谈话对象也不例外。如："你在哪里出生？""你的职业是什么？"这些问题几乎可以问任何人，要注意的是问的时候不要太过生硬，要缓慢而自然，并考虑你的问题是否涉及太多隐私，同时提出问题不要过快，要有过渡。家庭成长环境对一个人的影响很大，因此你可以尝试问她："你的父母是什么职业？""你小时候就学过舞蹈，是母亲接送你吗？"通过这些问题，你可以简单了解她的家庭背景，答案也将会显示出她们的社会经济背景。

2. 生活满意度

能帮你判断谈话对象生活满意度的问题也是值得一问的。如："你小时候的理想是什么？实现了吗？""你在高中时想成为什么样的人？"如果你的谈话对象向你坦言这个愿望没有实现，你可以进一步问他原因是什么。这些方面的问题能提供给你一条整体的线索，你能更快地了解你的谈话对象，他对生活是否满意？错过了当初的梦想，他是否感到遗憾？你也可以问他爱好相关的问题，如："平时喜欢读什么样的书籍？""喜欢什么样的音乐？是否加入一些业余团体组织？"当然，如果你发现谈话对象不喜欢这个话题，他想极力避开，你就不要像一只苍蝇一样紧追不舍了。

3. 爱心和同情心

许多问题可以透露你的谈话对象是否有爱情和同情心。他和朋友、家人是否亲密？周末他是否常常做义工？最近他又参与了哪些慈善活动？他对于街边的流浪汉抱有怎样的态度？你可以事先设定一些问题以便在谈话的过程中提出，测试谈话对象是否有爱情和同情心，并且你们的交谈也将会更有信息性。

总之，你可以准备一些和这三个方面有关的问题，以便能快速地获得更多的信息，从而了解一个人。同时，你们的交谈也会更加流畅。你可以随着谈话的流向，可以随时回到你准备好的问题上，不论你现在提出什么话题。

漏斗法则：从开放式的问题开始，逐渐缩小范围

每种类型的问题都有最合适的谈话情境，知道什么时候用哪种类型的问题，对于想从别人身上得到可靠信息的你来说，是非常重要的。设想一下，在交谈之前，你想到了可以提出的各种问题，你可以把它们看成一个漏斗：宽口的一端代表开放式的问题，你可以容许对方对这一问题作出宽泛的解释和随性的回答。争论式的问题是漏斗的尖端，这往往是一些焦点明确的问题，时常是对立的，起争

论的。在这之间便是诱导式的问题，它起到疏导的作用，关注谈话对象的反应，虽然它不及开放式的问题一样宽泛。

1. 开放性的问题

开放式的问题简直可以用闲谈来形容，轻松得好像你们就是在拉家常。这类型的问题不会有所指向，谈话对象也不用分辨哪一种答案会取悦于你，没有担心，他自然就可以轻松地说出心里话。开放式的话题是你获得客观信息的首选。

当然，开放式话题也有缺点。由于它们太宽泛了，答案有时候会完全脱离轨道，你得到的信息往往都不是你想要的。而且开放式的问题也相当费时，有时候唠唠叨叨谈了半天，却没有你想要的答案。开放式的问题也给谈话对象规避问题创造了条件。

2. 诱导式的问题

开放式的问题没有限定任何答案，而诱导式的问题则有限制。有时候限制是有利的，因为这样可以引导谈话的方向，避免浪费了大量的时间和精力却不得要领。如果你想知道你的员工工作热情如何，不要问他："你今天都做了什么？"而是问一个诱导的问题："你今天几点到公司的？"

如果你想从一个闪烁其词的人口中得到直接的答案，你可以好好利用诱导式问题。否则，如果你问他开放式的问题，估计问三天三夜也问不出结果。另一种使用诱导式问题的情况，是让对方知道你事先掌握了他的一些信息。例如，母亲对儿子说："我知道你一直都不喜欢舞蹈，但是学了拉丁舞是不是有一些不同的感觉？"或者商人对潜在的客户说："这项计划是否和去年……事情有关？"这些问题能促使谈话对象坦露更多的信息。

3. 争论式的问题

争论式的问题给人的感觉就是争论、辩解。有时为了取得重要的讯息或揭发谎言，你不得不使用这种问题。在日常生活中，使用威胁的手段强迫对方承认以取得答案应该是最后的手段。有时候，在最激烈的言谈攻击下，你的谈话对象不得不承认他"没有犯过的错"。但是冷静之后，他往往会表示这是为了避开你，为了逃离现场才那样说的，这样的态度转变有时难辨真伪。有时候你逼得紧了，他甚至会说："好吧，我承认，你不就是想让我承认吗？现在你得到了你想要的答案，可以走了吗？"

总之，不同类型的问题都有适合的谈话情境，选对问题往往是读懂对方的第一步。

重要的是反应而不是回答

无论你多善于设计问题，偶尔还会遇到闪避功夫一流的聊天对象。有的人回答问题密不透风严丝合缝；有的人则会扯上一些风马牛不相干的事。其实，橡皮绳是在你的手里，只要你知道谈话的焦点在哪里，如果有人跑题你就完全可以拉回来的，重要的是他对问题的反应不仅仅是回答，你可能需要仔细观察和聆听，注意他稍纵即逝的反应及一些细微的蛛丝马迹。无论是哪种反应，辨别出他的技巧和动机，你就能充分洞察他的个性。

1. 没有反应

避免反应的方法很多，改变话题或干脆对你置之不理。如果聊天对象对你提出的问题没有作出任何反应，首先你要确定他是否听到或彻底了解了你所提出的问题。有些人不愿意承认自己没听清或没听懂问题，这也是很常见的事。有的人在忙着手头上的事，通常还没有反应就忽然转移了话题，他自己却浑然不知；有的人对问题理解错误，却以为已经作了回应。在这种情形下，没有反应不是什么大事。只要再多问一些，应该很快得到答案。

在提问之前，尽量猜猜他人不愿意回答的原因，对谈话的顺利进行是很有帮助的。如小区的王大妈性格开朗，很喜欢和你聊她的家里人。但是你发现，她总是回避说她的独生女儿，每次你问到这，她都像没听见似的，很快就转移话题。后来你听说，她的女儿和网友私奔了，很久都没有回家了。由此可见，如果有人逃避你的问题，他可能是不想出丑，或是有意避开真相，他也可能会扯上不相干的话题。在这种情况下，你要忍住好奇，不要一直质问下去，盲目追求事实真相，引起别人的反感。重要的是你知道了她的反应，什么是话题的敏感点，你可以稍后再尝试。

2. 简短的回答

如果有人一直用简单的回答来敷衍你，就太不寻常了。他为什么会有这样的反应？他的回答是不是太过简单？如果对方一直用"是"或"不是"来回答你，你就要提高警惕了。

细心观察可以发现，诚实简短的回答，其肢体语言和说谎的动作反应明显不同。诚实简短的回答对应的是心情轻松、毫无戒备。而说谎者的简短回答往往伴随着紧张、恐惧、困窘，甚至有些气喘。可见，如果一个人总是用简短的答案来回答你提出的问题，观察他的心理反应和肢体反应，你就可以洞察他的内心世界了。

3. 冗长的回答

有的人回答问题拐弯抹角，有的人则是啰唆，解读冗长的回答难度要大得多。冗长的回答有时会隐藏或歪曲事实，有的人在回答时长篇大论，将事实散布其中。这样的反应表明他内心充满不安，他怕你识破他。于是，将事实与谎言混合在一起，让你自己去挑拣分辨去吧。

你不用对他的每句话都怀疑，可以细心研究话里的含意。想想他回答的是不是很充分？他的肢体语言是不是能给人一种坦率的感觉？你可以对他响应的内容作出检测，看回答的内容是不是前后一致。如果他是在信口雌黄，前言不搭后语，那么可能表明他心情紧张，缺乏安全感。如果内容连贯流畅，那有可能他想控制谈话的方向或是想对你有所隐瞒。

不妨从局外人身上寻找信息

人总是要和其他人交往，同时本性也会暴露在不相干的局外人面前，也就是说，他不一定认识这局外人，可是局外人却知道他的存在，并且观察了他的思想和行为。人再怎么戴假面具，在没有舞台和对手的时候，这假面具总是要拿下来的，让很多人看到其真面目。而当他和别人交往、合作时，别人也会对他留下各种不同的印象。因此，你可以向不同的人打听，打听他的为人、做事、思想。每个人的答案都会有出入，这是因为各人好恶有所不同之故。你可把这些打听来的资讯集合在一起，找出交集最多的地方，那么大概就可以了解这个人的真性情了。

不过打听也要看对象，向他的密友打听，听到的当然都是好话；向他的"敌人"打听，你听到的坏话自然较多！最好能多问一些人，不一定是他的朋友，同事、同学、邻居都可以问，重要的是，要把问到的综合起来看，不可光听某个人的话！

打听还要讲技巧，问得太白，会引起对方的戒心，不会告诉你实话，最好用聊天的方式，并且拐弯抹角地诱导他说出真话。当然这技巧需要磨炼，不是三两天就可以学到的。如果你花点时间想一些有效率的问题来问这些他认识的人，你可能会得到你想要的讯息。

在聚会中，你问老总的妻子："王总很喜欢钓鱼，平时您陪他一起去吗？"这个问题可能会引出一些反应，因此显示出他的性格、爱好和价值观。如果她回答:"他不可能带我一起去的,他觉得钓鱼是需要耐性的,我的耐性不够。"这表明他是个严肃认真的人。"我很想去,但是他从不带我一起去。"这透露出他的自私和冷漠。"是啊,我们每次都一起去,已经 6 年了,每个周日早上 6 点我们会准时出发,我们都很享受这个过程。"这表示他是个有责任心的人,他有很强的计划性,做事也很执着。如果你是他的员工,忠实、坚毅、组织性都是他希望在你身上看到的。与局外人的交谈,任何这样的信息都会使你了解到"他重视什么",从而可以预测他的行为。

此外,你也可以看看对方交往的都是哪些人。人们常说"物以类聚,人以群分"和"龙交龙,凤交凤",意思是什么样的人就和什么样的人在一起,因为他们价值观相近,所以才凑得起来。所以性情耿直的就和投机取巧的人合不来,喜欢酒色财气的人也不会跟自律甚严的人成为好友。所以观察一个人的交友情况,大概就可以知道这个人的性情了。

除了交友情况,也可以打听他在家里的情形,看他对待家人如何,对待邻人又如何。如果你得到的是负面的答案,那么这个人你必须小心,因为对待至亲都不好,他怎么可能对你好呢? 若对你好,绝对是另有所图。

第二节　听到这些话,千万要注意

"可能吧"其实是"我不同意你的说法"

中国有句老话叫作:"说话听声,锣鼓听音。"指的是要注意说话方的"弦外之音"。你一定有这样的经历,当你表达完想法向大家征求意见的时候,大多数人会附和:"我同意你的想法。"可是,却有一个不同的声音响起:"可能吧……"是的,就是这几个简单的字,你会怎样理解?

你也许会想,是他没有思考出否定的意见才这么回答吧。当然,不排除这个可能,但是大部分时候说出"可能吧"往往有言外之意。其实,"可能吧"的潜台词很明显是:"我不同意你的说法。"

我们暂时假设他有不同的意见。设想一下,在大家都对你的想法持肯定态度的时候,他往往不好意思直接提出异议。如果他直言不讳"我不同意你的说法",这需要很大的勇气。这样的人自我防范意识很强,他往往很老练,而且有很多顾虑。也许他觉得只有自己一个人提了反对意见，会招来大家的反感。然而，他又不想违心地表示赞同。在这种情况下，他懂得含蓄，知道迂回，于是只好以一句"可能吧"来敷衍。这样的人一般比较冷静，懂得以退为进，一般人际关系处理得都很好。所以，听到这样的话，你要充分考虑回应人心里的真实状态。在这种语言环境下，他其实很想表达自己的真实想法：我想说不是这样的，但是现在提出反对意见，又好像不是时候……这正是他心里一直在纠结，有矛盾在挣扎的表现。所以说，"可能吧"的心理语言等同于"我不同意你的说法"。

其实，这种碍于语言环境而不便直接对你表达否定意见的行为是受从众心理支配的。从众心理是指当个体受到群体的影响，会怀疑并改变自己的观点、判断和行为，朝着与群体大多数人一致的方向变化。这种从众心理也被称为"随大流"。一般来说有三种表现形式：一是口服心服。即表面完全服从，内心也欣然接受。二是口服心不服。即表面出于无奈勉强服从，可是内心有着强烈的反对愿望。三是彻底随大流，谈不上服从与不服，看人怎么样他怎么样。

与"可能吧"相类似的回应还有"好像是这样吧""也许是吧""大概吧"、"差不多"，等等，这也是很多公司主管常用的回应语，如果你的意见得到了这样的回应，你就需要好好揣摩一下了。

说自己"性格不太好"的人其实很自恋

生活中，我们常常可以听到身边的人以抱怨的口气评价自己，这个说，"我的性格不太好"。那个说，"唉，最近我胖了……""总熬夜，我都长痘痘了"。他们真的是有感而言吗？面对他们的"坦诚"你该做何感想？其实，他们过分地关注自己的性格、外表，恰恰反映出他们不同的心境。

王文在联谊会上认识了一个叫雪的女孩。吃过一次饭，雪就和王文坦白："我的性格不太好。"王文心想："她总说自己性格不好，可究竟哪里不好呢？雪一直都是温婉可人的模样啊！"继而又想："能坦言自己性格不好的人，相信也坏不到哪去。"可是，随着交往的程度加深，王文发现雪的性格真的很差，她总是随时随地叫王文帮她背着一包化妆品，不分场合地补粉、修眉，而且她总觉得自己是独一无二的，她觉得王文就该随叫随到，她说王文遇到了自己是捡到了宝。

从例子可以看出，王文把雪坦言"性格不太好"看成了诚实就犯错了，坦诚自己性格不好的人，往往性格真的很差。这样的人通常意识不到自己性格上的缺

点，相反还会觉得是优点。

性格是好是坏，并不是绝对的，每个人的看法都不尽相同。如果你在和人交往的过程中，遇到一个坦白自己性格不好的人，你需要具体情况具体分析。一般人对不熟悉的人通常不会过多谈论自己的性格，不想被人知其"短"。如果仅是见了一面的人对你暴露自己"性格不太好"，这往往是其自恋的表现。实际上，他要么把"性格不太好"当成了口头禅，要么就是以自我为中心的人，他对自己相当满意，并且十分喜欢"性格不太好"的自己。所以，他表现得十分自恋，总是把注意力过多地集中在自己的身上。

生活中，还有一部分人总是关注自己的外表，和他们交谈你会感觉有些喘不过气来，他们总是纠结在"是不是长胖了""脸上是不是起痘痘了"等这些问题上。究竟他们出于什么心理，要向你坦言自己"长胖了"或"起痘了"呢？

假设你有个久违的朋友，他非常胖，你从前没少拿他的胖开玩笑。如果有一天你们在街上重逢，他一定会抢先说："我是不是又胖了啊？"是的，如果他很率真，以你们的亲密程度，他坦诚自己胖了也无妨。这是他先发制人的表现，因为他不了解你的感受，过胖的阴影又使他的心里忐忑不安，他总有一丝担心："好久不见了，你不会又说我胖了吧？干脆我先说出来封你的嘴吧！"其实这样的人，既自我又自卑，他总是觉得别人会把目光注视在自己的身上，同时，他又觉得自己身上有不完美的地方。他虽然直言自己长胖了，心里却十分渴望能得到你的否定回答。如果你说："你哪里胖了，明明瘦了嘛！"相信，他会笑得连耳朵都红了。

"可是"是听不进去的表现

如果留心观察犯错的儿童，你会发现，小孩子犯错误被父母发现之后，无论大人怎么苦口婆心地教育他，无论说什么，他通常都是一种反应：瞪着乌溜溜的眼睛向上看，嘴上嘀咕着"可是……"有这样的反应表示他对父母所说的话根本不感兴趣，也没有办法静下心来倾听。这样的孩子基本以自我为中心，无论父母说什么，他都会有几句话辩解。

不只是孩子，成人也是如此。尤其是在恋人、朋友或同事之间，我们经常可以听到耐人寻味的"可是……"比如在你开会讨论问题时候，经常有人会"可是……"个没完，这样你很容易就感到手足无措。你和大家一直在讨论一个问题，可是就有那么一个人一直在用"可是"强行转换话题，结果刚刚谈论得有点眉目，讨论又不得不中断。因此，整个会议要是有一个人用两三次"可是……"这个会议就没办法继续下去。常用"可是"的这个人，他无法安静地听完你的发言，他也参与不到大家积极的讨论中去。对他来说，大家讨论的话题是他无法忍受也不感兴趣的，他没有办法静下心来倾听，他的思绪被自己"可是"后面的内容添堵得满满当当的。他喜欢这样以自我为中心，并且表现得很幼稚。

在日常交谈时，除了"可是"还有很多可以转移到新话题的连接词。如："要是这么说……""也就是说……"等，随着讯息交换或是意见表达，谈话的内容会开始绕圈子或是转向。有时候话题的转换不是自然发生的行为，而是参与者有心操控的结果。像前面提到的"要是这么说"，明显是通过承接别人的言论，将话题转移到自己的观点上。"也就是说……"则是换一种方式强调之前所说的话。这些连接词使话题的进行不像火车轨横越平原那般平顺了，它能清晰地表露出什么话题是人们感兴趣的，什么话题是他们不感兴趣的。

发现人们用"可是"来改变话题的时候，这其实也是他听不进去，想回避话题的表现。例如，假设妻子问丈夫是否想要小孩？先生回答："我是喜欢小孩，可是我们还没有准备好啊，我的工作很忙，事业正处于上升的阶段，领导说年后我就可以升职了。现在要孩子太不是时候了……"随着话题的延伸，他提到了工作、升职，蓄意变更话题，"可是"后面的阐述才是他真正想表达的，他没有真正听进去妻子的想法。不过这个转变很自然，后面的话题都是"可是"之前的延伸，并且与妻子的问题相关。

总之，如果有人在和你谈话的时候频繁用到"可是……"我们基本可以断定，他根本无视你在说什么，他也没有听进去你说了些什么，他只是想尽快结束谈话或者重新开始一段新的话题。

"年轻真好啊"其实是想听到恭维的话

小悦新进一家单位不久，她年轻有魄力，凡事都想做到最好。对待女上司交代的任务，她更是一丝不苟，加班加点，保证定时超额完成。每次她和同组的提前完成任务，她都会受到女领导的夸奖："年轻真好啊，想法很有创意。继续保持啊！""谢谢领导，我会继续努力。"小悦每次都很谦逊。可是女领导夸奖归夸奖，却连一次奖金都没有给小悦，反倒是同组的做事没有小悦利落的女孩常常拿奖金。小悦觉得自己是新来的，并不十分在意，可是一直到年底，小悦除了领导那句"年轻真好啊"之外，什么奖励都没有得到。一直到她离职，她都不明白，女领导明明看到了她的努力，为什么就没有给她更实质的鼓励呢？

例子中"年轻真好啊！"这样类似的话语，在生活中，我们也常常听年长的上司说过。其实，后半句根据情境的不同，可以理解为"我可没有那么好的体力""我可没有那么大的冲劲"，等等。不管怎么说，看似表扬下属的话实际上却有另外的含义。当你听到上司在夸奖你"年轻真好"的时候，他的心里有可能在说："年轻真好啊，不过我和你们年轻人不一样，我更注重实际。"后一句话的真正含义，需要联系具体语境，你才可以真正体会到。

的确，随着年龄的增长，年长的上司对你年轻的体魄和活跃的思维会表露出羡慕和赞赏。不过，他们却保留着长期在工作环境中竞争并取得胜利的自豪感，这会使他们毫不认输，保留着一种"我不会输给年轻人"的心态。虽然他们嘴上可能对你出色的表现表示夸赞，但有可能只是"口服心不服"，他们嘴上说了"年轻真好"，心里却并不这样认为。他们也许只是出于在你面前摆出一种长者的姿态，之所以这样做，无非是想获得你的恭维，他们心底有个声音分明在说："我们承认年轻很好，但是我和你不同，我更了解脚踏实地才能把理想变成现实。"如果此时你识破了他的话外音，你来一句，"其实我觉得还有更好的方法，请您多赐教"。相信你的上司一定会乐此不疲地对你教诲了。或者你说"作为年轻人，我太毛手毛脚了，这次成功多亏了您沉稳的领导"，如果你这样说，你一定会在他脸上看到真实的想法。

作为年轻人，听到年长的人夸奖自己年轻有作为时，如果能透过谈话的语境，揪出他说话的本意，你一定会了解他内心的真实想法。这样，你不会因为被夸得得意忘形而被扣上"还是太年轻，没有礼貌"的帽子了。

"某某真厉害"表示内心决定要超过对方

"李姐真厉害！""不愧是主任，这么棘手的工作都摆平了！"生活中，这样的话不绝于耳，要是下属这么说，相信作为上司的你早就飘飘然了吧？可是这真是他的肺腑之言吗？你有出色的工作能力，下属可能真是由衷地感到钦佩，但也不能排除他和你客套的成分。要分清他是真情还是假意，要看他平时对你的态度而定。一般来说，如果他平时很仰慕你并且只在适当的时候对你表示赞赏，这表示他的话是发自内心的。如果他时不时不分场合就对你赞不绝口，这往往是故意和你套近乎，他的真正用意是想要超过你。

一般来说，经常奉承上司的人多半是进取心强的人，他的内心想坐到上司的位置上，所以在语言上对上司表示赞赏，在行动上往往也有模仿上司的谈吐、行为的习惯。发生这种情况，即使是客套话，一般也是下属自叹不如上司。如果下属真的认为上司不行，他一般不会违心地乱加奉承。所以，当听到有人夸你"真厉害"的时候，你是可以通过他说话的情境来推断此话背后的真正含义的。一般这句话可以理解为"我要超过你"或是"我要成为你，以后也要有人这么对我"。

"某某真厉害"不是一句简单的奉承话，它有时还能透漏出说此话的人想通过语言和你拉近心理距离的愿望。我们知道任何人际交往都是在交际双方所结成的心理距离中进行的，适当的心理距离是人际交往成功的一个必要条件。语言是可以拉近或推远相互之间的心理距离。"某某真厉害"和一般的恭敬的语言有着相同的效果，这类语言要依靠时间、场合、目的微妙地表达。如果有人在适当的场合夸奖你"真厉害"，你往往不会感到不适，你丝毫也感受不到他内心想要超过你的真实意图。所以有人也把这称为"高明的奉承"。

"高明的奉承"一般不会被扣上"拍马屁""马屁精"的帽子，有时候，它带给人的只是适度的礼貌，像似蜻蜓点水，点到即止。细心观察，大多夸上司"真厉害"的下属都不会跟在领导的屁股后面随走随夸，下属往往会依据情境，并有一定的形式和措辞。例如：当领导做了高明的计划部署或者是对工作进行了有利指导后，下属激动地夸赞"领导您真厉害"或是干脆小声嘀咕"领导太厉害了"。这和总是对领导低声下气、毕恭毕敬、赞不绝口的人有着根本的不同。如果你是领导，面对成天对你赞不绝口的下属，相信随着交往的日益深入，你一定会觉察到他的态度，你可能会有种"这家伙如此口是心非、真会做表面文章"的感觉。

所以说，当你的朋友、同事、下属夸你"真厉害""真了不起"的时候，你要了解他们的真正意图。他们虽然和你交往很久，你们彼此了解得也很深刻。但如果他们对你总是赞不绝口，语气也十分谨慎。这表明他们对你有隐隐的敌意，他们企图利用这种方式和态度闯进你的心里，突破你心中的警戒线，实际上，他们的真正动机在于企图模仿你，在内心决定要超过你，取代你。

担心"做不好怎么办"的人，往往认真负责

你拜托朋友一件事，他答应你了，但是却总是小声嘀咕"我做不好怎么办"。他表现得十分不安，弄得你也没了底气，你是不是顿生悔意？心想："早知道这样，还不如找别人帮忙了。"其实，你的担心是多余的，他担心"做不好"，往往是他面对压力时不自觉的表现，这样的人对你交代的事情往往会认

真负责。

不管是谁，身上多了一副沉甸甸的担子，都会有种"搞砸了可怎么办""能不能办好"的焦虑和担心。如果你的朋友把他的担心说了出来，这表明他们是怕做不好让你失望。面对你的信任，他有很强的责任感，他在无形中给自己增加了压力，表现在行动上就是小声地嘀咕"做不好怎么办"。他之所以这样小声嘀咕，是为了给自己减少不安感。在这种情况下，如果你对他说"你一定行的，我看你行！"他一定会信心倍增，接下来他就会制订周密的计划并付诸行动。不用猜，你交代他去做的事情，结果一定是完美。

所以说，如果你拜托朋友帮你做一件事，他说"做不好怎么办"，这是他对你交代的事十分重视的正常的反应，不是说他能力不够，而是他小心谨慎。相反，如果答应帮你忙的朋友一口应承"绝对没问题，放心吧"或"交给我你就放心吧"，这样反而会让你有种"靠不靠谱"的忧虑。

生活中有许多人把握不了承诺的分寸，在面对朋友的托付时，他们会把胸脯拍得啪啪响，说些"绝对没问题"的话。这种表决心的态度本身没有什么不好，问题是大部分人都是嘴上说说就算了，所以常常会听到有的女孩哭着对男友说："你说话太不算话了，上次你还和我拍胸脯保证了呢！"正是因为承诺易做，履行困难，尽管他们说"绝对没问题"时信心十足，但是真正做的时候有没有能力和信心就不好说了。

"我想做好，但是如果不行，我也没办法"也许这才是说出"绝对没问题"的人内心真实的想法。试想一下，如果女孩埋怨男友说到没做到的时候，男孩通常会说什么？他会说："我是很想做好，可不行，我有什么办法？"是的，要的就是这句话，当他拍着胸脯说"绝对"的时候，这些脱身的理由就已在脑海里盘旋了。换言之，他从一开始就没有打算负责任。

既然没有信心做好又为何要夸下海口呢？这是他们的虚荣心在作怪，常把"绝对没问题"挂嘴边的人，通常都有很强的虚荣心和自尊心，他们希望朋友、恋人、同事、上司时刻关注自己，他们希望获得身边人的信任。他们希望能给人留下一种积极有活力有冲劲的印象，然而却总是事与愿违。

总之，常说"做不好怎么办"的人通常是履行诺言、有责任感的人，而总把"绝对没问题"当口头禅的人往往不可信。

第三节　从说话习惯看交流之道

把"诚实"挂在嘴边，不如以行动证明

如果你去市场逛一圈，你的耳朵会被"我不骗你，这东西真不错""骗你我就……"灌满。事实是，你很可能相信了他的鼓吹，买回了一堆"用着可气，丢了可惜"的东西。西方流行这样一句谚语："当真理还在穿鞋的时候，谎言已跑出很远了。"要知道，当有些人觉得有利可图的时候，往往会选择将"诚实"挂在嘴边，当他们不停地念叨"不骗你"时，往往最不可信。

又到了发工资的时间，这次丈夫却只交给妻子一小部分，妻子问丈夫："这次工资这么少，钱都哪去了？"丈夫眨了眨眼说："最近公司效益特别不好，每个人都只领到一部分工资。"妻子说："不可能啊，上午我还碰到你们部门的王经理，没听他说你们公司效益不好啊？"丈夫红着脸，有些着急地说："你怎么不相信我？我什么时候骗过你？我是什么人你还不知道吗？"妻子没有相信丈夫的话，她佯装要给丈夫的领导打电话，丈夫无奈只好承认自己将工资都赌输了。

当一个人心里发虚想让你相信的时候，他会特别强调自己是"诚实"的，越是这样说，越体现了他内心的忐忑不安，底气不足。如果你在他表明自己是"诚实"的时候保持沉默，他会变得更加心虚，以为自己受到了怀疑。为了取信于你，他不停地提到"诚实"，和你赌咒发誓的，就像例子中的丈夫一样，他用了三个疑问句来表明自己是"诚实"的，殊不知，这些越描越黑的话正泄漏了他的不可信。对于心怀坦荡的人来说，他们作出了解释，心情就是轻松的，他不会再多说什么了。反之，如果总是唠唠叨叨地向你表明自己是诚实的，这样的人往往不可信。

仔细观察可以发现，总是把"诚实"挂在嘴边的人，经常说错话。他们的话经常前后矛盾，让你想不怀疑都难。其实我们每个人，都有在无意识中说出奇怪的话的经历。心理学家弗洛伊德认为，说错、听错，或者是写错等"错误行为"，都是将内心真正的愿望表现出来的行为。

一般情况下，说错话的一方都会找出自己是"不小心"、"不是真心的"等借

口，他们会说："我不骗你，是真的，我那样说是不小心的！"但实际上，那不小心说错的话，其实才是他真正想说的。这在人们的日常生活中，可以说是屡见不鲜。如果你的交谈对象是个常常会说错话的人，我们可以推断他们是习惯性地隐藏"真正自己"的人，也是个表里不一的人。而且，他们心中总很强烈地禁止自己把真心话表露出来。

"这件事绝不能讲出来""这事绝不能弄错，非小心不可"，当他们越这么想的时候，便越容易将它说出来。相信很多人在日常生活中，也会遇到类似的情形吧！越是被禁止的东西，越去压抑它，就越容易流露出来。

总而言之，暗藏在交流对象心中的许多事情，当他们越想要去隐瞒它、掩盖它的时候，就越容易说错话或做错事，无意之间让心虚表露无遗。

名字还是昵称，判断彼此的亲近程度

有一天，很亲近的朋友忽然用"您""府上"这种字眼称呼你，相信你一定会有打他一拳的冲动，你会感到诧异："他是不是疯了？他没病吧？"是的，这种冷冰冰的称呼让你有种不知所措的感觉，除了不舒服你也感受不到丝毫的亲近感。这样的称呼仿佛一下子就把你们之间的距离拉远了。

小莉进入单位的第一天，领导带她认识部门同事时，她非常恭敬地称对方为老师，不少同事欣然接受。3个月过去了，有一天，部门的一位女同事递给小莉一份快递，小莉很有礼貌地说："谢谢您，老师。"这位女同事连忙摇头："大家是同事，你可别再叫我老师了，直接叫我名字就可以了。"

可见，称呼并不是简单地喊名字或使用尊称，它还体现着双方关系发展的程度。在人际交往中，可以根据他人对我们的称谓——名字、昵称或是尊称"您"，来判断彼此之间的亲近程度。

1. 称呼你的职务、头衔

如：李经理、王主任、张总，等等。一般别人在称呼你的时候加上你的头衔，这表示他对你敬意有加，他重视你的地位，一般对权力和权威很难抗拒。这种称呼也是中规中矩的，是社交场合中最常见的一种称呼。

2. 称呼你的行业

如：李老师、王会计、张律师，等等。如果你是个从事某些特定行业的人，这样称呼你的往往是你的同事，他和你保持着不远不近的距离，这样的人往往性格内向，略显拘谨。

3. 称呼你的名字

一般来说，初次见面就直呼你姓名的人比较少见，一般都是熟悉起来的朋友，大大咧咧地喊你的名字甚至昵称。如果对方是和你关系比较亲近的同事、邻居，他往往会在你的姓前加上"老、大、小"等前缀。这样的人往往性格开朗，爱说爱笑，对你的好感也毫不避讳。

4. 叫你的外号

如：小泥鳅、小蚯蚓、大笨猪，等等。能这样称呼你的人，不是你的发小就是你的恋人。你想从他的嘴里得到恭维话，那简直比登天还难。和你相处，他很轻松随意。尽管他的性格里有些逃避的成分，往往不是很积极，而且还总装着对你毫不在乎，但其实在他的心里你才是最亲近的朋友。

中国是礼仪之邦，称呼礼仪可谓丰富多彩。在社交生活中，称呼除了体现人与人之间关系的亲疏远近之外，有时候还和具体的语言环境有关。如，不同的企业就有不同的称呼。一般来说在欧美企业，无论是同事之间，还是上下级之间，一般都是互叫英文名字，即使是对上司甚至老板也是如此。如果别人用职务称呼你，反而会让你觉得别扭。而有些企业注重传统，企业文化比较正规严肃，大家可能会根据习惯，称呼你为"老师"。这个称呼还适用于文化气氛浓厚的单位，比如报社、电视台、文艺团体、文化馆等。这个称呼能表达出对学识、能力的认可和尊重，因此受到文化单位职业人的青睐。这样的称呼适用性很广，很多人在拿不定主意称呼你什么的时候，往往都会选择称呼你为"老师"。

好用夸张说法的人，渴望与人交谈

生活的语言要是用简单的颜色来划分，我们可以将它分为黑、白、灰三种。假设乐观的人用白色的语言："好极了""太棒了""相当完美""最美的"；悲观的人用黑色的语言："太糟糕了""太可悲了""失望透顶""最讨厌"，等等。那么剩下的灰色语言就是我们大部分人在日常生活中所应用的了。像黑、白这种极端的语言，由于没有中间过渡的灰色成分，我们把它称为夸张说法。

假设你在小区里遇到一个好用夸张说法的人，你说："天气不错啊！"他通常会接你一句："是啊，简直太棒了，从来没遇到过这么好的天气！"如果你和他聊起几年前你去看颈椎遇到了一个很讨厌的医生，那么他会说他碰到的医生比你遇到的糟糕一百倍。如果你表示知道一家火锅料理店很不错，他则表示他知道全世界最棒的火锅料理店在哪里。这种谈话过程让你痛苦无比，而他自己并没有意识到这一点。通常来说好用夸张说法的人，往往缺乏安全感或是希望受到他人的注目。他们十分渴望与人交谈，也想控制谈话内容和谈话者的行为。他们往往会说："那家餐厅简直完美极了，你怎么不去尝尝？""那本书简直糟糕透顶，谁买它就是大傻瓜，你不会买吧？"……

好用夸张说法的人喜欢用这些极端的字眼来描绘事物，像"完美极了""糟糕透顶""简直是大傻瓜"，等等。有时候，他们不是想控制他人，只是因为那是他们看待事物的方式。他们通过这样夸张的字眼引起你的注意，逼得你不得不听他们讲话，与他们交流。通常情况，我们都不喜欢和这些好用夸张说法的人聊天，觉得他们说话不靠谱。由于缺乏与人沟通交流，他们容易对生活产生不满，也急于告诉他人这一点，越夸张越惹人避之不及，越没有沟通越感觉无奈。于是，他们总像是生活遭遇了重大打击一样。其实，他们需要的往往是你能坐下来，安静地听他聊一聊。

爱打断他人话题的人，也是想引人注目，渴望与人交谈的一种人。他们内心缺乏安全感又渴望被人重视，他很想抢走别人的风采，要大家都听他讲话，成为众人瞩目的焦点。他们会挑起一个毫不相干的话题聊个没完没了，或者拉住一个话题不放以便控制聊天的场面。他们不会认真聆听你的谈话内容，不会专注于你所讲的每一个字，有时候听了你的话他乐得不得了，非要插一嘴不可，或者是在紧要关节和你来一场唇枪舌剑，让你十分懊恼。这样的人多半没有恶意，他们给人的印象永远是快人快语。实际上，他们只是对你的谈话内容不感兴趣，或者是渴望与你交流，期待你的重视。

"老调重弹"的话题，希望你继续追问下去

你一定有这样的经历：某一天你遇到一个不厌其烦、老调重弹的人，他的喋喋不休搞得你想插嘴都难，他沉浸在自己的世界里无法自拔。你有大吼"受不了了"的冲动，可是出于礼貌却不得不忍受……每个人都有喜欢的话题、爱讲的小故事或美好的回忆。除了年老健忘之外，经常老调重弹不顾忌他人感受的，一般是出于以下两个目的：他想避免谈话中断时的尴尬，所以用这些话搪塞过去；或是想确认你能收到他内心的信息，希望你能继续追问下去。

小丽是一个体重超重的女孩。在一次联谊会上，她一会和人大谈特谈自己18岁时苗条秀美的样子，一会又把那时的照片翻出来给大家看。看着大家都失去了

兴趣才转向聊其他的话题,她又不止一次地提起自己 5 年前减肥成功的事迹。她说:"我那时候真胖啊,比现在还胖呢,有二百多斤,后来吃了减肥药又拼命运动,还真瘦了……"她的唠叨渐渐引起大家的反感,联谊会的气氛顿时尴尬起来。

从例子可以看出,小丽这样多次重弹老调无非是想引起大家的注意,对她的话题追问下去。话题的不断重复和这些明显的自吹自擂,表示小丽内心极度缺乏安全感,这可能是由于她体重超标引发的。她也很想被接纳,甚至不惜把话题引到女孩避讳的体重上。她利用这样的话题来确认大家接收到了她内心的一些讯息,她想让大家对她的话题发问:"怎么变胖了?怎么减肥成功了?"这些问题在她心中已经有了预设的答案,她很期待大家发问,这也表明她的内心很孤独。家里年迈的老人也常常有这样的表现,他们"拉不断、扯不断",絮絮叨叨地重复着同一话题。他们内心希望的是我们能像小时候听他们讲故事一样,在关键的时候表现极大的兴趣,追问他们:"接下来呢?下面发生了什么?"

如果你遇到沉迷到某个话题无法自拔的人,不要试图打断他。从他的谈话内容中,你可以寻找到他内心的答案,究竟什么因素引起了他的焦虑、不安、困惑或者是欢喜和满足?不管原因为何,你要知道,他的思绪已经被一些事物完全占满,暂时无法容纳其他的事物。这些事情不会凭空消失,无法被忽略,这些看起来无关痛痒的事物,你的交流者却迫切地想让你知道,即使你明确地表示你已了解,也不一定会转移他的注意力。

常说太太不是的男人,烦恼很多

西方人一般都会在他人面前称赞自己的太太,但中国男人往往不同,他们喜欢有些谦虚地数落太太的不是,因此古人称自己的妻子为"贱内"、"拙荆",等等。当然,这种叫法在年轻一辈中已很少见了。

有些男人往往是故意指出太太的缺点,以这种表现来维持与他人之间的人际关系,一般是"你透露点太太的不是,我也抱怨一下太太的不是,大家彼此调侃一下",所以听者完全不会相信这类贬低之词。

有些男人则不同,他们会把太太的缺点如实告诉别人,有时甚至夸大事实。尽管听者并不愿意听当事人说其太太的坏话,这位丈夫却刻意提及,不论对方是否问起,也要主动提及,狠狠批评。批评的内容包括太太的为人处世,待人接物,甚至包括身体上的缺陷,以及烹饪、洗衣、教育儿女,等等。他们一谈起太太来，可以无所不谈，与你推心置腹。他们仿佛不懂得，人不可能十全十美，总是苛求太太完美。他们有很多的烦恼，总是感觉不到快乐。对太太更是"欲加之罪，何患无辞"，谈论的题材更是花样翻新、源源不断。

细心观察可以发现，常常说太太不是的男人，多因为以下两种原因：其一，是他在家中与太太相处不和谐，对太太心存不满，只好借着批评和牢骚来排解心中的烦恼。这种类型的人，并不会考虑你听后的反应。其二，是这类人对自己太太要求苛刻。他的内心强烈缺乏安全感和满足感，所以他才想在太太身上得到补偿。这些人忽略了太太的感觉。太太是一个成熟的人，对成年的人要求过多，自然会引起对方的反感，当然无法达到目的。夫妻双方都各有优缺点，而结婚本就是互补所短，以促进彼此的成长。但常说太太不是的人却无心努力，心中总感觉不满，所以喜欢对太太加以指责。

如果是领导类的人物，常说太太的不是，还特别喜欢选择女下属或女性朋友作为聊天对象的男人，一般都是有目的性的。这种人大约都只是轻描淡写地谈太太不是，女下属或女性朋友听了之后，就会妄下断言，认定其夫妻关系不和，而与其关系更加亲近，通常就造成了不可挽回的局面。再者，漫不经心地谈自己太太不是的人，是很懂女人心思的男人，他们的目的就是要借机靠近这些女人来博得她们的同情。他们认为这样做可以使自己的心灵得到慰藉，也可以填补自己太太的缺陷，他们也企图寻求短暂的满足。但事实上，若这种男人家中真有个"母夜叉"搞得家里鸡飞狗跳，恐怕他们也没有时间在外面拈花惹草。

总之，常说太太不是的男人，大多是无聊的人，他们在家里多半"衣来伸手，饭来张口"，戴着太太打好的领带，穿着太太熨烫好的衣服，却从来不知道满足。这类人常常欲求不满，所以感觉烦恼很多。

总提及家人声名和财富的人，爱炫耀

家人，是带给我们关怀、照顾和幸福的人；家人，前进道路上的精神支柱。可以说，家人在每个人的心中都占据非常重要的位置，然而，生活中的有些人，他们会不住地提及家人，但他们强调的不是对家人的爱及感激，而是因为家人有着显赫的地位或者很多的财富，他们口口声声强调的总是家人的声名或财富，充满着炫耀心理。这类人信奉"背靠大树好乘凉"，不想靠自己的努力，只希望借着家人的东风，平步青云。这样的人永远不会凭借自己的实力获得成功。

可以说，从一个人对家人、对家庭的态度就能够看出来这个人对生活、对工作的态度。有的人关心家庭、爱护家人，即使工作很忙，也会抽时间和家人一起吃饭。家庭是他们心灵的港湾，家人带给他们快乐，他们会以家人为骄傲，在和同事出游、和朋友谈心、和领导聊天的时候，他们言语间总会不自觉地说起他们自己的家人。这样的人，对待生活很认真、很乐观，对待工作自然也不会差，因为有家人在背后支持着他们。

而有的人，很少提及家人，你几乎不知道他还有个姐姐或者弟弟、妹妹。这样的人，一方面可能是由于其他方面的事情太多以至于忽略了家人，另一方面可能是因为受过伤害，例如，孤儿，或者父母离异，或者家庭不幸福的人。就前者而言，在当今社会，现代人承受着巨大的工作压力，他们也许会因为工作而缺少对家人和家庭生活质量的关注。

如果因为工作而忽略了家人的感受，即使在工作上再成功，也还是最大的失败者。几乎每个成功的人士，都会反复强调家人的重要性，他们对家人充满着爱与感激，可见家人在一个人的成功过程中起了多么大的作用。

我们如果想了解一个人，可以观察他在什么情况下提及家人，这与他对家人的态度、他对生活的态度是紧密相关的。有些人在外人面前表现得和蔼可亲、温文尔雅，而在家人特别是在配偶面前却很容易发脾气，在外工作不顺或受气后，把这些坏情绪转嫁给亲人，使亲人的身心受到损害。

每个人每天都要离开家去上学或上班，融入另一个社会群体中，他们与其他人的接触一定少不了。他们认为，在外面，不论喜欢不喜欢，无论面对什么人，他们不得不戴上面具，吞声忍气、卑躬屈膝、甚至装模作样。好不容易回到家里，终于可以舒一口气了。可是，他们却会在不知不觉中伤害了家人。他们会认为家人就应该接纳自己的所有负面情绪，帮助自己进行发泄，如果家人稍有微词，他们就会觉得家人不理解自己，就会对家人产生怨气，就不会以家人为骄傲，也会很少对别人提及家人。

与亲人一起的时候应该是人生中最美好、快乐的时光。对家人的付出也应该充满感恩的心情，多关注家人，多给家人以肯定。虽然大家都知道这些，可在现实生活中，有的人往往却做不到。例如，许多男人下班回来，无视太太为了小孩及预备晚餐忙得团团转，自己却跷起二郎腿看电视、读报纸。其实，这时先生如果对妻子说："亲爱的，我跟孩子玩，让你专心做饭。"妻子心情自然会好，家庭气氛也可以温馨祥和。许多妻子一看到丈夫回家，就唠里唠叨，抱怨这个抱怨那个，丈夫也很不开心。其实，对于妻子来说，如果有什么伤脑筋的事要告诉先生，比如：屋顶漏了要翻修、临时有一笔庞大的开支、小孩成绩退步很多等，必须衡量时机，不要在他刚进家门、一天上班的紧张情绪尚未平静下来之前，就对他念念叨叨。

家庭的地位和工作都同样重要，只有那些重视家庭的人，才能拥有快乐的家庭生活，才会有良好的工作绩效。那些关注家人，与家人保持良好的互动，了解家人需要的人，才不会因为工作压力影响心情，才不会造成家人彼此之间的疏远。

第四节　不同的借口，不同的性格

"外罚型""内罚型"与"无罚型"人格

如果你是一家公司的经理，当你批评下属没有按时完成工作的时候，你的下属一般会怎样辩解？他们一般会这样说："对不起，我把工作部署给实习生小李了，谁知道他没做完就放一边了。""对不起，这是我的错。""嗯？晚了吗？没有吧？"

实际上，通过不同人在辩解时所找的理由，我们可以判断出一个人的性格。上文的回答正体现了"外罚型""内罚型"与"无罚型"的三种人格。

"对不起，可是……"一般以这样的方式进行辩解的人，属于"外罚型"的人格。他们习惯把责任归咎于他人或者埋怨客观情况。表面看似乎他们道了歉，承认了错误，实则没有。"可是"后面才是他们真正要阐述的原因，他们总是强调客观理由。比如："对不起，可是我是按照公司规定办的！""这事不是我负责，早就交给谁谁了！"这类人头脑比较灵活，借口很多。他们平常喜欢阿谀奉承，等出了状况能推就推，恨不得脚底抹油——溜之大吉。需要他们背负责任的时候，他们会很自然地找个借口将责任推给别人，这样的人也难保不说出背叛朋友的话。因此，他们和同事的关系会比较紧张，讨厌他们的人也很多。

"对不起，这是我的错。"一般直接承认错误，将责任包揽下来的人，属于"内罚型"的人格。他们大多会主动承担责任，即使过失在别人那里，他们也会先扛下来。正因如此，他们通常是同事心中的"大好人"，他们做事往往一丝不苟，态度端正。他们在人际交往的过程中懂得不遗余力地做好感情投资，所以他们常常收获好人缘，也容易得到别人的帮助和支持。但是不足的是，他们在面对生活压力时，往往表现得不那么得心应手，他们的抗压性不强，也易变得沮丧。

"嗯？错了吗？不是吧？"一般错了也不知道错在哪儿，也不会把责任归咎于任何人的人，属于"无罚型"的人格。他们既不会把责任推给别人，也不会将责任揽到自己身上，他们总给人一种小糊涂神的感觉，终日一副懒洋洋的态度。他们讨厌竞争压力，总是按照自己事先计划好的程序办事，工作的热情也不是很高。平日里，即使明知只是举手之劳就能换来别人的感恩戴德，他们一般也不会主动去付出。"不求无功，但求无过"，这种得过且过的态度，使得同事对他们的评价并不高。

以"本来是想"为借口的人自尊心很强

你听到门铃响，打开家里的大门，发现朋友两手空空地站在门外。他红着脸说："本来是想买点水果的，可是超市的水果都卖完了。"听到这，你会安慰道："都是朋友，别那么见外。"说这话时你一定憋着笑，心想，这人真有意思，三天两头来还这么好面子。其实，你的想法很正确，经常以"本来是想"为借口的人往往有很强的自尊心。

在公司里，我们也常常听到类似的话，例如领导说："已经晚了两天了，再不交可要扣工资了。"这时，你听到同事小声地说："对不起啊，领导。我本来是想今天交的。"说这话的人虽然承认了自己的过错，但是却没有承担责任的意思，这也和前文提到的"内罚型"有着明显的区别。习惯以"本来是想"为借口的人多半自尊心很强，当领导批评进程慢的时候，他虽然心里知道错了，但他不会坦白"自己没做好"，他心里觉得"只是慢了一点而已，我不是没能力"。

如果领导在看完他写的报告后指出："这里，还有这里都需要修改，按照公司的新条例修改后再拿给我。"面对领导的指正，他即使心里认可，嘴上还会小声地嘟囔着："我本来是想那么写的。"可见，这类人不喜欢别人对自己的工作多加评论，他也不会认真听取别人甚至领导的意见，有时候被逼紧了，他在心里还把责任归咎于别人身上。他有很强的自尊，即使明知道是自己能力的问题，他也会先找客观理由为自己开脱。但是在面对领导的时候，这种人还是没有足够的勇气反驳，他会小声嘀咕，会在心里说："本来我是想那么做的，还不是因为王姐说那么做不可以？"

每个人都是在被他人指正和反省的循环中成长的。常以"本来是想"为借口的人往往自尊心很强，他们在面对批评建议的时候，习惯选择逃避。这样的人内心不够强大，总觉得别人是在苛求他们。如果领导对他们一下子提出很多批评和改正建议，他们一般在心理上很难接受。如果领导逐步地提出改进的要求，情况会有所改观。由于他们自尊心比较强，一般在他们接受了第一个要求后，面对第二个要求，他们一般不太好意思拒绝。

与此类似的还有一种人，他们常常以"平常应该……样"为借口，如果领导批评下属晚交了工作报表，这类人通常会说："晚交两天很正常，平常得晚半个月呢！"生活中，这样的人也随处可见，如有的酒鬼被人批评过度饮酒不好，他会说："我喝这些很正常，平常比这喝得还多呢！"他们通常很自大，总是标榜符合自己的常识，并以此麻痹别人。

常说"不打算找借口"的人不会老实道歉

"都是我不好，真对不起，你不要生气了！"大街上，一个男人正一脸内疚地给女友道歉。女人看到男友这么诚恳地认错，她不住地说："行了，行了，我知道了，别内疚了。"由此看来，诚恳地致歉，不找任何借口是很容易让人接受的。

可是，如果换成另外一种道歉方式，听的人的感受会截然不同。"我不打算找借口……真对不起啊……"虽然说话人也道了歉，并且表明自己没有打算找借口，但是听的人还是会觉得说话人没有道歉的诚意。道歉人的潜台词分明是："这也不能都怪我，我这样做是有原因的，我有话想说。可是，一旦说出来又显得我不够诚恳、不够老实。算了，我还是不说了。"如果朋友在和你道歉的时候一再强调"我不打算找借口""本来我也没有打算找借口"，相信你一定很生气，你会忍不住地对他咆哮："什么叫没有这个打算？你有什么想法就直说，不要兜圈子！"实际上，把"不打算找借口"挂嘴边的人往往不会老实道歉。明明知道道个歉、认个错就没事了，他非要多说一两句，结果总是事与愿违。

还有一类人在犯错时会如此辩解："真对不起，可是我是为你着想才这样做的啊！"这也是不会老老实实道歉的人，明明知道错了，却把责任引到对方的身上，他们希望自己得到对方的感谢，借此得到对方的谅解。他们心里的潜台词是："要不是替你考虑，我也不会这么做，所以我犯错了你也要负一半的责任，你更是不能责怪我。"会这样说的人犯错了不会老实地道歉，这样的人性格懦弱。

平日里，他们也总是牢骚满腹、怨天怨地。

"果然躲不过你的眼睛，我当时就想呢，我要是这么做了，保不准你就不能满意，好了，你说哪不对，我一定改到你满意为止！"如果犯了错的朋友这么和你说话，相信即使你窝了一肚子火，也一定会被他的油腔滑调给逗笑了，自然不再生气。你的朋友属于靠说好话来道歉，获得原谅的一类人。表面看他承认了错误，实际上他只想稳住你，他十分聪明，懂得揣摩你的心理，说话办事都懂得投你所好，他知道说好话可以平息你的怒火，于是卖力地迎合你。他不是性格刚正之辈，却十分擅长做表面功夫。

事先强调不利条件的人非常在意别人的看法

一般来说，人在失败或是犯错之后才会找借口为自己辩解。可是有一部分人在做事之前就慌忙找借口。如，参加考试之前，甲同学问："乙，你复习得怎么样啊？""不行啊，我最近身体一直不舒服，挂了两个星期吊瓶了，耽误了不少课程，这次惨了！"乙带着哭腔说道。

像乙这样的人对自己的学习状况缺乏自信，总担心考砸了或发挥失常被同学取笑怎么办。于是，他事先向甲同学强调"自己最近身体状况不好，耽误了课程"等外因，这也是在暗示甲"就算是没考好你也不能笑话我"。这种事先强调不利条件的人往往非常在意别人的看法。如果让他承认自己是因为学习能力差而考砸了，那他会有很强挫败感。

小王是个钓鱼高手，每次去钓鱼他都满载而归。这天单位组织钓鱼比赛，可是大家一直找不到小王，临近比赛，小王才满头大汗地跑来，面对众人的疑问，小王说："昨天喝得太多了，刚刚才清醒。渔竿也找不到了，这个是和邻居借的，也不知道行不行啊？"

乙同学和小王同属于一类人，这种人头脑聪明、口齿伶俐、虚荣心很强，他总喜欢将一件事很夸张地渲染，希望通过这种方式吸引别人的注意力，从而更好地表现自己。他处理事情深思熟虑，足智多谋，但个性也像水一样，虚而不实，让人难以捉摸。他最关心的就是自己的地位和在别人心目中的形象，他无法接受被轻视，如果你说"您不知道""可这很好懂"之类的话语，他会感到很受伤。

与之相反，还有一种无视不利条件的人。例如，假设你是公司的老板，你需要下属在半天之内拜访两位客户。一位是公司的老客户，脾气很好，对人热情。

一位公司新发展的客户，脾气很坏，性格怪异。你的下属通常会先选择哪个客户去拜访呢？

通常，大家都会先去拜访脾气好的客户，然后再想想怎么去见脾气怪异的客户。不过，也有人不这样认为："反正怎么也躲不过，索性先去见那个讨厌的客户。"可以说，这种无视不利条件的人勇于面对挑战，他们明知道困难一定存在，还会义无反顾地去做。如果这样的人成为你的下属，再棘手的问题交给他们，他们也不会事先向你抱怨不利条件。他们会脚踏实地去做，不愉快的经历和不愉快的情绪会被他们封存。他们总是积极乐观，独立意识也较强，从不喜欢依赖别人。他们乐于从事那种很快就能见到成果的工作，比较看重自己所获得的成就感。而且，他们不喜欢那些轻而易举就得到的东西，那样会使他没有成就感。生活中，他们时刻表现得都比较独立，一般不在乎别人对他怎么看，也不习惯别人对他有太多的关心和照顾。

"吃不到葡萄说葡萄酸"不过是自我安慰

《伊索寓言》里有这样一个故事：一只狐狸看到成熟的葡萄垂涎三尺，可是它想尽办法都够不到葡萄。它渐渐失去耐心，有点气急败坏，失望之余说："那些葡萄想必是酸的。"于是飞奔离去。

这就是"吃不到葡萄说葡萄酸"的由来，故事里讲的现象在心理学上被称为"合理化"。所谓"合理化"是指想做的事情没能如愿以偿，为了弥补欲求不满，人会用对自己有利的理由来自我安慰。没能吃到葡萄很惆怅，于是便用"看样子葡萄就是酸的"来安慰自己。

大林很喜欢小月，为了追求小月，他每天打水送饭，隔三差五地送一束玫瑰花，可无论他怎么用尽方法就是打动不了小月的心。他只好放弃了追求小月，他想："小月还不是正式员工，薪水也不高，家还是外地的，以后就算在一起了负担也很重。"同事看到大林不再对小月献殷勤，就问："是不是被美女踢了啊？最近怎么不送小月花了？"大林说："小月太任性了，就算追到手以后相处也不能长久！"

其实，不止是大林，无论是谁得不到想要的东西时都会有意无意地找对自己有利的理由宽慰自己。例如：参加朋友的婚礼，在我们忙于祝贺的同时，总会听到有些人在下面议论一下新郎新娘是否般配，属不属于郎才女貌之列，也总是能听到一些人在叽叽喳喳地说："好汉无好妻，懒汉娶花枝。"新郎如果是帅小伙，新娘子是美女之类的，人们称为郎才女貌；新郎很帅，而新娘子一般，便是好汉无好妻了；新郎如果不帅，新娘很漂亮，就要划为懒汉娶花枝之列了。听起来似乎有点道理，但细品却找不出真正能立足的根据来。像好汉无好妻之说，听起来就觉得有些别扭，有些人自认为长得帅、油头粉面的就是好汉了，他们总觉得："别人怎么找了那么漂亮的女友，我这么帅这么优秀怎么遇不到这样的好事呢？"他们总是在感慨："现在没有好女人了，这么漂亮的女孩还不是看重了钱，我要是像某某那么有钱，肯定能找一堆比他老婆还漂亮的女孩。"这样的想法，无非是"吃不到葡萄说葡萄酸"的心理在作怪。他们很自负，从不认为自己没找到漂亮女友是因为自己长得不够帅或是能力不够，而总觉得"漂亮女人都不好，都看重钱"。这样酸溜溜的想法使他们暂时得到了安慰，使他们能够放下这件事，然后迈出下一步。

工作中，我们也常常遇到这样自我安慰的人，比如，和一个公司洽谈了很久也没能签订单，这时，有人就会说："那个公司规模很小，其实不签订单未尝不是一件好事。"某人谈了一个项目许久未果，也许他会说："那个公司的老板以前从事过不正当的生意，人品有些问题，这个项目没谈成我看没准还是好事呢！"

总之，生活中拥有这样酸葡萄心理的人不在少数，我吃不到你，我也绝对不会告诉别人你是甜的。通常这样想的人很自负，他们认为自己的骄傲不容许别人轻视，说"葡萄酸"无非是为了安慰自己，找回点自尊。

以"能去就去"为借口的人往往缺乏责任心

公司里的同事打算聚餐或者多年不见的老同学要举办聚会时，总会出现一两个不和谐的答复："可以去就去，看看有没有时间吧！"这般模棱两可的回答，让你听了无比愤慨，真想把臭鸡蛋丢到他们的头上。

如果仅仅是一次还好，但如果一个人总说这样的话，那么这个人就不值得信赖了，他往往缺乏责任心。更有甚者，刚开始提议聚会的人最终大家都到齐了，他却没来。这样的人不但薄情，缺乏责任感，而且他根本没拿聚会当回事。他往往是说完就忘记的人，做事完全凭一时兴起，不考虑别人的感受。

小王和大林是中学时期的同班同学，毕业 10 年后的一天，小王打电话给大林。当时，小王在北京，大林在深圳工作。多年不见，他们觉得彼此有太多太多的话要说了，于是小王突然提议道："对了，太久没有举办同学聚会了，我很想见见你，再和大家好好聊一聊。"大林对这个提议赞不绝口："是啊，好久没见了呢。"小王便说："那么就来张罗这事吧，由我来办，我马上联络小张他们几个，他们就在中关村附近工作，对同学们的联络方式也很清楚，也有时间。我会和他们一起准备。"之后过了两个月，就在大林几乎忘了这回事儿的时候，同学会的邀请函来了。虽然大林最近公司特别忙，但因为前一阵子和小王谈论过此事，于是决定抽时间参加了。当大林坐飞机风尘仆仆地到了北京，赶到同学会的会场，却不见小王的身影。找到了来聚会的老同学后，问他们怎么没有看到小王，却听他们说："因为小王提议，所以大家都决定好好聚一聚，但是上星期小王却发邮件说，最近公司比较忙，所以不一定能到场，能来他一定来，不来也让大家要玩好。""可不嘛，刚才我还给小王打电话了，他说，能来他尽量赶过来，这不，到现在还不见人影儿呢！"

从例子可以看出，像这样提出要办同学会或者朋友聚会的人最后却说"能来尽量来"的例子，还是相当多的。一般这是没有责任感、做事轻率，只凭一时冲动办事的人，这样的人往往不可信。如果你对他的话深信不疑，就会被他耍得团团转了。即使你相信他了，也要事先讲好条件，比如"你可要负责到底，不要半路找不到人啊"，让他负起责任，这样就会好多了。生活中，遇到表示聚会"能去就去"的人，最令人伤脑筋。如果遇到订餐需要确认人数，这样模棱两可的人你给他订也不是，不订也不是，确实让人懊恼。

一个成熟的社会人，是不会给你"能去尽量去"这样的回答的。倘若总是以"能去就去"作为借口的人，一般是比较薄情的人或者是不想花钱的人。比方说同学聚会，有的人是大老远乘飞机紧赶慢赶的参加，相比之下，那些很不在乎地以"能去就去"这类方式回答的人，就显得薄情又不负责任了。通常他不会在乎其他的人的感受，心中就是有要不要参加都无所谓的想法。那些不想花钱的人，也会以这样的方式回答。

遇到这样常说"能去就去"的人，一定要事先请他清楚地回答要参加还是不参加，否则最后他一定会放大家鸽子，也可以以会费制的方式将他列入人数当中，就算缺席了，还是要向他收取费用。这样一来，下次再有聚会，他应该就会认真回答了。要知道这类人薄情而小气，又没有责任感。他一旦知道即使不来也要被收费，一定会积极响应号召，早早入席的。

第五节　谈话时的模样不容忽视

回应慢半拍的人，可能没在听你说话

你正兴奋地和别人夸夸其谈，唾液横飞。这时，对方的回应却是"啥？你说啥"、"什么？我刚刚没听清，你再说一遍"……你是不是感觉自己像个小丑，在唱着寂寞的独角戏？遇到这样回应慢半拍的听众，相信不管你的谈性有多高，你都没有兴致孤单地抱着"剧本"继续唱下去了。因为你心里十分清楚，他刚才绝对没有听你说话。

"啥？哦，那个啊……"这类句子都属于社交上的"自动防卫句型"，当对方说出这样反应慢半拍的话时，为了礼貌不使你感觉尴尬，他便使用这些句型来补救没有反应过来的停顿时间。虽然他本身并没有听你说话，但对你他还是抱着尊重的态度的。无论他是想消磨你的时间还是为了给你留点面子，对着"一块走神的木头"唠叨，还是有些浪费感情和宝贵时间。现在就让我们一起来看看其他的几种"没在听你说话"的表现吧。

1. 打岔后东拉西扯

你的交谈对象绝对不是木头，他会频繁地和你互动。只是很奇怪，每次他打断你之后，都会和你东拉西扯，但是丢给你的话题和正事毫不相关，你简直难以应付。例如：你正和他讨论最近培训的一些问题，可是他却打断你并且兴冲冲地说："昨天我买了一个翡翠镯子，水头、颜色都很棒……""昨天我去游泳了，现在浑身疼痛啊！"这种人拥有跳跃性的思维，他常常把人带离主题，只谈自己想谈的话题。如果想让他认真聆听你的话，还是下辈子吧！

2. 边看文件边听你说话

你的交谈对象很忙，他一边在看一份文件，一边好像在听你说话。时不时还"嗯、啊、哦……"几声，其实，他多半没有听你说话。如果此时你有求于他，他也"嗯、啊"地答应了。事后你问起，他会十分肯定地说："我没说过啊。"别以为他是在狡辩，其实他根本没有听到你在说些什么。这是因为人类在讯息处理方面大多依赖视觉，因此，在他认真地看一份文件的时候，基本上当你是空气了。所以学着聪明点，给他留点空当吧！

3. 不停地深呼吸和唉声叹气

他的心里对话是这样的："呼，吸，呼，吸……我都快睡着了，他还在唠叨些什么呢？我一句也听不进去啊！""唉，简直是折磨，他还要唠叨多久呢？唉！他在说什么？"

4. 有点动静就东张西望

一根针掉地上了、有只蚊子飞过、短裙美女飘过、窗外的刹车声……这些通通逃不过他的法眼，只要有一点风吹草动他的视线马上跟随着去了。看到这，你还要继续说下去吗？他的这样的状态表明随便什么事都比你说的话有趣。实际上，他真的很难专注听你说完，你是该把"话筒"转交给他了。

5. 眼神涣散

如果你的交谈对象开始出现目光无神、眼神涣散的状态，说明他已经筋疲力尽了，他甚至连假装听你说话的力气都没有了。他即使抬眼盯着你，也是直勾勾地，像是看静物而不是你。他觉得累了、无聊了，只想和你说"再见"。

五种小动作代表他想尽快结束谈话

假如你是小学老师一定深有体会，在快下课的时候，班上的那些"小麻雀"早就没了耐心，他们往往一边听着你喊着："不许做小动作，好好听讲！"一边自顾自地把玩橡皮、摸摸铅笔。他们在心里默念着倒计时，翘首期盼下课铃声响起……做这些小动作，他们只是想尽快结束一堂课，不再听你的长篇大论。生活中也是如此，有时候对方明明觉得你的谈话毫无趣味，太啰唆，和你谈话不会有任何结果，但是出于礼貌，他们一般不会指着你的鼻子叫你闭嘴，他们会用一些明显的暗示性的动作来提醒你：尽快结束谈话，赶快拿包走人吧。

小动作之一：单手撑住整个侧脸

你的长篇大论使他睡意来袭，他为了避免被你识破只好用单手撑住侧脸，告诉自己："不要睡，不要睡，再坚持一会儿，快结束了。"有时候他甚至想用手指撑开眼皮，他这是在明示："我都听困了，我真想结束这场谈话啊！"如果这个时候，你还不管不顾，相信他一定在心里骂你"没长眼睛"。

小动作之二：眼睛不时向门口张望

一个人的视线总是会追随着自己感兴趣的东西。如果你没站在门口和他交谈，门口也没有人在进进出出，而他却总是不停地向门口张望，这表明你已经把他逼到想夺门而逃的地步了，他们想尽快结束谈话，远离你的"噪音污染"。

小动作之三：用手抓耳朵、拨拉耳朵

俗话说"非礼勿听"，就是想防止不好的事情被传进耳朵的意思。小孩子不想听父母唠叨的时候，也会用手拨拉耳朵、抓耳朵或者干脆用手掩住耳朵。和用手抓耳朵用意类似的动作还有摩擦耳背、掏耳朵，等等。在这里，如果谈话对象对你做出了这样的动作，表示他已经听够了、不想再听，他想尽快结束谈话。

小动作之四：喝水、吃东西

他们会通过喝水、吃东西等动作来干扰你讲话，他们会把东西咬得嘎巴嘎巴响，喝水也会喝得呼噜呼噜的。这样做表明他们已经对你的长篇大论忍无可忍了，你再不结束话题，他们都有朝你丢杯子的冲动了。

小动作之五：晃动双脚，双手往后撑

如果他晃动双脚或是轻轻敲打双脚，这表明他已经不耐烦了或厌倦了。晃动双脚，双手往后撑是他已经感到累了的象征，他这是在做逃跑的动作，这个姿态的意思是："你说得不累吗？我听得都快累死了。赶快结束你的废话吧！我不想和你待在这儿了。"

在你了解了这些小动作所暗示的信息后，当你面对某人，无论你的谈话欲望有多强烈，如果你看到他一面在听你说话，一面做着这些小动作，你就可以判定他还有其他事，心已不在你这里，快把他放走吧！

摆出与众不同姿势的人，想要发表自己的意见

人的姿势一般分为坐姿、站姿、走姿、睡姿，等等，一个人的姿势往往会体现出心灵的暗示。与人交谈中，我们可以从他坐的方式、坐的姿态、坐的距离或者站的角度、站的方向等不同的身体语言，来窥探出一个人的真实意思，了解一个人心理的动向。倘若在交流的过程中，谈话对象摆出了与众不同的姿势，那就表明他想告诉你："我有话说，我想谈一下自己的想法！"

1. 自信思迁型的坐姿

如果谈话对象对你摆出这种与众不同的姿势，代表他们想发表自己的意见了。他们通常会将左腿交叠在右腿上，双手交叉放在腿内侧。他们具有较强的自信心，特别坚信自己对某件事情的看法。如果他们与你发生争论，可能他们并没有在意与你争论的观点的内容。他们只想表达自己的想法，对你的话完全没有在意。

他们天资聪明，总是能想尽一切办法并尽自己的最大努力去实现自己的梦

想。虽然也有"胜不骄，败不馁"的品性，但当他们完全沉浸在幸福之中时，也会有些得意忘形。这种人很有才气，而且协调能力很强。在他们的生活圈子里，他们总是充当着领导的角色，而他们周围的人对此也都心甘情愿。不过这种人有一个不好的习性，喜欢见异思迁，常常是"这山看着那山高"。

2. 投机冷漠型的坐姿

这种人通常将右腿交叠在左腿上，两小腿靠拢，双手交叉放在腿上。他们通常看起来觉得非常温和可亲，状如菩萨，很容易让人亲近，但事实却恰恰相反，你找他谈话或办事，一副爱理不理的举动让你不由得不反思："我是否花了眼？"你没有花眼，你的感觉很正确，他们不仅个性冷漠，而且性格中还有一种"狐狸作风"，对亲人、对朋友，他们总要向人炫耀他那自以为是的各种心计，以致周围的人不得不把他们打入心理不健全的类型。他更不会听进去你说的只言片语，他只想发表自己的想法。他做起事来总是三心二意，并且还经常向人宣传他们的"一心二用"理论。

3. 开放型的坐姿

开放型的人坐着时常常将两腿分开距离较宽，两手没有固定的放处，这是一种开放的姿势。他们喜欢追求新意，偶尔成为引导都市消费潮流的"先驱"，他们对于普通人做的事不会满足，总是想做一些别人不能做的事，或者不如说他们喜欢标新立异更为确切。如果你和他们交谈，他们表面会是一副认真聆听的样子，但是思维早已不知游走到什么地方了，他们最喜欢你静下心来听他们侃侃而谈。

这种人平常总是笑容可掬，最喜欢和他人接触，而他们的人缘也确实颇佳，因为他们不在乎他人对他们的批评，这是别人很难做到的。从这一方面来说，他们很适合做一个社会活动家或从事类似的职业。

4. 古怪型的站姿

古怪型的人常常将双脚自然站立，偶尔抖动一下双腿，双手十指相扣在胸前，大拇指相互来回搓动。这种人的表现欲望十分强烈，喜欢在公共场合大出风头。倘若你和他们交谈，给他们耳朵认真听就行了，他们不会给你机会插嘴，只想发表自己的意见。

他们喜欢争强好胜，容不下别人。如果大家都说太阳是圆的，他们一定会说是方的；若大家都说是方的，这种人肯定会问大家："太阳怎会是方的呢？"他们不是愚蠢，他们十分聪明，大家都不能把井里的月亮捞出来，他们就行，不信？

他们用一个洗脸盆就办到了。

5. 抑郁型的站姿

抑郁型的人通常是两脚交叉并拢，一手托着下巴，另一只手托着这只手臂的肘关节；这种人多数为工作狂，他们对自己的事业很有自信，工作起来十分投入。废寝忘食的行为对他们来说是家常便饭，自己的另一半更是经常被冷落在家，幸亏他们的伴侣多是理解型的。

这种人更为引人注目的是他们的多愁善感，从他们丰富的面部表情就可以显示，他们是那么容易喜怒无常，甚至，在他们的言行中也表露无遗。刚才还在与你喜笑颜开，夸夸其谈，突然脸色沉了下来，一句话也不说，最多时，不时地在你们的谈话中苦笑一下，显得很深沉的样子。他们有很强的表达欲，只是有时候忽然不知道从哪开口说起，其实他们很想表达自己的想法。他们对这个世界倒是很具有爱心，可以经常看到他们的奉献精神。他们也很坚强，一般不会向人屈服，也不会由于重重摔了一跤，就不再继续在充满泥泞和荆棘的道路上前行。

说话间隔时间长的人，喜欢作逻辑分析

某公司下午紧急召开会议，公司负责人中午却喝多了，他摇摇晃晃地掏出秘书午饭期间赶出的发言稿，大声地朗读起来。读到一段话的末尾，领导字正腔圆地说："括号，此处有停顿，鼓掌……"大家在愣了片刻之后，哄堂大笑。当然，这仅仅是一则笑话，但是这也反映出说话语句间隔和缓急变化的重要性。

平均来看，人类一分钟可以说150个字到200个字，每句话之间的间隔时间大概在一秒到两秒。每个人的说话习惯不同，有的人说话简直像连珠炮，一刻也不停歇，让你听了都感觉累。而有的人说话速度正常，但句与句之间间隔时间特别长，有时听得你都快睡着了。别以为他是慢性子，有这样的表现恰恰表明你的谈话对象是个喜欢深思熟虑的人，他所说的每一句往往都经过反复思考的。他平时给人的印象是冷静、有条理、做事理智。当然，他也会习惯性地怀疑别人。如果你和他交谈，辅以书面材料或研究数据比你夸夸其谈要有效得多，别以为你们交情很深，他就会感情用事。其实，他这人最重事实，喜欢作逻辑分析。

可见，从一个人说话间隔的时间和说话速度，可以分析出他的个性和心理。现在，就让我们一起来看看其他的语言习惯吧！

1. 说话没有停顿点的人，喜欢吸引你的注意

他有时自信，有时自大。他主观意识很强，说起来话总是滔滔不绝，几乎没

有停顿点。想让他听进去你说的话，还真不是件容易的事，他更喜欢你能专注于他的谈话。如果你试图打断他，他会明显不高兴。他喜欢吸引你的注意，如果你对他的谈话表现出浓厚的兴趣，他会变得很友好。

2. 说话缓慢平稳的人，喜欢和你分享生活经验

听他说话，你会感叹："他说话简直就像电视科普节目的旁白啊！"是的，这就是他说话的频率特点。他表现得很成熟、理性、随和。他总喜欢和你分享一些生活的经验。你和他沟通不会感到有压力，他总是从客观的角度看待事物，并且对你表现得十分友好。

3. 说话速度由慢转快的人，是为了掩饰内心

如果你的谈话对象说话速度忽然由慢转快了，这表明他非常紧张或着急。他想掩饰住自己内心的真正想法，想以较快的语言速度来干扰你的判断。当然，如果他谈到的话题正好是他比较感兴趣的，一般也会出现语速忽然间加快的现象，这就需要依具体的语境来判断了。

4. 说话速度由快转慢的人，对你有所怀疑

如果你的谈话对象说话速度忽然由快转慢了，你要好好考虑你的谈话重点了。一般他们出现这样的反应表明他已经开始对你有所怀疑了，甚至对你有隐隐的敌意。通过放慢语速，他是想强调自己内心的想法和观点，也想告诉你他有不同的意见。如果此时你不能掌握他释放给你的讯息，他的敌对心态和怀疑将会进一步加深。

从坐椅子的方式，看对方是否用心听你说话

小汪和小李是下任总经理的候选人，俩人要合作完成一项公司项目。他们在办公室里商量。小王把椅背朝前，骑跨在椅子上，双手交叠俯在椅背上。小李坐在一旁的凳子上，一会儿他站起来，用一种俯视的视角望着小王。俩人都无法定下心来听对方说话，最后谈话不欢而散。

从这个例子可以看到，小汪和小李既是合作者，又是竞争者。这样的微妙关系也体现在了俩人坐椅子的方式上。小汪摆出了一个骑跨椅子的造型，这个姿势显然让小李感到了无形的压力，于是他选择从椅子上站起来。透过这些细节我们可以看出，两个人一心想在气势上压倒对方，根本无心听对方具体在说些什么。

坐椅子的方式分为浅坐椅子前沿、深深地坐在椅子里，等等。我们可以通过

观察谈话对象坐椅子的不同方式，来判断他是否在用心听你说话。

1. 骑跨椅子

"骑跨"是比较另类的坐椅子方式，生活中，这样的姿势不是很常见。如果你的谈话对象在听你说话时采取了这样极端的姿势，这表明他对你有很深的抵触情绪，甚至带着进攻的意味。一般这样的姿势在男性中比较常见，这是因为骑跨在椅子上时，两腿能够大角度地分开，可以非常彻底的展示胯部，显现出动作者的雄性特征。这样的人通常都属于支配欲望很强的人，他倾向于控制谈话，并习惯以自己的观点影响他人。所以，当发现你的谈话没有按照他的预想进行时，他就对此次谈话产生了厌烦的情绪。这个时候他意识中的控制欲望就会支配着他使用一些身体语言来传达影响力，他可以很自然地从正常坐姿转换到骑跨椅子的坐姿，如果此时你十分专注于自己的"演说"，你甚至都发现不了这一点。其实，他早就无法用心听你谈话了。

2. 浅坐椅子前沿

你的谈话对象只坐在了椅子的前沿，其实这表明他心里缺乏安定感。他心里的想法是"赶快把话说完吧，我真想马上离开这里"。表面上他好像在认真地听你说话，但是否真的听进去却值得怀疑。由于他坐得浅，上半身是探向你那里的，这表示他想以自己的想法来说服你，他还真没有办法使自己安下心来好好听你讲话。

3. 深坐椅子上

深深地舒服地坐满整个椅子面的人，心中的想法是"多花点时间慢慢和你聊一聊"，他是个信心十足、坚毅果断的人，他认为比起说服你，和你深入地沟通更重要。但是你和他交流之后会发现，他的独占欲很强，有时候不由自主地就想干涉你。大部分时候，他能用心听你说话，但是你要给他足够的时间谈自己的想法，他喜欢按照自己喜欢的步调生活。

交谈时不同的身体语言，透露说话者不同的心理及性格特征

如果交谈的人在与你面对面坐着或站着时，他总喜欢不时地摸一摸头发，你是不是觉得他可能做了新发型，在吸引你的注意力？其实不然，这种人就算是一个人独自在家看电视，也会每隔三五分钟"检查"一下头发上是否沾上了什么不好的东西。他就是享受这种"过程"，对事情的结果倒是毫不在乎，因此，如果他为之努力和奋斗了许久的事情失败后，你别想从他的脸上找到一丝丝的懊恼，

他通常会说："我问心无愧，因为我努力了，去干了！"

生活中这类人不在少数，他们大都性格鲜明，个性突出，爱憎分明，尤其疾恶如仇。假如公共汽车上有小偷，而乘客恰恰都是这类人，那么这个小偷就倒霉了，他一定会被当场打个半死。这类人一般很善于思考，做事细致，但有的缺乏一种对家庭的责任感，他们对生活的喜悦来源于追求事业的过程，这句话听起来有点玄乎，不过仔细想来你就会明白，喜欢努力和奋斗的人，他们是不在乎事情的结局的。

许多人在说话时，往往会伴随着一些动作，这些动作，有的是习惯形成的，有的则代表一些心理暗示。像交谈时摸头发、抖腿或打手势等这些身体语言动作，往往透露着说话者的某些强调或附加的含义，还反映着不同人的心理及性格特征。现在就让我们一起来看看这些不容忽视的动作都分属于什么人吧。

1. 交谈时不断抖腿的人，爱制造"醋海风波"

无论是开会也好，与别人交谈也好，独自坐在那儿工作，或是看电影，有些人总喜欢抖腿或者脚尖点地带动整个腿部颤动，有时候还用脚尖磕打脚尖或者以脚掌拍打地面。当然，这种行为举止难登大雅之堂，但习惯者却总是习以为常。

设想一下，倘若你的谈话对象完全不顾及你的感受，也不认真地倾听你到底说了些什么，他只是自顾自地抖起了腿，好像爽得一塌糊涂。我想，你肯定有一种把水泼到他脸上的冲动。是的，这种人最明显的表现是自私，很少考虑别人的心情，凡事从利己的角度出发。如果是男性，他和妻子的关系也好不到哪去，因为这种人对妻子的占有欲望也特别强，经常会无缘无故地制造一些"醋海风波"，在这个问题上说他具有"神经质"一点也不过分。他对别人很吝啬，对自己却很知足，据说"守财奴"——欧也妮·葛朗台就有这个"良好"的习惯。不过这类人也不是毫无优点，他们通常很善于思考问题，会给周围的朋友出一些意想不到的主意。

2. 边说话边打手势的人，爱扮演"护花使者"

你的谈话对象喜欢边说话、边打手势，只要他们的嘴一动，就一定会伴随一个手部动作，摊双手、摆动手、相互拍打掌心，等等，好像总是在对自己说话内容进行特别强调。事实上，他们也相当自信。他们通常做事果断，性格外向奔放而又踏实肯干。这样的性格使他们的事业大都小有成就。无论在任何场合，他们都习惯把自己塑造成一个领导型人物，很有一种男子汉的气派。这类人去演讲一定会极尽煽动人心之能事，他们是气氛的活跃剂，良好的口才时常让你不信也得信。他们与异性在一起时表现尤其兴奋，总是急于向人展示出他的"护花使者"身份。当然，他们对朋友相当真诚，但通常不轻易把别人当成自己的知己。

3. 说话时紧盯你的人，看起来像"花花公子"

有些人在和你谈话时会目不转睛地看着你，他们的目光冷冷的，好似透视光，让你总有一种想逃的感觉，根本无暇顾及他们说了些什么。

在生活上，这种人也常常盯住一个人不放，当然，并不是说他看上了这个人。他们的支配欲望往往很强，而大多数的时候他们确实又都有某种优势，他们仿佛也特别幸运，占不到天时、地利就一定能占到"人和"。因此只要有机会，他们就会向别人表现自己，这使他们的行为时常看起来像花花公子。但有一点值得大家肯定，他们在大是大非面前很懂得把握自己，如果选定了人生的目标就一定会去努力实现。但他们又不喜欢受束缚，经常我行我素。另一方面，他们比较慷慨，因此他们周围总是围绕着一些相干和不相干的人。自然，有真心的，也有看中"酒肉"的。

总之，只要我们留意和细心观察，便可以从说话人的动作中窥探到他们的内心世界，从而了解这些人的性格特征。

·第三章·

不仅要听他说什么，更要看他做什么

第一节　从头部动作看认可与否定

点头如捣蒜，表示他听烦了

点头是最常见的身体语言之一，它可以表达自己肯定的态度，从而激发对方的肯定态度，还可以增进彼此合作的情感交流。点头能够表达顺从、同意和赞赏的含义，但并非所有类型的点头姿势都能准确传达出这一含义。点头的频率不同，所代表的含义就有可能不同。

缓慢地点头动作表示聆听者对谈话内容很感兴趣。当你表达观点时，你的听众偶尔慢慢地点两下头，这样的动作表达了对谈话内容的重视。同时因为每次点头间隔时间较长，还表现出一种若有所思的情态。如果你在发言时发现你的听众很频繁地快速点头，不要得意，因为对方并非就是赞同你的观点，他很可能是已经听得不耐烦了，只是想为自己争取发言权，继而结束谈话。

刚刚大学毕业的明宇去一家单位面试，负责面试的是一个年轻女孩。问了几个常规问题后，她话锋一转问起明宇的兴趣爱好。明宇随便聊了几句法国小说，张口雨果闭口巴尔扎克和她聊了起来。年轻考官好像很感兴趣，对他不住地点头，明宇仿佛受到了鼓舞。话题轻松，聊的又是明宇的"强项"，他有些有恃无恐，刚进大学那阵子猛啃过一阵欧洲小说，觉得还真帮上大忙。见考官这么有兴致，明宇当然奉陪。眼看临近中午，年轻的面试官不住地点头、不停地看表，明宇还没有停下来的意思，原定半小时的面试，他们谈了一个多钟头。面试结束，考官乐呵呵地说："回去等消息吧。"明宇也乐呵呵地说："希望以后有机会再聊。"明宇回去悠闲地等，最终也没有等到复试的通知。

从这个例子可以看出，听众在你发言的时候不停地点头，往往不是对你十分赞同，而是觉得你说话太啰唆，他只是想借助这个动作让你不用再多说。明宇在表达的时候不顾及他人的肢体语言传达出的感受，一相情愿地侃侃而谈，如此会错了意又怎么会有好的谈话效果？同时，经过心理学家的实验证实，当对方做"点头如小鸡啄米"这个动作时，当他快速地点头的时候，他其实很难听清你在说什么。被父母唠叨的小孩子身上也能经常见到这样的动作，当父母说"你不能……"的时候，孩子会频频点头，嘴里叨念着"知道了，知道了"。这样的动作恐怕真是答应得快、忘记得更快了。

如果对方是真正赞同地点头，他会在你说完话后，缓慢地点头一下到两下，这样表示他是在用心听你说话。如果他希望你继续提供信息，他会在你谈话停顿时，缓慢而连续地点头，他是在鼓励你继续说下去。点头的动作具有相当的感染力，能在人的心里形成积极的暗示。因为身体语言是人们的内在情感在无意识的情况下所作出的外在反应，所以，如果他怀有积极或者肯定的态度，那么他说话的时候就会适度点头。

不露齿微笑，是拒绝的前兆

笑是人类与他人交流的最古老的方式之一。而微笑作为一种受到最广泛理解的正向性表情，在所有的文化语境里，人们都用它来表示高兴与快乐。正因为如此，心理学家把"微笑"视为人际交往中的一种常用方式，无论是何种文化背景下的人，它都可以付出，也可以接受。

一项针对人类近亲黑猩猩所展开的研究显示，其实微笑的功能并不仅止于此，它还有更深层次的基本作用。我们利用微笑告诉其他人，自己不会给他们带来任何伤害，希望他们能够接受自己。但是，真正了解微笑，掌握微笑内涵的人并不多。

古代讲究女孩要笑不露齿，是出于礼貌的要求。实际上，不露齿的微笑属于隐藏式微笑，也是一种防卫姿态。如果某人对你只是微笑，什么都不说，这表示他不想和你分享感觉和想法，是一种内敛拒绝，一有机会，他也许就会借口离去。这种人性格内向、保守、传统，在为人处世时又会显得腼腆，遇事会以礼貌的微笑婉拒。

不同的笑容代表不同的含义，这和笑容的展现方式有关。让我们来看看各种不同笑容所代表的含义。

1. 常见而普通的笑

这类笑在日常生活中最为常见，通常是表示谢意、歉意或友好，如坐车时你给老人让了座位，他会对你抱以浅浅的微笑，以示感谢；别人不小心碰撞了你，他会面带微笑地看着你，以示自己的歉意；当朋友为你介绍某一个人时，你会面带微笑地看着对方，以示自己的友好，诸如此类的微笑还有很多很多。

2. 冷冷的鼻笑

所谓鼻笑，即笑声从鼻子里发出来。多见于一些人在严肃、正式的场合看到了可笑的人或事，但又不能哈哈大笑出来，而只能强行忍住，通过鼻子发出来。此外，一些性格内向的人也喜欢使用此种笑的方式。他们之所以偏爱此种笑的方式，根本原因就在于他们担心自己笑的方式如果过于夸张会引起他人的注意，这就会让他们感到非常不舒服或不自在。

3. 暗自偷笑

所谓偷笑，顾名思义，是指私底窃笑，笑声较低也不长。多见于某人看到一件事情有趣而可笑的一面，而其他人却浑然不觉。不过，有时候，一些人在看见别人遭到批评、失败，或是处于某种尴尬情景之中时，他们也会发出此种笑。所以，偷笑有时又有幸灾乐祸的味道。

4. 轻蔑的笑

此种笑多为人们所鄙视，但在生活中却很常见。笑时鼻子朝天，一副"自以为天下第一"的表情，并轻蔑地看着被笑的一方。那些有权有势、高傲或自视清高的人在看见权势低下或地位卑微的人往往会发出此种笑。此外，在某些特定的情况下，正义的一方在面对邪恶力量的威胁、恐吓时也会露出此种笑，以示对他们的鄙视、轻蔑之意和自己勇敢、大无畏精神。

5. 哈哈大笑

一种非常爽朗、豪放的笑，在生活中也十分常见。当你遇到非常高兴的事，或是终于实现了自己的某个理想、愿望，通常会发出此种笑声。不过，有些时候，此种笑声带有一种威压感，会震慑他人，从而使人心生戒备。

人类的笑多种多样，笑是一道闸口，宣泄着人类几乎所有的情感。有时，笑是一种境界、一种感悟、一种智慧。读懂一个人的笑，你真的可以知道他在想什么。

轻易点头也许是想拒绝请求

点头和摇头在人们日常生活中很常见，然而在现实生活中，这点头的含义还需要细细揣摩，在很多时候点头并不表示同意，而轻易点头更有可能是一种无声的拒绝。轻易点头所表现出来的是一种无可奈何的心态，明明心中很不耐烦，然而碍于面子或者某种特殊情况，不得已而做出点头的动作，而实际上，它是一种拒绝的表现。

你向别人提出一个请求，他还没听完就频频点头说自己"知道了"，千万别急着高兴，他多半并没有真正想帮助你。这很明显就是一种应付式的答应，其真实含义为含糊式的拒绝。

一位保险推销员对此深有体会。他说："我向人推销保险时，话未说完，对方点头说，好吧，我们考虑考虑再给你答复。其实他对我的话并不感兴趣，已经不耐烦了。这时我要做的是适时改变话题，或者另找时间。"

当一个对你的性格、目的所知不多的人，对你的请求显示出"闻一知十"的态度，通常是不想让你继续说下去。

不妨试想一下，当我们要接受一个人的请求时，总是有耐心地听他讲完，然后根据问题的难易程度来决定该怎样做。所以出现这种情况的解释就是要么他不愿意帮助或接受，而是出于礼貌而不采取直接拒绝你的办法；要么就是他没有耐心去了解你的意思，他只能用点头的方式来表示听懂了。

晶晶和小凯结婚7年后，小凯出轨了。每次晶晶一哭二闹三上吊的时候，小凯都会不住地点头说，行了，行了，我不再和她来往了。答应归答应，小凯和第三者的联系从未断过。晶晶每次都和闺蜜哭诉，他明明答应了，明明答应了的……

从这个例子可以看出，当你看到对方轻易点头，并表示答应时，不要被表象迷惑，其实有时候这只是一种敷衍。通常情况下，你的话还未说完，对方却连续地点头说"好的，好的……"或者心不在焉地说"行，就这样吧"，你的头脑中会产生不祥的预感，感觉心里没底。非常不相信对方作出的承诺的真实性，总感觉对方根本就没有听明白其中的意思或者深思其中的含义，而且所表现出来的更多的是无奈和敷衍。其实，这时候你要知道，你的目的没有达到，要清楚不能在一棵树上吊死，应该多寻找更多有效的方式或者解决的办法了。

一条眉毛上扬，表示对方在怀疑

眉毛的主要功用是防止汗水和雨水滴进眼睛里，除此之外，眉毛的一举一动也代表着一定的含义。可以说，人的喜怒哀乐、七情六欲都可从眉毛上表现出来。

毕业论文答辩会上，小吴发现自己在陈述时，一名评分教授一条眉毛一直上扬。这一动作让小吴分外紧张，她开始强烈地怀疑自己的论文水平。答辩结束以后，很多同学都说到了一条眉毛上扬的教授。看来这个教授在听每个人的答辩时都眉毛上扬。

如果这位教授只对小吴做出了这个表情，那么表示他是在怀疑，可能是因为他并不认同小吴的论点。但所有的同学都开始反映这个问题时，眉毛上扬的动作很可能就只是他的一种习惯。两条眉毛一条降低，一条上扬，它传达的信息介于扬眉和低眉之间，半边脸激越、半边脸恐惧。如果你遇到一条眉毛上扬的人，表示他的心情通常处于怀疑的状态，也说明他正在思考问题，扬起的那条眉毛就像是一个问号。

每当我们的心情有所改变时，眉毛的形状也会跟着改变，从而产生许多不同的重要信号。眉飞色舞、眉开眼笑、眉目传情、喜上眉梢等成语都从不同方面表达了眉毛在表情达意、思想交流中的奇妙作用。观察对方眉毛的一举一动在第一次见面时就可以把对方的性格猜个八九不离十，你若是精明人就很容易捕捉以下的细节：

1. 低眉

低眉是一个人受到侵犯时的表情，防护性的低眉是为了保护眼睛免受外界的伤害。

在遭遇危险时，光是低眉还不够保护眼睛，还得将眼睛下面的面颊往上挤，以尽最大可能提供保护，这时眼睛仍保持睁开并注意外界动静。这种上下压挤的形式，是面临外界袭击时典型的退避反应，眼睛突然被强光照射时也会有如此的反应。当人们有强烈的情绪反应，如大哭大笑或感到极度恶心时，也会产生这样的反应。

2. 眉毛打结

指眉毛同时上扬及相互趋近，和眉毛斜挑一样。这种表情通常代表严重的烦恼和忧郁，有些慢性疼痛的患者也会如此。急性的剧痛产生低眉而面孔扭曲的反应，较和缓的慢性疼痛才产生眉毛打结的现象。

3. 耸眉

耸眉可见于某些人说话时。人在热烈谈话时，差不多都会重复做一些小动作以强调他所说的话，大多数人讲到要点时，会不断耸起眉毛，那些习惯性的抱怨者絮絮叨叨时就会这样。如果你想通过对方的面部表情了解一些潜在的信息，眉毛就是上佳的选择。

4. 轻抬眉毛

《老友记》里的主人公之一乔伊，因其丰富、幽默的面部表情给观众留下了深刻的印象，他不善言辞，经常话到嘴边却不知道用什么词语来表达，但他丰富有趣的面部表情却准确地传达出了自己的想法，仅仅是眉毛上的动作就有很多种。当他遇到自己心仪的美女时，会微笑着，轻抬一下眉毛，不用说话，对方就知道他对自己有好感。

轻抬眉毛的动作从远古时代就已经广泛使用了，当你向距离稍远处的人打招呼的时候，会不由自主地使用这个动作，迅速地轻轻抬一下眉毛，瞬间后又回复原位，这个动作可以把别人的注意力引到你的脸上，让他明白你正在向他问好。

眉毛虽然只是人面部一个很小的部分，但作用却很大，它的一动一静，都会在无形中透漏你的心境。

习惯性皱眉的人，需要感性诉求

"眉头"两个字常被用来形容人情绪的跌宕起伏，"才下眉头，却上心头""枉把眉头万千锁""千愁万恨两眉头"……基本用到眉头一词，就脱离不了愁字。

当然，皱眉代表的心情除了忧愁之外还有许多种，例如：希望、诧异、怀疑、疑惑、惊奇、否定、快乐、傲慢、错愕、不了解、无知、愤怒和恐惧。皱眉是一种矛盾的表情，两条眉毛彼此靠近，中间还有竖纹。紧张的眉间肌肉和焦虑的情绪都无法得到放松。其实，一般人不会想到皱眉还和自卫、防卫有关，而带有侵略性的、畏怯的脸，是瞪眼直观、毫不皱眉的。

相传，四大美女之首西施天生丽质，禀赋绝伦，连皱眉抚胸的病态都楚楚动人，亦为邻女所仿，故有"东施效颦"的典故。在越国国难当头之际，西施以身许国、忍辱负重，皱眉是情绪的自然反应，也是内心世界恐惧的流露，是带着防卫心态的，对他人走进自己带着些许的抗拒。

如果你遇到一个习惯紧缩双眉的人，你也要小心翼翼。他表情忧虑，基本上是想逃离他目前的境地，却因某些原因不能如此做。这类人给人一种随兴感，他看起来不那么随和。他多半会有些挑剔，精打细算，直觉敏锐。他个性务实，办事认真，不太会大惊小怪，不会放任任何细节。当然，他还有些犹豫。

研究发现，眉毛离大脑很近，最容易被大脑的情绪牵引，眉毛的动作是内心世界变化的外在体现。下面，你可以从皱眉的细微差别中观察个性的心理表现。

1. 听你说话时锁紧双眉

如果他在你说话的时候锁紧双眉，通常这表示你的话有些地方引起他的怀疑或困惑。缓慢的语速，真挚的话语往往可以打动他，消除他的疑惑。

2. 自己说话时紧皱眉头

这样的人不是很自信，他希望自己的话不会被你误解，也渴望你能给他肯定。用更直白的方式诠释他说过的话，当他清楚明白时，你们的沟通将会更加顺畅。

3. 手指掐着紧皱的眉心

他个性上通常带着神经质的成分，常犹豫不决，常常后悔自己的决定。遇到这样的人，你要做好心理准备，与他沟通将是一个长期的过程，需要花费更多的时间和精力来消除他的顾虑。

如果你想通过对方的面部表情了解一些潜在的信息，眉毛就是上佳的选择。人额头的皮肤最薄，一有轻微动作就会展现在眉头上，眉头一皱，眼睛因挤压而缩小，总给人忧郁的感觉。所以，习惯性皱眉的人，往往需要更多的感性诉求。只有他卸下了防卫的面具，才能放弃心底最后的挣扎，下次你不妨从眉间找奇迹。

鼻孔扩张的人情绪高涨

有位研究身体语言的学者，为了弄清鼻子的"表情"问题，他在车站、码头、机场等不同的地方观察各种鼻子，专门做了一次观察"鼻语"的旅行。据他观察，人的鼻子是会动的。例如，在你和人沟通的过程中，你发现他鼻孔扩张，这表明他的情绪非常高涨、激动，他正处于非常得意、兴奋或者是气愤的状态。从医学的角度上看，人在兴奋和气愤的情况下，呼吸和心跳会加速，从而引起鼻孔扩张。

不只是人类，动物有时也会用鼻子来表达情绪。在动物的世界里，如果你仔细观察的话，一定会发现大多数动物喜欢用龇牙和扩张鼻孔来向对方传递攻击信号，尤其是像黑猩猩这样的灵长类动物，每当它们生气发怒的时候，往往会将鼻孔扩张得很大。从生理学上来说，它们这样做是为了让肺部吸入更多的氧气，但是，从心理学上来说，它们正处于情绪高涨的状态，这是在为战斗或逃跑做准备。

除了鼻孔扩张之外，还有歪鼻子，这表示不信任；鼻子抖动是紧张的表现；哼鼻子则含有排斥的意味。此外，在有异味和香味刺激时，鼻孔也会有明显的动作，严重时，整个鼻体会微微地颤动，接下来往往就会出现打喷嚏的现象。

研究还发现，凡有高鼻梁的人，多少都有某种优越感，他们很容易表现出情绪高涨、饱满的状态。关于这一点，有些影视界的女明星表现得最为突出。与这类"挺着鼻梁"的人打交道，比跟低鼻梁的人打交道要稍难一些。而在思考难题、极度疲劳或情绪低落的时候，人们会用手捏鼻梁。这些鼻孔的变化、触摸鼻子的动作，是了解他们身体语言的法宝。

鼻子这一部位的表情，也的确能提供一定的心理表现的线索，让我们通过鼻子微小的变化来看看更多不为人知的身体语言信息吧。

1. 鼻头冒出汗珠

这表明对方心里焦躁或紧张。他的个性比较强，做事有些急于求成。因为心情焦急紧张，鼻头才有发汗的现象。

2. 鼻子泛白

这表示他的心里有所恐惧或顾忌。如果他不是你的对手或与你无利害关系，鼻子泛白是由于踌躇、犹豫的心情所致。另外，在自尊心受损、心中困惑、有点罪恶感、遭遇尴尬时，也会出现鼻子泛白的情形。

3. 鼻头红

这种情况多与健康状况有关，比如长期饮酒，食用辛辣食物过量、情绪过于激动紧张、皮肤过敏等。除了这些，鼻头发红也有可能暗示心血管疾病或者是肝功能异常，如果鼻子呈现蓝色或棕色，要当心胰腺和脾脏的毛病。

由此可见，鼻子虽然是人体五官中最缺乏运动的部位，但也是有着自己的语言的。当你观察一个人时，不妨从鼻子的语言入手去看透对方。

下巴的角度是态度的分水岭

当你向一群人或朋友发表自己的意见时，如果你留心观察一下他们，可能会发现这样一个有趣现象：在你发言的过程中，他们中的很多人会把手放在脸颊上，摆出一副估量的姿势。当你的发言接近尾声，你让他们对你刚才的发言发表一些意见或是看法时，有趣的现象便开始出现了，他们会迅速结束自己原先的估量姿势，将手移到下巴处，并轻轻地抚摸下巴，这时，每个人的下巴角度又都是不同的。

下巴的动作一般分为抬高下巴和收缩下巴。下巴的角度不同，所代表的态度也不同，这可能会暗示他们的决定是积极的还是消极的。你的最佳策略就是冷静地观察他们的下一个动作。

如果他们在抚摸下巴之后，将自己的手臂和腿交叉起来，并将身体后仰在椅子上，将下巴抬高，这种情况下，他们的最终决定可能是否定的。一旦出现此种情况，你大可不必惊慌，因为事情还没有到完全无法挽回的地步。此时你应迅速征求一下他们的意见，请他们说出心中的疑惑、不满，然后对其进行一一解答。这样一来，那些原来心存疑惑、情绪不满的听众很可能会改变他们的决定了。

如果他们在轻轻抚摸自己的下巴后，身体后靠，同时手臂张开，下巴的弧线内敛，这就表明他们的决定很可能是肯定的。一旦出现此种情况，你就可以接着在台上尽情地"纵横驰骋"了。

下巴的动作除了与对方态度的认可与否定相关外，下巴的角度还和威严感、傲慢有关。我们观察以动作片闻名的男影星的海报时就可以发现，他们总是以高抬的下巴来显示自己的雄性特征。抬高下巴的姿势大部分都会呈现一种盛气凌人的感觉。

女总裁出差时与下榻的宾馆服务人员发生了一点争执。她坐在沙发上，对方站在她的对面。女总裁说："你不用说了，把你们经理找来。"她说话时，高高抬起下巴。但却不是为了把视线落在站着的服务生身上，因为她望向了另一边。

当对方的视线位置比我们高时，我们可能会抬起头来与他讲话。但这里的女总裁显然不是为着这个目的才高抬下巴的。她的高抬下巴则显示了一种傲慢和自认为高人一等的态度，高抬的下巴和望向另一边的视线都在向对方表示"对继续谈话没有兴趣"。

下巴高抬的角度表示高人一等也有着它的渊源。我们必须承认高度很能影响一个人的气度，虽然这不是绝对的，但是从更大的范围里，我们发现领导者的身高对他的形象塑造有着非常重要的作用。在军事院校指挥专业的选拔上，身高就是很重要的参考指标。但是身高通常都是先天决定的，无法更改。但人们乐于从任何细节上来提升身高，比如高抬下巴。动作者潜意识里想要比对方高出一些来，于是用伸长脖子并且下巴高抬的姿势来强调。

而相反下巴收缩的角度则代表一种小心翼翼的畏惧感，爱收缩下巴的人与喜欢高抬下巴的傲慢人士性格截然相反。他们比较谨言慎行，凡事都很小心，所以能够办好手头上的工作。但他们只注重自己眼前的工作，相对保守和传统。

下巴的动作虽然轻微，可是却可以凭借下面这些影射内心的"投影机"来解读他人。

1. 表示愤怒的下巴

愤怒的人下巴往往会向前撅着，这一般也表达威胁和敌意。观察那些不听话的小孩，在回答"不"之前他们做的第一件事就是挑战般地撅起下巴。

2. 表示厌倦的下巴

当你看到他手平展，轻叩下巴下面数次，这表示他正感到十分厌烦。最初这一动作只表示某人吃饱喝足没事做。现在，它更多是暗示某人的厌倦之感。

3. 表示全神贯注的下巴

当你看到有人轻轻地、缓慢地抚摸下巴，就像摸着他的胡须一样，你最好不要轻易打扰，这表明此人正在精力集中地思索或聆听。

下巴的角度是态度的分水岭，是了解个性的媒介。如果你想了解自己是被接纳还是被拒之千里，那么看看他的下巴吧！

笑容可以表露人心

有一首歌叫作《你的笑容出卖了你的心》，实际上，笑的方式和一个人的性格存在着一些必然的联系。

捧腹大笑的人多是心胸开阔的，当别人取得成就以后，他们是真心地祝愿，而很少产生嫉妒的心理。在别人犯了错以后，他们也会给予最大限度的宽容和谅解。这样的人幽默感比较强，通常会给别人带来无穷的快乐。

经常悄悄微笑的人，性格比较内向、害羞。同时，他们的心思非常缜密，而且头脑异常冷静，在什么时候都能让自己跳出所在的圈子，作为一个局外人来冷眼观察事情的发生、进展情况，这样可以更有利于自己作出各种决定。这样的人特别善于隐藏自己，你很难认清他的真面目。

平时看起来沉默寡言，而且显得有些木讷，但笑起来却一发不可收拾，或者经常放声狂笑，直到连站都站不稳了。这样的人性情直爽，特别适合做朋友。这样的人也许不够热情、不够亲切，有时候甚至会让你觉得特别难以接近。实际上，这样的人特别注重友情，是那种在关键时候为你两肋插刀的人。

笑的幅度非常大，全身都在打晃，这样的人性格多是很直率和真诚的。和他们做朋友是不错的选择，因为他们往往会直言不讳地指出朋友的缺点和错误，而不会为了不得罪人而视而不见。他们不吝啬，在自己能力许可范围内对他人的需要总是会给予帮助。这样的人大多讨人喜欢，有广泛的社会关系。而笑出眼泪来是由于笑的幅度太大所致，经常出现这种情况的人，感情多是相当丰富的，具有爱心和同情心，生活态度是积极乐观和向上的。这样的人有一定的进取心和取胜欲望。他们可以帮助别人，并适当地牺牲一些自我利益，但却并不求回报。

小心翼翼地偷着笑的人，这样的人性格大多非常内向保守。同时，他们在为人处世时又会显得有些腼腆，但是他们对他人的要求往往很高，如果达不到要求，常常会影响到自己的心情。实际上，这样的人是可以与你患难与共、肝胆相照的。

看到别人笑，自己就会随之笑起来，这样的人多是乐观而又开朗的，比较情绪化，而且富有一定的同情心。他们对待生活积极乐观，不会被困难吓倒。

笑起来断断续续，笑声让人听起来很不舒服的人，大多性情冷漠。他们比较现实和实际，自己轻易地不会付出什么。笑起来断断续续，声音又尖锐刺耳的人，多具有一定的冒险精神，且精力比较充沛。这样的人感情比较细腻和丰富，生活态度积极乐观，为人比较忠诚和可靠。

笑起来声音柔和而又平淡，这样的人性格多较沉着和稳重，在大是大非面前多能够保持头脑的清醒和冷静。这样的人大多通情达理，能够设身处地为别人着想。他们善于处理矛盾，也善于化解纠纷。如果只是微笑，并不发出声音，多是内向而且感性的人，这样的人性情比较低沉和抑郁，情绪化比较强，而且极易受他人的感染。

笑起来发出"咯咯"的声音的人，多是能够严格要求自己的。这样的人想象力比较丰富，创造性也很强，常常会有一些惊人的举动。他们通常很有幽默感，这是聪明和智慧的一种自然流露。

倘若一个人在不同的场合，可以发出不同的笑声，那么这样的人多是比较现实的，而且反应能力特别快，善于处理各种各样的复杂问题。

第二节　眼神和视线透露意识和喜好

瞳孔扩张，表示对你的谈话感兴趣

日常生活中我们很容易观察到别人的手势、坐姿、表情等身体语言，而对于眼睛的观察只是停留在暗淡无光或是炯炯有神的层面上，其实人的瞳孔里还有很多值得我们去发掘的信息。人的眼睛通过数条神经与大脑连接，它们从外部获取信息，然后通过神经把信息传递给大脑。受到刺激的大脑又反馈信息给瞳孔，于是人的心理也就在瞳孔上表露出来。如果说眼睛是心灵的窗口，那么瞳孔就是窗内的风景。

美国芝加哥大学研究瞳孔运动的心理学家埃克哈特·赫斯发现，瞳孔的大小是由人们情绪的整体状态决定的。如果有一天，你兴致勃勃地和某人聊天，发现他的瞳孔扩张，认真聆听你的谈话，这表明他对你的谈话非常感兴趣，你可以继续发表你的言论。

晓月在电脑城卖电脑，她向顾客推荐新产品时，她会一边介绍，一边留意顾客瞳孔的变化，如果她发现顾客在听她讲解的时候瞳孔明显变大，心里就会暗自窃喜，因为她知道她的推销成功了，顾客对她的谈话和她推荐的商品都很感兴趣，她会把价钱要得很高。

从例子可以看出，当一个人对你的谈话内容感兴趣的时候，会在他的瞳孔上有所反映。当一个人处于兴奋、高兴的情绪状态时，其瞳孔就会明显变大。反之，当一个人处于悲观、失望的情绪状态时，其瞳孔就会明显缩小。据此，细心的你可以通过他人瞳孔的变化发现生活中其他的有趣现象。

例如，一个性取向正常的人，不管是男人还是女人，只要他们看到异性明星的海报，瞳孔便会扩张；但若看到同性明星的海报，瞳孔就会收缩。同样，当人们看到令人心情愉快或是痛苦的东西时，瞳孔也会产生类似反应。比如，看到美食和政界要人时瞳孔会扩张；反之，看到战争场面时瞳孔会收缩，在极度恐慌和极度兴奋时，瞳孔甚至可能比常态扩大 4 倍以上。婴儿和幼童的瞳孔比成年人的瞳孔要大，而且只要有父母在场，他们的瞳孔就会始终保持扩张的状态，流露出无比渴望的神情，从而能够引来父母的持续关注。

一般来说，当人们看到对情绪有刺激作用的东西时，瞳孔就会变化。赫斯还指出，瞳孔的扩张也与心理活动密切相关。例如，某个工程师正在冥思苦想努力解决某个技术难题时，当这一难题终于被攻破的那一刹那，这位工程师的瞳孔就会扩张到极限尺寸。

很多玩牌的高手之所以能屡战屡胜，最主要的原因就在于他们善于通过观察对手看牌时瞳孔的变化来揣摩对方手中牌的好坏。他如果看见对方看牌时瞳孔明显扩大，则可基本断定对方拿了一手好牌，反之，当他看见对方看牌时瞳孔明显缩小，据此他又可以断定对方的牌可能不太好。如此一来，自己该跟进还是该扔牌，心里也就有底了。如果对手戴上一副大墨镜或太阳镜，那些玩牌的高手可能会叫苦不迭。因为他们不能通过窥探对方瞳孔的变化来推断对手手中牌的好坏。如此一来，他们的获胜率肯定会直线下降的。

这一点还体现在青年男女约会上，如果你的约会对象在注视你的时候，眼神温柔、瞳孔扩大，那基本可以断定他是喜欢你的。关于瞳孔扩张的这一发现被研究引入了商业领域，人们发现瞳孔的扩张会令广告模特显得更有吸引力，从而吸引更多的顾客购买商品。因此，商家通常将广告照片上模特的瞳孔尺寸修改得更大一些，有助于提升产品的销量。

有句老话说，在和别人说话时，要看着对方的眼睛。是的，如果他在和你交谈时，瞳孔扩张，那真要恭喜你，这表明他对你的谈话很感兴趣。下次，要"好好看看对方的瞳孔"，因为瞳孔从不说谎。

走路时视线向下的人凡事精打细算

孔子曾说过："观其眸子，人焉廋哉！"意思就是说，想要观察一个人，就要从观察他的眼睛开始。因为眼睛是人的心灵之窗，所以，一个人的想法经常会由眼神中流露出来。而研究发现，一个人的视线，尤其是单独走路时无意识流露出来的视线，总会在无意间展露内心的意识以及喜好。

正常人在走路时视线是在前面大概 3～6 米的位置，角度通常是 75 度，在有人告诉你有危险或自己感觉到有异常时，人走路的视线角度会发生很大变化，可能在前面一米左右，角度非常小，步幅自然减小，以应对突发的变化。但是，如果你细心可以发现，生活中很多人在平时走路时视线都是向下的，颇有走自己的路，让别人去说的味道。这类人往往小心谨慎，凡事精打细算。这样的人都比较内向，他们心机比较重，为人谨慎、多疑，看似无心，实则总是在思索。与他们交流，你能感受到，他们对于能带来实质性收获的交流感兴趣，重视家庭生活。

在与人交往的过程中，如果你希望深入了解他人的喜好、秉性，你就需要多留意他人的视线。以下就来讨论不同的视线区域可能代表他人的哪些特质。

1. 走路时视线朝上

这样的视线，通常会配合轻快悠闲的步履，头微微上仰，双手插在口袋里。如果你在路上遇到他，他可能还哼着小曲儿。这类人往往个性质朴，活得轻松自然，喜欢自然界的一切美好事物。一朵花、一只小狗、一顿晚餐，都能为他带来身心的满足。

2. 走路时习惯平视

这类人个性认真，凡事喜欢就事论事，多半不喜欢拐弯抹角，不喜欢浪费时间，这类人属于务实派。

3. 走路时盯着某物直瞧

平时很容易见到这类人，吸引他们目光的可能是一支笔、一只猫。其实，吸引他们的不是这些东西，真正吸引他的通常和他正处理的事务相关。这类人往往专注力强，此时，他正沉浸在自己的世界里天马行空，这类人喜欢谈论目前手头上正在进行的事务。

4. 走路时喜欢东张西望

在走路时喜欢东张西望的人，往往专注力不强，这类人很容易受到外界的干扰，总是漫不经心，好奇心比较重，喜欢新鲜的人、事、物。如果你和这样的人讨论问题，他往往会反复问相同的问题。是的，他根本没有仔细听。这就是小时候老师常常批评的"注意力不集中"。

总之，每个人走路时的视线区域是不同的，了解这些细微差别，你就可以从这些司空见惯的动作里透视人心。

避开视线、延长眨眼时间是讨厌的信号

视线表达了一种关注感，被视线关注的人会自然地用心聆听凝视者的话。而视线还有其他的魔力，透过视线，你可以了解他人的心态和情感。

当你发现别人竭力避开你的视线或者延长眨眼时间的时候，肯定是有什么事情让他们觉得不对头。他也许是不喜欢你，或者对你不感兴趣；也许是在自我保护，或者有事隐瞒；也有可能是不知道怎么面对你，或者仅仅是害怕你。

　　如果对方快要跟你的眼神交会时，突然避开你的视线，虽然表面上没有拒绝跟你说话，但却已经散发出不想再继续交谈下去的信息了。既不想再听你说话，也没有认同你的意思。如果某人避开视线故意让你看出来，这样的人就比较极端，这是对你抱有敌意与嫌恶，而且毫不隐藏地表现出来。如果在谈话期间视线一直不肯和你的视线交汇，恐怕是因为对方讨厌你，也有不想被你所左右的意思在里面。

　　心理学家达尼尔曾说过这样一句话："敢于与对方做眼神接触表现了一种可信和诚实；缺乏或怯于与对方进行眼神接触可以被解释为不感兴趣、无动于衷、粗蛮无礼，或者是欺诈虚伪。"事实也往往如此。一家医院在分析了收到的大约1000封患者的投诉信后归纳出，大约90％的投诉都与医生同患者缺乏眼神接触相关，而这种情况往往被认为是"缺乏人道主义精神或是同情心"。

　　为什么有些人和你说话你会感到不舒服？而有些人和你说话却会令你感到不自在，还有一些人在和你说话时甚至会让你怀疑他们的诚信？这是因为眼睛能够透视人们内心的想法。会面的两个人如果彼此较多地注视对方的眼睛，那就代表他们彼此之间都很感兴趣，或者对所谈的话题有热情。相反如果话不投机，彼此之间就会尽量避免注视对方，这样可减轻紧张的形势。

　　当然，如果他不喜欢你，也可以通过延长眨眼时间来传达讨厌你的信号。在正常的条件下，一个人眨眼的频率是1～3次/分钟，每次闭眼的时间也仅仅为1/10秒。但是，在某些特殊的情况下，为了特定的目的或是为了表达特殊的情感，一个人可以故意延长他眨眼的时间。如果你凑巧遇到某个人对你做出此种姿势，就得留意他此举的含义了。

　　这里所说的拉长时间，并非他迅速的眨眼，再隔很长一段时间之后进行下一次的眨眼动作，而是每一次眨眼动作的时间被拉长。要实现这个目的，人们在每次眨眼时，眼睛闭上的时间就要远远长于正常情况的1/10秒。

　　为什么会出现这种的情况？他自己可能并没有意识到这个动作，只是潜意识里这样做了。事实上是因为他对你感觉厌倦，他觉得与你谈话很无趣。我们在谈话中如果发现对方对自己做出这样的动作，我们就需要提醒自己是否谈话内容实在不能引起他的兴趣。因为这种动作表明他已经不想再跟你继续讨论下去，所以他每次眨眼时眼睛会闭上两到1～2秒甚至更长的时间，希望你从他的视线中消失。如果你发现你在讲话时，你的听众开始有了拉长眨眼时间的行为，甚至同时伴有哈欠，你就可以结束这次讲话了。

难怪美国哲学家埃默森说:"人的眼睛比嘴巴说的话更多,不需要语句,我们就能从彼此的眼睛了解整个世界。"

握手时一直盯着你的人,心里想要战胜你

在西班牙斗牛的节目中,那些被激怒的公牛会在进行角斗之前,把眼睛瞪圆了一直盯着对方。在这点上,人类也是一样。世界上大多数国家的人都不会对不熟悉的人进行直视,一直盯着对方会被认为是没有教养的表现,甚至被看成是一种故意挑衅的行为。当某人和你握手时,一直直视你,甚至盯住你不放,这其实是对你的挑衅,他的心里是想要战胜你。

目光接触是非语言沟通的主渠道,是获取信息的主要来源。人们对目光的感觉是非常敏感、深刻的。通过目光的接触来洞察对方心理活动的方法,我们称之为"睛探"。目光接触可以促进双方谈话同步化。在对方和你交谈时,如果他用眼睛正视你,你可以更有效地理解他的思想感情、性格、态度。同时,通过"睛探",可以更好地从对方的眼神中获得反馈信息,及时对你的说话进行必要的调整,通过这样的审时度势,一旦发现问题,可以随机应变,采取应急措施。

如果遇到和你握手时一直盯着你的人,并且他对你的注视时间超过 5 秒,他除了想在心理上战胜你之外,往往还对你有一种威胁。这种盯视还会被用到其他场合。例如,警察在审讯犯人的时候通常对他怒目而视,这种长时间的对视对于拒不交代罪行的犯罪者来说有着无声的压力和威胁。有经验的警察常常用目光战胜罪犯。

可见,即使是罪犯也不喜欢别人用眼睛紧紧盯住自己。因为被人紧盯住之后,心里就会产生威胁和不安全感。事实上,在你和对方握手、交谈时,如果遇到长时间盯着你的人,由于他眼神传递出来的信息产生了副作用,你从他的视线中是感受不到真诚、友善、信任和尊重的。

在生活中,人的角色是多样的,眼神之间可以传递不同含义的讯息,而影响一个人注视你时间长短的因素主要有 3 点:

1. 文化背景

文化背景不同的人注视对方的时间可能存在很大的差异。在西方,当人们谈话的时候,彼此注视对方的平均时间约为双方交流总时间的 55%。其中当一个人说话时,他注视对方的时间约为他说话总时间的 40%,而倾听的一方注视发言一方的时间约为对方发言总时间的 75%;他们彼此总共相互对视的时间约为 35%。

所以，在西方国家中，当一个人说话时，对方若能较长时间看着对方的眼神，这会让说话的人感到非常高兴。因为他认为对方这样做，说明对方很在意他的讲话，或者是很尊重他。但是，在一些亚洲和拉美国家中，如果一个人说话时，对方长时间盯着他看，这会让他感到不舒服，并认为对方很不尊重他。比如，在日本，当一个人说话时，如果你想表示对他的尊敬之情，那么你就应该在他发言时尽量减少和他眼神的交流，最好能保持适度的鞠躬姿势。

2. 情感状态

一个人对他人的情感状态（比如喜爱，或是厌恶），也会影响到他注视对方时间的长短。比如，当甲喜欢乙时，通常情况下，甲就会一直看着乙，这引起乙意识到甲可能喜欢他，因此乙也就可能会喜欢甲。如此一来，双方眼神接触的时间就会大大增加。换言之，若想和别人建立良好关系的话，你应有60%～70%的时间注视对方，这就可能使对方也开始逐渐喜欢上你。所以，你就不难理解那些紧张、胆怯的人为什么总是得不到对方信任的原因了。因为他们和对方对视的时间不到双方交流总时间的1/3，与这样的人交流，对方当然会产生戒备心理。这也是在谈判时，为什么应该尽量避免戴深色眼镜或是墨镜的原因。因为一旦戴上这些眼镜，就会让对方觉得你在一直盯着他，或是试图避开他的眼神。

3. 社会地位和彼此的熟悉程度

很多情况下，社会地位和彼此熟悉程度也会影响一个人注视对方时间的长短。比如，当董事长和一个普通员工谈话时，普通员工就不应该在董事长发言时长时间盯着他，如果那样的话，他就会认为你在挑战他的权威，或是你对他说的某些话持有异议。这样一来，肯定会在他心里留下不好的印象。所以，和领导或上级谈话时，最好不要长时间盯着对方，你可以采取微微低头的姿势，同时每隔10秒左右和他进行一次视线接触。不太熟悉的俩人初次见面时，彼此间眼神交流的时间也不宜太长，如果一方说话时，另一方紧紧盯着对方，这肯定也会让对方感到非常不舒服。

游离的视线暴露内心的不安

在日常生活中我们经常能遇到这样的情形，当你遇到一个眼神闪烁不定，东张西望的人，你会感到他忧心忡忡。甚至你会觉得他心中可能隐藏着某些事，或者是背着你做了对不起你的亏心事。这种担心是有科学根据的，就心理学而言，游离的视线往往会暴露内心的不安，往往是对方不愿意让你看到内心映射的表现。也就是说，隐藏着不想被你知道某些事的可能性非常大。

主持人挑战赛第九场，挑战者正在进行电视演讲。观众们发现 2 号挑战者的眼神左右游移，这使得他像在东张西望一样。这种动作和表情引起了观众的反感。事后，记者对他进行了采访，他说，太紧张了，心里很不安，眼睛有些不知道往哪看了。

挑战者在演播厅里的举动是因为他内心很紧张、不安，而他又想和观众保持眼神互动交流，所以不停地转换视线，以求和更多人的视线汇合一下。但他的动作由电视信号传递出去，更多的场外电视观众就会认为他的眼神很不规矩，东张西望的神情也令人生厌。

视线的游离往往是人内心活动的反映。在与人交谈的过程中，如果遇到东张西望的人，你该多留意一下他的视线变化，或许你可能从中了解到更为真实的东西。要知道，东张西望所透露出来的内心独白是："外部环境很陌生，我需要认清它并找到安全逃跑路线。"如果你不相信，可以看看动物的反应。很多动物被带到一个陌生的环境中，它们的视线就会上下左右四处扫视。而且动作相当明显，甚至伴有头部转动的动作。而一旦受到惊吓，它们会立刻循着自己刚刚锁定的路线奔逃，一刻也不迟疑。这证明它们在东张西望中就已经安排好了逃跑路线了。人类在新的环境中的环视动作比动物隐蔽得多，但摄像机还是能记录这些不安的眼神。所以，东张西望的神情是人们对于眼前的人或事缺乏安全感的表现。

游离的视线在很多时候是内心不安的表现，这里也有一类更为特殊的群体。在医学上，有些人被称为"视线恐惧症"患者，他们在与别人发生视线接触后，往往会立即转移自己的视线。因为他们觉得对方的眼光太过于强烈，从而使自己的眼睛不由自主地东张西望，这会让他们感觉非常不舒服。与此同时，他们的心理也处于一种矛盾的状态之中，一方面，他们想如果与对方进行对视，会不会使对方感到不快。另一方面，又想自己若是进行视线转移，对方会不会看透自己的心理。在这种进退两难的矛盾状态之中，他们越是焦急不安，就会使眼神更加左右游离，强烈不安的心理情绪就越严重。一般来说，此种类型的人，他们之所以会产生"视线恐惧症"，归根结底，是因为他们缺乏自信心。他们往往是通过别人眼中反映出的自己来认识和确认自己的存在与价值。

生活中，还有一些其他的视线可以传达不同的信号。例如：瞳孔偏到一旁的目光伴随着压低的眉毛、紧皱的眉头或者下拉的嘴角，那就表示猜疑、敌意或者批判的态度。你在公司会议上发表见解时，如果发现你的老板和同事大多用这样的视线来看你，你就得警醒了。可能是他们对你本身有意见，或者对你的说话内容表示不屑。不管是哪一种，你的主张都没有办法打动别人。而女人们通常喜欢用这种视线表达感兴趣的意思。同时伴有眉毛微微上扬或者面带笑容，那就是很有兴趣的表现，恋爱中的人们经常将之作为求爱的信号。

眼睛这扇天窗时刻都在向外界传播着内心世界的种种信息。当你看到有人不停地左顾右盼，目光游离，那么你就可以断定，他的目光是在告诉大家，"我内心不安"，或"心怀不轨"。

从镜框上方看人，是审视的表现

许多电影里的搞笑镜头都有这样的画面：犯错的年轻女孩低眉顺眼地站立着，一个保守、严厉的老学究从镜框上方打量着她，久久不说话……如果你遇到眼神从镜框上方延伸出来的人，这表示他对你所说的话充满了怀疑，他希望可以从你的情绪反应中证实你说话的可信度，这是对你审视的表现。

眼神分为多种多样的。从眼镜上方透出的眼神往往是冷冷的，带着拒绝交流的味道，是一种不太客气、心怀戒备的注视。一般来说，从镜框上方看人往往不是正视，而是习惯用斜上方的目光看人或是用余光扫视，这样的人一般都是刻板、保守、斤斤计较、心存鄙视的人。他的目光表露出来他轻视一切、怀疑一切，甚至有一些人带着性格上的缺陷。这样的人眼神也可能变成指点，如果你从他的身边走过，他往往先看看你的头，又看看你的脚，可能还轻轻地撇撇嘴，那么他的眼神就是在指责你，你的动作引起了他的不满，叫你注意。以眼神指点往往不太显眼，比较客气。当然，也有一些戴着老花镜的人，仅仅是为了从眼镜上方看清外面的世界，这样的人不在此列。

米歇尔·阿基利认为，一个人在与他人进行交谈的过程中，视线朝向对方脸部的时间约占据双方谈话时间的 $30\% \sim 60\%$ 左右。因此，在面对面的交流中，他人的目光转换动作能让你轻易了解他是个什么类型的人。

1. 目光左右移动是缺乏安全感的表现

内心缺乏安全感的人，他们的目光常常左右移动，这说明他们的生活正处于不安的状态，这样的心理会让他们感觉到不舒服，这些人常常感觉缺乏自信，他们习惯自欺欺人，严重者甚至有被迫害幻想症。

2. 目光总是不规则移动是不怀好意的表现

如果有人在和你交谈的时候，他的目光总是不规则地移动，这会让你觉得这是一个不正经、不可信或心怀歹意的人。实际上，这不只是一种感觉，有上述行为的人也许正准备设下圈套来陷害你。

3. 翻白眼的怪异目光是怀疑和轻视的表现

在和你谈话的过程中，如果对方时不时地翻白眼并且用怪异的目光看你，或者忽然间用锐利的目光盯着你，这表示他对你有所怀疑或轻视。他们想通过这样的目光来检测你的情绪反应，从而证实他对你的猜测。还有一些性格有缺陷的人，也习惯用怪异的目光看人。

总之，了解人类的心灵之窗，你能在他人的视线注视下轻松自如，你也可以最大限度地接受别人眼神传递出来的信息。

第三节　控制与防备，看手就知道

对方是否喜欢你，握手见分晓

握手是在相见、离别、恭贺或致谢时相互表示情谊、致意的一种礼节，双方往往是先打招呼，后握手致意。据说握手最早发生在人类"刀耕火种"的年代。那时人们手上经常拿着石块或棍棒等武器。他们遇见陌生人时，如果大家都无恶意，就要放下手中的东西，并伸开手掌，让对方抚摸手掌心，表示手中没有藏武器。这种习惯逐渐演变成今天的"握手"礼节。而现在，握手已经逐渐演变为人们用来维系业务关系的一种沟通方法。但就是这样一个小小的握手礼，其中却暗藏着不少玄机。

莫里斯与女友在餐馆就餐时，遇到了女友的前任情人比尔。女友尴尬地为俩人介绍，莫里斯与比尔握手致意。两只手紧紧地握在一起，莫里斯感觉到对方的力度越来越大，并且扳着他的手，想让自己的手心朝下。莫里斯暗想："这可真是个厉害人物。"

从上面的例子来看，简单的握手动作就可以接收到对方传递过来的信号：他是否喜欢你？是不是心理很强势，想打压你？比如比尔与莫里斯握手时将手掌翻转，使自己的手心朝下，就给对方制造出一种强势的感觉，这种不喜欢是不加掩饰的。

这种凌驾于人的握手方式并不少见，专家曾对 350 位高级行政主管开展了一项关于握手的调查研究，这群研究对象 89% 为男性。结果显示，在各种面对面的会谈中，88% 的男性主管和 31% 的女性主管在握手时都会采用这种能够制造强势效果的握手方法。而且这种握手的力度也会相对较大，甚至会令对方有轻微疼痛感。

通常情况下，握手只是人们见面时表示问候，离别时表示再见的一种礼仪。但是，你可以从握手这一细节动作上预见对方是否喜欢你，了解他想表达控制还是顺从的意思，了解他的个性特点。一般来说，性格温和、内向的人在与人握手时通常会采取顺从的姿势，这也表示他比较崇敬你。而性格外向、脾气火暴、霸道的人与人握手时，通常会采取控制性的握手姿势，这表示他不是十分喜欢你，或者是想让你感受到他对你的震慑力。有趣的是，当两个性格温和、彼此有好感的人握手时，他们通常会表现得温文尔雅、谦卑有礼。如此一来，双方便形成了一种平等、融洽的关系。

一般来说，初次见面的双方握手致意，通过这一动作，你可以感受到对方传递过来的一些微小的信号，这些信号可能是无心，也可能是有意。而你也可以因此构建对对方的初步评价。一般来说会有这样三种评价：一是认为对方很强势，觉得对方并不喜欢你，他甚至想控制你；或者觉得对方比较弱势，你认为自己可以掌控对方；或者感受到彼此的平等地位，能够感受到对方很喜欢你，你也觉得和他在一起很舒服。

著名的作家海伦·凯勒曾经这样写道："我接触过的手，虽然无声，却极有表现性。我握着他们冷冰冰的指尖，就像和凛冽的北风握手一样；也有些人的手充满了阳光，他们握住你的手，使你感到温暖。"海伦·凯勒虽然不能用眼睛观察到对方，但她的触觉是极其敏锐的，她关于握手的描写也极其精彩地展现了握手能带给人的不同感觉。可以说，要知道对方是否喜欢你，握手便知分晓。

不停地敲桌子，是因为有话要说

你是否有这样的经历，当你和同事争论某个问题的时候，他会不停地敲桌子，然后说，静一下，听我说两句。是的，他不停地敲桌子，是因为有话要说。如果你是一个会议的发言人，当你在滔滔不绝的时候发现有的与会者在不经意地以指尖轻敲桌子。那么你千万不要觉得对方是在向你表达赞同或者恭维，这表明他在思考，他在等待发言。当你在进行业务解说，发现客户有这个动作的时，你就该考虑停下来，把话语权交给他，以免客户不耐烦。

传播学家研究发现，手上的小动作往往比有声语言更能传达出说话者的心意，因为作为一种可视的沟通形式，它比语言传递得更远，而且不会受到那些有时会打断或淹没话语的噪音的干扰。所以，有时候手势是一种独立而有效的特殊语言，它能传递一些我们熟悉的讯息。比如，拍手表示激动或赞成，而把小指和拇指放在耳朵边上表示需要打电话；大拇指朝上表示赞同或钦佩，大拇指朝下则表示不赞同或鄙视对方；伸手表示想要东西，手背在后面表示不想给予。

除敲桌子之外，还有一些不自觉的小动作，也能暴露行为动作者内心的真实状况：

1. 不停地摸耳朵

如果他人在和你交谈的过程中，对方频繁地摸耳朵或拉耳垂，这表明他厌倦了你的滔滔不绝。他做这个动作是想告诉你，他很想开口谈谈自己的意见。

2. 把玩手腕或手腕上的物品

如果你正在和他人交谈，发现他正在把玩手腕或手腕上的物品，这表明对方内心充满犹豫，他正在考虑诉说他内心的想法，这表明他内心很挣扎，有话要说。

3. 微张嘴唇

如果和你交谈的人，几次三番的微动嘴唇，却没有发出声音，这表明他有话要说。他内心很想表达自己的想法，所以自然张嘴欲言。可是出于礼貌，他没有打断你的话。

4. 用手指或手上的东西做画线动作

如果你正和他人交谈，发现他用手指或利用手上的东西在桌上做画线动作，这表明他有话想说可是又不能打断你，他不停的动作表明他很焦急。此时你还不停止说话，他的额头甚至会出现汗珠，手上动作的频率会更快。

手势里蕴含大量的信息，是随着说话者所表达的内容、具体的环境以及在某种感情的支配下，自然而然地流露出来的。因而，从某种程度上来说，手势是人的第二张面孔，传达着丰富多彩的信息。

搭你肩膀的人，喜欢当老大

在人类发明车子以前，肩膀担任着负重运输的重任。直到今天，肩膀也是最常用的负重部位之一，早年的商贩、劳役、挑夫等劳动者，都是以肩挑着货物兜售、运输。因此，肩膀被视为责任、负担和力量的象征。

拍肩搭背的动作可以给对方打气，仿佛通过肩膀传递了力量，但是有事没事总喜欢搭别人肩膀，则是喜欢当老大的表现，有这种习惯的人多半比较以自我为中心，虽然看似想和你做朋友，心里却希望你臣服于他们。

一位心理学家就曾在法国进行了一个有趣实验，找几个有型男士，走访不同的消遣胜地，与百余个女性搭讪。实验结果显示，被俊男轻轻搭过肩膀的女性当中，有高达65％的人同意与俊男共舞。而与俊男没有任何身体接触的女性当中，只有43％的人同意跳舞。

专家研究发现，在男士追求心仪的女性的时候，搭肩膀比眼神交流、语言调情、用手指轻撩对方的掌心更容易点燃爱的火花。能够手搭肩膀的男士往往比较自信，喜欢当老大，更能显现出男士魅力。而肩膀被男士轻触的女性，会更倾向于臣服男人的老大魅力之下。

为什么搭肩膀能产生这种效果呢？我们来看看肩膀本身所传达的语言信息。一般的身体语言研究认为，肩部的动作，能够表达威严、攻击、安心、胆怯、防卫等意思。因为肩部上下活动比较自由，因此能缩小或扩大势力范围，同时这些动作也易引起他人注目。向后缩的肩膀表示因积压的不平、不满而引起的愤怒；耸肩表示不安、恐怖；使劲张开两手的肩膀代表责任感的强烈；向前挺出的肩膀代表责任重大引起的精神负担等。

中国古代武将的穿戴盔甲，现代军人佩戴肩章，就是在有意强调肩部，以示威严。男人的西装，在肩部填入垫肩，使肩膀看起来较宽，跟故意使双肩耸起的行为同样属于男性的信号。肩部可以视为象征男性尊严的部位。所以，习惯搭你肩膀的人往往喜欢做老大，他们习惯发号施令，喜欢"照顾"弱势的群体。

从对方碰触你的方式和位置看他的心态

一般来说，当你与他人交谈时，对方碰触你的方式和碰触你的位置不同，会呈现出不同的心态。通常碰触点越往上，表示对方越喜欢自己占有一定的优势地位。因此，我们可以根据对方碰触你的位置来观察、分析他人的潜藏心态。

1. 碰触前额以上的部位

我们经常可以看到妈妈轻抚孩子的头顶、轻拍后脑、摸摸额头，等等，做这些碰触通常都是表示安慰、爱抚、鼓励或者激励。因此，在生活中，能对你做这些动作的多半都是长者，他们喜欢以老师自居，觉得自己社会经验丰富可以帮助你，这些均是一种信任的表达。

2. 碰触胳膊或拉手

碰触你胳膊或拉你手的人，往往比较内向，骨子里有退缩的成分。但是他们希望与你有更多的交流，于是会透过蜻蜓点水的碰触来表达友好。

3. 碰触腰部

这种碰触方式除了在情侣之间外是比较少见的。有些人可能在某些突发状况来临时，扶住你的腰部。这多半出于一种保护的心态。

还有一些令人迷惑的地方，朋友之间就会经常有勾肩搭背的动作，为什么感觉不到不适呢？这是因为他们对朋友敞开心扉、不设防。这样的接触是他们下意识地把熟识的人的这一表现看成是朋友间的友好表示，他们只是感觉关系更近了一步。

摸袖口，表示对方的心理开始动摇

如果你做过业务或销售人员，你会有这样的体会：当你的客户开始摸袖口，你会在心里喊，我快成功了。这时你往往会选择停止说服，留一点空当给客户思考。因为你清楚，当谈话对象开始摸袖口，这表示他的心理开始动摇了，他基本已经认可你的谈话内容了。

一般来说，如果你是个有经验的销售人员，你一定不会一直喋喋不休，你会留心观察谈话对象的肢体语言，这既可以避免引起别人反感，又可以归纳出客户被劝服的信号，从而达到谈成业务、卖出产品的目的。在生活中，我们可以从下面这些身体语言中，挖掘出对方心理开始动摇的信号。

1. 摸袖口，拨纽扣

如果你发现，和你交谈的对象开始出现摸袖口、摸纽扣的动作并伴有若有所思的表情，这基本可以肯定对方已经卸下防卫，他的心理开始动摇了。一般情况是，对方坐在你面前，手肘靠在桌上，或是将手臂放在椅子上，再用另一只手的手指轻摸袖口和纽扣。这表明他在考虑你所说的话，这种姿势是在告诉你，"你说得好像蛮有道理呢，我再想想……"如果你遇到这样的情况，你可以采取下一步的措施了。不过，你需要注意的是对方手上的动作是否缓慢轻柔，如果是频繁动作，伴着焦躁的神情，你就要考虑对方是不是不耐烦了。

2. 手心向上，拿笔等待

当你的交谈对象很自然的拿起了笔，像是等待记什么东西的时候，如果你注意观察，他的手通常是手心向上的。或者是他手边没有笔，可是身体语言也不自觉地流露出这样的拿笔动作，这就表示，你的话产生了作用，他的心理开始动摇，对你也没有戒备了。

3. 露出前颈，微张嘴巴

颈部是人类比较脆弱的地方，也是人类最容易受到攻击的部位，所以人在潜意识里都有保护颈部的欲望。如果你发现，和你交谈的人在不知不觉的状态下露出了前颈，并伴有微张嘴巴的身体动作，你就该明白他这是心理开始动摇的标志，也是对你示好的表示。他认为你安全、可靠、值得信任。

4. 模仿你的动作

你做了一个手势，他也跟着你做了同一手势，这是他在模仿你。当对方开始有意无意模仿你的动作时，表示你对他有一定的影响力，他对你甚至有些崇拜和敬重，你的话更是在他的心海里荡起了涟漪。

5. 和缓点头

这种点头，不是指点头如鸡啄米似的快速点头，而是和缓自然的，这是表示赞许、信任、内心契合的点头。通常，他会选择在你一句话未结束时就开始和缓地点头，并伴有嘴角微微上扬的表情。这就表示你已经掌握了他的需要，你的话已经起了作用。

总之，如果你想更多地嗅出对方散发出来的动摇味道，你就需要读懂他们的身体暗语。

握紧拳头，是发怒的前兆

著名的人际关系大师亚伦皮斯在幼年时已经学会了一套察言观色的本领。他曾经上门推销橡胶海绵。并且知道当对方的手心展开时，他就可以继续他的推销活动。而如果对方虽然表面上和气，而手却攥紧了拳头，他就要马上离开，免得浪费时间。

握紧拳头是指在交谈的过程中，对方两手握拳的时间较长。最常见的是两手握拳于身后呈叉腰状，或者双手抱胸两手紧握而不是像平时那样两手掌张开，也有时是两手握拳，撑在下颌处。

握紧拳头是心理学上的武装姿势。美国心理学布莱德曼经过研究证实，在很多情况下，一个人做出此种手势其实并不代表着他非常自信，与之相反，它代表此人正处于一种焦虑、紧张，或者是失望、悲观的情绪之中。例如，当一个人将双臂环抱于胸前时，再加上了双拳紧握这个细节动作，这代表强烈的敌意。如果有人在和你交谈的过程中握紧拳头，我们可以推断出他心里很讨厌你。这样的人有着明显的防御意识，同时你也可感受到对方的敌意。紧握的双拳是他在极力克制自己的情绪。你也可以从他的其他身体语言上看出这一点，比如眉头紧皱，甚至还有脖子上青筋迸发的现象。如果此时你激怒他，他会由这种显示敌意的状态真正转变为敌意爆发的状态。

王明和小张是同寝的大学室友，4月1号那天，王明偷拿了小张的论文。在小张焦急地寻找论文时，王明拿出论文，说，你也太笨了，就放在你的枕头下面啊。小张不由自主地握紧了拳头，手上的青筋迸发。王明并不在意，继续和室友一起起哄，一起嘲笑小张。结果，小张对王明大打出手。

从上面的例子可以看到，王明没有及时理解小张传递出来的手势信号，所以才激怒了焦急、羞愤的小张。其实，只有你懂得观察，你的确可以从对方手掌的姿势，看出他们对你这个人的看法。

1. 手掌向上自然平展的人，对你有好感

你和朋友聊天时，经常可以看到，他靠在桌子上，掌心向上，一只手可能还夹着烟。这表示对方对你颇具好感，想和你更亲近。手掌向上自然平展是身心放松的表现，只有对你没有戒备，才会展现这类手势。

2. 手掌向下自然平展的人，对你还有戒备

平展的双手通常会放在椅子扶手上、大腿上，有时候还会放在面颊上。这表明他极力想对你示好，但心理还有戒备，不过这种手势很普遍，大体上对你还是有好感的。

3. 双手摊平合十的人，对你很抗拒

这是我们大家熟悉的祈祷手势，好像拜拜一样，有人用这来表示拜托、请求。如果我们遇到这样的人，基本可以断定，这人是对你抗拒的，这种动作往往用在有求于人的时候，虽然嘴上要求，但心里往往是抗拒的。

另外，在某些特殊情况下，一些人有了握拳的动作，其实并不是讨厌你，例如有些人在内心焦虑或紧张不安的时候，也会做出握拳的动作，这是一种对自己负面情绪的安慰，是一种心态的特殊反映，所以我们应该区分看待。

频繁拨弄头发，心中紧张不安

不知道你是否注意过，人们在处于紧张的状态时总是会下意识地做出一些小动作，而这些小动作能够泄漏出很多内心信息。例如，你和朋友交谈时，他总是不时地拨弄头发，这是他的大脑发出了信息："心慌！安抚我一下吧。"是的，就像小猫小狗感觉害怕时会舔自己的毛发一样。人类频繁地拨弄头发，也表示心中紧张不安。

如果留心观察儿童的身体语言，你会发现，小孩子犯错误被父母或老师发现之后，经常会做出这样的动作——站在大人面前，身体不动，只是用手不停地拨弄头发，通常还带着无辜的眼神，表现出十分紧张的神态。仿佛在说"我错了，我会不会挨打呢"，因此，太频繁地拨弄头发，不是说这个人没有洗头发、头皮很痒，而是他内心极度不安，缺乏自信，需要用频繁地拨弄头发来掩饰心中的不安和不确定感。对这样的动作最常见的解释是当事人感到疑惑、不安、甚至有点焦躁。

小葛是个纨绔子弟，和莉莉结婚后稍有收敛。可是有一天，小葛又彻夜未归，早上回家，他发现莉莉整晚没睡。莉莉站在窗口，红肿着双眼，她质问道："你是不是又去夜店了？这个家你还要不要了？"从未见过莉莉发火的小葛有些慌乱了，他不停地拨弄头发，说："我，我没去夜店啊，你相信我！"

从上面例子可以看出，尽管小葛嘴上否定了莉莉的猜想，但他手上的动作却表明了他的不安、顾虑。细心观察，在人们面对紧张的时候，总会通过一些小动作将情绪透漏给你。让我们看看其他的一些体现紧张的小动作：

1. 不停地清嗓子

你会发现，很多人原本嗓子没有不舒服的感觉，可是在准备比较正式的演讲前，他会不停地清嗓子。这不是怪癖，只是紧张的缘故。不安或焦虑的情绪会使喉头有发紧的感觉，甚至发不出声音。为了使声音正常，他就必须清嗓子。这也是有的人说的"紧张的连声音都变了"的原因。如果你遇到说话不断清嗓子、变声调的人，这表示他们非常紧张、不安和焦虑。

2. 狠狠掐烟或任烟自燃

抽烟有时会被认为是缓解紧张、压力的方法。生活中，你常常可以看到这样的动作，有人在烟没有抽完的时候，忽然把烟头狠狠掐灭或是把它搁在烟灰缸上任其燃烧。其实这样动作的潜台词常常也是压力、紧张、焦虑。

3. 屁股底下坐了球儿

每个人在当学生的时候大概都被老师说过："你能不能好好坐着？你屁股底下坐球了？"当你和别人聊天时，如果发现他坐立不安，那就表明他感到有压力或不安，有时候无聊也会有这样的动作。

很多动作看起来很平常，实际上也是紧张不安的表现。比如撕纸、捏皱纸张、紧握易拉罐让它变形，等等，并且你可以发现，当一个人的紧张感、不安感严重的时候，这样的动作出现的概率更大。人们似乎希望借这些动作来缓解，同时稳定情绪。

头枕双手，一切都在他掌握之中

高度自信的动作能够反映大脑的高度舒适感和绝对自信。你可以尝试一下头枕双手这个动作，当你做这个动作时，是不是腰挺得很直？是不是有一种长高了的感觉？对，要的就是这种优越感。这是一种袒露胸脯、表现力量的体势。它代表着自信和无所不知，那些自我感觉高人一等，或是对某件事情的态度特别强势、自信的人，就会经常做出这个姿势。仿佛在对旁人表示，"我知道所有的答案"，或是"一切都在我的掌控之中"。

一般情况下，头枕双手的姿势经常见于管理层的职员，刚得到晋升的经理也会突然开始习惯于做这个姿势，尽管他在被提拔之前很少做出这种姿势。通常是管理者在他们的下属面前做出这个姿势，很少见到面对自己的上级做出这个姿势的职员。

某公司职员们发现刚刚晋升的销售部经理突然间有了这样一个习惯动作，当他坐在自己的椅子上时，喜欢把头向后仰，然后用双手枕住，使得双臂弯曲折在脑后，形成一个类似于羽翼的形状。于是，很多职员偷偷讪笑他越来越有官相了。

晋升以前，经理并没有经常做出这种头枕双手的姿势，但新的地位却让他养成了这个习惯。由此可以证明，经理对他的现状感到满意和舒适，他感觉一切都在他的掌握之中。

头枕双手的姿势不仅可以显示出当事人自我感觉良好，还可以表现他想要获取支配地位的心态。研究还发现，男人更喜欢用这种身体姿势。你和人交谈的时候，如果他是采用这种姿势的，那代表他的心里有些高你一等的想法。通常他是想给你施压，或者故意营造出一种轻松自如的假象，以此麻痹你的感官，让你错误地产生安全感。

生活中表现自信和掌控的体势很多，例如双手放在背后，同时双手紧握，抬头挺胸，下巴微微扬起，这个动作表达的含义和头枕双手相类似。做这个动作往往与权威、自信和力量相伴相随。摆出此种姿势的人是将脆弱、易受攻击的咽喉、心脏、脾胃暴露在你的视线之下，这样做显示了他无所畏惧的胆魄，他有一种"一切都在我掌握"的优越感。

在生活中，只有那些有着骄傲的自信、"艺高胆大"的人才敢于做这样头枕双手、倒背手紧握的动作。他们将自己的胸脯袒露给你，正是想向你表明自己的自信和力量，这样的姿势强化了信心、权力、权威的色彩。

第四节　腿和脚：离大脑最远的部位最诚实

对方与你的身体距离，折射出与你的心理距离

小平是一个推销保健品的业务员。一天，她在小区里遇到了同楼住的王大妈，也许是平日里"低头不见，抬头见"的关系，她向王大妈介绍保健品的时候格外热情。在整个讲解的过程中，她不断拉王大妈的胳膊、搭肩膀、贴耳说话，想让王大妈快点买她的保健品。可是适得其反，王大妈紧缩双眉，小平向她靠近一步，王大妈就退后一步，始终和小平保持着一定的距离。最后，王大妈婉拒了小平推销的产品。

从例子中可以看出，王大妈的身体语言曾多次暗示小平，她并不想买小平的产品，她对小平并不信任，可惜小平没有读懂。有个很简单的技巧可以判断你的谈话对象是否信任你，即在你们站定后，如果你轻轻上前一步，想拉近你们的距离，而对方却后退一步，这很明显他对你有戒备心，他并不信任你；如果这时你还不识相地再进一步，他会愈发不信任你，他每退一步，就对你的信任打了折扣。

人与人相处需要一定的距离，想让对方信任你，先要保持"让对方舒适"的距离。在这一点上人和动物其实是相似的。叔本华曾经讲过一个刺猬哲学。一群刺猬在寒冷的冬天相互接近，为的是通过彼此的体温取暖以避免冻死，可是很快它们就被彼此身上的硬刺刺痛，相互分开；当取暖的需要又使它们靠近时，又重复了第一次的痛苦，以至于它们在两种痛苦之间转来转去，直至它们发现一种适当的距离使它们能够保持互相取暖而又不被刺伤为止。

根据叔本华的这一比喻的延伸，人与人之间也应有一定的距离。以日常生活

中乘坐公交车为例，如果上车后你发现只有最后一排还有几个座位，走在你前面的一位大爷坐在了中间，旁边还有四个座位，这时，你会坐在哪里呢？一般情况下，你多半会坐在两边靠窗户的座位上，而不会紧挨着那位大爷坐下。这是因为人在潜意识里会不知不觉地和不熟悉的人保持一定的距离。

美国人类学家爱德华·霍尔博士将人类的这种距离关系划分为 4 种：

1. 亲密距离

这是你和他人交往中的最小间隔，即我们常说的"亲密无间"，其范围在 15 厘米之内，彼此间可能肌肤相触、耳鬓厮磨，以至于相互能感受到对方的体温、气味和气息；其远范围是 15～44 厘米之间，身体上的接触可能表现为挽臂执手，或促膝谈心，仍体现出亲密友好的人际关系。

2. 个人距离

这是人际间隔上稍有分寸感的距离，较少有直接的身体接触。个人距离的近范围为 46～76 厘米之间，正好能相互亲切握手，友好交谈。这是与熟人交往的空间。如果你以陌生人的身份进入这个距离会构成对别人的侵犯。个人距离的远范围是 76～122 厘米，任何朋友和熟人都可以自由地进入这个空间。不过，在通常情况下，较为融洽的熟人之间交往时保持的距离更靠近远范围的近距离 76 厘米，而陌生人之间谈话则更靠近远范围的远距离 122 厘米。

3. 社交距离

人际交往中，亲密距离与个人距离通常都是在非正式社交情境中使用，在正式社交场合则使用社交距离。这已超出了亲密或熟人的人际关系，而是体现出一种社交性或礼节上的较正式关系。其近范围为 1.2～2.1 米，一般在工作环境和社交聚会上，人们都保持这种程度的距离。

4. 公众距离

这是公开演说时演说者与听众所保持的距离。其近范围为 3.7～7.6 米，远范围在 7.6 米之外。这是一个几乎能容纳一切人的"门户开放"的空间，人们完全可以对处于空间的其他人"视而不见"、不予交往，因为相互之间未必发生一定联系。因此，这个空间的交往，大多是当众演讲之类，当演讲者试图与一个特定的听众谈话时，他必须走下讲台，使两个人的距离缩短为个人距离或社交距离，才能够实现有效沟通。

当然，人际交往的空间距离不是固定不变的，它具有一定的伸缩性。生活中，你要关注谈话对象的肢体语言，因为随便进入他人的"亲密范围"，不光会使他对你的信任度降低，还会使他对你的反感加深。

从脚尖的方向看对方是否对你感兴趣

我们在阅读身体语言时，很容易忽略脚尖的指向。似乎脚在地上的摆放位置只是一种天然的习惯，没有更多的深意，所以脚尖朝向也就不值得探讨。实际上，当人类的上身在自身潜意识的作用下发生偏移的时候，他们的下肢也会随着移动。

我们对身体语言的研究通常会重点关注上肢动作，例如手势等。但其实，下肢动作更能反映人的内心，下肢动作也很难撒谎。大部分人在注意了自己的上肢动作后都很难顾及下肢的动作。于是内心最真实的想法就很容易通过下肢动作流露出来。比如他的脚尖就会不由自主地朝向他关注的事物。例如，几个朋友一起结伴到餐馆吃饭，他们围坐在一张桌子旁边。从桌子上方看，他们互相之间都有着融洽和谐的关系。而从桌子下方，则有了不同的场景。另外的几个人的脚尖都朝向了其中的一个人，由此也看出，这个人才是这群人中间的主角，他才是大家的兴趣所在。

因此，如果你在和人交谈的时候，发现他们的脚尖正对着你，这基本可以断定，他们对你和你所说的都非常感兴趣。如果兴趣加深，他们会将一条腿自然伸向你，脚尖也指向你。腿伸向你是脚尖朝向的强化动作，后者只是微微表露了心意，而将腿伸向你则是向你明确的示好。当你与对方谈话时，无论他是对谈话内容还是对你感兴趣，他们都会把脚伸向你，脚尖指向你。反之，如果他们感觉兴味索然，他们就会缩回自己的脚，脚尖甚至指向与你相反的位置。如果你们是坐着谈话，这样的行为更加明显。当他们不想发表谈话，也懒得附和你的意见时，他们就会把脚收回，有时候他们甚至会交扣着脚踝放到椅子下面，呈现出一副封闭式的姿势。

此外，如果你细心观察会发现，人类在行走时，脚尖的朝向会有所不同，也就是我们常说的"外八字"和"内八字"之分，如果排除生理缺陷等原因，这些行走中的脚尖朝向也在一定程度上反映了他们的性格趋势。

如果一个人习惯用"外八字"的姿势走路，也就是脚尖往外偏的幅度很大，表明他会被一些无关紧要的小事所吸引。他有很强的猎奇心理，为了得到更多的信息，他甚至愿意绕道而行，这样的人比较容易敞开心扉，容易接纳新的事物。所以如果你和他交谈，他比较容易对你产生兴趣。

"内八字"使得脚尖朝向里，给人一种可以随时刹车的感觉。如果一个人习惯用"内八字"的姿势走路，表明这人经常犹豫不决，做事小心翼翼。如果他的上身姿势也经常是封闭性的，那么他的内向、拘谨的性格特征就更加明显了。他永远是一副憨实厚道的样子，但这样的人在厚道的外表下，并不显得沉静。他平常留意生活中的细节，事事喜欢按部就班地进行，如果有突发事件发生就会大乱阵脚，而显得手足无措。如果你让他成为被人瞩目的焦点，他甚至会浑身不自在，因为他往往只追求平淡的生活。你和他交谈，他也很难真正对你产生兴趣。

尽管人类用鞋子遮住了双脚，但是它们仍然是有活力的身体部位。当人类的情绪发生变化的时候，双脚能第一时间作出反应。

脚踝相扣，是为了抑制紧张的情绪

作为身体语言的一部分，腿脚的动作细节也在诉说着无声的语言。如果你和别人交谈时发现他的脚踝相扣，这表示他对你持有的否定或防御的态度，他做这样的动作是为了抑制紧张的情绪。

更有趣的是，当谈话对象的脚踝相扣时，他的内心往往会产生"紧咬双唇"的潜意识。由于他内心缺乏把握或者是恐慌害怕，彼此双扣的脚通常会被悄悄地挪到椅子底下，与此相对应的就是沉默寡言的态度。因此，脚踝相扣体现的是一种消极、否定、紧张、恐惧，或是不安的内心情绪。

如果一个人做出脚踝相扣的动作，则表明他在心里极力克制、压抑着自己的某种情绪。比如在法庭上，开庭之前几乎所有的涉案人员就座在各自位置上，他们通常会双腿交叉，呈现出不是很紧张的状态。而在审判的过程中，被审人员为了减轻心中的压力和消除自己心头的恐惧、恐慌情绪，却会将脚踝紧紧地靠在一起。这就无疑显示了他们紧张、恐慌的心理。再如，面试时，如果你留心一下参加面试人员的脚部情况，你就会发现，很多人几乎都会做同样的姿势——把踝骨紧紧锁在一起。这个姿势就泄露了面试者的心理情绪状态，即他们在努力克制自己心头的紧张、压抑、恐慌等情绪。此种情况下，为了帮助面试者控制好情绪，面试官就会暂时岔开主要话题，或者直接走到面试者旁边坐下，以拉近彼此间的距离，从而让其消除心头的压抑和紧张。如此一来，双方就能在一个相对轻松、友好的氛围中进行交流了。

在公共场合中，我们常常看到夹紧双腿、脚踝相扣的人，尤其是那些身着短裙的女性。虽然我们可以从避免走光的角度出发去推测女性紧夹双腿姿势的含义，但实际上，短裙并不是关键的原因。从一些并没有穿短裙的女性身上，你还是可以看见这些动作。比如，她们会忽然把脚踝扣在一起，双膝并拢，两只脚置于身体同一侧，双手并排或是交叠着轻轻放在位于上方的那条腿上。做这些动作其实说明实施者感觉紧张或不安全。当她们感到舒适时，她们会自然地打开自己的脚踝。当然，由于性别的不同，男性在做这一动作时存在一定的差异性。男性在锁定脚踝时，通常还会双手握拳，并将其放在膝盖上。有时，一些男性则用双手紧紧抓住椅子或沙发两边的扶手。但是无论是女性还是男性，这样的动作无疑表明他们正在努力克制自己内心的紧张。

脚踝相扣除了表示一个人在心里进行自我克制以外，它有时也是一种踌躇不决的信号。比如，在谈判的过程中，如果你是个经验丰富的谈判专家，在你看见对方做出踝部交叉的姿势后，你应该感到窃喜，为什么会这样呢？因为这个姿势表明对方心里可能隐藏一个重大的让步，只是他现在心里摇摆不定，究竟要作多大的让步才合时宜。此种情况下，如果你立即向对方提出一系列试探性问题，并采取一切可能的措施，对方会很快改变这种犹豫不决的体式，最终作出较大的让步。

总之，无论是紧夹双腿，还是脚踝相扣，如果有人对你做这样的动作，这都表示他很紧张、焦虑和不安。这些姿势是封闭性的，他没有准备好和你好好交流。你需要做好心理准备，你和他的对立局势可能会延长。

先迈左腿的人感性温和，先迈右腿的人理性强势

科学家研究发现，人的大脑右半部支配着人体左半身的活动，负责管理音乐、声音、色彩、想象等认知，一般被称为感性脑；而左脑则被称为理性脑，它支配着人体右半身的活动，负责理性思维、分析、文字、推理、判断等面向。而右脑左脑何者占优势，则明显表现在我们的肢体动作上。

以走路时迈腿这个动作来说，习惯先迈左腿的人，通常是右脑（感性脑）为主导，他们的肢体动作较温和，他们善良、热情、比较有耐心，会主动帮助别人；而习惯先迈右腿的人，以左脑（理性脑）占优势，他们的动作较强势，凡事重逻辑，遇到事情倾向于反复思考、比较后再作决定。

小林在一家超市卖保暖内衣。这一天，来了个女孩。她跨出左腿，兴冲冲地奔向保暖内衣展柜，拿起保暖内衣的手也是左手。这一切都被小林看在眼里，她没有急着介绍产品的质量，而是说："这个衣服是灰太狼的图案，穿上很有活

力。"得知女孩是给自己的男朋友选内衣，小林又提议女孩选个情侣款，她说："你穿上红太狼的衣服，既有趣又温馨，还能让你男友体会到你的爱……"最后小林一下子卖出了两件高档保暖内衣。小林很关注购物者的身体语言，她总是变着法地猜透购物者的心思。这不，又来了个老大妈，她冷静地站在内衣展柜前，用右手翻看着内衣的标签，她的双脚交叠，右脚在上。小林面带微笑地走过来，说："这件衣服是百分百纯棉的，如果大小不合适，我们包退包换。"

从例子可以看出，小林是个成功的导购，她关注购物者的身体语言，并且会随机应变地应用到销售技巧里。她看准了哪些人需要感性诉求，哪些人需要理性说服，这样的技巧使她屡试不爽。其实，生活中还有很多鲜活的身体语言向我们展示了左右脑主控下的惯常动作的含义。现在，让我们一起来看看吧！

1. 浪漫的左撇子，健忘的右撇子

如果你的交流对象是个左撇子，你可以感受到他的浪漫。惯用左手的他很容易接受抽象概念，他容易受到影像、声音、人物的影响，大脑的注意力广而分散。他的记忆力也不错，在听你说话的时候他甚至能把你的话前后对比，来确信你是不是前后矛盾，所以有人说不要欺骗左撇子。能让左撇子感兴趣的事，大多是感性或图形化的，他喜欢心灵相通的浪漫情境。反之，如果你的交流对象是个右撇子，即惯用右手的人，你会感觉到他很理性，他很注重逻辑性，他甚至会专注于你所说的每一句话，以便于细细推敲你的话。由于他的用脑特点是将看到或听到的信息、画面等，以理性方式记忆，所以相当花时间。例如，他看到一瓶橙汁时，会这样转换："这是一个透明的塑料瓶，有 500 毫升，装着有果肉的橙汁。"由于他的记忆容量不大，所以他的记忆力不好，有时甚至有严重的健忘。

2. 感性的左腿翘，理性的右腿翘

如果你和他人正在交谈，你发现他两腿交叠，左腿在上方，即左腿翘。你要理解，他更喜欢你在谈话中说点感性的话语。例如："我们今天能碰在一起真有缘啊！""你看过动画片《蜡笔小新》吗？"……这些话题往往能引来他的滔滔不绝。反之，如果对方的右腿在上，即右腿翘，他往往会希望你能多说一些理性分析的话题。他对数字比较敏感，也习惯用刻板的印象来判定事物，很容易产生先入为主的观念。

总之，在与人交流中，熟悉了人的左右脑主控下的惯常动作，我们既可以了解先迈右腿的人理性强势的一面，也可以用语言唤起左撇子感性的一面。这些习惯的动作往往是他们潜意识里最原始、最深层的想法。

用一条腿支撑身体的重量，表示想告辞了

双腿远离头部，人们对它们投入的注意力往往很少。殊不知，人的腿部动作是丰富的信息源，能够泄漏出人们内心的秘密。想象一下，如果你是个十分健谈的人，你正对朋友滔滔不绝地描述最近一次出国的经历，而他要赶着参加一个同事的婚礼，你兴致正起拉着他不放。你能猜到他会是什么姿势？是的，他会做出"稍息姿势"，即把身体的重心放在一条腿上，这是一种意图线索，表明他想要告辞了。

用一条腿支撑身体的重量的姿势有助于我们判断一个人当下的打算，因为休息的那条腿，脚尖所指的方向，往往是离他最近的出口位置。如果你在和他人谈话时发现，他改用了稍息姿势，那就表示他想结束谈话，他要离开了。

除了稍息姿势，还有其他的身体语言表明谈话者想终止谈话、想要离开的意愿。

1. 起跑者的姿势

起跑者的姿势也传达出想要离开的愿望。表达这种愿望的肢体语言包括身体前倾，双手分别放在两个膝盖上，或者身体前倾的同时两手分别抓住椅子的侧面，就像在赛跑中等待起跑的运动员一样。这时你如果注意观察他的双脚，通常是两腿前后分开，一只脚前脚掌着地，脚跟高高抬起。在你和别人交谈的过程中，只要你看到他做出这样的动作，这就是他想要离开的标志。他的身体分明在说：预备，脚踩在起跑线上，我要告辞了……

2. 两腿不停地换边

这种情形在开会时常见，通常他们的腿是交叠的，不停地换边，一会儿这条腿压在了那条腿上，一会儿又按照相反的方向重复交叠，看起来有点像"尿急"的感觉。这是他们想要赶快结束，着急离开的标志。

3. 两腿交叉，手脚打拍子

两腿交叉和着手脚的拍子，显出了他们的焦急，他们的身体语言分明是向你表明：快点吧，快点结束吧，我要走了，再不快点，我要逃遁了。

总之，很多时候人们出于礼貌不会直接说想要离开，但他们的腿部语言不会说谎，如果你看不懂他们身体的这些"明示"，很可能会被归类在不识相的一族里！如果你发现对方这些硬撑下去的动作，那你要识趣一点，他们是要告辞了。

脚尖向上翘起的人，听到了好消息

当人们感到高兴或幸福的时候，会飘飘然，整个人会有一种被向上提升的感觉。如果让你画一幅笑脸，你是不是首先会画上向上翘的嘴角？其实，当一个人感到高兴或幸福的时候，上翘的不止是嘴角，还有他的脚尖。对于兴奋的人来说，重力好像不起作用了。

在我们所处的环境中，背离重力作用的行为每天都会走进我们的视线。例如，观察一下你身边悠闲打电话的人，如果他在听完电话后，把本来平放在地上的一只脚换了一种姿势，他的脚跟还处于着地的状态，脚掌和脚尖却向上翘了起来，脚尖指向天空方向。不要以为这样的动作稀松平常，其实，这表示打电话的情绪不错，他正听到或者讲到什么令自己非常高兴的事。他的身体动作分明散布着这样的语言信息："棒极了，简直太好了！"这种动作代表的心理状态和向上跳跃、欢呼是相似的。

《快乐男生》的电视选拔赛上，2 号的男生被宣布直接过关。他的表情很淡定，上半身也表现得很镇定，但是他的脚却乐疯了，他的脚尖上翘指向天空。事后过关采访验证了他的快乐，他兴奋得变了声音，不住地说："太好了，感谢大家！"

在解读身体语言的时候，很多人都习惯从表情开始，其实，表情通过训练可以人为控制，但脚的细节动作却很少有人去刻意控制。这也就是例子中 2 号男生上半身镇定、脚部兴奋的解释了。

大部分人对脚的动作不太关注，不会考虑伪装或掩饰。因此有人说双脚才是人身体上最真实的部分之一，它们真实地反映人的感觉、思想和感情。让我们看看其他传达快乐情绪的双脚吧！

1. 颤动的双脚

如果你发现一个人的双脚在颤动或摆动，甚至他的衬衫和肩膀也会随着颤动，这是他心情大好的标志，这些细微的动作正向你表明，他很轻松、愉悦和满足。很多人在听着美妙的音乐时会抖动双脚，也是这个道理。

2. 把玩鞋子的脚趾

做这个动作的以女性居多，当感到愉快的时候，女性常常会把玩鞋子，她们有时候会用脚趾将鞋子挑起再放下，如此反复。或者将鞋子挑起来摇晃。

3. 恋爱的幸福双脚

如果你细心观察情侣桌下的腿脚，你会发现，他们会用脚部的接触或轻抚来表达彼此的好感，搓擦对方的双脚或用脚趾轻触对方。做这样的动作表明他们很舒适、心情愉悦。

4. 交叉放松的双脚

你和朋友交谈的轻松愉快，你会发现，他改为双腿交叉的姿势站立了。这是他感到轻松愉快的标志。你们的关系很好，他可以卸下防备，完全放松下来。

总之，脚部传达的信号是诚实的，是很难作假的。可以抓住对方一个不经意的脚部动作，从而明察秋毫，看穿他的情感趋势和真实意图。

走路缓慢踌躇的人，缺乏进取心

生活中，我们常常可以看到一些人在走路的时候缓慢而踌躇，他们一副心事重重的样子，走路犹犹豫豫，仿佛前面有陷阱等着他似的。即使有十万火急的事催他，他也一样慢吞吞，就像"怕踩死蚂蚁"似的。他们属于典型的现实主义者，为人软弱，缺乏进取心，逢事顾虑重重，简直有点杞人忧天。

走路时仿佛身处沼泽地的他们，大多性格较软弱，遇事容易裹足不前，不喜欢张扬和出风头；顾虑重重，绝不敢做第一个吃螃蟹的人，结果往往错失良机。但是，也正是因为他们的性格特点，所以走路举步缓慢的人做事谨慎，他们憨直但无心机，十分重感情，一旦他认定你是自己的朋友，他们会当你是一辈子的至交。他们凡事讲求稳妥，喜欢凡事"三思而后行"，从不好高骛远，他们喜欢脚踏实地，稳扎稳打。

走路缓慢踌躇的人，一般时间观念不强，他们不懂得去争取时间，因为他们没有足够的上进心。他们不光在走路时表现动作缓慢，在做其他事情时也是这样，总是一副不紧不慢的样子，让旁人看在眼里时总想催促他快些，再快些。他们总是在想："你管我是快是慢，不管怎样，我完成任务就行了。"他们并不去想什么时候能升职，什么时候能加薪之类的问题。他们懂得"知足者常乐"。他们不喜欢忙忙碌碌的生活，看别人为生活忙碌奔波，他们甚至还会不理解，会问："你们干吗把自己搞得紧张兮兮?"虽然他们没有进取心，但做起事来还是比较稳妥的，如果他们在事业上得到提拔和重视的话，肯定不是他们有什么"后台"，而是他们那种务实的精神给自己创造了条件。

然而，有时候他们也并不一定就做得好。他们喜欢按部就班，少动些脑筋。

做起事来可能相对于动作快的人会少犯点错误。所以尽管他们做得慢，但一些细节上的问题他们也常常考虑不周全。所以，当我们碰到这种经常走路缓慢踌躇的人时，基本上可以断定他们是缺乏进取心的人。

这类人为人软弱，缺乏进取心和安全感。他们的观点是"耳听为虚，眼见为实"，所以他们一般不轻易相信别人的话。他们也特别重信义、守承诺，你把他们当作朋友相当不错，不过你千万别欺骗他们，否则有一天被他们发现了，他们会发誓一辈子记恨你。

走路连蹦带跳的人，往往纯真活泼

走路连蹦带跳的人，一般都是纯真无邪、有小孩子性格的人。他们的天真无关乎年龄的大小，总会保留着一些小孩子的特质。他们时而顽皮、时而任性、时而率真、时而伤感。他们一般不会隐藏自己的心思，有什么心事都会流露于外表。

走路连蹦带跳的人，一般性格比较外向、开朗热情。待人方面，他们热情诚恳，率性自然；做事方面，他们光明磊落，胸怀坦荡。即使是女性也有着一副侠义心肠。如果你和他们做朋友，绝不会感到疲惫，无时无刻你都会感受到他们的真性情，在交流与沟通上不会有障碍。所以，他们的人缘很好，一起谈心、聊天的朋友也很多。

走路连蹦带跳的人，一般是手舞足蹈、一步三跳且喜形于色。有时候人们有这样的反应，也有可能是听到了某种极好的消息，或得到了意想不到的盼望已久的东西。他们城府不深，不会隐藏自己的心思，有时候他们也很喜欢表现自己，常常希望得到别人的赞扬和关注，希望自己成为朋友圈子里的核心人物。如果能有一些"抛头露面"的活动，他们一定会乐于参加并十分热衷。比如一些舞蹈比赛、唱歌擂台，他们都会兴奋地参与，并且不会扭扭捏捏的，会十分放开。他们知道如何取悦和打动观众和评委，通常能成为最后站在领奖台上的人。

不过，你不要以为他们没有什么心机就去招惹他们，当他们耍小孩子脾气时，会十分难缠，他们可能会任性地大哭大闹，不分场合，也不会考虑怎么给你台阶下来。在他们的印象里，没有什么应该不应该，他们会完全随着性子来，情绪来了谁也挡不住。

生活中，不管是在拥挤的人群当中，还是在人迹罕至之地，我们还会遇到另外一种人，他们不光喜欢蹦蹦跳跳地走路，有时候还习惯横冲直撞。他们不管上面有多少人，一律长驱直入，而且从来不顾及他人的感受。一般来说，这样的人性情急躁，办事风风火火。他们多少也带一些孩子气，一般比较坦诚率真，喜欢结交五湖四海的朋友，讲义气，不会轻易做出对不起朋友的事。

所以，当我们看到有谁走路连蹦带跳时，甚至横冲直撞，便可知道这有可能是个有着小孩子性格、比较任性、率真，不会隐藏心思的人。

第五节　身体姿势传达舒适与不适的信号

坐姿开放的人其实心中早有定见

家里来了客人，我们首先要请客人"上座"。殊不知，小小的坐姿却有着大学问，一个人的坐姿，由于是从小到大习惯的累积，从而可以看出一个人的性格和情绪。坐姿多种多样，有的人是不管何时都端坐直立；还有些人身体前倾，靠近桌沿；有的人则是全身后靠，双腿叉开；有些人会小心翼翼地坐在椅子前部；有的人将屁股全坐在椅子上，还有人干脆是悠闲地半躺在椅子上……这些坐姿都是判定他们心情的可靠依据。

在很多商业活动中，经常可以看见这样一幅场景：西装革履的买方远离卖方，后靠在椅子或沙发上，双腿叉开，一副舍我其谁的样子。听着卖方在那不厌其烦地做着推销，看着卖方诚恳的笑容，他似乎胸有成竹，于是稍微咳了一声表示自己不准备买或接纳卖方提供的商品。由此可见，双腿叉开的坐姿展现的是开放、支配的态度，坐姿开放的人往往心中早有定见，他一般不会认同你的观点，只会相信自己。开放的坐姿也常见于领导身上，这表示对方自认占了上风。他们往往会尽量将身体往后坐，"怎么舒服怎么来"，这也表明他们较自信，处事冷静，不会轻易地改变决定。叉开的双腿表明他们乐于交谈，他们很外向，乐于听听你的想法，但是并不代表他们可以轻易接受你的意见。

有时候，与人交流是没有硝烟的战争，如何读懂他人？取得他人的信任？看似随便的坐姿，好像是无心的臀部与椅子的接触面积，往往都可以帮助我们解读出他人的性格和心理状态。让我们看看其他的坐姿传达出的信息吧！

1. 坐姿端正直立的人小心翼翼

这类型的人往往小心翼翼、有条不紊、精力充沛。你会感觉他们就像是上足了一天的发条一样紧绷，毫不松弛。这样的坐姿也是礼貌和防卫的，他们没有对你完全开放。与之交流，你需要留给他们一点空间，让他们思索。

2. 坐姿封闭的人疲累抗拒

如果你的交谈对象把全身都后靠在沙发上，并且双腿并拢。这是他疲累抗拒的表现，这种封闭的坐姿表明对方还不认可你的话，他想搞清楚一些状况，但是没有头绪。他尝试着用舒服的姿势和你继续抗拒。

3. 全身歪一侧的人心中不满

交谈中你会发现，有些人坐着坐着，全身就歪向了一侧，他们将身体重重地靠在沙发扶手上，这是他们心中对你极度不满的表现。他们往往是对你谈话的内容感到不耐烦，觉得你浪费了他们的时间。有的时候，这样的姿势还会配合着手掌撑着下巴，有时会握拳，这都表明他们听累了，听烦了。这类人喜欢新鲜感，如果你的说词没有新鲜感，他们会直接表明不想再听。

4. 身体前倾贴近桌沿的人马上投降

如果你的谈话对象出现身体前倾，上身贴近桌沿的身体语言，这表明他正全神贯注地聆听你的话，脑子里正高速地思索着你提出的问题，并且你已经快打动他了。他也许也有点想拒绝，但是找不到说服自己的理由。

5. 浅坐椅子的人小心翼翼

有些人即使是在熟悉的环境里坐着，也会像当兵一样只坐椅子的前三分之一。这类人通常在生活上严谨、规律，但欠缺精神上的安定感。与这样的人交往，你会发现，他总是无意识地表现着弱于你的劣势。对于持这种姿势而坐的客人，如果同他谈论要事，或托办什么事，还为时过早，因为他还没有定下心来，好像随时都会逃跑一样。

6. 坐满椅子的人信心十足

有些人在接触到椅子后，会尽量后坐，臀部占满椅子的所有面积，两手放在肚脐的位置。这类人往往信心十足。他们坚毅果断，一旦考虑了某事，会立刻行动。他们的独占欲望很强，你和他交流之后会发现，他甚至会干涉你的想法。

7. 半躺椅子上的人怡然自得

如果你的交谈对象半躺在椅子上，双手抱于脑后，摆出一副怡然自得的样子。你可以肯定他朝气蓬勃、积极热情，豪爽奔放，他干任何职业仿佛都得心应手。但他比较自负，好学却不求甚解，做事比较急躁。

总之，了解一个人身体坐姿的含义，除了可以帮助你和对方进行顺畅的交流外，还可以让你更快地走进他人的内心世界。

开放的 45° 与亲密的 0°

大多数人可能都没有注意到，人们谈话时的氛围与两人之间的角度也有关系，身体的角度会随着气氛的改变而变化，角度变化也会引起气氛的改变。如果谈话对象和你站成 45°，即开放的 45°，这表明谈话对象有和你继续交流下去的愿望，他感受到了谈话氛围的轻松惬意；如果你们面对面地站着，即站成亲密的0°，而你们又不是亲密爱人的关系，这样往往感受不到融洽的谈话氛围，他可能会感到你在咄咄逼人，从而会有自我保护的意识产生；如果陌生人站成 0° 又互相对视，那大概是吵架对视的前奏，将会有十足的火药味蔓延开来。

1. 开放的 45°，既和谐又融洽

一个初次见面或者认识不深的人和你站成 45°谈话角度，这样的交流是最合适的。所谓的 45°谈话角度，就是谈话对象和你由面对面改为向侧身 45°。双方都向外侧身 45°，从而使得你们的身体角度形成一个直角。谈话对象感觉到交流和谐融洽，会不自觉地在站立的角度上有所改变，从而缩短了沟通的距离。

当你和谈话对象不用面对面地相对时，彼此就不会产生咄咄逼人的感觉。同时，这种位置和动作的相似性也暗示了双方的身份平等。当同级别的朋友或同事和你以这样的站姿交谈时，你们二者之间体现出来的是没有明显的竞争关系，这样的姿势就会使你感受到友好、和谐、融洽，无压迫感。

三个人的谈话也可以借用这个原则，当你和另外两方都有谈话的意愿并且谁也没有被排斥时，你们会不自觉地站在三角形的三个角上，那么每两人之间都有一个夹角。这样的夹角起到了缓冲的作用，使得你和他们都不用正面相对。而如果你受到了他们的排斥，他们不会给你一席之地，我们从另外两人的身体角度就可以看得出来。他们不会给你留下夹角，他们会相对站立。

2. 亲密的 0°，或亲昵或对立

当不是太熟悉的谈话对象和你交流时，你们面对面地站立会显得不够友好，这是社交的忌讳。一般这样的站姿发生在情侣和爱人之间，我们通常把这种脸冲脸的角度称为 0°谈话角度。

如果熟悉的朋友或者亲密的爱人对你采用 0°谈话角度交流，这样的站姿显得毫无芥蒂；不是很熟悉的人面对面地和你站立交流，这是他发出的不情愿过多交流的信号，这样的交流往往带有攻击性。我们可以考察动物界的情况，大部分物种会把用头逼近对方的动作看作是宣战的信号。比如为了争夺配偶的羚羊朝向某一个竞争者亮出头上的角，而对方也面向它，并且摆出了同样的姿势，这就代表它接受了挑战。所以这种相对的姿势就使得双方有了强烈的竞争关系。

推演到人，0°谈话角度使得两人相对而立，视线很容易汇集，所以更容易袒露心中所想。而如果两人不太熟悉就会产生强烈的不安全感，从而使得他的话语或者其他身体语言有了明显的自我保护意味，使得谈话不能融洽进行。因为双方可能都觉得对方咄咄逼人。

总之，开放的45°与亲密的0°不仅能体现出人的谈话氛围和角度，还能体现出感情的亲疏远近。

蜷曲身体睡觉的人压力重重

睡眠几乎占去了人一生1/3的时间，人在睡眠的过程中是潜意识最容易浮现的时候，因此睡姿也是一种无声的语言，可以看出一个人的性格和心理，对身边亲密的人，我们可以通过其睡姿对其作更深入的了解。医学上的研究也表明，一个人的睡姿与其心理、生理状态有不可忽视的联系。

雯雯近来工作不顺利，她每天工作到很晚才睡，而领导又给了她很大的压力。最近，丈夫发现她的睡觉姿势与以往有了很大不同，从习惯仰睡变成侧身蜷缩，有时下巴和膝盖几乎要靠在一起了。细心的丈夫询问做心理医生的朋友，朋友告诉他蜷曲身体睡觉的人往往感到压力重重，可能是雯雯最近遇到了困难。

从例子中可以看出，雯雯蜷曲的睡姿仿佛把身体的内脏部分掩藏起来，这样的姿势在心理上给人以一种安全感。繁重的工作压力让雯雯内心充满了焦虑和担忧，所以即便在睡梦中也出现了强烈的自我保护意识，把自己包裹起来。

蜷曲的姿势与婴儿在母亲子宫中的姿态很相似，对压力重重的人来说，这样的姿势有着充分的安全感和舒适感，借此可以缓解内心的重负。如果你接触这类人，你会发现，他们往往缺乏安全感，正在遭受压力的折磨，他们的独立意识比较差，渴望得到保护。对某一熟悉的人物或环境总是有着很强的依赖心理，而对不熟悉的人物和环境常常感到有压力。他们喜欢一种平静、安稳的生活。

除了蜷曲身体的睡姿外，还有一些其他的睡眠姿势也同样传达出丰富的信息。

1. 俯卧：自信而有能力

采取俯卧式睡姿的人，大多具有很强的自信心，并且能力也很突出。在大多数情况下，他们都能很好地把握住自己。他们对自己有非常清楚的认识，知道自己是谁，也知道自己该做些什么。对于所追求的目标，他们的态度是坚持不懈，有信心也有能力实现它。他们随机应变的能力比较强，知道如何调整自己。另外，他们还可以很好地掩饰自己的真实感情，而不让别人看出一点破绽。

2. 侧卧：随心而知足

脚、小腿、膝和脚踝部位完全重合且保持侧卧姿势的人，他们在生活中善于处理各种关系。他们能尽量按照他人的要求去做，因而能获得人们对他们的好感。喜欢侧卧的人常是个漫不经心的人，不能说这种人对生活不投入，但很多时候他们会当一个生活的旁观者，或许他们只是在游戏人生。他们属于情绪型的人物，总是处在情绪的波动之中，做事情时感情色彩对他们的影响比较大。不过他们也有自己的长处，能很快忘记刚刚遇到的不快，而重新干自己的事。你能和这种人和平共处，和他们打成一片。

3. 靠边式：不善于维护自己的权利

这种人不善于维护自己的权利或坚持自己的主张，而且他们的理智常否定他们没有依据的感觉。他们常觉得财产和朋友就要被别人抢走了，但理智上知道事实并不是这样。如果你和他们成为朋友，你会很累。他们看到你升迁或进步，会感觉到威胁，但却安于现状，不会奋起直追。

4. 握拳而睡：自我防卫意识强烈

握着拳头睡觉的人比较少，但也并非没有。这种人在睡觉时握着拳头，仿佛随时准备应战，这是心理比较紧张的一种表现。这一类型的人如果把拳头放在枕头或是身体下面，表示他正试图控制这种积极的情绪。如果是仰躺或是侧着睡觉，拳头向外，则有向别人示威的意思。与他们接触，你会发现，他们的性格多数是脆弱的，很难承受某种伤害。他们会对你比较冷漠、内敛。

5. 仰睡：快乐大方

喜欢仰睡的人多是十分快乐和大方的，在儿童时代通常是家庭中关怀和注意的中心。他们有安全感、自信心和坚强的性格。他们为人比较热情和亲切，而且富有同情心，能够很好地洞悉他人的心理，懂得他人的需要。他们性情坦率，乐于助人，也乐于接受别人的帮助。在思想上他们是相当成熟的，对人对事往往都能分清轻重缓急，知道自己该怎样做才能达到最好的效果。他们的责任心一般都很强，遇事不会推脱责任而选择逃避，他们对一切事没有任何借口，而是勇敢地面对，甚至是主动承担。如果你和他们接触，你很容易就接受他们、尊敬他们。他们对各种事物能够作出准确的判断，也会为自己营造出良好的人际氛围。

朝下吐烟圈，必然有心事

抽烟不仅是缓解压力、释放心情的手段，有时候，它也是人们内心世界活动的展台。抽烟对许多人来说，是不自禁卸下面具的"休闲时光"，因此，若能趁此机会偷瞄一眼他人抽烟的动作，你一定能更准确和精妙地了解他人的心事。

人们谈事情，常常会来根烟。细心观察可以发现，人们拿烟、抽烟、吐烟的姿势每次都不一样，这也表明他们的心情处于不同的状态。如果你的朋友朝下吐烟圈，与之相应的肯定是答非所问、心事重重。你可以清晰地感受到他情绪消极、意气消沉、心有疑虑。通常他会边向下吐烟圈边说："就这样吧，爱怎么样就怎么样吧！"这是他信心不足或企图掩饰某事的表现。

一个人抽烟时朝下吐烟圈还是往上喷烟圈，能够揭示出他对自己所处的环境抱有消极还是积极的态度。当然我们要排除一种可能，你的交谈者有时是为了避免冒犯你，所以不对着你往上喷烟圈。一般情况下，如果一个人对自己所处的环境、所见所闻感到悲观和猜疑时，他会朝下吐眼圈。朝下吐眼圈，是心事重重的表现。以打牌的吸烟者为例，如果他抓了一手烂牌，他会朝下吐烟，这个时候他往往是板着面孔的，一副忧心忡忡的样子。反之，如果他抓到了一手好牌，他会往上吐烟圈，快乐的烟圈泄露了他自信、骄傲的情绪。生活中，朝上吐眼圈的人，多半是积极、自信、骄傲有主见的人，他们胸有成竹，有优越的地位。

不单是吐烟圈能体现人的心情，人们处理香烟的姿势包括抽烟、捻熄、夹烟等动作，都能显现出人的性格特点和处世态度。如果你的交流对象是个吸烟者，他吸烟时的姿势对于你了解他的内心世界有着很重要的参考价值。例如：

1. 边抽烟边踱步，内心在交战

如果你在劝服他人后，发现他一边抽烟一边踱步，这表明他的内心正在交战，你的话已经起了作用，只是他的内心还在挣扎。他自己倾向"可以下决心了"，但又怕遭到别人的反对，通常这样的人比较优柔寡断，他需要的是别人继续说服鼓励和赞同支持。

2. 吸一口烟抖一次烟灰，内心焦虑不安

如果你和他谈话之后，发现他不停地弹落烟灰，甚至吸一口烟抖一次烟灰，这表明他的内心有冲突，忧虑不安。也可能是你的劝服条件不能打动他，他在极其焦虑的情绪里挣扎着。

3. 从鼻孔喷烟，或自负或愁苦

如果你的交谈对象在抽烟时，他从鼻孔往外喷烟，这往往是自负的表现。这样向上喷的烟越高，就表示他越自负骄傲，越得意扬扬。但是如果抽烟者总是低头从鼻孔喷烟，则表示他忧虑、愁苦。

4. 没抽几口就按熄香烟，想结束交谈或心有定数

如果你的交谈者，在点完香烟后，没有按照平常的习惯抽完整根烟就忽然熄灭，这是他想结束谈话，心里有了决定的标志。不过，如果你的谈话对象是在被你激怒的情况下熄灭香烟，这样的动作则表明他火气正旺，情绪很不好。

5. 抽烟时手掌朝外，外向而健谈

如果你的交谈者在抽烟时手掌朝外，那要恭喜你！这是一个跟谁都谈得来的人。你想让他安静一会儿，那是不可能的，他喜欢和你以及各色人等交谈。与他交流，点根烟的轻松闲聊比正襟危坐的交谈要收获更多。

6. 用指腹夹香烟，为人和善老实

交谈中，用指腹夹香烟的人颇为常见。看来你要好好感慨下，"天下还是好人多了"，没错，这样夹烟的动作，表明抽烟者是个真实、毫不含糊、值得信任的人。表面上看，这样的人老实低调，甚至有些保守。其实大多时候，这样的人都很有信心，能靠自己的力量按部就班地完成工作。

总之，抽烟的行为传达了微妙的信息，抽烟的动作也能体现出人的性格和情绪。要想了解他们，不妨从那些微小的习惯动作入手。

低头耸肩的人，胆怯恭顺

当一个人低下头，眼睛看着地面，不让别人看见他的脸，也不去看任何人的脸，他一定是处于某种消极的情绪当中，有可能是沮丧，也可能是害怕，甚至也有可能是在表达不满。低头这个简单的动作在不同的情形下可以表达完全不同的含义。

1. 不自信地低下头

经常做低头耸肩动作的人内心缺乏自信，并且不想引人注意。倘若让他看到一群不太熟悉的同事在一起谈话，经过他们的时候，不太自信的人则会不自主地缩紧脖子，努力让自己显得更弱小和不太引人注意，期望对方不要注意到他。反之，如果是自信度高、爱表现的人，这个时候他会昂首挺胸地走过去，希望对方注意到他。如果对方没有留意到，他也会主动打招呼。而在会议上，不想发言的人也会在老板用视线巡查时低下头，为的是避免和他视线相交而引起他的注意。

2. 自我保护

关于低头耸肩的自我保护意味，你可以看看这样的情形。比如一群孩子在自己居住的小区里踢足球，当有人走过他们的时候，孩子突然喊道："当心，看球。"这时，即便是并没有看到有足球朝自己飞过来，很多人也会下意识的把头低下，缩在两肩之间。因为他们希望利用这样的姿势来保护头部，以及柔弱的脖子和喉咙避免球的撞击。大部分人在潜意识里都清楚这个动作的保护意味，所以当他们可能受到外界攻击时就很容易做出这个动作，就像鸵鸟遇到危险会低下头，将头埋在沙子里一样。

3. 低头表示恭顺

老板指着报表上的一个数字问秘书小可，"你觉得出现这个数字可能吗?"小可看了看，发现自己犯了一个低级的计算错误，她把头深埋下去。老板心软了，于是说："下次注意。"

这个低头耸肩的动作也经常见于女性身上，而且以年轻的女性居多。她们大多性格温柔而恭顺，在遇到障碍、挫折，或者难堪的状况下时就会做出这个动作。就像情境再现中的小可，当发现自己犯了错误时，因为羞愧，加上害怕老板的苛责，她便做出了这个动作。这样的动作也使得她显得娇弱，这也是一种潜意识中的祈求怜悯的动作。

4. 低头的消极抵抗意义

低下头可以表示恭顺，有时也可以表示一种消极的抵抗。比如发表讲话时，如果对方不看你，并且低下头，这并不是说明他被你打动了，而是很有可能他很不认同你的话，只是不想直接表达出来，所以用这个动作来消极抵抗。此时，压低下巴的动作意味着否定、审慎。如果他还有其他封闭性姿势，比如交叉双臂，或者双手紧握，那么这种意味就更明显，有时甚至是攻击性的暗示。

人们的低头动作与批判性的意见的形成之间也是互为因果的，所以，只要面前的人不愿意把头抬起来或者向一侧倾斜，你的观点几乎就没有打动他的可能。有经验的会议发言人会在发言之前采取一些手段，让台下的观众融入和参与到会议的议题之中。比如用屏幕展示一些视觉性资料，让大家都抬起头。

下意识的小动作，传达或自卑或自信的情感

同事为小雷介绍了女朋友。两人第一次见面时，小雷比较拘谨，说话行事都反复拿捏之后再进行。一段时间以后，两人进展得很顺利，小雷也越来越放松。

说话时开始像往常一样"手舞足蹈",加上很多配合动作。比如拍手、摊开手掌、用手指指指点点。这些动作让女友很反感,几次表达不满。小雷很无奈,这种下意识的小动作怎么控制得了?

有些人与人谈话时,只要一动嘴,一定会有一个手部动作,摊双手、摆动手、相互拍打掌心,等等,好像是对他们说话内容的强调。这样的人通常做事果断、自信心强,习惯于把自己在任何场合都塑造成一个领导型人物,自信乐观,很具有一种男子汉的气派。但是也容易让人觉得他控制欲强,喜欢掌控别人。而情境再现中小雷的表现就让女友感到了压迫感。这些小动作从一定程度反映了小雷有点大男子主义的个性,所以如果女友不是那种顺从型的女性就比较反感了。

每个人的举手投足都反映了其心态和性格。所以,大家可以通过一个人的一举一动看透其内心,因为出自无心和习惯,所以更能真切地反映一个人的内心和个性。现在就让我们一起来看看人们那些"下意识小动作"。

1. 时常摇头晃脑

平常生活中人们经常看到"摇头"或"点头",以示自己对某件事情意见的肯定或否定。但如果你看到一个人经常摇头晃脑的,那么你或许会猜测他不是得了"摇头病",就是神经不正常。

我们撇开这种看法而从另一个角度来看的话,这种人特别自信,以至于经常唯我独尊。他们也会请你帮他办事情,但很多时候你办得再好他都不怎么满意,因为他有自己的一套,他只是想从你做事的过程中获取某种启示而已。他们在社交场合很善于表现自己,却时常遭到别人的讨厌,对事业一往无前的精神倒是被很多人欣赏。

2. 拍打头部

拍打头部这个动作多数时候的意思是在向你表示懊悔和自我谴责,他肯定没把你上次交代的事情放在心上,如果你正在问他"我的事情你办了没有",见他有这个动作的话,你也不需要再问了。

时常拍打前额的人一般都是心直口快的人,他们为人坦率、真诚、富有同情心,不过有时候他们有些自卑。在"耍心眼"方面你教都教不会他,因此,如果你想从某人那儿知道什么秘密的话,这种人是最好人选。不过这并不表示他是一个不值得信赖的朋友,相反,他很愿意为他人帮忙,替他人着想。这种人如果对你有什么得罪的话,请记住,他们不是有意的。

3. 边说边笑

与这种人交谈会使你觉得非常轻松和快乐,他们不管自己或他人的讲话是否值得笑，有时候连话都还没讲完他就笑起来了。他们也并非是不在意与别人的交谈，我们只能说这种人"笑神经"特别发达。

他们大都性格开朗，对生活要求不太苛刻，很注意"知足常乐"，而且特别富有人情味，也相当自信。无论走在什么地方，他们总会有极好的人缘。这对他们开拓自己的事业本来是极好的条件，可惜这类人大多喜爱平静的生活，缺乏一种乐观向上的精神，否则，他们最容易获得成功了。

4. 走角落

十有八九，这种人属于自卑型。他们参加各种会议或聚会，总是找个最偏僻的角落坐下，不过要排除那种昨天通宵达旦，今天想找一个不易被人发现的角落打瞌睡的人。

喜欢走角落的人性格大都有比较怪异的一面。如果说他无能，他绝对会做一件你认可的事给你看看；如果说他行，他却非常谦虚；大家都说某件事情不能做，他偏要去试试。这类人最不习惯的是让他拜访年轻女性，他要站在门前给自己鼓足很大的勇气才敢敲门。因此，调动这种人工作积极性唯一的办法就是给他们表扬，让他们感觉到自己还是有很多长处和优点。

5. 抹嘴、捏鼻子

这种动作略嫌不雅观，不过还没到有伤大雅的地步。习惯于抹嘴或捏鼻子的人，大都喜欢捉弄别人，却又不敢"敢作敢当"，他们喜欢捉弄别人却往往害怕被人捉弄。有时候他们有些自卑的情绪，但大多数情况下还是开朗乐观的。他们的唯一爱好是"哗众取宠"，眼见你气得咬牙切齿，他们却在那儿高兴得手舞足蹈。从这方面来讲，不妨认为他们有点过分。

这种人最终是被人支配的人。别人要他做什么，他就有可能做什么。如果他们进百货店或者商场，售货员最喜欢的就是这种人。也许他根本什么都不准备买，但只要有人说"先生，这件可以的"，他就会买下。

腰挺得笔直的人，警觉度很高

冷气充足的办公室里，新上任的王经理坐在办公桌前翻阅文件。他的腰挺得笔直，后背绷得紧紧的。这样的坐姿坚持一天，下班时他觉得浑身酸软。回到家里，往沙发上一坐。整个身体就陷进柔软的沙发中，腰背臀都彻底地放松了下来。

这样的姿势转换，上班族们都不会陌生。在工作场合中的全身紧绷与回到家里后的全身松弛有着天差地别。为什么会有这样的差别呢？因为腰臀与人的警觉度存在着联系。

在工作场合中，人们为了应付繁重的工作，会把精神调整到高警觉状态，以便随时应对突发状况。精神语言很自然地传达到身体，于是身体保持了一个"预备"姿势，挺直的后背与紧绷的腰臀都处在"蓄势待发"的状态。我们可以回忆我们的祖先在野外狩猎的情形，他们紧盯着猎物，全身紧绷，随时准备发动攻击。而起跑线上的运动员也是如此。双手撑地，脚尖蹬地，只等着发令枪响，他们就能即刻冲出去。这些状态都与我们在工作中的状态类似，这也就可以解释为什么我们会如此地警觉。

而当我们把一天的工作完成，回到家中时，这个情形就完全改变了。家是每一个人心灵的港湾，你在这个地方拥有最大的安全感。所以你的大脑暗示你，一切都是安全的。既然不需要应对外界的危险或者突发状况，你的身体也就无法进入到待命状态了。所以彻彻底底地放松下来。

然而，这种放松并非弱势的表现。一般的想法是，当你全神贯注，充满警觉时，你应对外界的能力也会增加，也就是说挺直的后背和腰臀代表了一种强势，放松状态的人自然就是弱势了。可是实际上，研究表明，在双方的会面中，处于弱势的却是保持高警觉状态的人，有些时候甚至是有求于人的一方，而优势地位常常在放松腰臀的人这一方。

这些例子会让你更清楚地了解这一点。比如员工向老板汇报工作，通常是老板潇洒地坐在他的"老板椅"上，双手搭在扶手上，一幅很舒服的姿态；而员工则直直地站在一边，随时等待着老板的盘问。或者上门的推销员和他的顾客之间，也能看到这种姿势对比。

会面的双方应该都很清楚双方的地位，优势者的放松可以算得上是一种显摆。他清楚地知道对方对他没有威胁，并且故意做出舒适的模样，仿佛是在对对方说："即便不是最佳状态我也能应对自如。"而处于劣势地位的人用紧绷的身体来表达一种重视会谈的意思，他刻意地让情况显得正式化，希望引起对方的重视。

拖着脚步的人需要你付出关心

人的走路姿态会泄露他的情绪和性格秘密，步调缓急、脚步大小都很容易受到情绪的影响。细心观察会发现，你的身边有很多人会拖着脚步走路，他们垂头丧气，带着一脸的绝望，他们有时也会低着头、双手放在口袋或环抱胸前。如果他们是你的同事，而你又听到老板在办公室里咆哮，不用说，看他们从老板办公室走出来的样子，你就会知道同事一定是被狠批了。

沮丧、失落、失败，这些不幸的语言通通可以用在拖着脚步走路的人身上。这些人很常见，那些股票投资失败的、生意失败的，还有生病的老年人，他们走路都是拖着脚步的，两条腿显得分外深重。其实，这样的走路姿势只是在向你求助：我很绝望，请帮助我！他们需要的正是你的关心。

事实上，人的行走姿势除了和情绪相关外，还和思维存在着密切的联系。例如，当我们在讨论问题或者思考问题时，很多人习惯在房间里走来走去。此时的行走并没有什么确定的目标，只是摆动着步子左右挪动，但很多人认为这样的姿势可以帮助他们思考。研究身体语言的学者赛弥莫尔肖认为，人要是随着心脏跳动的节奏来回走动，就能够在和谐的运动中获得新的启示，还可以同时对其进行处理。

行走姿势反映一个人的情绪状态和思维活动，内心所想影响着人的行走姿势。就像我们恐惧时会说，"我简直被吓得腿脚发软"，情感的虚弱是会导致肉体上的虚弱的。通过观察，我们是可以通过一个人的脚步幅度和频率接收到他内心传达出来的秘密。现在，就让我们来看看不同的脚步所反映出来的人的性格和情绪吧。

1. 大而急促的脚步

在公交站、地铁站那些赶去上班的人身上，在急于赴约的人身上，你可以清楚地看到大而急促的脚步。他们甚至一脚跨多层的台阶，或者大步流星从你身边穿过。这些都表明他们此刻内心充满焦急，他们在为某事着急，并急于解决这件事。

2. 小而平缓的脚步

小而平缓的脚步通常配合着放松的脸部线条，他们或沉思，或微笑。这表明对方正在思索，他们内心平静，或者他们只是在思考工作中未解决的问题。这时，如果你不小心碰到了他们，或许他们会和你道歉，因为他们多半沉浸在自己的思维世界里。因此，这种脚步常见于下班的人群。

3. 小而轻快的脚步

当看到那些略带跳跃、小而轻快的脚步时，你是不是也会产生一种心情轻松的共鸣？这样走路的人往往面带微笑，轻哼歌曲，他们心情放松，充满愉悦。你从他们身边走过，也会不由自主地感染到他们的愉悦情绪。如果你和他们交谈，一定会彼此满意，这将是一个良性的环境氛围。

·第四章·

如何识破谎言

第一节　揭开谎言的面纱

谎言，我们必须面对的事实

我们的大脑从接收到信息到指挥身体各个部位发出信息的刹那之间，经过了高速而缜密的思维过程，掌握语言中枢的新皮质大脑会根据不同的情况分析出最佳的对话策略，于是就出现了所谓的"口是心非"、"言不由衷"等情况。如果有人宣称他这辈子从来没有撒过谎，想必任何人都不会相信。我们无法否认也无法拒绝我们生活在一个充满谎言的世界里这一事实，正如法国的沃尔纳格所说，人人生来都是纯真的，每个人死去时都是说谎者。的确，人人都会撒谎，撒谎可以说是人类天性的表露。

例如，一个年年都是"三好学生"的小学生为了获得一次和同学去郊外野餐的机会，他会理直气壮地告诉父母，周末的作业习题他都已经完成了，而事实上他才做了一半；一个刚毕业不久的大学生，虽然只进了一家普通的公司，拿着微薄的薪水，为了不让家人担心，会夸口说他进了一家声名显赫的大公司，一个月的薪水有多少多少，而事实上他的薪水只有他说的一半。

心理学家告诉我们，说谎是人类区别于其他动物的重要特点之一，是人类社会生活中不可缺少的部分。有研究结果表明，大多数人平均每天会撒两次大谎，人与人的交谈中有三分之一的部分存在某种形式的谎话，但是，其中只有五分之一被人们察觉到了，有80%以上的人曾经为了获取工作或保住职位而说谎，对伴侣说谎的频率更是居高不下。

可见撒谎在我们的生活中比比皆是。甚至有位西方哲人说，社会就是由谎言组成的，人与人之间就是互相撒谎的关系。这句话当然有些偏激，但不可否认，撒谎的确是人类日常生活的一个组成部分。只要我们稍稍留意一下，就会发现在我们的生活中，随时随地都会听到各种各样的大大小小的谎言，其中有一些只是善意的欺骗，还有一些是恶意的谎言，会对我们造成伤害，因此我们必须学会如何面对谎言，从而有效地保护自己。虽然我们无法阻止别人说谎，但是我们可以学着永远不上当。

为什么会出现"口是心非"

大家普遍认为，口头语言是人际沟通的唯一途径，但许多人却忽略了口头语言并不是"百分之百"准确。在很多情况下，口头语言并不能将人们内心的真实想法，即所谓的"心口不一"，当然也包括了人际交往中常出现的"口是心非"。

我们已经知道，人体所有的行为都受到大脑的控制。不论是弯腰、挠痒，还是三级跳、后空翻，这些动作都是通过大脑掌控的。长久以来，在大多数人的印象中，我们每个人都只有一个大脑，实际上，在我们的大脑中，有三个截然不同的部分，或者说每个人其实有三个大脑，每个大脑都具有不同的特点和功能，它们合起来构成了完整的人脑，给人体的每个部位下达指令，这三个部分分别是脑干、边缘系统和大脑新皮层。

其中，边缘系统对人类的非语言行为起着重要的作用，它主管人类的情绪和感觉功能。其他哺乳类动物和人类一样也有"边缘系统"，这是大脑最古老的一部分，使得人类得以成为一个存活了数百万年的物种。边缘系统的主要功能是对我们的听觉、视觉、感觉和触觉作出反应。这些反应是即时的一瞬间的无须经过思考的；因此，它就能对环境作出最诚实的回应。

相比起来，"新皮层"则是人脑这一"宝库"的最新成员，掌管记忆、计算、分析、解析和直觉等高级思维活动，而这些能力的高级程度是人类这一物种独有的。由于它具备复杂的思维能力，所以这一部分的大脑和"边缘系统"不同，它并不总是老老实实的，相反，它会经常撒谎，是大脑构成的三个部分中最不可信的。当有个令人讨厌的人走过身边，老实的"边缘系统"可能会迫使人们做出斜视的动作，这是下意识的，而聪明的"新皮层"则很善于对真实的感受撒谎。掌控大脑语言运动中枢的"新皮层"也许会让我们在看到那个讨厌的人时，一脸笑容地说："好久不见，真高兴再见到你。"尽管这话一听完全就是假的。由于"新皮层"擅长说谎，所以别指望能从它那得到既可靠、又准确的信息。

对于语言系统本身而言，这套符号系统若要传播人们内心的想法，首先要进行编码，把思想转换为语言符号。当信息传递给别人时，他人在领会意义时又要进行解码，也就是把语言符号重新转化为思想。但由于存在个人表达和他人理解的偏差，往往就容易让接受者在信息传输上产生与本意有异的现象。

语言并非天生，而是经过后天的学习才能掌握的技能。对于一项客观存在的技能，必然有人掌握得好，有人掌握得差。就像生活中，我们常会形容一些人口齿伶俐，而另一些人笨嘴拙舌，这个区别就来自他们对口头语言技能的掌握。当然，这并不能作为判断一个人聪明或愚蠢的标准，但往往容易让人产生误解。

人们刻意地歪曲了内心的真实想法，这就导致了谎言的产生。在很多情况下，人们在说话时，会出于一定目的地隐藏自己的本意。无论是基于什么原因，这些话都会对沟通和交流的效果大受影响，交流的时间被浪费，语言传递信息的作用被削弱。

现实生活中，也许你还没有意识到口头语言的局限，相信看到下文列举的场景后，你一定会觉得熟悉。

场景一：他接受你的观点了

你试图劝说一个顽固的人，虽然他表面上满口答应，但目光斜视地面，双手抱肩，一副十分犹豫的样子。实际上，他内心也正在抵触你的观点，甚至可能计划着明天依然照旧，绝不改变。与其继续浪费时间，你还不如早些结束劝说。

场景二：孩子的谎言

一些小朋友们因为犯了错误而害怕受到家长的惩罚，便向家长说谎。虽然他们言辞上没什么漏洞，但由于内心充满了不安与愧疚，往往会在脸色、小动作或睡眠方面表现出异常。而这些反常的变化，就是孩子不诚实理由的最好证据。

场景三：朋友在说真心话

同朋友去特卖场买衣服，当穿上自认为漂亮的衣服问对方时，对方可能说："不错，还可以，你喜欢就行。"仔细观察他的表情你可能会发现，他的鼻子和嘴像快挤到一起了，眉毛皱得都打了结。这些表情都说明他没有说真话，实际情况是——这身打扮在你身上真是糟糕透了。但为了避免伤害你的自尊和心情，你的朋友只能选择一种举动，那就是口头上赞扬，身体上抗拒。这个时候，如果不是很为难，你最好考虑换一身衣服。

场景四：你到底有多高兴

有时候，言语不能完整地表达出内心所想。例如，在我们长久梦想的事情实现时，当时的心情根本无法用词来表达。因为，内心的感触要远比这些能说出的词汇更加丰富。而那些快乐与幸福更将成为人们"只可意会，不可言传"的心灵感触。

综上可见，人们内心与语言的不一致相当普遍。所以，我们在洞察人心的时候，不能完全依靠语言这一途径。

谎话大王的四张面孔

虽说人人都会说谎，没有一个人敢声称自己是绝对清白的，但人们说谎的频率确实有所差别，的确有那么一些人，是可信度极低的谎话大王，对于他们所说的话一定要秉着"批判主义的精神"，当然，你也可以把他们当作你练习识破谎言技巧的最佳教材。

心理学家为我们总结出了最爱说谎的4种人：

1. 虚荣心重的人

生活中的很多谎言都是因为面子问题而产生的，虚荣心重的人最看重面子，这类人十分在乎他人对自己的评价，喜欢受到关注和赞美，不愿意别人看低自己，因为他们太注重外在的东西，而对个人的素质与气质疏于培养，但又渴望得到别人的喝彩，于是，他们凭内在的实力无法达到这种目的时，撒谎便成了他们使用的最便利的手段。这类人常常在不熟悉的朋友面前编造一些美好的谎言。例如自己的家庭背景有多好，身上戴的首饰值多少钱，甚至自己是哪所名牌大学毕业的。当然，这些谎言仅仅是为了满足个人的虚荣心，如果你识破了也大可不必揭穿它。

2. 自卑感强的人

严重自卑的人通常敏感而脆弱，既能敏锐地感受到自己许多不如别人的地方，同时，又极容易把周围一切人对自己的注意——哪怕是关心和帮助——看成是对自己的怜悯。因此他们需要一些谎言来安慰自己，或者是借助谎言来逃避，在别人面前树立完美的形象，以谎言为武器来调整自己在他人心目中的位置和形象，用谎言来安慰、麻痹自己，在幻想中获得满足感和认同感。

3. 过分争强好胜的人

争强好胜在一定程度上说是一种有益的品质，说明一个人积极进取、不甘落于人后，这样的人也更容易在事业上有较大的成就和作为。但任何事情都有个限度，超过这个限度便走向它的反面。要强也是如此，事事要强，时时要强，总想高出别人一头，这作为一种理想是很不错的，但如果把它落实在生活中，则太困难了。过分好强的人活得很累，他们事事都想出类拔萃，对自己要求很高。一旦失败或者遭遇挫折，往往没有勇气面对，只能用谎言编织理由为自己寻找退路，维护面子和自尊，虚构成功的情景、蒙骗他人或欺骗自己，便常常成为他们的拿手好戏。

4. 过分以自我为中心的人

趋利避害是人的本性，我们每个人在思考问题、处理事情时，都不免会以自我为中心，首先考虑保全自己的利益。但这种以自我为中心的心理应有个限度。如果没有损害他人的生活，大家自可相安无事。但如果一个人以自我为中心的心理严重到过分的地步，在与他人发生利益冲突的时候，在任何时候都只考虑自己的利益，损人利己的谎言也就随之而来。

身体语言如何泄露谎言

可能很多人都会认为说谎是一件很容易的事，其实并不是这样。说谎，尤其是想成功地说一次谎，是一件非常困难的事。为什么说谎就这么困难呢？主要原因在于当一个人撒谎时，他的潜意识不会听从他的"指挥"，而会独自行动。如此一来，他的身体语言就会使他的谎言不攻自破。这就是为什么那些平常很少说谎的人，一旦说谎，无论其谎言多么完美，显得多么真实可信，都会很容易被对方识破。因为从他开始说谎的那一刻起，他的身体就会发出一些自相矛盾的信号（身体语言和有声语言处于相互矛盾的状态之中），这就会让对方觉得他一定在撒谎。而那些职业说谎家，比如某些骗子，他们之所以说谎时不容易被别人识破，关键就在于他们能够有意识地将自己的身体语言和有声语言协调到较为完美的境界。因此，当他们向人撒谎时，人们往往会深信不疑。

看到这儿，有些读者可能会好奇地问，那些职业骗子是如何让自己的身体语言和有声语言达到较为完美境界的？一般来说，他们常用以下两种方法来实现这一目的。其一，平日反复练习说谎的时候做出正确的身体姿势，长时间的反复练习是必不可少的，一般为2～3年。其二，尽可能地减少身体语言，尤其是自己潜意识不能控制的身体语言，这样，他们在说谎的时候，就会很少做出一些负面动作了。不过，要想做到这一点，往往是非常困难的。下面的这个实验也证明了这一点。实验中，心理学家让参加实验的人故意向他撒谎，并让他们尽量压抑一切身体姿势，不管是正面的，抑或是负面的。然而，那些故意撒谎的人虽然控制住了主要身体语言，但仍有不少的细微动作表现了出来。比如，瞳孔缩小、用手触摸鼻子、拽衣领、脸色潮红、鼻子出汗，以及其他一些细微动作，而这些细微的动作已经暴露了一个人在撒谎。

由此可见，要想成功地欺骗他人，最好的办法就是将自己的身体隐藏起来，让别人只能"闻其声，而不能见其人"。也正是因为这个原因，审问嫌疑犯时，审讯人员往往会将疑犯置于一个空旷屋子的中间，或是置于较为强烈的灯光之下，以便让他们的全身都暴露在自己的视线之中。这种情况下，嫌疑犯任何一个细微动作都逃不过审讯人员眼睛，如果他们一旦说谎，就会非常容易地被揭穿。

一般来说，当你坐在桌子的后面，并借用桌子部分抵挡住自己的身体，或是从关着的门后面露出脑袋对人撒谎就较为容易成功了。当然，辅助撒谎的最好工具还是电话，或者是 QQ 等聊天工具。

第二节　从面部表情识别紧张情绪

眼睛向右上方看，大脑正在制造想象

还记得前面提到过的"EAC 眼睛解读线索"吗？神经科学的研究告诉我们，当我们思考时，大脑中的不同区域会被激活，导致眼睛向不同的方向运动。眼睛向左上方看时，表明大脑正在回忆过去的情景或事物；眼睛向右上方看时，表明大脑正在想象一幅新的画面；眼睛向左下方看，表明大脑正在回忆某种味道或感觉；眼睛向右下方看，表明正感受到身体上的痛苦。也就是说，眼珠转动的方向会暴露我们的思想。借助这个线索，我们可以从对方眼睛运动的方向来判断对方是否在说谎。

具体来说，眼睛向左上方看，意味着大脑正在搜索记忆，所说的是真话；眼睛向右上方看，意味着大脑正在创建想象，所说的可能就是谎话。如果你周一早上问你的同事周末是怎样度过的，对方回答："带儿子去游乐场了。"此时，如果他的眼睛向左上方看，说明他脑海中正在浮现昨天和儿子在游乐场玩乐的情景，并没有撒谎；而如果他的眼睛向右上方看，则说明游乐场一事可能是他临时编造出来应付你的谎言。

人们在思考时，眼睛的运动方向是由大脑内活动的区域决定的，很难人为控制，因此，观察眼睛的运动方向来判别谎言不失为一个很好的办法。不过，为了

确保判断的准确性，使用这个方法还有两个很重要的注意事项。

1. 事先编造好谎言的人眼睛不会转动

眼睛的转动必须和相应的思维活动相联系才有意义，如果人们已经事先准备好了一套说辞，就等着你问他了，那你就不会看到他的眼睛运动有什么不同。因为即使谎言是虚构的，此时也变成了一种记忆。因此，只有在人们没有准备的情况下，一边说话一边构造谎言的时候，才能采用这种方法来判别。

2. EAC 眼睛解读线索并不适用于所有人

EAC 模型总结了大多数人的眼睛运动方式，但它并不适用于所有人，现实生活中总是存在着许多例外情况。例如，惯用左手的人眼睛转动的方向可能正好相反，往左上方看不是回忆而是编造谎言的表现。为了确保判断的准确，可以先提一些试探性的问题，找准对方眼睛转动的规律。例如，你可以先问对方"你觉得二十年后你会是什么样子？"这是一个关于想象的问题，仔细观察可以确定他在创建想象时眼睛转动的方向，然后就可以进行正确的判断了。

避免眼神接触，因为害怕被人看穿

大多数人在说谎时心中难免会有愧疚之感，以及担心谎言被揭穿的恐惧，愧疚和恐惧都会从他们的眼睛里流露出来，比如回避目光交流，或是低头不看对方，或是明显地把头偏向一侧，这些都可以说明这个人不坦诚。说谎时如果与别人对视，心里会更加紧张，然后就反映在眼睛里，因此说谎者本能地转移视线，以消除紧张感。

避免眼神接触或很少直视对方是典型的欺骗征兆。人在潜意识里觉得别人会从他的眼睛里看穿他的心思，因此，很多人会尽量避免和对方眼神接触，因为心虚所以不愿意面对你，眼神闪烁、飘忽不定，或者不停地眨眼。影视剧中经常可以看到这样的片段，一个人怀疑别人在对他撒谎，于是对那个人说："看着我的眼睛，告诉我，到底是怎么回事。"而对方却把头低下或者撇开，不敢直视对方。的确，眼睛很容易泄露谎言，持续长久和躲躲闪闪的目光接触都是对方在说谎的重要标志。

揉眼睛则是另一种避免眼神接触的方式。当一个小孩不想看到某些人或某些事情的时候，他可能会用一只或两只手来揉自己的眼睛。成人也一样，当他们看到某些不愉快的东西时，也可能会用手揉自己的眼睛。揉眼睛这个动作是大脑不想让眼睛看到欺骗、疑惑或是其他不好的东西，或者是不想让自己在说谎时与别人发生眼神接触，以免自己因心虚而露馅。一般来说，当一个男性撒谎时，他可能会用力揉自己的眼睛。如果谎撒得较大，他会转移视线，通常是将眼睛朝下；当一个女性撒谎时，他不会像男性那样用力揉自己的眼睛，相反，她仅会轻柔几下眼部下方，同时将头上仰，以免和对方发生眼神接触。

频繁眨眼也是说谎的标志之一。科学家通过暗中观察记录，发现人们在正常而放松的状态下，眼睛每分钟会眨 6～8 次。而这种间隔在非正常状况下被打破。所谓非正常状态就是说你的内心情绪有较大起伏，比如因为说谎而紧张，这个时候眨眼睛的频率就很可能会显著提升。撒谎的人内心无法平静，承受着担心谎言被识破的巨大压力。在这种压力下，说谎者或许可以控制自己的口头表达，但却很难控制身体语言，于是眼睛因为巨大的紧张感而不停地收缩。

当一个人心理压力忽然增大时，他眨眼的频率就会增加。比如，正常条件下（职业骗子除外），当一个人撒谎时，由于害怕自己的谎言被对方揭穿，他在说完谎话后，其心理压力会骤然增大，相应地他眨眼的频率会增加，最高可达每分钟 15 次。所以，你在和某个人谈话时，如果你发现他总是不断地眨眼睛，说话也变得结结巴巴，你就得留心他所说话内容的真实性了。

此外，英国动物学家戴斯蒙德·莫里斯在观察警察审讯的过程中发现，当人们说谎或努力掩饰某种情感时，他们眨眼时眼睛闭上的时间会比说真话时更长，这是另一种避免眼神接触的方式，说谎者在无意识中通过延长眨眼时间给自己关上"一道门"，从而减轻内心因说谎而产生的愧疚感。

对方直视你的眼睛，也未必在说真话

人们往往相信，当一个人说谎时，他会因为心虚而不敢正视对方的眼睛，而是将自己的视线移向一边。那么我们是否可以就此认定，当一个人和另一个人谈话时只要他敢于直视对方的眼睛，他就一定没有对对方撒谎呢？先不着急回答这个问题，一起来看下面这个实验。

实验中，心理学家把参加实验的人员分为甲、乙两组，并让甲组的人对乙组的人撒谎，同时，心理学家还要求甲组中 85％ 的人在撒谎时一定要看着对方的眼睛。随后，心理学家把甲、乙两组人员的撒谎过程进行了录像。录像完毕后，心理学家来到一家电视台做了一期"你能识别哪些人在撒谎"的谈话节目。让台下观众看完录像节目后，心理学家便开始让他们来识别哪些人在撒谎，并让他们说明各自的理由。

　　结果发现，很多观众都中了心理学家的"圈套"。在那些撒谎时注视对方眼睛的"骗子"中，有95％的人没有被观众识破，他们认为那些"骗子"在实话实说。因为"骗子"们在说话时敢于注视对方的眼神。而在那些事先没有被心理学家叮嘱过在撒谎时要注视对方眼神的"骗子"中，有80％的人都被观众识破了。可见，"注视对方的眼睛"正是说谎者用来伪装的有力道具之一。

　　由此，我们也就可以回答刚才提出的问题了。长久以来，变幻莫测的眼神、频繁的眨眼、不敢对视，都被认为是说谎的信号。这些看法都有道理，但是由于大多数人都这么想，所以很多人在说谎时就利用了这种心理，故意盯着对方的眼睛，显得那么从容不迫、游刃有余，以此表明自己没有撒谎。视线的转移确实会显露出一个人的情感状态。例如，悲伤时，我们的眼睛会向下看；羞愧时，我们会低下头。如果不同意对方的观点，则会直接把视线从对方身上移开。但说谎的人绝不会这么做，因为他们害怕被你看穿。

　　一整天，小洁男朋友的手机都处于关机状态，小洁很着急。第二天见面时，小洁装作很随意地问男朋友，昨天是怎么了，一整天都关机？男朋友为了掩盖自己的紧张，认真地看着小洁说："哦，昨天手机没电了就自动关机了，我还不知道呢，晚上想给你打电话才发现的。"男友说话时一直看着小洁的眼睛，一副坦诚认真的样子，可小洁还是觉察到了异样。

　　说谎者的骗术固然高明，但也不是完全没有破绽，因为这种可以的"盯"和自然的凝视眼神是不同的。仔细观察就会发现，这种凝视很不自然。所以，即使对方直视你的眼睛，也未必在说真话。

假表情总是慢半拍、持续时间长

　　人的面部表情可以说实话也可以说谎话，而且常常是在同一时间内既说实话又说谎话。在现实生活中，人们时常利用面部表情来作为掩饰和伪装其真实思想感情的"面具"。例如，因违章而受到交警训斥的司机为了避免把事情搞得更糟，往往故作笑脸，表现得服服帖帖；一对正在家中赌气的夫妻，一旦有贵客来访，便会装出没事的样子，笑脸相迎。当人们撒谎时，也会制造虚假的表情来掩盖真相，为了识别谎言，我们必须学会如何识别虚假表情。

　　虚假表情包括两种，伪装的表情和克制的表情。伪装，即假装出一种与自己真情实感相反的情感。例如小学生假装肚子疼请假回家时脸上装出的表情。克制，即为了不让别人发现我们真实的情感，努力控制自己的脸部肌肉，故作镇定。善于撒谎的人往往会小心翼翼，不让他们真实的情感以这种方式偷偷显露出来。无论是伪装还是克制，虚假表情的表现方式毕竟与自然流露的表情有所不同，最重要的区别即虚假表情总是慢半拍，而且持续时间长。情绪出现的时间快慢是很难人为控制的，由于刻意制造的假情绪不是自然发生的，因此它出现的时间总是会稍微延后，持续时间也会比真实的表情要久，然后就"突然"消失了。

1. 假表情总是慢半拍

反映内心真实感受的表情被称为"最初的反应表情"，会在情感产生的一秒钟之内立刻流露出来，之后才能进行人为的掩饰或伪装。因此，如果对方话还没说出口，或者刚开始说话时看起来就很生气，那么他可能确实被激怒了。相反，如果他说完之后才开始表现出很生气的样子，撇着嘴、瞪大了眼睛，这就是刻意加上的表情，并非出于内心的真实情感，对方只是想表现出很生气的样子。

2. 假表情持续时间长

表情持续的时间长短也可反映出说谎的印迹。停顿时间长的表情通常是假的，比如10秒钟或10秒钟以上的时间，甚至停顿5秒钟的表情也可能是不真实的。除了那种极其强烈的情绪感受，比如欣喜若狂、勃然大怒、悲痛欲绝等，自然的表情都不会超过4～5秒钟。而且，即使是非常激动的情绪，其表情也不可能持续太久，而是一阵阵地短暂地出现。只有象征性表情和嘲弄式表情是长时间存在的。例如，真正的惊讶表情从形成到消失不到1秒钟，如果有人对你说的话展现出长达3秒的惊讶表情，他多半是在故意假装自己不知道这件事。

面部表情是说谎者最容易作伪的部位，这给判断一个人是否在撒谎带来了麻烦。好消息是，面部表情中总有一部分是人为无法控制的情不自禁流露出来的，因此，我们可以通过识别对方脸上掩饰不住的真实表情来揭穿谎言。面颊肤色变化就是典型的紧张征兆。面颊的颜色会随着情绪的变化而发生相应的变化。面颊肤色的变化是由自主神经系统造成的，是难以人为控制或掩饰的。最明显的是变红和变白。人们最常见的面颊变红经常出现在害羞、羞愧和尴尬等情形中，脸红也是愤怒的表现，愤怒时，面颊瞬时转为通红而不是由面颊中心慢慢扩散开来。当愤怒中的人们想极力抑制自己的怒气和克制自己的攻击性冲动时，其面颊肤色会变得苍白，当人们处于惊骇的情绪状态下，面颊肤色也会变得苍白。可见，由面颊肤色的变化我们可以观察到对方真实的情感。类似的线索还有很多，只要在生活中留心观察，定能有所收获。

突然放大的瞳孔揭示隐藏的情感

人类瞳孔的变化是不由人的主观意志控制的，完全是下意识的反应，因此可以真实地反映人的情绪变化。前面已经提到，人的瞳孔会随着情绪的变化而相应地放大或缩小。无论说谎者的演技多么高超，他也无法掩盖这一点。瞳孔的这种变化是人无法控制的，因此只要我们留意观察对方的瞳孔，就能断定他是否在说谎。

当我们对眼前的事物或者谈话内容感兴趣的时候，瞳孔就会放大。如果一个人的瞳孔变化和他试图表现出来的情绪不相符，就可以怀疑他所说的真实性。警察在询问嫌疑人时经常会用到这个方法。例如，警察想要知道嫌疑人和另一名疑犯是否相互认识，会把许多张照片一张一张地给嫌疑人看，其中只有一个是目标人物，嫌疑犯看到目标人物的照片时，瞳孔会突然放大然后恢复，警察如果能够观察到这个细节，基本上就可以下结论了。

关于瞳孔与谎言的关系，俄国有一个故事。

一个叫卡莫的俄国人在外国被警察抓获，沙皇政府要求引渡他。卡莫知道，一旦他回到俄国，无疑将面临死刑。于是他装成疯子，企图以此逃过惩罚。他的演技骗过了一位又一位经验丰富的医生，最后他被送到德国一个著名的医生那里进行鉴定。这位医生把一根烧红的金属棒放在他的手臂上，为了逃避惩罚，卡莫忍受着巨大的疼痛，没有喊叫，也没有露出任何痛苦的表情，但是他的瞳孔因为痛苦和恐惧而放大了。聪明的医生看到了这一点，完全明白了他不是丧失了知觉的疯子，而是一个正常人。

可见，演技再高超的骗子也无法控制自己瞳孔的大小变化。故事中的医生正是利用瞳孔与恐惧情绪之间的联系发现了这个俄国人的破绽。反过来，人们也可以利用瞳孔变化与兴奋情绪之间的联系来识破谎言。

第二次世界大战期间，盟军反间谍机关抓到一个可疑的人物，此人自称是来自比利时北部的流浪汉。这位流浪汉的言谈举止十分可疑，眼神中露出一种机警、狡黠，不像普通的农民那么朴实、憨厚。法国反间谍军官吉姆斯负责审讯此人，吉姆斯怀疑他是德国间谍。

第一天，吉姆斯问这位流浪汉："你会数数吗?"流浪汉点点头，开始用法语数数，他数得很熟练，没有露出一丝破绽，甚至在德国人最容易露馅的地方也没有出错，于是，他过了第一关。

吉姆斯设计了第二招，让哨兵用德语大声喊："着火了!"然而流浪汉似乎完全听不懂德语，一动不动地坐在椅子上，脸上也没有任何表情。吉姆斯心想，这个间谍果然不简单。

吉姆斯冥思苦想，想出了一个特别的办法。第二天，士兵将流浪汉押进审讯室，他依然是一副无辜的样子，十分冷静。吉姆斯看见他进来，假装非常认真地阅读完一份文件，并在上面签字之后，故意用德语说："好了，我知道了，你的确就是一个普通的农民，你可以走了。"

流浪汉一听到这话，误以为他骗过了吉姆斯，不自觉地卸下了防备，于是抬起头深深地呼吸，瞳孔突然放大，眼睛里闪过一丝兴奋。吉姆斯从这短暂的表情中看出了端倪，看来这位流浪汉确实会讲德语，而且之前一直是在伪装。吉姆斯抓住这个细节，对流浪汉进一步审讯，终于揭穿了他的谎言。

总之，瞳孔放大必然和恐惧、兴奋等情绪有联系，即使对方的身体一动不动、一言不发，仅从瞳孔的变化也可以发现他企图掩藏的情绪，从而揭开谎言。

硬挤出来的笑容嘴巴紧闭

欺骗的表情常常出现在最不常用来掩饰情感的面具就是微笑。达尔文曾经做过相关的研究，他声称，人们通常企图掩饰消极的情感，而微笑所使用的肌肉与消极情感所使用的肌肉最无关。因而谎言往往伴随着虚假的笑容，笑容具有极强的感染力，也有极大的欺骗性，虚假的笑容有时甚至比恶语相向更有杀伤力，因为它戴着善意的面具。我们可以通过对方脸上的细节来识别虚假的笑容。

真正的笑容总是最全面的，能够让整张脸都亮起来。如果只是嘴角动了动，嘴巴紧闭，眼睛周围的轮匝肌和面颊拉长，这就是假笑，也就是所谓的皮笑肉不笑。假笑时面颊的肌肉松弛，眼睛不会眯起。狡猾的撒谎者将大颧骨部位的肌肉层层皱起来以弥补这些缺憾，这一动作会影响到轮匝肌和松弛的面颊，并能使眼睛眯起，从而使假笑看起来更加真实可信。一个人发出真心的灿烂笑容时，眼角和嘴角都会浮现出细细的纹路。

要知道为什么脸部纹路成为真笑与假笑的区别之处，就要先知道人的笑容运作的科学道理。人的笑容是由两套肌肉组织控制的：以颧肌为主的肌肉组织可以控制嘴巴的动作。使嘴巴微咧，露出牙齿，面颊提升，然后再将笑容扯到眼角上；而眼轮匝肌可以通过收缩眼部周围的肌肉，使眼睛变小，眼角出现皱褶。

我们的意识可以控制以颧肌为主的肌肉组织。也就是说我们自己可以命令这部分肌肉运作，即便我们的内心没有感觉到愉快，也能制造出嘴部的笑容。而眼部周围的眼轮匝肌的收缩却是完全独立于我们意识之外的，我们不能自主地控制。只有内心真正的愉悦才能激发它的运作。所以在一张不真诚的笑脸上，细纹只会出现在嘴的四周。

此外，假笑时，面孔两边的表情常常会有些许的不对称。习惯于用右手的人，假笑时左嘴角挑得更高，习惯于用左手的人，右嘴角挑得更高。而真实的笑容，两边的嘴角都会被最大限度地抬起，而且从来不会不对称。

笑容的时间长短也可以作为判断的依据。假笑保持的时间特别长。真实的微笑持续的时间只能在 2 秒到 4 秒之间，其时间长短主要取决于感情的强烈程度。而假笑则不同，它就像宴会后仍不肯离去的客人一样让人感到别扭。这是因为假笑是刻意伪装的，所以人们就不知道应该什么时候收起笑容，无形中延长了笑容的时间，露出了破绽。而且，假笑常常可以在很短的时间里被堆出来，而真实的笑容往往需要更长的时间才能展现出完整的笑容。

总之，如果一个人不想暴露内心的真实感受，他可能会带上"我很快乐"的面具，你只需切记，不是发自内心真实感受的笑容，是不会在脸上完全绽开的。

第三节　不经意的小动作会泄露真相

动作和语言不一致，嘴上说的不能信

人类大脑的边缘系统是非常诚实的，由边缘系统掌控的肢体行为会如实地反映我们的想法，这些动作是我们的主观意识无法控制的下意识的动作。我们之所以可以通过身体语言来识别谎言，原因就在于说谎行为本身的复杂性。看似漫不经心的一句谎言，想要做到滴水不漏不被人怀疑，其实是一件需要动员全身器官共同参与的庞大工程。因此，无论一个人的口才多么好、说谎技术如何高明，他的肢体都会"出卖"他。

人们在说话时，实际上同时在意识和无意识两种层面上进行交流，说谎者把精力集中在编造谎言、如何应答上面，因而很难控制自己的身体语言。由于人们在交流中同时传递这两种信息，因此说谎能否成功关键就在于对意识和无意识两种信息表达的控制。讲真话的人，意识表达和无意识表达总会保持一致，而一旦

语言和动作之间出现不一致，我们就有理由表示怀疑。在这种情况下，我们难以控制的无意识信号，即动作和姿势，往往才是真情实感的表达，也就是说，当动作和语言自相矛盾时，所说的话就很有可能是假的。

生活中经常可以见到这样的例子，例如，抱怨感冒头疼向领导请假，却以轻快的步伐走下楼梯；嘴上明明说"不是"，同时却在点头；再如嘴上正在说好话，两个拳头却紧紧地握在一起，那分明就是讨厌你的表现。

曾担任过六百多件法庭审判顾问的乔艾琳·狄米曲斯在《读人》一书中提到过这样一幕：一次挑选陪审员时，负责此事的律师的妻子流产了，他向法官请求准他一天假好陪在妻子身边，但法官拒绝了，因为这会耽误工作。但是律师不得不走，把工作交代给其他同事后就离开了，而此时法官要求其他同事代他向律师以及妻子表示最大的祝福。

乔艾琳注意到，从字面上看，法官的话语似乎充满了同情，但从他当时说话的表情和动作姿势中，丝毫感觉不到同情和温暖之意。他脸上没有表情，一边说话还一边低头批阅文件，这表明他压根儿就不关心律师和他家人的命运。稍后，法官因为另一件事情对一名陪审员咆哮，从言语上看他似乎很生气，但他的肢体语言却揭露了真实的情绪，他的动作并没有反映出怒火——身体没有靠前、没有任何手势或者脸红。尽管法官说话时故意很大声、装作很生气的样子，但他的肢体语言却说明他不过是在利用愤怒的声音恐吓威胁对方，因为他自己缺乏合适的理由说服别人。

动作和语言不一致还有另一种情况，就是时间点不对，这和假装的表情是一个道理。例如一个人在假装生气地说话之后，会故意用拳头捶桌子或者挥舞手臂作为强调，以此来让自己看起来真的很生气。这种事后追加的动作都是刻意为之，并非发自内心。

因此，我们听别人说话时，要同时注意他的肢体语言，拿肢体语言、表情和说话内容作比较，才能看出一个人的真实情绪和动机，除非动作、声音和说话内容彼此符合，否则就一定有所掩饰，那就需要我们仔细观察去找出线索。一旦认清了一个人的习惯做法，也就很容易推测他的其他行为。

不时用手接触口鼻，是企图隐藏真相

频繁用手触摸自己的鼻头或者手指不时轻触嘴唇，是最常见的说谎动作。一旦他的手离口鼻很近，基本上都有说谎的嫌疑。如果他在说话时用手捂住嘴巴，那就表示连他自己都不相信自己说的是实话。这些手部动作起着遮掩的作用，是说谎者在潜意识里企图隐藏真相。

美国前总统尼克松被迫下台之前，议会对"水门事件"展开了调查，当时他正在国会接受审问，在审问期间，人们惊奇地发现，他经常会出现一种非常明显的惯性动作——老是不断地用手触摸自己的脸颊及下巴。

在谈话过程中，时而双手掩面或摸脸，就好像在说："我不想听你说这些，我不想再谈论这个话题了。"正是因为心中常有不为人知的隐情，感到非常焦虑，从而不停地用手接触脸部。用手捂嘴和触摸鼻子是两种典型的说谎标志。

1. 用手捂嘴

这是一种明显未成熟，略带孩子气的动作，很多小孩尤其喜欢使用此种姿势，当然，一些成年人偶尔也会使用此种姿势。一般来说，使用此种姿势的人会在自己说完谎话后，迅速用手捂住嘴，同时用拇指顶住下巴，让大脑命令嘴不要再说谎话。有些时候，某些人在做这一姿势时，仅会用几根手指捂住嘴，或是将手握成拳头状，放在嘴上，但其蕴含的基本意义是不变的。还有一些人则会借咳嗽的动作来掩饰其捂嘴的动作，以分散别人对自己的注意力。

2. 触摸鼻子

触摸鼻子是用手捂嘴这一姿势的"变异"，相比于用手捂嘴，它更具隐匿性。有些时候，它可能是在鼻子下面轻轻地抚摸几下，也可能是很快，几乎不易察觉地触摸鼻子一下。一般来说，女性在完成这一姿势时，其动作幅度要比男性轻柔、谨慎得多，这可能是为了避免弄花她们的妆容吧。关于触摸鼻子的原因，有这样两种较为流行的说法，其一，当负面或不好的思想进入人的大脑后，大脑就会下意识地指示手赶紧去遮住嘴，但是，在最后一刻，又怕这一动作太过于明显，因此手迅速离开脸部，去轻轻触摸一下鼻子。其二，当一个人说谎的时候，其身体会释放出一种叫作"儿茶酚胺"的化学物质，这种物质会使说谎者鼻子的内部组织发生膨胀。与此同时，一个人撒谎的时候，其心理压力会陡然增大，血压也会迅速升高，这样鼻子就会随着血压的上升而增大，这就是所谓的"皮诺曹的大鼻子效应"。血压的上升使得鼻子开始膨胀，鼻子的神经末梢就会感到轻微的刺痛。不由自主地，说谎者就会用手快速地触摸鼻子，为鼻子"止痒"。此外，当一个人感到紧张、焦虑，或是生气的时候，这种情况也会发生。

看到这里，可能有读者朋友会问，现实生活中的确存在鼻子真正发痒的情况啊，那该如何去区别两者呢？很简单，当一个人鼻子真正发痒时，他通常会用手揉鼻子或是用手挠来止痒，这和说谎是用手轻轻、快速地触摸一下鼻子是不同的。同用手捂嘴的姿势一样，说话的人可以用触摸鼻子来掩饰他的谎言，听话者也可以用触摸鼻子来表示对说话者的怀疑。

需要注意的是，不时地用手接触口鼻虽然是一个人说谎时最可能用到的姿势，但这绝不意味着只要一个人做出了这些动作，我们就可以立即断定他一定在撒谎。比如，某人说话时，之所以会捂住自己的嘴，是因为他有口臭，如果我们据此就认为他在撒谎，肯定会伤害到对方的。再如，当一个人陷入沉思而做出以上的动作，通常只是表示他完全沉浸在自己的思考当中。

手脚蜷缩贴近身体，因为缺乏安全感

心理学家指出，手势在很多时候是一种无意识的动作，能较为真实地反映说话人的心理状态。由于人们经常使用手势，而且手部的动作比腿部的动作更容易观察到，因而手势是识别谎言的绝佳突破口。不过，只要我们仔细观察，就会发现手和脚的动作都传递着信息。

汽车销售员小陈最近业绩明显下滑，经理问他："你这个月怎么回事，业绩还赶不上上个月的一半？"

原来小陈最近迷上了网游，每天玩游戏到凌晨两三点，早上起不来，工作也提不起精神。被经理这么一问，不由得僵住了身子，把双手贴在大腿两侧，低着头小声说："最近我父亲身体不好，需要人照顾。"

像小陈这样，手脚贴近身体，身体缺乏动感，是明显的说谎特征。为了更好地识别人们在说谎时的状态，我们先来回想一下正常情况下的动作和姿势。当一个人充满自信、自由自在的时候，手和脚会自然地向外延伸。当他对自己所说的话深信不疑、感到兴奋时，会不自觉地运用各种手势来强调自己的观点，例如用手指指着别人或指向空中，表达坚定的观点。

反过来，当人们说谎时，由于集中精力在编造谎言上，身体语言会缺乏动感，明显的区别就是手和脚的动作会减少。如果是坐着，他可能会把双手放在大腿上，双腿交叠在一起；如果是站着，他可能会把手完全插在口袋里，或者双手紧握，手指蜷向掌心，这是出于防卫心态。说谎者缺乏安全感，因此会做出这些手脚蜷缩、贴近身体的姿势。其他典型的还有把手指放在嘴里、抓挠脖子以及拉扯衣领。

1. 把手指放进嘴里

一般来说，一个人做出此种动作往往是下意识的，因为他可能正面临着巨大的压力。他之所以会做出这个动作，最主要的目的是想重新获得自己幼儿时期吮吸妈妈乳汁的安全感，因为在一个人的潜意识深处，吮吸妈妈乳汁是最有安全感的。所以，很多孩子在成年以前会用自己的指头或者衣领来替代妈妈的乳头，成年以后，他们则会用口香糖、烟斗等来代替。而说谎时担心被识破的不安甚者恐惧，激发了这种吮吸动作，因此很多说谎者会把手指放在嘴里，甚至开始咬指甲。

2. 抓挠脖子

有些时候，一些人在撒谎时会用食指来挠耳垂以下的脖子部位。如果仔细观察一下，你就会发现撒谎者通常会挠 5 次左右，很少会出现少于 4 次或多于 8 次的情况。一般来说，挠脖子这一姿势代表不安、疑惑，或是"我也不确定我会同意"，"应该不会那样吧"等意思。如果一个人说的话与这一动作相矛盾的话，就会表现得非常明显。比如，一个人说，"我比较同意你的看法"，与此同时，他又用手挠着自己的脖子，这就表明他心里其实并不是真正同意你的看法。

3. 拉衣领

身体语言学家通过实验发现了这样一个有趣的现象：当一个人撒谎时，会导致面部和颈部的一些敏感组织产生轻微的刺痛感，为了缓解或消除这种刺痛感，撒谎者往往会用手去挠或搓那些产生刺痛的部位。这就不仅说明了为什么人们在感到不确定的时候会用手挠脖子，也很好地解释了为什么一个人在说谎并怀疑自己的谎言已经露馅时，会不由自主地拉自己的衣领。

4. 不接触对方的身体

身体接触通常发生在亲密的人之间，是亲近的表现。人们说谎时，会暂时停止接触对方的身体，以此来降低心中的罪恶感。

类似的安慰动作还有很多，在此不一一列举。当你看到别人在听到你的提问后，手脚弓成像胎儿的姿势，手脚的姿势都很僵硬，除非他是真的感到身体不舒服，否则就一定有所隐瞒。

不安的双脚泄露紧张情绪

英国的一名心理学家通过实验发现了一个有趣现象：人体中离大脑越远的部位，越有可能反映一个人内心的真实感情。脸离大脑最近，因此人们常常伪装出各种表情来撒谎，可信度最低；手位于人体的中间偏下部位，可信度中等，一个人会或多或少地利用手势来撒谎；而腿和脚离大脑最远，相对于人体其他部位，它的可信度最高，一个人脚上的动作往往会泄露其内心的真实情感，当你怀疑一个人在说谎，但却看不出什么破绽时，不妨多加注意他的腿和脚的动作。

在某次会议上，总经理要求各部门经理汇报近半年以来的工作情况。很快，就轮到陈经理发言了。他整理了一下自己的衣领以后，便面带微笑地开始总结自己部门的工作情况。在他发言的过程中，总经理觉得陈经理今天有点不对劲，虽然他面带微笑，但嘴角总会偶尔歪斜一下，拿文件的手也在微微地颤抖着，更为奇怪的是，他的双脚在那不停地滑来滑去。稍微想了一下，总经理顿时明白了其中的原因。会议结束后，总经理让陈经理留了下来，说有事要单独和他谈谈。待陈经理坐下后，总经理单刀直入地问道："你为什么要在总结工作时撒谎？"一听这话，陈经理顿时满脸通红，连忙向总经理道歉，并请求其原谅自己。

为什么总经理知道那位陈经理在撒谎呢？很简单，因为陈经理在说谎的时候，尽管他做出了一些虚假表情，如面带微笑，并且努力控制自己的手部动作（其实还是没有完全控制住，仍旧在微微颤抖），但是他没有意识到在自己的发言中嘴角出现了歪斜，更为重要的是，他没有意识到自己下半身的动作增多了，如双脚在那"滑来滑去"，这些恰恰是一个人说谎时的动作。而他的这一切，正被总经理尽收眼底。这也是为什么很多企业的总裁总是喜欢坐在不透明的办公桌后面，让桌子遮住自己的下半身，他们才感到舒适自在。因为一个人在撒谎时，他虽然可以控制上半身的动作、表情，但却无法有效控制下半身，尤其是腿和脚部的一些动作。

因此，当我们看到一个人双脚处于一种不安的状态，不停抖动或者移来移去，说明这个人的情绪也处于一种比较紧张的状态，或者在撒谎，或者内心处于一种不安定的状态。

把头撇开是因为想要逃避话题

我们已经知道，人们说谎时，会下意识地避免与对方对视，例如低着头或者移开视线。如果此时说谎者内心十分紧张不安，他就会做出进一步的防卫动作，例如把头撇开，就好像在说："别再问了，我不想谈这个话题"。

把头撇开是人们说谎时的一种典型的防卫动作。如果仔细观察正在谈话的两个人就会发现，如果一个人对话题感到轻松自在有兴趣，会不自觉地把头靠向对方，仿佛希望进行更深入的交流。反过来，如果一个人身体后侧，把头撇开不看对方，说明正在谈论的事情令他感到不安，想要停止谈话。清白诚实的人面对别人的责问时，会积极地展开攻势，他之所以激动是因为不想被人冤枉。而心虚的人则会因为不安而做出防卫性的姿势和动作。

例如，乔安娜和约翰为一件事情大吵了起来，乔安娜认定约翰做了什么，如果约翰把头撇开，却不作辩解，那么看来确实有什么事情发生了。相反，如果约翰十分激动地立刻辩解澄清自己，他很有可能就是无辜的。

把头撇开已经显露出内心的紧张和不安，如果说谎者面对提问极度不安，就会想要逃避，但他不会拔腿就跑，而是寻求空间的庇护。就好像我们受到威胁时想要躲避逃走一样，人们在说谎时，心理上处于劣势，担心谎言被识破，会不自觉地移开身体，他绝对不会主动靠前，而是退后或者转身，以此躲避直面指控的威胁。例如，把身体转向门口的方向、背靠墙壁，而不是坐在屋子中间，因为这样他看不见背后发生的情况会更加不安。另一种方式是直接寻找"盾牌"来保护自己。例如紧紧地抱着一个抱枕、书包挡在自己的胸前，或者把酒杯放在身前，这些都是在两人之间制造一种障碍物，好像士兵举着盾牌来保护自己免受伤害，说谎的人利用这些物体挡在两人之间，免受言辞的威胁。

换句话说，人们交谈时，身体姿势和动作的开放程度和他的可信度成正比。一个人的姿势动作越舒适自在，就越说明心中坦荡无欺，因为他知道自己是清白的，所以没必要紧张不安。而对方如果不敢看你、不敢正面对着你、不敢接近你，那就是说谎的征兆。

第四节　从说话方式发现欺骗的线索

说谎者无法倒着叙述事情

从谎言的形式上我们可以把谎言分为两种，一种是掩盖事实，另一种是编造或者篡改事实。掩盖事实比较容易，而编造和篡改相对来说需要比较高明的说谎技巧，因为它需要说谎者无中生有，而既然是无中生有，就很容易露出破绽。当说谎者不断重复谎言时，难免会出现自相矛盾的地方，只要我们留心观察和分析，就很容易识破谎言。

美剧《别对我说谎》中有这样一个情节，识谎专家 Gillian 负责调查一位国会议员，当 Gillian 询问议员："你上周五晚上是怎么度过的？"议员为了掩盖自己经常出入俱乐部的事实，于是开始编造所谓的"不在场证明"，他说："我去国会的健身房游泳，然后回家看文件，吃过晚饭之后，我出席了一场社交活动。"这位议员的表述十分平静自然，似乎看不出什么破绽，然而 Gillian 要求他倒着再描述一次，即从他做的最后一件事开始往回说。议员立刻显示出来不安和惊慌，他开始语无伦次，完全不符合之前所描述的情形。

这是因为，当人们编造谎言时，倒着时间顺序来描述会非常困难，因为他先前编造出来的情形并不是真正的记忆，虽然说谎者会实现准备好要怎么回答，却几乎从来不会想过还要倒着顺序准备一遍，因此会显得惊慌失措，立刻就暴露了自己。我国历史上也有类似的事例可供参考。

唐朝初年，有一位刺史叫李靖，被人诬告意欲谋反，唐高祖指派一名御史调查此事。恰巧这位御史是李靖的故交，他知道李靖做人正派、为官清廉，绝不会做出大逆不道之事，一定是遭人陷害。这位御史左思右想，想到一条妙计。他向皇帝请旨，请告密者共同前去查办此案。皇帝欣然应允。途中，御史假装丢失了告密者的检举信件，四处寻找，假装非常害怕的样子对告密者说："这下完了，重要的证据被我弄丢了，不过还好，有您在，劳烦您再写一份就是了。"

那告密者无从推脱，只好硬着头皮，凭着记忆，又编造一份假证据。御史将这份新检举信与原件一比较，除了告李靖密谋造反的罪名一样，所列举的证据大相径庭，时间、人物都难以对上号，显然是恶意编造的诬告信。

御史巧妙地引出告密者自相矛盾、前后不一致的证据，揭穿了诬告谎言，使案件水落石出。

与前面倒着叙述的方法相类似，要求说谎者在不同的时间重复自己所编造的谎言同样可以让对方大乱阵脚。因为临时遗忘而编造另外的谎言能使人抓住自相矛盾的地方，即使事先有很充裕的时间来准备，说谎的人很谨慎地编造了台词，但假如他不够机灵的话，他也无法预期对方反问的所有问题，仔细想好所有的答案；而且，就算说谎的人很机警，当时的情况也会引出突发事件，本来说词是可以骗到别人的，但是一旦发生这种突然的改变，就会出现漏洞。

说谎大王都是"记忆专家"

说谎者在毫无准备的情况下，常常对同样的问题编造出完全不同的答案，因为他自己也记不清自己上一次被问到时是怎么说的了。然而，如果说谎者事先知道将要面临询问，精心编造好一套说辞，那么他就立刻变身为"记忆专家"，不仅很久以前的小事都能够记得，而且每次回答的答案都一字不差，完全吻合。

警察在审讯犯罪嫌疑人时经常运用这个特征，如果警察讯问嫌疑人三个月前的某一天是怎么度过的，假如嫌疑人能够说出那天去了哪里、做了什么，就非常值得怀疑了。除非这一天是某人的生日或者其他意义特殊的日子，否则，正常情况下人们连一个星期前的一天做了什么可能记不清了，何况是几个月之前。

英国心理学家怀斯曼曾经做过一个关于谎言的实验，他让著名谈话节目主持人罗宾爵士说一段真话，再说一段假话，用录像机录下来之后让大家分辨真假。两段话的内容如下：

对话一：

怀斯曼："罗宾爵士，你好，请问你最喜欢的电影是哪一部？"

罗宾爵士："是《乱世佳人》。"

怀斯曼："您为什么喜欢这部影片呢？"

罗宾爵士："这是一部非常经典的影片，演员都很了不起，男主角是克拉克·盖博，女主角是费雯丽，整部影片非常感人。"

怀斯曼："那么您最喜欢其中哪一位呢？"

罗宾爵士："哦，盖博。"

怀斯曼："那么您最喜欢的这部影片您看过多少遍呢？"

罗宾爵士："嗯……（停顿）我想大概有六遍吧。"

怀斯曼："您还记得第一次看这部影片是在什么时候吗？"

罗宾爵士："电影刚刚上映的时候，应该是 1939 年。"

对话二：

怀斯曼："罗宾爵士，你好，请问你最喜欢的电影是哪一部？"

罗宾爵士："嗯……（停顿）应该是《热情似火》。"

怀斯曼："您为什么喜欢这部影片呢？"

罗宾爵士："哈哈，我每次看这部影片都觉得非常有趣，这部电影里有很多我喜欢的东西。"

怀斯曼："那么您最喜欢其中哪个人物呢？"

罗宾爵士："嗯，我想是托尼·柯蒂斯，他实在是太帅了。（短暂停顿）而且他非常聪明，他模仿加里·格兰特简直出神入化。电影里，他试图抵挡玛丽莲·梦露的诱惑，可他采取的方式实在太逗了。"

怀斯曼："您还记得第一次看这部影片是在什么时候吗？"

罗宾爵士："电影刚刚上映的时候，但具体是哪一年我记不清了。"

据罗宾爵士自己所说，他最喜欢的影片是《热情似火》，而《乱世佳人》则是他看过的最无聊的影片之一。我们来具体分析一下两段对话有什么不同。在第一段对话中，当怀斯曼问他最喜欢哪部影片时，他想都没想就说出了答案，按照常理，人们在回答自己"最喜爱的"一类问题是至少会稍微做一番评估，除非是预先想好了答案才能如此反应迅速。其次，罗宾爵士清楚地"记得"自己在多年中总共看了六遍《乱世佳人》，对于自己看过很多遍的影片，一般人只会记得自己看过"三遍以上"或者"不少于五遍"等等大概范围，六遍未免过于精确，有明显的造假嫌疑。第三，罗宾爵士清楚地"记得"影片是在哪一年上映的，而且回答相当迅速，一般情况下，即使是自己喜爱的影片，也不会刻意记得它上映的时间，何况是很多年前上映的老电影。这些迹象都表明，罗宾爵士在第一段对话中撒了谎，破绽就是他那惊人的记忆。

总之，说谎大王都是记忆力很好的人。他们的话，说得越清楚越不可靠。

用暗示的方法回应，不做正面回答

文学作品的描写方式有正面描写和侧面描写之分，谎言也是如此。说谎的人通常不愿意正面回答你的问题，他们既不想承认事实，又不想撒谎，所以往往采取一种折中的办法来应付你的提问，那就是暗示性的回答。

老师问小玉："我发现最近你的作业和小芳很相像，她做对的你也做对，她做错的你也做错，你们俩是不是互相抄袭作业了？"

小玉低声说："我和小芳平时都不在一起玩，我妈妈每天都守着我写作业呢。"

像小玉这样的回答等于根本没有回答，面对老师的问话，她不能不回答，但又害怕被老师责骂，所以只能用"妈妈守着我写作业"来暗示自己是诚实的。暗示性的回答一方面避免了承认错误的麻烦，另一方面又可以减轻自己说谎的内疚感。除了暗示的回答方式之外，说谎者惯用的答话方式有下面 5 种：

1. 套用你的话回应你，拖延时间

说谎的人在面对突如其来的盘问时，一时间来不及编造好答案，往往套用对方的问话来回应，以此拖延时间，来准备好一套说辞，对于说谎的人来说，一秒钟比一分钟还长，这个时间足以做好准备。

妻子问丈夫："你是不是偷看我手机短信了?"丈夫有些慌张地反问道："谁偷看你手机短信了?"妻子又问："那你刚才拿我手机干吗?"丈夫说："我拿你手机干吗? 我以为有电话就帮你看了一下。"

套用你的话作为回应，不需要进行思考而且显得反应迅速，这就像早上上班时同事之间互道"早安"一样自然，根本不需要用大脑思考，就按照对方的话进行回应。除了反问和重复对方的话之外，另一种套用方式就是把肯定句换成否定句作为回答，如果对方说："你撒谎了。"心虚的人会回答："我没有撒谎。"而清白的人会回答："我说的是实话。"

2. 利用反问来拖延时间

就像套用你的话来回应一样，反问也是故意拖延时间编造谎言的手段。反问对方有时比套用对方的话更有效，因为反问过后对方还需要时间回答，反问使说谎者进一步争取到了编造说辞的时间。常见的反问伎俩例如："你这是什么意思?""你怎么会问我这种问题?""你听谁说的?""你觉得呢?"

说谎者不但利用反问来争取思考的时间，还可以突现自己的气势，一副理直气壮的样子，有时甚至会以此震慑对方，不敢再多问。

3. 主动提供更多的"信息"

说谎的人知道，如果自己什么都不说，正是心虚的表现。因此，他们可能反其道而行之，不但大大方方地回答你的问题，而且还主动提供更多的相关信息，一直到对方相信了为止。

妈妈盘问儿子周六一整天都去了哪里，儿子撒谎说去市图书馆看书了。见妈妈一脸的怀疑，儿子又接着说："我还在图书馆遇见小明了，他说他每个周六都去那儿看书。"妈妈没说话，转身接着切菜。儿子赶紧又说："小明还让我下周五去他家给他过生日，他还请了好多同学。"

就像这样，说谎的人急于确认你理解了他的意思，如果你表现出怀疑的神情，他就会继续提供更多的"信息"作为证据，可能会牵涉到更多的人物和事件，因为人们往往相信，描述得越具体的事情越有可能是真的。

4. 说漏了嘴

很多说谎者都是由于言辞方面的失误而露馅的，他们没能仔细地编造好想说的话。即使是十分谨慎的说谎者，也会有失口露馅的时候，弗洛伊德将之称为口误。人们常会在言辞中违逆自己意思，同时在内心中潜藏着矛盾，以致稍一大意就会说出本不想说的或相反的话，从而在口误之中暴露了内心的不诚实。因此，口误的必然情形便是说话者要抑制自己不提到某件事或不说出自己所不愿说的东西，但又因某种原因而"说走了样"。因此，偶然出现的口误有时恰恰就是真相所在。

5. 漫不经心地描述一件重要的事

当我们不希望某件事情引起别人的注意时，我们会尽量使用平淡的语气来叙述，最好是轻描淡写地一笔带过，这也是说谎者常用的手段，他们对那些可能引起你怀疑的事情进行淡化处理。例如，你和妻子一边吃饭一边聊天，她忽然说："哦，对了，我明天晚上要去参加一个朋友的生日聚会。咱爸的生日也快到了，我们想想准备什么礼物吧。"如果你的妻子平时除了工作以外很少出门，更不喜欢去人多闹腾的地方凑热闹，而朋友的生日聚会她却一点儿也不重视，那么明天的活动就疑点重重。快速地转移到父亲的生日话题上，表明她企图转移你的注意力，可见事情一定有蹊跷。

说话声音高而缺乏变化，是明显紧张的表现

人们说话时，不仅说话的内容在传达信息，说话的声音也能表达含义。我们可以有意识地控制自己说什么，但很难控制自己的声音，特别是在说谎时情绪紧张的状态下，即使能够毫不费力地控制措辞，也很难掩饰自己声音的变化。情绪会影响我们说话的音调、音质和音量。例如，人们生气时，说话声音会变大、语速加快，音调提高。而当人们情绪低落时，说话比平时更慢，而且声音低沉、音量小。

人们在说谎时声音会变高，而且声调平平、缺乏抑扬顿挫，这是因为说谎者的声带像身体其他部位的肌肉一样，因压力而紧绷，所以音调变高，带有欺骗性质的陈述不会像发自内心的坚定观点那样带有抑扬顿挫，而是缺乏变化的平淡无味的声调。

说谎者的情绪差别也会导致不同的声调变化。有研究发现，当说谎者觉得自己有罪时，声音会变得像愤怒的时候一样，更快、更高、更大声；当说谎者觉得非常羞愧时，声音会变得像忧伤的时候一样，更慢、更低、更平缓。

通过语速也可以判断一个人是否在说谎。平时少言寡语的人突然间高谈阔论起来，我们就可以据此推测这个人有可能藏有不可告人的秘密。平时快人快语的人突然变得沉默寡言，我们就可以据此推测这个人很可能想要回避正在谈论的话题，或者对谈话对象怀有敌意和不满之情。回答问题的速度也是重要的线索，特

别是关于价值观和信仰方面的问题，作答并不需要时间考虑，但是如何回答会影响别人对自己的看法。因此，说谎的人需要较长的时间考虑之后才会说出符合主流价值观的答案。同样，反应的速度过快也很蹊跷，就好像是事先已经准备好了答案等着你问他了，如果他平时说话都慢腾腾的，却突然不假思索地给出一个答案，那么这个说法绝对不可信。

除了声音的变化和语速之外，人们在说谎时还会有其他一些典型的语言特点。例如在谈话中停顿的时间过长或过于频繁，会延长用来停顿的语气词，如"嗯……""哦……"说谎者利用停顿的时间来想好下一步应该怎么说，或者直接因为紧张而变得结结巴巴。

根据有关研究，人们说谎时流露出的各种信号的发生率，如下所示：

（1）过多地说些拖延时间的词汇，比如"啊"，"那"等词占到40%。

（2）转换话题率为25%，比如，"因为临时有事情，那天去不了。"

（3）语言反复率为20%，例如，"本周的星期天吗？星期天要加班？"

（4）口吃现象为9%，例如，"什，什么？"

（5）省略讲话内容，欲言又止占5%。

（6）说些摸不着头脑的话。

（7）说话内容自相矛盾。

（8）偷换概念。

以上信号中，如果在对方讲话时有好几处得以验证的话，那就表明他是在说谎或者是有难言之隐。当然，这只是研究得出概率统计，仅供大家参考。总的来说，声音变化是判断一个人说谎与否的重要线索，当我们听别人说什么的时候，也要留心他是如何说的，这样才能有效地识别谎言。

提到的数字都是同一个数，或是它的倍数

前面提到过，说谎大王通常都是"记忆专家"，他们能够清楚地"记得"很久以前的某一天自己去了哪里、干了什么，事先编造好的说辞可以一遍又一遍地重复一字不差。但是，一旦事情涉及数字，就没那么简单了。编造出来的数字会呈现出一定的规律，说谎者为了让自己的说辞显得流利顺畅，通常会落入数字的陷阱中，为了不出错，他们总是使用相同的数字或者同一个数的倍数。

在一次面试中，面试官询问应聘者过去的工作经验。

面试官："你做过几年的销售工作？"

应聘者："我做过 6 年销售工作，分别在 3 家不同的家电公司。"

面试官："谈谈你在上一家公司工作的情况。"

应聘者："我负责一个 6 人的销售团队，曾经连续 3 个月获得'最佳销售团队'的称号。"

应聘者在回答问题时反复提到 3 和 6 这两个数字，如果面试官足够聪明，应该知道这意味着什么。当数字信息重复出现时，往往并不是"纯属巧合"。

可见，虚构的情节总会显现出一些特征，除了重复出现的数字之外，事事完美的情节也是虚构事件的典型特征。诚实的回答通常同时包括正面和负面的情节，例如对方告诉你今天虽然路上堵车，但是他见到了多年的老同学，俩人聊得很开心。而虚构的情节总是事事完美。人们在撒谎时总是会忽略掉那些负面的东西，好让别人听起来更容易相信，而这恰恰就是谎言的破绽之一，把手机忘在出租车上、飞机晚点等信息是不会出现在虚构的情节中的。另外，如果你要求对方解释约会迟到的原因，他会告诉你路上塞车、出门忘带东西又返回去取等理由，在对这类问题撒谎时，大多数人则会编造一些令人头疼的负面的情节，这就要另当别论。

虚构情节的第三个特征是不涉及他人的观点，即第三人的想法和态度。尽管人们说谎时会非常谨慎地编造故事情节，但是他们通常只能够顾及自己的思维层面，要把其他人的观点加进来不是件容易的事，谎言被识破的风险会立刻增加一倍。因此，虽然人们的谎言中常常涉及他人，但是几乎不会把他人的观点纳入其中。

例如，你问女友周日的行踪，她说和朋友出去逛街了，具体又可能有两种不同的描述：（1）"我和娟姐去西单逛街了，她买了两条裙子，我本来看上一双高跟凉鞋，可惜没有我的尺码。"（2）"我和娟姐去西单逛街了，她买了两条裙子，她说我的眼光真好，帮她挑的裙子都特别适合她。我本来也看上一双鞋子，可惜没有我的尺码。"乍看之下，这两个回答是一样的，唯一的差别在于第二个回答包含了第三人的观点，即娟姐对"我"挑衣服眼光的评价，这样的回答更可信。而如果女朋友的回答是第一种，那么你或许应该在多问几个问题来试探真假。虽然不涉及他人观点的回答未必一定是假的，但包含了他人观点的回答，通常是值得相信的。

总之，当提到的数字都是相似的，或者是这个数字的倍数，或者不涉及第三者的评价时，有可能是在说谎。

谎言往往这样开始

经验丰富的撒谎者经过长期的摸索和总结，形成了比较完整的说谎套路，他们知道怎样说谎更容易取得他人的信任。识破说谎者惯用的伎俩可以帮助我们迅速地辨别谎言，一般来说，说谎者往往会运用下面这几种方式：

1. 半真半假，真话假话混着说

自然界的许多动物都有保护色，不容易被自己的天敌发现。谎言也往往有"保护色"，那就是谎话里面穿插的真话。高明的说谎者惯用的伎俩之一就是用真话来掩饰谎话，说话时半真半假，真真假假的成分掺杂其中，让人难以分辨，从而达到迷惑人心的目的。例如，有些医德败坏的医生明明知道病人得的是无药可治的绝症，在讲了一些病人的真实病况后，却引出一个闻所未闻的进口药，声称此"药"可治此病。这种真真假假、假假真真的话语，让人辨认起来更难分清哪句是真，哪句是假。

2. 主动亮出自己的"私心"

精于撒谎的人通常也是洞悉人性的高手，懂得利用对方的心理。例如说谎者常常会主动亮出自己的"私心"，但他亮出的只是一个假的"私心"或小的"私心"，是为了掩饰自己内心真实的想法，而真的"私心"或大的"私心"，他是不会说的。例如，导游在带领游客到商场购物时，会事先主动告诉游客，自己可以从中拿到回扣，但是只有5％而已。比起那些拒绝承认回扣一事的导游来说，游客们觉得这位导游很实在，因此不会有抵触的情绪，反而会多买一些商品。其实这位导游拿到的真正的回扣可能超过了20％。这种谎言利用的是人们"以诚相待"的心理，即用小"诚"来换你的"大诚"。

3. 贬低自己

人们往往以为那些自吹自擂、夸夸其谈的人更容易撒谎，其实高明的撒谎者反而会做出谦虚谨慎的样子，故意贬低自己，从而降低对方的防范意识，容易获得对方的信任，待取得对方的信任后再开始"大动作"。

总的来说，如果人们开始出现以上几种行为时，他们有可能要说谎了。

·第五章·

认清行为显示的本性

第一节　从行为举止看相处之道

对你彬彬有礼的人不欢迎你太亲近

人与人之间相互交流的语言是反映关系亲疏的重要标志。仔细想想你会发现，和闺密、死党在一起时，说话总有点大大咧咧，想说什么就说什么，甚至互相"使唤""数落"对方，反而更能显出友谊深厚。爱人之间更是如此，所谓"打是亲，骂是爱"，打打闹闹的夫妻情谊深，相反，"相敬如宾"则很有可能演变成相敬如"冰"。反过来，和不熟悉的人交往，人们会十分注重礼貌和礼节，说话做事都小心翼翼。语言可以拉近或推远相互之间的心理距离。保持适当的心理距离是人际交往的必要条件，然而，如果一个人对你总是彬彬有礼，就不只是礼貌，而是一种自我保护与防卫。

晓媛进入公司已经两个月了，生性活泼的她与办公室的同事相处得不错。其中一个女孩对晓媛总是非常客气，"请""没关系""谢谢"这些字总是挂在嘴边。一开始，晓媛觉得这个女孩很有修养，于是想和她交朋友，后来慢慢发现她其实不太喜欢自己，关系总是不远不近，反倒是那些互相打趣、开玩笑的同事和自己成了要好的朋友。

可见，礼貌有时被人们当作与人保持距离的武器。对于不想亲近的人，人们不好意思直接说"我不喜欢你，请你离我远一点"，于是采用这种婉转的方式，见面会报以微笑，说话也总是很客气，甚至有时候过分客气让你觉得不好意思，这就是他在暗示你"我把你当成外人，不想和你太亲近"。如果有人这样对你，千万不要误会他是个"十分懂礼、有修养的人"，真正有修养的人不会让别人感到不舒服，遇到这种情况，最好知趣地应酬几句就走开，别把对方的礼貌当成对你的好感。

日本语言学家桦岛忠夫说："敬语显示出人际关系的亲疏、身份、势力，一旦使用不当或错误，便扰乱了应有的彼此关系。"在某种无关紧要或特别熟悉的人际关系中，我们根本没有必要使用敬语。如果在很亲密的人际关系中，碰见有人突然使用敬语对你说话，那就得小心了：是否在你们之间出现了新的障碍？如果在交谈中常常无意识地使用敬语，就说明与对方心理距离很大。过分地使用敬语，就表示有激烈的嫉妒、敌意、轻蔑和戒心。所以，当一个女人对男人说话时，若使用过多的敬语，绝对不是表示对他的尊敬，反而是表示"我对他一点意思也没有"，或是"我根本就不想和这类男人接近"等强烈的排斥反应。

有些人虽然彼此交往了很长时间，双方也很了解，但是，对方依然在运用客气的言辞，说话也十分谨慎，谈话总是停留在寒暄的层面。在这种情况下，对方如果不是在心理上怀有冲突与苦闷，就是在心中怀有敌意。为求掩饰，便启动反作用的心理防卫机制——对人更加恭敬。这等于说，这类以令人难以忍受的过分谦恭的态度对待别人的人，内心往往郁积着对别人的强烈攻击欲。反之，有人故意使用谦逊与客气的言语，因为他们企图利用这种方式和态度闯进对方心里，突破对方心中的警戒线，实际上，他们的真正动机在于企图掌握对方，实现居高临下的愿望。

总之，无论是哪一种情况，如果有人总是对你彬彬有礼，即使认识很长时间了也一直如此，那么请提高警惕，对方心里从未把你当成朋友，你最好也敬而远之，大家相安无事。

初次见面就有身体接触的人过于自信

在生活中，我们经常会遇到这样的情况：你的上司，或者资历比你深的同事，在你加班到很晚时，会拍拍你的肩膀，并说些鼓励的话。或者，你要进行一项比较重要的任务时，会拍拍你的后背，说："加油！"还有的时候，老板在听完某位员工的述职报告后，简单地轻拍一下该员工的背部。在他们接触我们的身体时，我们会感到很踏实，有被信任和重视的感觉。

为什么我们会有那样的感觉呢？这是因为，一般情况下我们会根据对象的不同来调整自己的位置。当我们和喜欢的人说话时，会不自觉地靠得很近，而和不喜欢的人说话，就会保持一定距离。当我们的上司或者资历比较深的同事拍我们的肩膀时，已经不止是靠得很近，而是有了身体接触，这是一种亲近和信任的表现，他们的这些身体接触往往就是表示对我们工作的肯定和鼓励，所以我们能愉快地接受。

但是，有的人，初次见面，也会触碰对方的身体，这就是过于自信的表现了。因为一般情况下，人们都会觉得和自己不熟的人有身体接触会令对方厌恶，所以初次见面时，会保持一定的距离。但是，这些初次见面就触碰对方身体的人不会这样认为，他们会有一种居高临下的优越感，觉得自己拍对方的肩膀或者后背，对方会很高兴。所以说，在他们的潜意识里，认为自己很了不起的，这类人是过度自信的。

因此，当你和对方初次见面，对方就与你有身体接触，说明对方是一个过于自信的人。不过，不同的身体接触部位，也可以说明不同的含义。

1. 对方轻轻触碰你的手，是想给你留下好印象

美国的心理学家近来研究发现，有意识地轻轻触碰一下对方的手可能会让自己给别人留下很好的印象。因此，当有人轻轻触碰你的手时，很可能是想给你留下美好印象。而且，如果对方从事的是服务行业工作，那他的这一举动就可能是想博取你的好感，从而使自己获得更多的小费。因为，心理学家专门做过一个小测验。他们让一家饭店的部分服务员在客人结账时有意识地轻轻触碰一下客人的手肘或是手。结果发现，这样做的女性服务员从客人那里得到的小费要比没有这样做的女性服务员多40％左右，而男性服务员也这样做时，其所得小费也要比没有这样做的男性服务员多30％左右。

2. 对方接触你的手肘，是想拉近你们之间的距离

因为大多数人不把手肘当作个人的私密空间，所以选择这个部位碰触通常不会让人感觉到被侵犯。而且因为大部分人并没有和陌生人身体接触的习惯，这样短而轻的碰触刚好给对方留下了印象。因此，如果对方轻轻地短短地碰触你的手肘，是想拉近你们之间的距离。

因此，当你与对方初次见面时，对方在与你进行握手的同时能用自己的另一只手去轻轻触碰一下你的手或手肘，是想获得你的好感或拉近你们之间的距离，从而使你更加认真地倾听对方，并加深了他在你心目中的良好印象。所以说，初次见面就有合适的身体接触，可以给别人留下好感，也难怪会自信满满了。

总之，如果是初次见面，或者在双方不熟悉的时候，就和对方有身体接触的人是过于自信的。如果运用得当的话，会取得良好的效果，这样的人也比较容易在管理层或政界获得成功。

一直盯着路灯的人，性子比较急

在生活中，如果我们仔细观察可以发现，同样是过马路，不同的人却有不同的方式，通过他们过马路的方式，可以推出他们的性格。

有的人眼睛一直盯着路灯，一看见红灯转成绿灯就率先走过，迫不及待先越过马路。这样的人，性子很急，是在生活中总被时间追着跑的人。他们做事的风格通常也是雷厉风行，不会拖拖拉拉，干净利落，而且极有主见。这些人，因为常常是风风火火地行动，所以会给人一种对别的事都不屑一顾的印象。但是，他们也有喜欢照顾别人的一面。而且，拜托他们的事，一般不会拒绝，而且一定会尽量帮忙。不过也有缺点，他们会有点武断，只知道按照自己的想法去做事。

有的人则是不紧不慢地，看见旁边的人开始走后，才跟着一起过马路。这类人通常比较合群，性格随和容易相处。但是他们也强烈倾向于按照自己的步调行动，和别人的交往也有自己的防线，比较冷静。

有的人，很注意自身安全，总会左右确认没有车辆才通过，而且多半是站在人群中间。这样的人很注意自身安全，平时小心谨慎，害怕风险，有时会有些畏缩不前。也有些人，在过马路时，不在意撞上迎面而来的人，反而从中间直线穿过。这样的人，一意孤行，不会想到别人。他们不愿意与人交往，此外，也是不太会替人着想的人。

通过一个简单的过马路，就可以判断一些人的性格，而当有人从你们之间穿过时，通过他闪避的方式，又可以判断他对你的态度。这说明，走路也是有学问的。两个人肩并肩在路上走，大多时候，是互相配合，尽量走得速度和步调一致。但是，在配合的过程中，即使非常小心或者无意识，也会从中看出是谁有点超前，是谁有些许滞后，有谁在故意放慢脚步，有谁是完全不用配合地走路，等等。通过这些细节，也可以看出对方是怎样的人：

如果你和他并肩走着，他不知不觉走到了你的前面，说明他是一个性急而竞争心强的人。因为他会无意识地想要超越你。即使他配合你的步调，也只是说明他具有良好的耐心及自制力，可以压抑自己的本性。如果他走在你的前面，还露出不愉快的表情看着你，说明对你有点反感。

如果和你并肩走着，细心注意配合你走路的人，是对你有好感的人。因为他想采取谦和的态度来讨你的欢心，以引起你的好感。而不自然地与你并肩走着的人，是十分害怕和别人不同的人。因为他对自己没有自信而感到不安，所以特意跟人采取同样的行动。

而有的人在并肩走着的时候，会常常相互撞到。一般情况下，你和对方碰到一次之后，会把距离拉开并且改变步调，以免再次碰到。但是，如果还是会碰到或者撞到，有可能是对方节奏感不佳，或者走路的平衡感不佳。排除这个身体上的因素，且对方在与你产生身体碰触后没有厌恶感，可以判断出他对你有好感。因为这有可能是他有意或者无意地想要接触你。

当然，如果并肩走的两个人是情侣的话，对方如果和你慢慢地溜达，是非常喜欢你的行为。因为这样可以与你亲密地走在一起，而慢慢地走，又可以和你在一起的时间长一些。

另外，当你和你的朋友，一起走在人行道上。这时，对面有一个行人试图从你们中间穿过，你们会有什么样的反应呢？

实际上，这是一个实验。通过使人刻意从在人行道上行走的两个人之间穿过，观察他们的反应，进而判断他们之间的关系。一般情况下，他们采取的行动有：两个人一起移动，让别人通过。或者，两个人左右分开让行人从中间经过。实验的结果是，采取两个人一起移动的，八成以上是男女情侣。也就是说，如果两个人之间的关系亲密的话，会选择两个人一起行动。

因此，当你和朋友并肩行走，正面有行人过来的时候，请仔细观察你身边的人会如何闪避。如果他的身体向你这边靠来，表示他对你有好感，想要和你有亲密的关系。如果他离开你，让行人通过，表示他对你并没有好感，对你只是像对待客人般的礼貌关系而已。

总的说来，通过观察一个人过马路的动作，就可以初步读出人们的心理活动以及性格。

选择坐在你旁边的位置，是想要亲近的表现

在选择座位时，一般来说，我们都应该本着不能侵犯他人私人空间的原则去选择。因为每个人都有一个属于自己的私人空间，不同的人可以接触的私人空间范围是大不相同的，也正是因为这个原因，座位的选择往往能反映这个人与你的关系和亲密程度。

比如，对方选择坐在你旁边的位置，就是想要亲近你的表现。因为与对方并肩而坐，是一种非常亲密的就座方式。它表明就座双方的关系非常亲密，如果是

异性之间如此就座，两人多半是情侣或夫妻关系；如果是同性之间如此就座，则说明两人是非常亲密的知心的好朋友关系。这样坐的原理就是，选择此种座位方式，彼此都朝着一个方向，注视相同的对象，这就很容易产生连带感，虽然他们彼此之间没有发生视线的接触或交流，但两人的内心肯定是在进行着积极的交流。而双方没有视线的交流，彼此便不会受到对方视线的干扰，所以双方可以进行自由畅快的交谈。所以，当对方选择坐在你旁边时，是渴望与你进行深入的交流，是想要亲近你的表现。

正是因为如此，很多咖啡店增设的情侣座只有一个茶几和一条长椅。让热恋中的情侣并肩而坐，不仅有利于情侣们小声地互述衷肠，还可以消除情侣们将对方视为一个独立个体的心理潜意识，从而达到彼此心灵默默交融的目的。

除了坐在你旁边的位置，还有两种选择座位的方式。其一是坐在你的对面，其二是坐在你的右侧面或左侧面。

面对面相坐，这是一种防御性的就座方式。你们可能表面看上去非常熟悉、亲热，但实际上双方彼此间可能仅仅是朋友关系，双方之间在心理上的理解深度也还不够。而横在你们之间的桌子也就成了一道屏障，使双方之间产生了一种距离感。此种情况下，你们一般不适宜做各种姿势，因为这会让对方尽收眼底。当然，这种选择方式的最大好处就是可以避免两个不太熟悉的人面对面直接相处，如果一旦这样的话，会使对方的半身或全身呈现在另一方的视野范围之内，这就很容易让双方因视线的冲突发生"心理对峙"的现象。

坐在你的右侧面或左侧面，这是一种较为友好的就座方式。说明你们彼此较为随意、友好，或者是好朋友关系，或者是合作关系。你们可以无拘无束地进行交流。当然，交谈的一方可以做出很多姿势，同时你也可以自由地观察对方的姿势。

另外，假设你和朋友约在某咖啡厅见面，并且你们并没有事先预订好座位，那么根据是你先到还是对方先到，可以借机观察他选择座位的方式，进而了解他的个性特点。

1. 从先到时选择座位的位置，了解对方的性格

如果他身体面向咖啡厅的入口，是很体贴入微的人，因为这样可以很容易就看见你走进来，可以及时给你招手，不用你辛苦地寻找他。这样的人很容易交往，对人展现出互助合作的态度。

如果他不但是面向入口，而且就座在入口附近，那么他多半是个急性子，做任何事都想速战速决，非常焦躁，无法平静下来，对时间很敏感，此时此刻并不想和你悠闲地聊天，只是想立刻解决问题。

而选择背对着入口的人，宁愿等着别人来找他，白白地浪费时间，也不愿意主动招呼别人。坐在墙壁旁边而且面向墙壁的人，多半是性格内向的人，不希望和人有瓜葛。

2. 从后到的人选择的座位，知道他的个性

如果是你比他先到，如果他选择面对面坐着，那你要注意观察，对方是采取朝向你的对面姿势，还是会稍微挪一下身子，采取微侧着你的姿势。

正面朝向你比侧面朝向你感觉来得紧张，这是对决与竞争的要素很强的位置关系。如果对方坐在你的正对面，应该是抱着很强的念头和打算。"今天一定要得出结论"、"打算作彻底的讨论"，心中应该有这一类的想法。性格上，也多是外向的。如果对方采取微斜侧着的姿势，就没有了面对面的紧张感，这样可以比较轻松愉快地谈话，说明他希望和你闲聊。

总之，根据座位的选择，可以看出对方对你的态度。如果你能解读这些含义，也可以简单做好防备。不过，当他肩并肩坐在你旁边的位置上时，多半没有恶意，只是想亲近你而已。

对快递人员说"谢谢"的人，是真正有修养的人

我们经常会遇到这样的情况：我们新认识的某个异性朋友，或者新男友，非常地体贴、有魅力。在一起出游或者一起吃饭时，对我们体贴入微，关怀备至。我们深深地为他着迷了。但是，等接触时间长了，我们发现，好像他只有对我们好而已，对周围的人并不是很有礼貌。

比如，同样是吃饭，他会体贴地为我们拉好椅子，会优雅地为我们展示他的幽默感。但是，他也会鲁莽地告诉老板，事先预约了。询问侍者菜单的配料时也是审问罪犯的语气。还会瞪着倒开水时不小心碰到他的侍者。这样截然相反的态度，让我们有些迷惑，不知道他到底是个怎样的人。

还有的时候，一个办公室的同事，相互之间非常友好。大家会在一起讨论工作上的困难，在闲暇的时候，聊些生活上的趣事。这时，有人的快递到了。接收快递的人，从工作里或者正在聊的话题中走出来，在单子上签下自己的名字，连头都不抬，就赶紧回到了原来的状态中去。别的同事都感到他缺了点什么，思考一会，才知道缺了"谢谢"和修养。

　　实际上，在对陌生人的态度上，最能反映一个人真实的修养。真正仁慈、体贴、有自信的人，在对待别人的态度上，不会因为自己的心情或对方的价值而异。因此，真实地了解一个人，就应该观察他如何对待日常往来的人，因为这最能反映他真实的修养，而且，当你们的关系不再新鲜或者他对你没有耐心时，他也会这样对待你。

　　另外，从点菜方式，也可以看出一个人的性格。比如，点菜时，会打手势招呼店员过来的人，会去考虑周围的环境，会考虑他人的立场。这样的人，不喜欢出风头，却明白什么是自己该做的，会耐心地等待自己的机会。而在点菜时大声叫店员的人，自我表现欲强烈，而且有些急躁。因为对店员用命令的口吻说话，会对地位与身份的上下级关系计较。有的人会等店员拿菜单过来。这样的人比较有耐性，乐天而稳重。不招摇、没有自我主张，但是也容易累积压力。

　　因此，当我们评估一个人的性格时，应该仔细注意他如何对待杂货店的店员、加油站的服务人员、快餐店的侍者。从这些细节着手，更容易判断一个人真实的性格。一个因为自己的心情或者对方的身份而采取不同态度的人，不是一个品质完美的人，而那些会对快递人员说"谢谢"的人，才是真正有修养的人。

　　真正的修养，体现在应对陌生的服务人员里，也体现在与同事的交往之中。经常听到大家抱怨，同事之间的关系难处，或者人际关系复杂。确实如此，不论是你在窗明几净的写字楼里工作，还是在菜市场卖菜，都少不了要和同事或者同行打交道，每天都要应付上司、同事、下级或者客户。这种应对牵涉到种种利害关系，因此，大家都会有技巧地说话、办事，而不同的人处理这些关系的方式，也可以反映出一个人的性格和修养。

　　这里特别要注意的就是对待同事的方式。有的人在同事需要帮助时，能够尽自己所能地帮助对方。而有的人，却吝啬帮助同事。他们不和同事交际，只管自己的事，认为自己的成功是建立在同事的失败之上的。因为同事的失败，才能突出自己的成功，从而将自己的自信建立在别人的失败之上。这样的人，是注定没有大的成就，也是我们应该敬而远之的。

　　另外，主管对待员工的方式，最能表现主管的性格和修养。因为掌权者往往都是被权力迷惑了理智，从而将自己的弱点暴露无遗。如果主管对下属毫不友善、言辞犀利，这样的主管通常都是跋扈、迟钝、缺乏安全感而又粗心的。而对员工尊重、友善的主管，通常都是慷慨、积极、有自信并且关注自己形象的人。

　　而员工对待主管的态度也能反映出员工的性格。有些员工愤世嫉俗，逢迎谄媚，是想得到他人的认可，并且有些虚伪做作。有些员工谦恭有礼、敬业踏实，显示了他们对自己的工作满意，并且高度自重。

在工作中，总是避免不了与同事的相处和竞争。这时，你就要注意那些只把目光投放在同事身上，吝啬帮助同事，将自己的自信建立在同事的失败之上的人，这样的人，只能损人不利己。

习惯性迟到是因为态度傲慢

有些人，总是习惯于迟到。虽然守时是基本的礼貌，但是他们总是习惯性地迟到一会儿，少则几分钟，多也不超过 20 分钟。其实只要早一点儿从家里或单位出来就可以避免迟到，但是他们就是做不到，而且，每次迟到都要费尽心思地找借口，什么"堵车""忘记东西又回去拿了一趟""表坏了"，等等，然后下一次继续迟到。这种人很容易给别人留下散漫、没有时间观念的印象，难以成为职场上的成功人士。

你身边有这样的人吗？他们平时做事可能态度也不错，也肯定不是每次都迟到，但是和你约好见面时，却总是习惯性地迟到几分钟。如果你的身边有这样的人，那么你要注意了，因为习惯性迟到是因为态度傲慢，表示他看不起你。这是因为在他看来，你是无关紧要的，因为迟到一会儿，给你造成麻烦，也没有关系。所以，他才可以一直迟到。

总是迟到的人，也是不遵守时间的懒散家伙，并且比较自私。他们不考虑对方，只想到自己。不过归根到底，还是态度傲慢，觉得自己居于上位，迟到没有关系。遇到这样的情况，你应该先反省一下，看看自己是否也常迟到。如果有，先改变自己的这个坏习惯。如果没有，就应该根据情况采取措施了。不过，如果对方是你的上司，那你只好忍耐了。但是，如果对方是你的同事，哪怕是资历比你深的前辈，你就要想办法解决这种状态了。因为，如果你一味地迁就他的迟到，只能会被他一直小看。

不过，也有故意迟到的情况，并以此来试探对方对自己的重视程度。比如在恋爱中，经常会有女孩故意迟到，看男朋友是不是等得不耐烦了。一旦发现有焦躁的情绪，就会想："我才迟到 10 分钟，他就生气了，可见他并不爱我。"

如果你等的人迟到时间超过了 20 分钟，那就不仅是态度傲慢的问题了。根据一项调查，"等待的人一直不来"的状态持续 20 分钟后，人就会开始焦躁。所以，迟到 20 分钟，就是挑战对方忍耐力的极限了。如果你等的人，迟到 20 分钟，这只能说明他工作秩序混乱，组织性不强。也可以说明，他想借迟到故意抬高自己，向你施压。因为让人等待是一种压低对方身份，从而抬高自己地位的好方法。因此，在碰到这样的人时，应该提起高度的警惕。

也有一些人，习惯于有计划地防备意外发生，也不想急急忙忙地赶过去，所以总会比约定的时间早一些到达。这样的人，守时，对自己要求严格，个性比较体贴，或者不想被人抓住弱点，留下不好的印象。如果提前到达 30 分钟的人，也并不是好习惯。早到这么久，说明对方的性格比较急躁，沉不住气，总是想早点见到对方。

一个人守时是言而有信、尊重他人的表现，而习惯性迟到，是态度傲慢，不懂得尊重他人的表现。所以，当你碰到这样的人，一定要注意，他迟到背后对你的轻视。

第二节　生活细节中的个性痕迹

发短信多使用表情符号的人小心翼翼

现代的年轻人，可以不打电话，但是不可能不发短信。短信已经成为我们表达自己真实的思想感情最贴切的工具。那么，在发短信时，你使用过表情符号吗？这时，女性朋友的答案一般是肯定的，至少，你不会一次都没有使用过。而男性，可能不会经常使用表情符号，但是，当收到女性发来的含有表情符号的短信后，很多男性会在回复时加入表情符号。这是男性很有趣的一种心理。

这是为什么呢？一般男性会认为，对方给自己的短信里有表情符号，自己要是都用汉字，会显得自己很无趣。于是，他就会顺着对方的方式。他们能够这样在乎对方的反应，说明使用表情符号的男性小心翼翼。这在女性中也同样适用。因此，在习以为常的短信交流中，在看似平淡无奇的短信内容里，却隐藏着读取对方性格和心理的密码。

还有的年长上司爱用流行语或网络用语，或者常常讲笑话，以此博得周围人一笑。他们总是故意让自己显得有趣。这也说明了他们的小心翼翼，因为他们对自己考虑的事或想说的话都不自信，总是试图在迎合他人的过程中获得肯定。

在我们日常生活中，除了发短信，电子邮件也是一种非常便利的交流工具。

通过发短信，我们可以判断一个人的性格，而与之相反，电子邮件会呈现出"电子邮件人格"，即通过电子邮件的内容了解发信人的性格与其实际性格不一致的现象。比如，有些人的电子邮件写得很诚恳，感觉上是个诚实的人，但实际接触以后才发现，那是个非常狡诈的人。或者，某人写的电子邮件看起来冷冰冰的，感觉还很容易发怒，可是实际上那个人的性格却很温厚。

这是由于，在普通的交往中，我们会根据对方态度的变化控制自己的言行，即所谓的"察言观色"。然而，通过电子邮件交流却无法观其色、闻其声。写邮件时，完全是自己一个人在说话，而且还会出现一种兴奋状态，感情和情绪等有时甚至容易失控。这样写出来的邮件，肯定容易被对方误解。此外，我们在说话的时候，会根据对方传递来的眼神、服装、动作等各种各样的信息来分析其状态、判断其性格。然而，在读电子邮件时，根本看不到对方的样子，只能根据邮件的内容来想象对方的状态和性格，这样当然容易产生误解。因此，当我们通过邮件判断一个人的性格和心理时，一定要慎重。也正因为如此，我们在发短信或者发邮件时，才会选择使用最能表达我们心理活动的表情符号，小心翼翼地表达自己的想法，以免被别人误解。反过来讲，使用表情符合的人也就是小心翼翼的人。

总之，在生活中，通过观察对方发短信、发邮件等一些习惯性的细节，就可以判断对方是个怎样的人。

硬要移出大车位停车的人，个性保守有洁癖

身处闹市中，"移车"是一道常见的风景。为了避免开罚单，大家都是见缝插针地往里塞。但是有的人，连个小缝都没有，却费劲地把停车格里的车东挪西移，非要移出一个大车位才会停车。

这样的人，通常是比较有想法的。他们很主观，不顾别人的感受。所以他们为了给自己腾出一个大车位，可以把别人的车移开。不过他们也不会占别人的便宜，保守而有洁癖。他们不愿意自己的车和别人的车挤在一起，因此，宁愿费力地把别人的车东挪西移，也要给自己的车一个舒适的位置和空间。他们对车尚且如此，在与人的交往中尤其。所以，他们不愿意和别人有过多的来往，喜欢生活在自己的世界里，封闭而保守。如果你遇到这样的人，可以先称赞他们的车，这样你们就会有话题可聊。不过，尽量不要与他们有肢体接触，否则很可能会引起他们的反感。

硬要移出大车位停车，是对自己的车的爱惜。大家总是很爱惜自己的物品，并且，我们可以通过观察他们对自己随身物品的爱惜，了解他们的个性。

有的人，即使在和他人进行正式洽谈，也会尽量把提包放在自己的视线范围之内，或者有意无意地触摸它。甚至坐下了，也会直接把提包放在自己的腿上或脚上，而不是放在另一个座位上或者地上、桌子上。这样的人通常有较大的不安全感，不太信任别人，什么事都要自己做。而且，他们在工作上要求很高，希望做到完美，责任感很强。不喜欢受到帮助，一旦受到帮助后会尽快想办法回报。因此，和这样的人接触，不要直接上前介绍自己，这样会让他们有威胁感。

还有的人，不管是站着、坐着还是走着，都会无意识地查看自己的衣着，或是低头看看身上其他地方有没有脏污，即使在和人谈话中，也会动不动就查看自己的衣着。这种类型的人，非常注重自己在他人心中的形象，容易紧张。他们通常略带自卑，或者口齿也不是很流利，比较安静。不管认不认识对方，都希望给对方留下好印象。他们喜欢倾听，却很少反馈。

有的人很喜欢读书，并且喜欢把书拿在手上，而且用双手将书放在胸前，哪怕手上有提包或者其他可以盛放书籍东西。还有的时候，他们会将书籍包上书皮。这样的人，自我保护意识很强，比较固执，还有点神经质。喜欢和人唱反调，很倔强，却又很悲观。和这样的人交往，不要采取强硬的态度，而是应该多说冲突话语，让他们把握听与不听的主动权，进而可以消除他们"被强迫"的感觉。

总之，通过人们对自己随身物品的珍惜，可以判断出这个人的个性和心理特点。而那些硬要移出大车位才停车的人，是个性保守而有洁癖的。

按规定速度开车的人，认真可靠

在开车的过程中，一个人控制汽车的方式，和控制自己的方式有许多相似之处。如果把车子视为一个人肢体的延伸，那么开车的方法，就是肢体语言的机械化身。因此，观察一个人开车的行为和方式，可以读懂他每天的心情与态度。

比如，有的人一直按规定速度开车。对这样的人而言，开车不过是带他要去的地方，而不是一种快乐或刺激的经验。他守法，尽自己应尽的义务，绝不少报所得税，通常以平稳、容易把握的速度开车。他做任何事情都是中庸的态度，即使有很大的把握，也不会骤然冒险。这样的人可靠、不马虎，很适合在政府机关上班。

有的人，行车速度比规定速度慢。这样的人，坐在方向盘后面会令他觉得害怕，觉得自己无法操纵一切。他总是避免把东西放在自己手里，只要有人授权给他，他立刻把权限缩至最小。他嫉妒别人不断超越自己，而他胆小怕事的个性也令自己的家人、朋友失望。

有的人超速行驶。这样的人，不会受制于任何人，很积极向上，而且憎恨权势。他不允许别人为自己设限，如果有人企图这么做，他会找出极端而且可能很危险的方法，来维护自己的独立自主。他的父母和老师很有可能都十分严格，而这正是他发泄心中怒气的唯一方法。

有人喜欢大声按喇叭。在现实生活中，这样的人喜欢尖叫、大喊、发脾气；在马路上，他则使劲按喇叭。他对挫折的应变能力很差，经常觉得受到别人的威胁。他通常以一连串的高声谩骂来表达心中的焦虑和不安，发怒的程度完全和刺激自己生气的原因不合。

有的人不喜欢换挡。这样的人希望所有事情都被安排得好好的。他比较喜欢寻找属于自己的生活方式，即使有时候这么做遇到的困难比较多，他也很少向别人请教。没有人告诉他该往何处去，可能常常是他告诉别人该怎么做。这样的人，是实践家、行动主义者，凭直觉行事而且喜欢把事情揽在身上。

有的人会在绿灯亮了以后，才发动车。因为这样很安全、有保障，用不着和别人争吵。这样的人害怕受伤害，不喜欢竞争，谨慎而不会露出锋芒。而有的人绿灯一亮，抢先往前冲。这样的人，凡事比别人抢先一步是他生存的方式。他喜欢胜利的感觉，因为他不愿被烙上失败者的印记。他已经学会积极，有竞争力，才能够成功。只要有一条线，他总是第一个站在线上的人。他不是向前看，而是向后看，看别人离自己还有多远。

总之，按规定速度开车的人，是认真而可靠的。通过观察一个人开车的行为和习惯，可以读懂这个人的性格和心理。

喜欢在咖啡厅谈话的人，谨小慎微

环境可以影响人，不同的人会选择不同的环境。因此，从一个人习惯谈天的场合，可以看出他们的性格。

比如，有的人喜欢在咖啡厅或者茶馆里谈话。这样的人一般都比较谨慎，办事很小心，不喜欢露出真面目，也不希望别人看出自己的内心想法。因此，他们会选择在人比较多、没人注意的咖啡厅或茶馆里谈话，这样，会让他们有被掩护的感觉。你如果和这样的人交往，最好让他们先开口，因为他们不喜欢自己的想法被猜到。另外，如果有人选择和你在咖啡厅见面，也说明这个人的个性较为节俭、务实，他不愿意或者是没有能力为了追求美食或者形象而花很多钱。他约你在咖啡厅见面，只是纯粹想和你聊天，而不是想向你展示他的财富或者地位。并且，如果是商人请客户到咖啡厅吃饭，会说明两个人的关系非常好，双方都无需自我炫耀。

喜欢在饭店大厅谈话的人，大都是胆量大、有智慧的人。他们通常有较高的社会地位，也具有领导的能力或渴望。因此，和他们沟通，千万不能用威胁性的语气，否则对方会拒绝和你交谈。

也有人喜欢在俱乐部或者酒家谈话。当你和这样的人打交道时，多称赞他们的做事方式或决策就可以了，他们会很开心地与你有进一步交流。并且，如果对方约你在酒吧谈话，你推出的酒精饮品对他而言是社交的润滑剂。

有人喜欢在户外谈话。他们喜欢在公园、露天餐厅等户外环境谈话，说明他们的心胸较为开阔，也很容易接受新事物，不喜欢固定的模式。这里需要注意的一点是，对方可以选择的空间越大，所透露出的信息越多。比如，你在周末的下午，看到你的两个朋友在公园里打网球，这说明他们肯定喜欢户外运动，愿意花时间和朋友边运动、边聊天。但是，如果其中一个人是在公司举办的野餐会上打网球，你就不能马上得出上面的结论。即使他打得很高兴，你也只能判断出当他不得不接受某项安排时，仍能愉快地接受并乐在其中。

还有人喜欢在办公室里谈事情。这样的谈话通常代表他们有诚意，对工作也很有信心，他们对你是很认真和重视的。所以你和这样的人交往，也应该专业一些，让他们明白你也很用心。

最后应该注意的是，在你单独一次会面即根据你们谈话的场合判断出对方的性格之前，先弄清楚对方在那个地方花了多少时间。比如，一个人在每个星期天都去参加志愿者活动，这说明帮助别人对他来说是很重要的，但并不能表现出乐于助人在他生活中占多大的比例。但是，如果这个人不仅星期天去参加志愿者活动，周五晚上还要去敬老院照顾老人，周六还要带孤儿院的孩子们去公园玩，那么你就可以大胆地判断出，帮助那些需要帮助的人，在他的生活中占有很高的比例。因此，一个人花在这个地方的时间越多，越能反映出他的性格和心理。

总之，从一个习惯在什么场合谈话，以及在这个场合谈话的频率和时间，可以判断出他是一个怎样的人。

字体较大、笔压无力、字形弯曲的人，和蔼可亲

笔迹作为人们传达思想感情，进行思维沟通的一种手段和方式，也是人体信息的一种载体，是大脑中潜意识的自然流露。不同心境下写出的字，笔迹也不一致。但在长时期内，字体的主要特征，如运笔方式、习惯动作、字体开合等是不变的。只是近期的字更能反映出最近的思想、感情、情绪变化、心理特点等。笔迹分析的方法很多，由笔迹观察人的内心世界，可以从三个方面来观察，即笔压、字体大小、字形这三个要点来研究分析这个问题。

比如，笔迹特征为字体较大，笔压无力，字形弯曲，不受格线限制，具有个性风格，容易变成草书；有向右上扬的倾向，有时也会向右下降，字体稍潦草。这样的人，和蔼可亲，容易与人相处，善于社交活动。或许他们并没有可以去结交朋友，但是他们体贴、亲切的性格，使他们能够很快和别人达成一片。这种类型的人，气质方面具有强烈的躁郁倾向。另外，他们待人热情，兴趣广泛，思维开阔，做事有大刀阔斧之风，但多有不拘小节、缺乏耐心、不够精益求精等不足。

而有的人，笔迹特征为字形方正，一笔一画型，笔压有力，笔画分明，字字独立，字的大小与间隔不整齐，具有自己的风格，但笔迹并不潦草。字的大小虽有不同，但一般而言，显得较小。这类人不善于交际，属理智型。他们处事认真，但稍欠热情；对于有关自己的事很敏感、害羞，对别人却不甚关心，反应较迟钝；气质方面具有分裂质倾向。一般情况下，他们都有较强的逻辑思维能力，性格笃实，思考问题周全，办事认真谨慎，责任心强，但容易循规蹈矩。书写结构松散者形象思维能力较强，思维有广度；为人热情大方，心直口快，心胸宽阔，不斤斤计较，并能宽容别人的过失，但往往不拘小节。

有的人笔迹特征为字形方正，一笔一画，但与上述类型不同，为有规则的平凡型，无自己的风格，字迹独立工整，字形一贯，笔压很有力。这类人凡事拘泥慎重；做事有板有眼、中规中矩，但行动有些缓慢；意志坚强，热衷事务；说话唠唠叨叨，不懂幽默，不识风趣，有时会激动而采取强烈行动。他们精力比较旺盛，为人有主见，个性刚强，做事果断，有毅力，有开拓和创新能力，但主观性强，固执。书写笔压轻者缺乏自信、意志薄弱，有依赖性，遇到困难容易退缩；笔压轻重不一，则想象思维能力较强，但情绪不稳定，做事犹豫不决。

有的人笔迹特征为字形方正，稍小，有独特风格，尤以萎缩或扁平字形为

多。字迹大多各自独立，无草书，笔压强劲；字的角度不固定，但字体并不潦草。这类人气量较小，有些缺乏自信、不果断，极度介意别人的言语与态度。简而言之，属于神经质性格的人。他们还有把握和控制事务全局的能力，能统筹安排；为人和善、谦虚，能注意倾听他人意见，体察他人长处；右边空白大者，凭直觉办事，不喜欢推理，性格比较固执，做事易走极端。

汉字的发明是一个奇迹，而汉字的笔迹与书写者的个性之间更有着神奇的联系。这也可以从不同的的角度去认识。

比如，从运笔走势上看。运笔有力，笔力浑厚，说明书写人性格刚强，气魄宏大，并有强烈的支配别人意愿，但这种人往往过于自信或容易自满；运笔协调流利，轻重得当，说明书写人善于思索，爱动脑筋，有较强的理解分析能力，善于随机应变；如果运笔轻浮，说明书写人缺乏魄力和毅力，在生活中常常不能如愿以偿。

从书写是否流利上看，如全篇文字连笔甚多，速度极快，说明书写人充满活力，待人热心，富有感情，并且动作迅速，容易感情冲动；如全篇文字工笔慢写，笔速缓慢，说明书写人性情和蔼，富于耐心，善于思考，办事讲究准确性和条理性，不善谈吐，但往往有巧于应机发言的才能。

从字形架构上看，字体简洁明了，没有花样和怪体，说明书写人比较诚实，办事认真细致，心地善良，能关心他人。如果字体独特，伴有花体和怪体，并夹杂许多异体字和非规范字，则说明书写人有较丰富的想象力和幽默感，但爱吹毛求疵，自我表现欲强，这种人多半多愁善感，很在意外界对自己的看法。

从外观轮廓上看，全篇字体大小适中，端正工整，说明书写人平易近人，温柔审慎，行动从容不迫，遇事较为持重。如字体很长，则说明书写人活泼好动，有较强的主动性和自信心。字形很大，甚至不受纸上格线的约束，书写人往往是办事热情、锐气洋溢，并可能在许多方面有所擅长的人，但这种人缺乏精益求精的态度。字形很小，则说明书写人精力集中，有良好的注意力和控制力，办事周密谨慎，看待事物往往比较透彻。

从大小布局上看，全篇文字松散而不凌乱，书写人往往呈热情大方，不拘小节的人，这种人喜欢直言不讳，善于交际并能与朋友相处，别人征询他的意见时能以诚相见，并能宽恕他人的过失。全篇字迹密集拥挤，书写人通常沉默孤僻、谨小慎微，不善交际。

总之，可以从不同的角度去分析人们的字迹，而不同的笔迹能够反映人们不同的性格。

在网上发表恶意言论的人幼稚而脆弱

当我们浏览网上的留言板或者一些回帖时，会有一种很复杂的感觉。因为有太多的恶意言论充斥其间，甚至有满是脏字的破口大骂。而且，网络上这种激烈的恶意言论还有增多的趋势，比如，在拥有众多用户的网站上，除了一些肮脏的字眼，像一些"去死""我要杀了你"等攻击性的字眼也屡见不鲜。

这是因为我们生活在一个互联网发达的时代。我们在网络上为自己起一个虚构的名字，就可以为自己塑造一个完全不同的形象，甚至伪装成一个陌生人。这个人没有人认识，也就不用顾忌会对自己产生什么不良影响，所以不用考虑外界的因素和别人的感受，在网上肆意的信口开河，发表恶意言论。

其实这样的人是幼稚而脆弱的。因为虽然他们仅仅是一时冲动，口出恶言，但是被指名道姓的一方却并不这样认为，这样很可能会给自己带来严重的后果。所以，他们单纯而幼稚。另外，如果他们心里不平衡，不会找知心朋友或亲人倾诉，而是选择在网上发表恶意言论，证明他们内心很脆弱，不想把自己的问题公之于众，于是就在网上找平衡。

与之相似的是，当人们聚在一起，尤其是男人们聚在一起，比较容易说些"有伤大雅"的粗话，尤其是涉及禁忌的词汇，或者一些恶意言论，好像只有这样才能体现出男子汉的气魄和对时政独到的见解。其实，这类男人是因为内心的欲求不满而粗话连篇的。

我们可以肯定，喜欢口出秽言和发表恶意言论的人，是属于某些方面欲求不满类型的人物。他们在心理上是常常焦躁不安的，又没有办法去排除，所以长年累月积累起来，只要碰到偶发小事件，他们就借题大肆发挥。积累后的"爆炸"并不一定仅仅针对他不满的对象而发动攻击，一旦被他逮到机会，无论何时、何地、何人，他一样照说不误。有时候，即使说话的人不是有意的，但对听话的人来说，却在心里结了个疙瘩。

这种因欲求不满而产生的粗言恶语，说话的人并未考虑到会招致何种后果，只是一味地借机说出心中的不愉快。至于是否会伤害他人，一时便考虑不到了。可见，所谓粗话，只不过是为发泄内心不满，一般并不具有特殊意义，同时又不对大家的身体造成实际上的伤害。所以，除了意欲给予对方致命的打击，而事先在内心一再计划好了的蓄意性言语外，对于别人的粗言恶语，最好充耳不闻。

不过，还有一种人会故意在异性面前讲粗话，其乐趣在于观看对方的反应。

他们常常有意选择那些正在对异性方面的问题发生兴趣，但又对粗俗语言不具有抵抗力并怀有来自生理方面的憎恶感的女性，在不适当的时候提及这类话题，以欣赏他们的窘态。因此对他们来说，说粗话只是前奏，观看女性的反应才是他们真正乐趣之所在。

无论是在网上发表恶意言论，还是在生活中口出恶言，都是一种幼稚和脆弱的表现。真正成熟而内心强大的人，是不会说出那样没有教养的话的。

第三节　从消费习惯看人生态度

只在别人看得到的地方花钱，是想买物质以外的东西

活在当今的社会，没有人会不花钱。不过，花钱也有不同的方式与用意。有的人，只喜欢在别人看得到的地方花钱，事实上，这是想买物质以外的东西，也就是赞同。

有一种人，无论干什么，都喜欢要最好的。比如，买昂贵的衣服，住五星级宾馆，坐飞机也要头等舱，吃饭要在高档的餐厅等，挥霍无度。他们不一定有钱，有的只是收入中等，但是他们却可以买昂贵的礼物、穿着名牌、开着最好的车，过着奢侈的生活。这时候，你可以问他们一个问题，如果别人没有发现你花钱买的都是最好的、最贵的，你还会继续这样挥霍吗？他们通常会沉默。因为，如果他们悄悄地出钱让自己的父母每年到国外去旅游没人知道，如果他们有昂贵的收藏嗜好没人知道，他们每周都要参加昂贵的私人活动也没人知道，他们一定会失落。因此，他们在那些别人看得到的地方花钱，只是想让所有人都知道自己有钱，都赞同自己的财富或者品位，这样会让他们感到骄傲和充实。

我们经常会遇到这样的情况。比如在咖啡厅，一名男子会骄傲地说："这次我请客。"有的时候，他怕和自己在一起的女士没有听到他慷慨的表示，还会再次诚恳地说道："这次我请客。"我们可能会想，不就是一杯卡布其诺吗，值得这样大惊小怪？其实，他之所以这样小题大做，只是想得到你的赞同。因此，他如果不满意你当时的表现，就会继续提醒你，他是多么慷慨，多么伟大和富有，然后，期待得到你的肯定和赞赏。

与之相反，有的人却非常节俭，而这些节俭的人和挥霍的人有时却有相同的

心理。比如，美国的乔艾琳·狄米曲斯曾讲述过，她曾经处理过的一个遗产纠纷案：刚刚过世的是一位一只眼睛失明的老妇人，在一栋房子里住了25年，生活简单朴实。她深居简出，买的东西都是最廉价的。她的丈夫在20年前就过世了，她一个人管理着几间公寓。人们都认为那是她的兴趣而不是职业。但是，她留下的遗产竟然至少有3300万美元！

是什么样的性格能让人有这么极端的表现？一方面是没有积蓄的奢侈，一方面是自我牺牲般的节俭。其实，他们都是因为自卑。极度奢侈和极度的节俭，都是自尊心太低的缘故。奢侈的人，想让别人看得起自己，不想被别人看低，所以他尽可能地买昂贵的物品，在别人看得到的地方花钱，只怕别人不知道自己有钱。他认为钱可以买来的不只是物品，而是自信和尊重。同样，过度节俭的人，认为自己很卑下，不值得把钱花在自己的身上。

因此，我们可以看出，只在别人看得到的地方花钱，是想买物质以外的东西，即赞同和尊重。而无论是过度奢侈的人还是过度节俭的人，都有自卑的表现。

讨厌折扣促销的人最害怕和别人一样

在日常生活中，我们看到打折的物品、搞活动、让利促销的物品，肯定都会忍不住进去看看。这种情况在女士中更常见。有人曾这样形容女性："她们见到打折的东西，都以为不要钱了。"确实如此，哪怕不是很需要，但是看到在打折，比较便宜，也会忍不住买一大堆回去的。

因此，有的人通过电视、报纸或者其他渠道得知某某商场打折的消息后，在打折的第一天，就会冲进店里抢购，而有的人却对打折的物品漠不关心。从这两种不同的现象，可以推断出他们不同的心理和性格。

比如，讨厌折扣促销的人，很害怕和别人一样。他们有自己的价值观和购物观，不是那种见到便宜的东西就改变自己原则的人。需要就买，无论价格，不需要的话，即使再便宜也不买。他们很强调自己的个性，所以害怕和别人一样。买东西尚且不愿意和别人一样，何况是被卷入人群，去随大众做这些失去自我的抢购打折物品的行为？因此，他们不愿意做那些随波逐流的事，也不喜欢和别人拥有同样的东西。这样的人，大部分是独立意识很强的自信者，他们对各种事物或者人群都会适当地保持距离，不知不觉地采取疏远的态度。他们的优点是沉着冷静，不会在人群中失去自我，他们的缺点也是如此，会让人觉得他们冷漠而又顽固。

　　而有的人很喜欢打折的物品。他们一看到相关的消息，就会想："又打折了，我一定要多买一些东西。""太便宜了，多买一些，太划算了。"这样的人非常合群，要求被他人喜欢或认同的欲望很强。在人际交往中，他们很担心和别人发生不愉快的事，这样会深深地影响他们的情绪。他们也比较胆怯和保守，不想得到错误的答案或评价，承受挫折的能力也不强。而且，他们有很强的经济观念，也很看重金钱，所以才会在看到便宜的打折物品时急忙购买。不过，这样的人通常没有主见，看到打折的东西就买，很多时候会在一大堆人疯狂购物的氛围下，不知不觉地买下了很多根本用不着的东西。而且，他们贪的都是小便宜，看似很会省钱，其实买下那么多用不着的东西也是在浪费钱，而且，没有计划和原则，看到别人怎样，就会追随别人。

　　还有的人喜欢买礼包，所谓礼包，就是商场或者百货公司，在逢年过节的时候出售的一种具有未知性的物品。有的礼包价格超高，有的礼包价格很便宜，任何人都买得起，不过礼包里面的物品一定比平时的价格便宜。但是，在购买之前，并不知道里面都有什么。有的时候，里面的东西可能你不喜欢，或者你已经有了，或者大小不合适等。因此，购买礼包具有风险性。所以，喜欢购买礼包的人，很少拘泥于自己的喜好，能够广泛地接受各种事物。他们不把风险当回事，喜欢刺激。他们是乐天主义者，很少后悔，总是向前看。他们也很会玩，不管做什么事都能乐在其中，并且喜欢热闹，喜欢节日。

　　总之，当商场或者店铺打折、出售礼包时，看哪些人被吸引，哪些人不为所动，可以判断出对方的性格怎样。

掏钱速度快的人，最怕被人看不起

　　从一个人掏钱的方式和他拿钱的习惯，可以推断出他的性格。因为从一个人掏钱的方式或拿钱的习惯，我们可以推出金钱在他心中的地位，从而判断出他是怎样的人。

　　比如，有的人掏钱速度很快。不管是吃饭，还是买什么东西，刚吃完或者拿到东西，就立马掏钱付账，这样的人其实最怕被人看不起。他们怕掏钱慢了对方会认为自己没钱，会看不起自己。因此，他们通常会在口袋里放一沓厚厚的钞票，目的是为了显示自己很有钱。他们认为钱是最好的身份象征。为了让别人知道自己有钱，他们有时还会把整沓的钞票拿出来张扬。在整理钱包时，也会把面值大的钞票放在外面，把小额钞票夹在里面。当你和这样的人接触时，应该要注意自己的语言，因为他们比较容易受到刺激。

有的人对钱比较粗心大意，喜欢把钱随处乱塞。如果你到他们家去，会发现到处都是他们随便乱放的零钱或者整钱。他们也很少把钱整整齐齐地放进钱包里，而是胡乱塞在钱包、手提袋、衣服口袋里。这样的人，一般对创作比较感兴趣，他们能够欣赏艺术和大自然的优美，把宇宙视为乐趣的源泉，而不认为金钱最重要。

有的人省吃俭用，用钱时十分谨慎。他们的成长经历通常比较坎坷，所以对没有钱的体会非常深刻。一般情况下，这样的人工作都很努力，因为他们知道只有努力工作才能摆脱贫困。但是，他们虽然知道勤奋工作，却不知道怎样与人相处，而且，由于他们把钱看得太重，也没有什么真心的朋友。

有的人非常喜欢把钱藏起来，因为他们经常担心被小偷光顾。这样的人一般很难相信别人，总是怀疑对方，严重者精神会有点不正常。他们对什么都不确定，买东西也没有明确的目标。有的时候，甚至是因为到处藏钱，最后藏得自己都找不到了。

有的人会对钱斤斤计较。这种人一般分两种情况。第一种情况是，对任何金钱交易都十分小心，不管是零钱还是大钱，在付钱找钱时都会清点得十分仔细。这样的人，一般都有很重的猜忌心理。在他们看来，世界上到处充满欺诈，所有的人都不可信。另一种情况就是，他们可能会因为一块钱和别人争吵得面红耳赤，却肯花几万块去国外旅游。这样的人，没有什么金钱的概念，喜欢享受，比较任性。

有的男性在掏钱的时候要求女方付钱。这样的男人是严重缺乏安全感，他们总是希望别人能够帮助自己。在买东西时，他们也总是挑那些有保修的商品。

前面说了掏钱速度快的人，还有一种类型是摊账时结算速度特别快的人。在中国，人们总是习惯于请客。我们总是觉得 AA 制有点伤和气，也显得太小气。不过，近些年来，我们也开始学着摊账了，因为这样可以避免浪费，也有利于长远交往。摊账，简单地说，就是单纯地以人数平均分摊所消费的数额。从这种消费习惯，也可以看出一个人的性格。

比如，酒足饭饱的时候，大家都还在想着这顿饭谁请客的时候，就会有一个人站出来宣布"一人收多少多少钱"。很容易看出，这个人对金钱和摊账方面的执着。这样的人，性格容易紧张，做事情非常认真，并且有自己的原则，所以对人对己都会严格要求，态度比较强硬。他们总是在准确地计算着每个人应该摊账的份额，因此玩的时候总是不能放开心情好好享受。不过，他们重视礼仪秩序，对于那些随便的人会感到厌恶，并且总想改变对方，强迫对方接受自己的想法。

有的时候，在喝酒的场合，摊账的时候会有很大的价差，因为这时会因各自所喝的量而定。这些会以喝酒的分量决定摊账多少的人，考虑非常周详，连最细微的环节也会注意到，并有将其具体实行的能力。而大多情况下，女士是不喝酒的，因此这种因为各自喝酒的量而摊账的方式会使女士比较高兴。并且，女士对连这个都能算出来的细心人士会有好感。由此可以看出，能够这样付账的男士，也是很有心机的。他们在避免自己多花钱的同时，还能够取悦女士。

通过一个人掏钱和拿钱的方式和习惯，或者这个人摊账的方式，都可以推断出这个人的性格。从一个人对待金钱的态度，最能看出这个人的内心。

“列出清单”的理性派和“随心所欲”的感性派

在我们购物的时候，有人会把所需的物品详细地开一个清单，有人却喜欢什么就买什么。通过他们在购物时的习惯，也可以推断出他们的性格。

具体地说，有的人在购物时，详细地列出要采购的清单，他们根据清单，只买真正需要的食材或者日用品。可以想象，他们的冰箱里会整理得整整齐齐，甚至是垃圾也分类的认真仔细。这样的人，会给人以死板僵硬的印象，他们讨厌开玩笑或者恶作剧，他们也不具备幽默感，更不要说风趣。他们的衣服总是可以穿很久，因为他们不喜欢变化。不过，这种人做事非常认真和执着，并且具有坚忍不拔的精神，是我们可以长久交往的对象。而且，他们不懂得变通，如果事情的发展没有按照他们预计的进行，就会令他们措手不及，所以他们才会那么重视计划。他们还害怕失误和由此带来的麻烦，因此他们才会开清单，以免忘记买一些东西或买错东西。

有的人在购物时，虽然不会列出清单，但是他们很会精打细算，也是属于理性派的。他们不管买什么东西，都会认真地挑选，比对价格，哪怕便宜一块钱也会多走几百米去另一家店。这样的人，都有很强的自制力。他们也有自己的目标，知道哪些是应该买的，应该在哪儿买的。而且，虽然看起来有点儿计较，但是不会占别人便宜。不过，他们对品位不是很重视，经常会为了便宜，买一些不是很好的东西。有时候，这会阻碍了他们的发展。

而另外一种人刚好相反，他们急急忙忙地去购物，没有什么计划。看到喜欢的就拿，有的时候因为购物的费用超过了身上带的钱，只好再退还一部分商品。

这样的人，家里的东西肯定是胡乱放的，冰箱里也会杂乱无章。此种类型的人，属于粗枝大叶的感性派。他们的性格一般都是开朗豁达的，他们可以一边看着商品，一边想着别的事情，还要确认在钱不多的情况下，哪些东西可以去掉，所以头脑比较灵活。

与这些"随心所欲"的感性派相类似，还有一种人，也喜欢逛街，而且他们好像对什么东西都感兴趣，不过，究竟买什么，他们却拿不定主意。相比较于狂热购物，他们还是更专情于凝望。什么东西，看看就好了，不是非要买下来的。这样的人，一般都是很热情的，他们个性随和，对谁都很好。在工作上，也是积极能干型的。对于新鲜事物，他们一般都能津津乐道。不过，一般情况下，他们的心胸会有点狭窄，对于一些事，看不开，有点斤斤计较。

总之，只要你细心观察一下就会注意到，从一个人的购物习惯和购物方式，可以体现出他的性格特点。下次你陪朋友逛街时，可以试一试，用他们的购物方式，验证一下他们是不是这样的性格类型。

老是拿大钞付账的人，有些胆怯

在生活中，我们总是免不了要消费，而在付账的时候，我们可以通过观察他人的付账方式来推断这个人的性格。

比如，有的人总是喜欢拿大钞来付账，即使他们购物所花费的金额不大，但是他们仍然会拿100块或者50块的整钱出来。这样的人通常是很注重自己的形象的。因为他们觉得当着别人的面，打开钱包翻找东西会不好看，会让别人觉得自己小家子气。不过，如果他们看上去外表并不是很雅观，那就是说明他们是粗枝大叶的人，他们一般不会去考虑细节，所以才会随便抽出一张大钞，付账了事。还有一种情况，是他们不想在找零钱的时候让店员等，那样他们会感到不好意思，感到给别人添麻烦了。这样会让他们的心情不好，所以他们宁愿抽出一张大钞，让店员找，让自己等待。如果这时他在递大钞的同时还说"不好意思，没有零钱了"等话，说明他在人际关系上有些胆怯，他时刻担心别人会对自己不满或者对自己产生误解。

而恰恰相反，有的人会在付账时付刚好的钱。他们得知应付的金额后，会坦然地翻钱包，找好零钱付账。这样的人，是注意细节的人。他们在思考问题时，任何细节都不会疏忽，对事物的看法也是黑白分明。如果他们和别人顶嘴的话，就会一条一条地分析，是一个啰唆的人。如果在翻钱包找零钱的时候，还会预先告知店员"请稍等"，说明他们会坚守自己的看法和风格，不会胆怯，且个性率直。当这类人太固执自己的想法而走到极端时，他们就无法正确控制自己的行为，可能会和对方引发冲突，并使对方产生不快。

有的人总是喜欢用信用卡付费。即使购物所花费的金额较小，他们也是习惯于刷卡。这样的人分为两种情况，一种是只带卡不带现金；另外一种是把好几种卡并排放在钱包里，这样的人可能有一点爱慕虚荣。因为他们觉得金钱交易的行为很俗气，而且，也讨厌那些所谓的大款的派头。他们有时甚至会让人觉得棘手。不过，他们却很注重有逻辑的事物，做事干净利落，也不喜欢那些暧昧不清的关系。有的时候，会让人觉得他们没有人情味。

还有的人，会先算好钱再付账。比如，一件物品是 15.5 元，他们会给对方20.5 元，然后让对方找给自己 5 元整。这样就需要迅速计算的能力，因此这样的人头脑比较灵活。而且，在计算之前，要保证自己不会出错，所以也是对自己的计算能力的自信，推展开来，这样的人也是比较自信的人。他们之所以不愿意让对方找自己一堆零钱，就是怕自己的钱包又大又鼓，而这样想的人一般情况下有点神经质。

因此，在付账的时候，用零钱还是整钱，用信用卡还是现金，都能看出这个人的个性如何。

收到账单后立即付款的人很有魄力

在日常生活中，结算各种各样的账单已经成为我们的消费中非常重要的一个环节。从人们采用什么样的付款方式，在一定程度上，可以看出这个人的性格。

比如，有的人在收到账单后会立即付款。他们在收到账单后，一刻都不会拖延，哪怕手头上有事，只要不是特别重要的，都会放下手头的事去付款。这样的人，多是很有魄力的。他们不管是什么事，说到做到，当机立断，从来不会拖拖拉拉地纠缠不清。对于感情的事，他们也拿得起放得下，喜欢就去追，追上了就会对他（她）好，没感情了就会放手，从此开始新的生活。他们的个性也很独立，什么事都想自己完成，不管在什么方面，都不想欠别人的，不过别人如果欠自己倒是可以。他们为人很真诚，也很坦率，对朋友很讲义气，因此人缘很好。他们做事也很追求效率，什么都想最快最好地完成，如果有什么事阻挡了他们完成任务，会让他们想方设法地创造条件完成。

和立即付款的人相反，有的人在收到账单后，能拖多久，就拖多久。这样的人，大部分比较自私，他们总想着占点小便宜，想着怎样才能少付出或者不付出就能得到尽可能多的回报。他们缺乏公平的概念，不知道付出和回报是要公平的。而且，他们一般情况下也很少关心和帮助别人，对人不冷不热，哪怕是对熟悉的人也很少付出真心。

有的人在收到账单后，喜欢把付款的任务交给别人，他们总是喜欢让别人帮他们完成。这样的人，常常无法坚持自己的立场和原则，他们也很难成为领导。因为他们总是喜欢服从他人，依赖他人。而且，他们的责任心也不强，遇事总会找各种理由或借口推脱，在挫折和困难面前还会胆怯和退缩。

有的人恰恰相反，在收到账单后喜欢亲自去付款。这样的人，大多比较保守，是传统型的人。他们对新鲜事物的接受能力比较差，缺乏冒险精神，喜欢抱着一些过时的东西，过循规蹈矩的生活。他们也缺乏安全感，容易怀疑别人，认为凡事只有自己亲自参与，才会可靠。他们的自卑心理也比较重，但是又很希望获得别人的肯定和认同，比较矛盾。

而有的人和亲自付款的人不同，喜欢采用电话付费或者网上缴费。这样的人，对新鲜事物的接受能力很快，并懂得利用它们为自己服务。不过，由于对一些东西的依赖性太强，也会使他们丧失一些主动权，从而容易受控于人。不过，他们胸怀坦荡，容易信任别人，也会得到别人的信任。

总之，通过付款的细节，也可以判断出一个人的性格。而收到账单后立即付款的人，有魄力，值得相交。

第四节　餐桌上流露的真性情

不停换座位的人是挑剔的完美主义者

我们经常会和家人、朋友或者同事去餐厅吃饭，这时候，就会涉及找座位的问题。通过观察一个人找座位的方式，可以看出这个人的性格，及判断能力。

比如，有的人一进餐厅，就迅速地环顾一周，然后找一个位置坐下了。但是，没坐多久，觉得这个位置不好，太靠外了，周围都是人，有点嘈杂。于是，就换了座位，坐到了里面一个角落的座位上。但是，刚坐一会儿，又觉得这个角落显得太拥挤了，而且闭塞，感觉很压抑。而靠窗的那个位置好像很好，能看到外面的风景，周围又没有多少人。于是，又赶紧坐到了靠窗的位置。就这样，他从进餐厅起，就一直不停换座位。只有他一个人还好，有的时候，会让和他一起吃饭的朋友不堪其苦。其实，这样的人，是十分挑剔的。他们无论买什么，都想要最好的。他们对自己的要求也很高，无论做什么，都想达到最好的程度，是个完美主义者。可是，世界上本没有什么是十全十美的，所以这样的人不仅自己活的辛苦，也会让身边的人很累。而且，他们一再地换座位，说明他们的想法很不成熟，做决定也很少深思熟虑，而总是有点苗头就去做，觉得不对了再改。这样的人，很难使别人信赖。

与不停换座位的人相似，有的人也总会找错座位。但是他们不是因为觉得自己的座位不好而换，而是缺乏判断力。比如，当他带着大家去就坐的时候，走到跟前才发现位子不够。这样的人，通常是缺乏判断力的。他们常常想帮大家做些事，但是，总是会作出一些错误的判断，或者导致一些失误。不过，他们那种有点傻的诚实的性格，也会非常受大家欢迎。

和找错位子的人类似，有一种人，也喜欢为大家找位子，但是他们很少像上面那种人一样迷糊。这种人到了餐厅，通常会先环顾一下，然后指着一个饭桌对大家说，就坐那里吧。这样的人，和找错座位的人相反，是非常有判断力的，并且，他们非常自信，也有领导能力。不过有的时候，也会因有点独断专行让别人反感。但是，他们有什么想法，会直接表达出来，比较坦率。

有些人与主动给别人找座位的人正好相反，有的人喜欢跟在大家后面。当大家去吃饭时，他们从不说自己想坐在哪里，也不会带领大家就座，而是跟着大家，当有人指定好位置后再和大家一起坐过去。这样的人，依赖性很强，没有主见。他们习惯于接受别人的指导和照顾。在做事的时候，他们也很少积极主动地去做，而是配合别人，或者被别人指挥着去工作。

还有一种人，当进入餐厅后，会首先问店员有没有座位。他们不会主动找位子坐下，而是让店员给自己安排一个座位。这样的人，很少考虑别人的想法，做事过于理智，干什么都以最合理的方式进行，有点不近人情。

只有你用心观察，从生活中处处都能发现人们的性格特点。当你和他人一起进餐时，不妨多观察一下，判断他们都是怎样的人。

坐在固定座位的人，渴望安全感

在日常生活中，吃饭是免不了的。无论是在餐厅吃饭，还是在家里吃饭，选择座位也是必需的。因此，座位的选择，可以看出很多问题。

比如，在吃饭的时候，通常座位都是不固定的，大家可以随便坐。但是有的人，却一定要选择固定的座位。如果这个位置是空的，他们会直接坐过去，如果这个位置被别人坐了，他们还会想办法让别人起来，自己去坐。像这样的人，有很强的防卫心理。他们对于处理人与人之间的关系时非常苦恼，他们也不知道怎么和人打交道。他们常常有不安的感觉，对自己在一个团队或者群体中的存在价值感到迷茫。他们也不自信，觉得别人会轻视自己。所以，他们选择固定的座位，想创造出一个自己熟悉的小环境，以便使自己的心情平静下来，使自己有安全感。而且，这样的人，个性比较认真，做什么事都容易较真。如果是固定的工作，他们就能完成的很好。但是，他们不懂得变通，所以不适合创造性的工作。总之，他们防卫心很强，正是由于他们缺乏安全感，觉得别人会伤害自己。

其实，选择固定座位，也是一种划分势力范围的表现。比如，在家里，坐固定的座位，就划分了在家里的势力范围；在公司，坐固定的座位，也是在公司里划出自己的空间。哪怕是一些常去的餐厅或商店，都可以通过坐固定的座位，划分出属于自己的势力范围。他们之所以这样做，是因为只要在自己的势力范围里，他们就会觉得轻松、自在，而且很放心，不用担心别人伤害自己，轻视自己，这是防卫心理很强的原因。

不过，固定座位也有它的好处。大学教授们总结出，固定的座位可以给人留下深刻的印象，也可以调动人们的积极性。因为大学课堂是不会规定座位的，所以很多学生会每回上课都变换位置。而这些学生难以令人留下深刻印象。相反，总坐在固定座位的学生常会留给教授们深刻的印象，自然而然便会不时地加以注意。

比如，去参加一次会议，尤其是例会，有的人总比别人早一步进入会场，挑选面对主持者的位置或是主持视线容易看见的位置，并且每次开会都坐在同样的位置上，经过一段时间之后，大家会在心里默认那是这个人的位置，于是他的存在便被大家肯定。同时，更奇妙的是，如果他有固定不变的位置，往往也能加强他参加会议讨论的意愿，并能变为积极讨论者之一，要求发言的次数也会增多。所以，大学教授们才说，固定的座位可以给人留下深刻的印象，也可以调动学生发言的积极性。

家庭餐桌上也同样遵循这个道理。如果仔细观察你会发现，各个家庭餐桌的形状是经过深思熟虑才选择出来的。而且，不同的饭桌形状可以显示出家中各成员权力的分配情况：家长拥有绝对权威的家庭多会选择长方形桌子；观念封闭、地位分明的家庭会选择正方形桌子；而民主开放式家庭则钟爱圆桌。

在家长拥有绝对权威的家庭，家长肯定坐在长方形桌子的一端，并且是离门最远，背靠着墙壁的那个位置。这个位置足以显示他的地位，并能突现他的权威。而坐在他对面的，背对门的肯定是最没地位的家庭成员；圆桌的各个位置几乎都是平等的，圆桌会议往往具有平等协商的意味。使用圆桌的家庭，往往会用民主的方式解决问题。

选择固定座位的人，都有特定的心理和性格。只要我们多分析，就可以推测出这个人的性格。

和别人点一样菜的人，与人相处和谐

点菜也是一门学问，通过点菜也可以看出一个人的性格。我们可以试一下，留心周围的人在点菜时的举动，判断他是一个怎样的人。

比如，有的人习惯于和别人点一样的菜。他们往往拿着菜单，一页一页地浏览，不知道自己要点什么。等一起吃饭的人，都点好了，他还拿不定主意。最后，在服务员的等待下，不好意思了，会说："我和××点一样的吧。"这样的人，往往是没有主见的。他们不知道该怎么选择，又担心选错了，就会选择和别人一样。而且，他们对自己也缺乏信心。不相信自己的决定。他们力求和别人步调一致，缺乏自己的思考，有时候会让自己陷入死胡同。不过，此种类型的人也有优点，他们的性格比较随和，很难与人发生纠纷。所以，他们会是比较好的跟随者，会和和气气地与人交往。但是，如果让他们挑大梁，就会把他们吓跑的。

有些人点菜时犹豫不决，没法下决定，是因为他们太在意别人的看法了，缺乏决断力。但是他们又不同于和别人点同样的菜的人，因为他们内心里犹豫不决是因为自己什么都想要，胃口太大。这样的人，有的时候，会迷失在自己的欲望里。

有人在点菜时，不管别人，只点自己喜欢吃的菜。他们往往会在浏览菜单后，点出自己喜欢的，然后把菜单给别人，让对方也点自己喜欢的。这样的人，性格乐观，不拘小节。他们做事情很果断、很干脆，有时候甚至还没有想清楚，就会作出判断。所以，了解他们的人，会和他们成为很好的朋友。但是，他们只顾自己的个性，也会给自己招来很多的误解。

和上面的人相反，有的人会在点菜时先问别人想点什么。他们在问过别人想点什么时，会和对方点同样的菜，这样的人，很有教养，也很有风度，个性亲切，很照顾周围的人。不过，他们一般计划比较周详，但是却不想对别人有更深入的了解。还有一种，在问过别人之后，却点了不一样的菜，这样的人是不在乎对方看法的。虽然他们表面上很重视对方的见解，但是在关键时刻，还是会遵从自己的想法。

有的人会在拿到菜单以后，速战速决点菜。这样的人，性子很急，想法天真，缺乏深思熟虑。不过，他们拥有领导者的特质，但是过于独断，并且不太相信别人。他们竞争心也很强，永远不想落在别人后面，只能是自己在前面。还有一些人在点菜时，虽然不是速战速决，但是会一次点一大堆。这样的人，是心浮气躁的，有点孩子气，他们的想法与需求必须表达出来才会甘心。他们很少考虑事情深远的发展，对可能出现的失败情况，也不会分析，所以他们缺乏随机应变的弹性。

有的人在点菜时，会先请服务员介绍以后再点菜。但是，他们很少采纳服务员的建议。这样的人，自尊心非常强，并且坚持自己的意见。他们不喜欢被人指挥，但是，在做决定之前，会适当地参考周围人的意见。他们做事很积极，有全力以赴的精神。

通过观察一个人在点菜时的行为，可以比较容易地判断出这个人具有怎样的性格特征。

吃饭速度快的人，做决定的速度也很快

吃饭，是我们每天都会做的。但是，大家可能不知道，从一个人进食的习惯，也可以推断出这个人的性格特点。

比如，有的人吃饭速度很快。快速进食的人，一般都是精力充沛的工作狂。而且，他们下决定的速度也很快，他们不会听你啰啰唆唆地说一堆废话，而会直截了当地根据自己的判断下决定了。迅速地吃饭，迅速地下决定，说明他们很珍惜自己的时间，追求高效率。有的人吃饭，更是风卷残云似的，甚至有点狼吞虎咽。这样的人，一般情况下都是个性豪放、精力旺盛的。他们办事干脆果断，待人真诚友善，并具有强烈的进取精神和奋斗精神。在购买物品时，他们也喜欢实用性的。还有一些人吃饭的时候，对食物不加节制，一遇到自己喜欢的食物，就暴饮暴食。这样的人，性格比较直爽，不善于隐藏自己的情绪，喜怒全写在脸上。

而有的人，吃东西就比较慢。这样的人，在思索问题时，会花上许多时间，反复斟酌，直到自己认为无懈可击了，才会作出决定。他们吃东西很慢，也是因

为他们有点挑食，因此，在待人接物方面，都是比较挑剔的。和他们相似，有的人在进食时，把食物分割成若干小块，再逐一食用。他们一点也不着急，慢慢地享受嘴里的食物。这样的人，做什么事都小心、谨慎，为人也很细心、认真，但是会给人一种保守、顽固的印象。如果你和这样的人交往，注意不要用太激烈的言辞，否则可能会激怒他们。

还有的人，吃东西的时候细嚼慢咽。他们吃饭的时候，已经不止是慢了，而是极慢。他们会细细地咀嚼和品味嘴里的食物。这样的人，办事周全、严密，没有把握的事从来不做。他们的为人也比较冷漠，对什么事都比较挑剔。但是，他们一旦把你当成朋友，也会真诚地与你交往。

有的人吃饭的时候，喜欢一个人。他们愿意单独进食，不喜欢与人共餐。这样的人，性格比较冷淡，不愿与人分享。他们还会孤芳自赏，有自恋情结。不过，他们的性格也比较坚毅沉稳，对自己要求很高，责任心也很强。他们很信守承诺，言行一致，答应别人的事，再难也会做到。

有的人对食物来者不拒，不管点什么菜，他们都能吃得津津有味，从来不挑食。这样的人，对食物不加选择，所以在与人交往时也很少挑剔，个性很随和，不拘小节。他们的心态比较阳光，生命力很旺盛。同时，他们还多才多艺，应对能力也很强，无论是什么工作，都能处理的游刃有余。而有的人和他们相反，对食物浅尝辄止，他们的食量比较小。这样的人，大部分个性保守，做事谨慎沉稳。他们缺乏创新和进取的冲力，并且习惯于墨守成规。

总之，观察一个人吃饭的习惯，吃饭速度的快慢和方式，都可以判断出这个人的性格特征。

吃东西时默不作声的人，比较内向害羞

平时吃饭的时候，有人喜欢边吃边兴高采烈地说话，有人却是默不作声，一声不吭，只是一个劲地低头专心吃饭。

吃饭时闷声不响的人，一般都是性格比较内向、比较害羞的人。他们性格内向，平时已经养成了不爱说话的习惯，跟别人说话时要么不敢正眼去注视对方，要么一开口结结巴巴，要么脸红，要么显出一副不知所措的样子，这些都是他们害羞的表现。因此，即使别人主动与他们说话，他们也不肯多说，甚至还会脸红。他们一般不会主动与别人讲话，上台发言时也不敢抬头，声音语气也常常显得极为不自信，或许他们心里并没有什么自卑的地方，也没有感觉自己是一个不

自信的人，但他的举动在别人的眼里就是一种不自信的表现。他们的表现欲不强，不会动不动就和别人抢风头、争先进，更多的时候他们会默默无闻地跟在别人的身后，直到自己的实力被证明。其实，这都是因为内向的原因，而害羞又是性格内向的人所共同具备的特点。

不过，也有这样的情况，你看他们进餐时一声不响，他们心里可能正在琢磨这盘菜的做法呢，他们可能是个美食家，一心一意放在食物上，顾不上跟别人说话了。又或者是，他在考虑其他的事，对你们现在正在说的话题一点兴趣都没有，甚至觉得很无聊。不过大多数人都是因为害羞或孤僻，才会在进餐时不说话。

因此，当我们聚餐时兴高采烈地和朋友们聊着天时，突然发现有一个人总是一言不发，或许他就是这种内向型害羞型的人。所以，不要武断地以为他是在生谁的气，也不要埋怨他破坏聚餐的气氛。

有些人却正好相反，有的人在吃饭时，一面吃饭一面说个不停。这样的人，性格通常比较急。他们有的时候，甚至等不及把食物吃完就迫不及待地要说话。

这样的人，一般处理事情时也比较性急，他们总是急于求成，急功近利，对什么事情都没有耐性，总希望一下子完成或一下子做好，甚至没做完一件事情，就迫不及待地要做下一件事情了，以至于常常连一件事情也做不好。而且，他们无论做什么都匆匆忙忙，在别人眼里总是有点冒失。吃饭也不闲着，边吃边干着其他事。这都是性急的人养成的生活节奏，改也改不过来，你让他慢下来，他便不能适应，甚至不知道该怎么生活。

因为他们的性格很急，所以脾气也比较容易暴躁。他们的忍耐力极差，而且从他们的内心来讲，他们并不愿让自己忍耐，这跟他们直率的性情有很大的关系，他们有了委屈或不满，不会憋在自己的肚子里，而是一刻也不停地发泄出来。从他们边吃饭、边唠叨上也能发现这一点。他们甚至都不能先忍一会儿，忍到吃完饭再唠叨。当然这种性格不仅体现在吃饭中，即便是在做其他事情的时候遇到一些令自己不愉快的事，也会忍不住边做事情边唠叨。

因此，当我们遇到有人边吃饭边唠叨个不停时，我们就可以初步判断这是一个性格急躁的人。而吃东西时默不作声，则是内向型的人，容易害羞。

喜欢独自吃饭的人，性格比较清高

在吃饭的时候，有的人喜欢和一堆朋友一起，他们认为大家在一起说说笑笑、打打闹闹地吃饭才有意思。而有的人喜欢两个人一起，这样，既不会孤单，又不会太吵闹。还有的人则不喜欢和别人在一起进餐，他们更喜欢独自一个人安静地进餐。他们觉得一个人安静地吃饭很好，和别人在一起还要说话，太累，而吵吵闹闹的气氛也会令他们心烦。

一般情况下，喜欢独自吃饭的人，性格比较孤僻。他们常常形单影只，在集体中显得很不合群。他们无论做什么都不喜欢一群人在一起，他们宁愿一个人独守一份安宁。当然，他们并不觉得这样有什么不好，或许在别人眼里，他有点孤单甚至可怜，但在他自己心里，他早已习惯并认可了这样的生活，他觉得这样就挺好的，吵吵闹闹的生活才令人烦躁。也因为这样，他们被人们认为是孤僻的人，也就没有人愿意和他们交往，而他们自己，当然不会主动与别人交往。所以，久而久之，他们的一些想法可能无法对别人说明，他们也就不愿意与别人说明，就真的比较孤僻了。

喜欢独自吃饭的人，不仅性格孤傲，还有些清高和孤芳自赏。因为他们常常都是一个人，有时候难免会和众人的想法不一致，这时，他们的骨子里是不认同大家的。所以，他们有清高的性格特点。而且，长久的独来独往，早已培养了他们独立的精神和坚强的品性，他们不会轻易地被挫折和失败打倒，相反，挫折和失败反而可能激起他们更强烈的上进心。可是，他们的这些优秀品质，可能并不为外人所知，所以，他们就难免孤芳自赏。

不过，他们做事也很稳重踏实，具有一定的责任心，能保持言行的相对一致，做到言必信、行必果。尽管他们喜欢独来独往，但是他们在很多时候都能让自己的上司和亲人、朋友感到满意。所以，他们在自己的心目中通常是一个比较优秀的人，时不时地也会有些自恋的情结和孤芳自赏的感觉。而且，因为在别人眼里他太"酷"了，想与他沟通与交流都是一件难事，所以他们的朋友很少。但是，如果他们一旦交下了朋友，那么这个朋友必定是那种可以推心置腹，肝胆相照的朋友。因为他们对不喜欢的人，连一起吃饭都不愿意，那么，既然认定了你是他的朋友，就一定会从心底里接受你。

当你遇到了这样一位喜欢独自吃饭的人，你就可以初步推断出，他是一个性格比较孤僻，而且有点清高和孤芳自赏，不过却是十分真诚、十分够朋友的人。

第五节　爱憎有因，癖好识人

喜欢暖色的人行动力强，喜欢冷色的人性格内向

色彩是物质反射出来的光线在大脑中的反映，不同的色彩带给人不同的感受。例如白色让人感觉冰冷，而蓝色能够使人镇静，由于不同颜色带来的视觉效果是不同的，因此，每个人都有自己偏爱的颜色，而人们偏爱的颜色和他们本身的性格密切相关。

各种不同的颜色大致可以分成暖色和冷色。暖色，例如红色、橙色、粉色等，可以使人联想到火焰和太阳等事物，让人感觉温暖。冷色，例如蓝色、绿色、紫色等，这些颜色能让人联想到水和冰，使人感觉寒冷。暖色和冷色给人带来两种截然不同的心理效果，喜欢暖色的人和喜欢冷色的人当然也有不同的性格。

总体来说，喜欢暖色的人行动力强，而喜欢冷色的人安静内向。前者就像他们喜爱的颜色一样充满热情和活力，喜欢和人分享自己的见闻和经历，常常在很短的时间内和人成为好朋友。他们好奇心强，乐于接受新鲜事物，但有时也会"三分钟热度"，缺乏持久性。工作上，一旦下定决心就着手实施，做事情干净利落，很少优柔寡断。他们虽然也有情绪化的一面，但是不会把不开心的事情一直放在心上，总是相信明天会更好。

相比之下，喜欢冷色的人的性格偏内向，喜欢独自一人思考而不是与人交谈。朋友聚会时，他们总是安静地坐在一边，偶尔和一两个朋友攀谈一番，但如果你想把他们拉到舞池中间去动起来，绝对需要花一番工夫。他们的生活中不会有太多新鲜刺激的事情发生，而且他们也很害怕遭遇各种临时状况，安静而平稳的生活比较合适。工作之外的时间他们通常都自己待在家里看书或者看电影，如果你想引起他们的注意，千万不要炫耀你的最新款手机或者名牌包，这只会让他们觉得你很俗气。

仅仅把颜色分成冷色和暖色似乎有些笼统，让我们来看看具体喜欢每种颜色的人都有哪些性格特点。

喜欢白色的人是态度认真的完美主义者。白色被认为是完美无瑕的，白色在

全世界都被视为崇高、神圣的颜色，喜欢白色的人对白色的纯粹和美感十分向往，他们偏爱白色的衣服、白色的家具和白色的装饰品。无论对于工作还是生活都有比较高的追求，特别对于细节十分重视，容不得半点疏忽和差错，对自己要求严格，对别人则显得有些吹毛求疵，因此常常引起不愉快，然而他们严格的自律精神和认真的工作态度总是能够得到欣赏。

喜欢灰色的人善于平衡局面，追求稳定感。灰色是黑色与白色的混合色，给人暗淡、消沉之感，因此年轻人中很少有喜欢灰色的。喜欢灰色的人通常比较稳重，不会过度兴奋，彬彬有礼而又不失分寸，善于掌控局面协调人际关系。

喜欢黄色的人是上进心强的挑战者。黄色很容易让人联想到太阳的颜色，因此黄色也总是和阳光、温暖、希望这些词联系在一起。喜欢黄色的人理性而上进心强，在工作中总是有独树一帜的想法，喜欢挑战新鲜事物，具备走向成功的能力和推动力。

喜欢粉色的人温柔敏感、依赖心强。粉色是温柔的象征，让人感觉幸福和甜蜜。很多从小生长在富裕家庭中的人都喜欢粉色，尤其是女性。喜欢粉色的人多半性格温和，敏感而容易受到伤害，他们多半习惯了别人的照顾，因此依赖性也比较强，同时也有很多浪漫的幻想，向往完美的爱情和人生。

喜欢红色的人热情健谈、行动力强。红色具有让人神经兴奋的作用，可以激发人的竞争意识和战斗力。喜欢红色的人活泼好动，运动神经发达，说话有时口无遮拦，很容易感情用事。当然他们的热情和健谈也增加了许多魅力，身边总是有很多朋友。

喜欢蓝色的人谦虚谨慎、爱好和平。蓝色让人想起纯净的天空和湖水，喜欢蓝色的人为人谦逊，十分有礼貌，凡事都会做周全的考虑，绝不是头脑冲动的人，工作中喜欢制订周密的计划然后严格执行。他们爱好和平、不好斗，有时显得有些懦弱。

爱读小说的人情感细腻，爱读报纸杂志的人更加理性

读书一直以来都是人们重要的消遣方式，人们从书中解答疑惑、获得力量，而一本好书往往能够影响一个人对事物和人生的看法。因此，一个人看的书往往能够反映出他目前的心理状态。

喜欢读言情小说的人感情细腻、生性敏感，能够和书中的人物同悲同喜，在生活中善于体察别人的感受，比较善解人意。同时也有些多愁善感，常常触景生

情；喜欢读侦探小说的人善于逻辑推理分析，喜欢挑战思维上的难题，在生活中有很强的洞察能力，他们也有很强的好奇心，喜欢探索未知的新鲜事物；喜欢读武侠小说的人内心有非常浓厚的英雄情结，希望自己能够打抱不平、出人头地，他们富于幻想，感情丰富，有很强的正义感，但有时显得固执；喜欢读恐怖小说的人，懒于思考，而是靠恐怖刺激的情节激活自己的脑细胞，他们很少从身边的人和事中寻找乐趣。然而他们心态很好，不会因为书中的恐怖情节影响自己的心情。喜欢读科幻小说的人对新兴的科学技术非常着迷，具有天马行空的想象力，喜欢做各种假设，例如关于未来世界、外星人入侵，等等，不讲究实际，经常在幻想中过日子。

相比之下，爱读报纸杂志的人更加理性。这类人不想把时间花在虚构的小说当中，每天的例行事件之一就是读报纸杂志，渴望及时了解政治、经济、文化等各个方面的新鲜讯息，他们喜欢思考各类社会事件和社会现象，对于新近发生的事情有很强的好奇心，常常对社会时事发表自己的见解。这类人通常勤于思考，喜欢分析周围的人和事，擅长进行逻辑分析。

喜欢读名人传记的人雄心勃勃。身边有很多朋友爱看名人传记，历史上著名的军事家、政治家，国内外著名的财经名人都是大家关注的焦点。爱看名人传记的人如果不是为了写论文而搜集材料，就一定是崇拜有加并且想要变成像对方那样的人，以男性居多。他们有很强的上进心，想要成就一番事业，不甘心过平凡的生活，因此从名人传记中读取别人成功的经验，把名人当作自己的榜样。在他们看来，如果想要成功就要像成功人士那样思考和行动，名人传记则是了解这些人的最佳途径。并且，他们从这些成功者的艰辛奋斗经历中获得强大的精神力量，鼓励自己不懈努力。喜欢读历史书籍的人平时喜欢思考，不喜欢胡扯、闲谈，宁愿花时间做一些有建设性的工作，而不想去参加无意义的社交活动。喜欢看漫画书的人通常童心未泯，不喜欢把生活看得太复杂，他们喜欢单纯的人际关系和简单利落的做事方式，有时对别人不加防备因而容易吃亏。喜欢读时尚杂志的人非常在意自己的外貌，十分顾及自己的面子，在日常生活中会尽力改变自己在别人心目中的形象。

爱好个人运动者，自律严格；爱好团体运动者，喜欢与人交际

如今，人们对健康问题越来越重视，随着健身俱乐部和各种室外健身设施的完善，体育运动已经成为很多人生活中重要的部分。在各式各样的运动方式中，

选择哪一种运动方式和人的性格也有关系。众多的运动方式可以大致分为三种，独自提高技巧的个人运动、一对一的竞争运动以及团队的竞争运动。三种运动不同的选择可以反映出不同的性格特点。

独自提高技巧的个人运动，例如长跑、游泳等，常常一个人独自练习并不断提高，可以清楚地看到练习的效果，虽然在比赛中也有竞争，但平时运动时主要是不断超越自己的过程。喜欢这类运动的人通常安静内向，在工作上总是一个人默默地努力，不擅长在团队中工作。这样的人通常比较能吃苦，他们懂得凡事需要坚持不懈的奋斗，克制力很强，对自己要求非常严格，一心一意朝着目标前进，通常不会半途而废或者见异思迁。爱好个人运动的人在人际交往中表现得比较羞涩和不安，在人多嘈杂的环境中会很不自在，对朋友也总是保持适度的距离，他们非常重视自己的私人空间和时间，不喜欢被人打扰。

然而同样是个人运动，马拉松迷和短跑迷的性格又有所不同。马拉松通常要跑一万米以上，一般人必须持续跑两个多小时才能完成，考验的是耐力。而一两百米的短跑只需要很短的时间，考验的是爆发力。在短跑迷看来，跑马拉松既枯燥又浪费时间，他们喜欢在短时间内集中精力将一件事情做好，性子比较急，工作虽然不够完美却能够迅速拿出结果。相反，马拉松看似单调无味，其实在整个长跑途中速度和呼吸的调整也很讲究策略，什么阶段应该加速、什么阶段应该保存实力，都不是随心所欲的。马拉松迷通常善于打持久战，而不善于应付紧急的工作，他们擅长对繁重的工作细致规划，然后每天按部就班地一点一点完成，他们也比较细心和有耐性，能够忍受长时间枯燥乏味的工作。

一对一的竞争运动，例如羽毛球、网球，等等，需要两人同时进行，一旦进行就会有胜负之分。喜欢这类运动的人，乐于与人竞争，喜欢在与对手的比拼当中不断发现自己的弱点从而更快地进步。一起打球也是他们结交朋友、增进友谊的方式，但是比起和六七个朋友一起出游，他们更乐意单独和一两个好朋友待在一起。另外，在一对一的竞争运动中，无论输赢都只能由自己一个人承担，不可能推卸责任，因此，热衷于此类运动的人喜欢清楚地做事情和干净利落的结果，不喜欢涉入复杂的人际关系当中。

团队的竞争运动，例如足球、篮球等，喜欢团队运动的人享受的往往不是运动本身，而是参与运动的乐趣。团体的归属感对他们来说十分重要，一起踢球的都是多年的好朋友，参加运动让他们感到自己是团体的一分子。此类运动中通常每个人都有各自的职责，以相互配合来取得胜利。喜爱这类运动的人喜欢在有明确分工和秩序的环境下做事，重视规则和责任。

总之，运动对于我们而言是一种必不可少的生活方式，而生活当中绝大多数人也都在运动。不同的人会热衷于不同的运动方式，这就是一个人性格方面的流露。因此，通过观察他人喜爱什么样的运动方式，可以判断出这是一个什么样的人。这里，我们具体从球类运动来分析。

有很多人喜欢打篮球。篮球对于每个高大英俊的帅哥，似乎都是必不可少的耍帅工具。其实，喜爱打篮球的人多有较高的理想和远大的目标，他们经常对自己抱有很高的期望，希望自己能够比他人出色，站到别人前边去。为了达到这样的目标，他们可以作出很大的牺牲和努力。这其中可能避免不了要遭遇失败，但他们失败以后不会被击倒，不会一蹶不振、灰心丧气，与之相反，他们的心理素质比较好，能够重新站起来，再接再厉。而且，喜爱打篮球的人，内心都比较阳光。他们对于事物中的阴暗面，或者看不到，或者看到了也能够不放在心上。他们还是相信人与事光明的一面。因此，和这样的人交往，会比较开心，会觉得人与人之间的关系都很简单。

有的人喜欢打网球。网球运动本身具有贵族的气息和很高的格调，并不是所有人都可以轻而易举地加入到这项运动中来的，所以喜爱打网球的人，大多是具有文化素养比较高的人，并且，喜爱网球运动的人从整体上来说，大多是属于文质彬彬、有涵养的人，他们会在各个方面严格要求自己，使自己达到一个相对比较高的层次上，力求完美和完善。

有的人喜爱打高尔夫球。高尔夫球和网球相似，也不是平常人都能融入的，而是一种象征着地位、财富和身份的贵族消遣。所以，喜爱并不一定都能玩得起，凡是能够玩得起的人，大都是具有一定的经济实力做后盾的人，而其本人也可以称得上是个成功者。他们能够成功是具备了成功者必备的素质：宽阔的胸怀、远大的理想、不达目的不罢休的精神、坚强的毅力。

有的人喜欢打排球。排球运动相对来说，是比较辛苦的一项运动。在刚开始打的时候，手腕都会肿。所以，能够坚持下来，并且喜爱排球运动的人，都是很有恒心和毅力的。他们一般不怕吃苦，只要通过自己的努力能够做到，就一定会坚定地完成。而且，喜爱打排球的人多是不拘小节的，他们在做一件事情的时候，对过程的重视程度往往要超出结果许多倍。

有的人喜欢踢足球。足球运动本身就是一项很刺激的运动方式，能让人兴奋。喜欢踢足球的人，应该是相当富有激情的，对生活持有非常积极的态度，有战斗的欲望，干劲十足。不过，他们有时候会有大男子主义，喜欢固执己见，不喜欢接受别人的安排。

有的人喜欢打乒乓球。乒乓球作为我国的国球，是我们都非常喜欢的一项运动。并且，无论男女老幼，都可以打乒乓球，所以，喜欢打乒乓球的人，都是个性比较随和的。而且，思维和身手都比较敏捷。他们能很快融入集体，在集体中也不会失去自己的独立性。

爱看谈话节目的人，思维缜密略显偏执

如今，电视节目已经成为人们最普遍的娱乐消遣，各种节目类型层出不穷，不同性格的人对于电视节目的选择也有所区别。许多人爱看综艺节目、相亲节目，而另外一些人却对此类节目不屑一顾，他们热衷谈话类节目。谈话类节目中主持人和嘉宾通常围绕某个时下的热门话题展开讨论，大家各抒己见，常常针锋相对、讨论激烈。爱看此类节目的人通常对时事新闻非常感兴趣，十分享受思考和辩论中各种观点交锋的乐趣。他们思维缜密但略显偏执，凡事是非分明、爱好争论，一旦有人和自己意见不同就一定要讨论明白、分出高下。这类人非常善于从事逻辑性强的工作，喜欢挑战思维上的难题。从其他的电视节目类型当中，我们也可以了解一个人的爱好所在。

爱看大型综艺节目的人通常乐观开朗，胸襟开阔，生活中的小矛盾和不愉快都不会放在心上，善于看到事物好的一面，因此也总是无忧无虑的样子。常常大大咧咧，缺乏谨慎和细心的态度，戒备心弱，常常因为心软或者疏忽大意而吃亏。

爱看体育竞赛节目的人竞争心强、喜欢接受挑战。他们喜欢享受比赛中的刺激，内心有强烈的打败对手的欲望，而且心理素质较好，压力越大表现越佳。在工作中往往争强好胜、追求卓越，面对困难如同游戏，喜欢在竞争中获得乐趣。

电视节目之外，一个人喜爱的电影类型也能反映出个性特点。一些人非常喜欢看动作片、枪战片，这类影片中有大量的激烈打斗、飞车追逐、爆炸等场面，惊险刺激而血腥暴力。喜欢看动作片的人不但不会因此情绪沮丧或者恐惧害怕，反而当作是释放压力的过程。这类人通常凡事都能想得开，情绪稳定不易受外界事物的刺激而变化，因此每天都过得很快活。

喜欢看悬疑片和恐怖片的人，通常生活平顺而乏味，因此想要体验前所未有的刺激和战栗。和喜欢动作片的人相似，他们是乐观开朗的一些人，情绪不会受

到影片情节的影响，只是把它当作消遣的方式。他们把现实和电影中的世界分得很清楚，当旁边的人蒙着头大叫恐怖时，他们会漫不经心地送上一句："电影都是假的，怕什么！"

喜欢看都市爱情故事的人，通常对爱情和婚姻抱有美好的想象，他们不喜欢看到现实中丑恶的令人沮丧的一面，常常把自己投入到电影的情节中去体验另一个世界。爱看这类唯美爱情故事的人在生活中也很爱幻想，有点逃避现实的倾向。

喜欢看家庭剧的人通常有很强的伦理观念，喜欢讨论家庭中的各种是是非非，另一方面他们也是非常恋家的人，会把工作之外的大量时间都用来和家人相伴。他们没有很强的企图心，对生活的要求不太高，最大的心愿是家庭和睦、大家平安健康。

爱收藏照片和书信的人有恋旧心理

很多人喜欢收藏。有人喜欢收藏物品，是为了等待以后升值；有人是为了显示自己高雅脱俗，或者是炫耀自己的财富；有人只是兴趣所在，也为了陶冶情操；还有的人，只是因为怀旧心理。

比如收藏照片和书信的人，就有深深的恋旧心理。他们喜欢回忆过去的欢乐情景，喜欢回忆过去与自己曾经生活过的人，所以，他们收藏照片和书信，收藏那些往日的画面和风景，以及在自己生命中出现过的曾经有过文字交流书信往来的每一个人。每当他们打开相册，或者重读旧日的书信，就好像回到了过去。他们会由衷地感到，过去的一切都那么美好，现实生活中却有那么多的坎坷和挫折，于是，他们更加恋旧，也更加珍惜以前的照片和书信。因此，他们收藏照片和书信，把这些记录过去的美好的物品细心地整理好，时不时拿出来欣赏一番，以满足自己的恋旧心理。

除了收藏照片和书信，还有许多东西可以收藏，并且，根据不同的收藏，可以看出收藏者不同的心理和性格。

有的人喜欢收藏艺术品和古董。因为艺术品或者古董，往往代表着高雅、博学，更是财富的象征，因此，收藏艺术品和古董的人，比较注重自己的社会地位和身份。而且，由于收藏品的档次和价值是收藏者之间品位和眼光的较量，所以，这样的人好胜心很强。

有的人喜欢收集书籍、报纸杂志。这样的人，喜欢在家里读书，有学识和上进心，喜欢独处并能自得其乐。不过，他们的藏书虽然很多，但大多数已经过时，没有使用价值了，但是他们依然对这些书乐此不疲，所以这样的人在实际生活中总是比别人落后一些。

有的人喜欢收藏旅游纪念品。这样的人喜欢不断地追求新鲜、刺激，并具有探索的勇气和爱好。他们为了追求令自己满意的藏品，乐于冒险，出入于荒山野岭之中，将自己的足迹留遍大江南北。

有的人喜欢收藏象征荣誉的物品。此类人大都有过辉煌的过去，他们通常对现状不满，认为自己曾经的辉煌不应该那么快被淹没。所以，他们也是怀旧的人，只能依靠回忆过去的光荣历史来抚慰自己的心灵。

有的人喜欢收藏刺绣。这类人的思维非常缜密，办事井井有条，有主见，不随波逐流，不急功近利。因为无论从刺绣发展的历史，还是刺绣本身所花费的时间，都是一个漫长的过程，所以，喜爱收藏刺绣的人，意志力很强，最后大多能够成功。

有的人喜欢收藏旧票据。这类人有很强的组织和领导能力，办事条理清晰，非常细心和认真。不过，他们的精力也过多地浪费在了没有用的细节和过程当中，有的时候有点杞人忧天。他们偶尔也有寻找刺激的念头，但是到最后还是不会打乱自己的生活状态。所以，他们的生活几乎是一成不变的。

还有的人喜欢收藏玩具。这样的人很容易满足，喜欢待在家里，喜欢过平静安逸的生活。他们也会恋旧，对曾经有过的辉煌感到自豪，并极力保存在记忆中。他们的心比较单纯，有点幼稚。他们追求的就是年轻，喜欢和小孩子一起玩，并能从中得到快乐。

从形形色色的收藏爱好里，可以读出他们不同的性格和心理。不过，总的说来，收藏本身就是一种对过去的留恋。因此，不只是收藏照片和书信的人才有恋旧心理。

从宠物的身上可以看到主人的性格

宠物可以说是现代人生活中很重要的一部分，我们身边总是不乏爱猫爱狗人士，如果仔细观察会发现，性格不同的人所选择的宠物也不太一样。心理学研究表明，每个人都喜欢与自己相似的人，每个人也都喜欢与自己相似的动物。人们倾向于喜爱与自己长得相像或者和自己共有某种性格气质的动物。过去，大多数人家里养狗，如今养猫的人也越来越多，我们可以从不同的宠物身上知道主人的心理特点。

喜欢猫的人内心向往慵懒而高贵的生活。猫和狗不同，它不会主动讨好你，如果你想逗它玩还得看它心情如何，它也不负责看家，偶尔捉捉老鼠，白天就在外面悠闲地散步或者干脆趴下来晒太阳，俨然一位骄傲的公主或者王子。喜欢猫的人也具有类似的性格特质。他们不喜欢奉承讨好别人、言不由衷，说话总是直来直去，不太懂得照顾别人的感受，带有几分忧郁的气质。与人交往时，他们表现得比较内向安静，不太善于和陌生人打交道，如果你对他们太热情，他们反而会讨厌你。他们对朋友的选择也很挑剔，他们的戒备心很强，很少有人能够走进他们的内心世界，因此，他们身边的朋友不是很多，在他们看来，只要有一两个知心好友足矣。

生活方式上，他们希望拥有一份体面而轻松的工作，那种经常需要讨好别人、低声下气的工作，或者常常加班没有周末的工作都绝不是他们可以接受的。他们非常重视休闲生活和发展业余爱好，工作只是生活的一部分，为工作牺牲掉难得的周末时光是违背他们内心原则的事情。

与喜欢猫的人相比，喜欢狗的人通常性格外向，对待他人亲切热情。他们常常都很快乐，和同事朋友相处融洽，也善于和人打交道，他们喜欢去热闹的地方，一个人孤单地度日使他们最不能忍受的。

如今也有很多人喜欢养鱼，喜欢鱼的人也有独特的一面。大多数的鱼的记忆很短，只有几秒钟，当他们从鱼缸的一头游到另一头时，大概已经忘记自己曾经到过这个地方，一切又是崭新的。喜欢鱼的人也总是无忧无虑的样子，他们活在自己的世界里，不容易受外界的刺激和诱惑，世俗的名利对他们来说并不重要，不会因为别人的大房子、进口轿车而眼红。有时他们显得有些缺乏进取心，不喜欢竞争，但是如果你有这样的朋友，也千万别拿他和别人的成就作比较。他们通常安静而内向，或许不爱运动，但是有着天马行空的想象力。同样，他们不喜欢太热情的交往方式，但是他们会很真诚、很用心地对待朋友。

还有人喜欢养乌龟、蜥蜴等小动物。这类动物大多温驯可爱，总是慢吞吞的，常常在一个地方可以待上一两个小时，它们的身上有很厚的外壳。喜欢这类动物的人戒备心比较强，对别人的看法比较敏感，因此，身边的朋友不是很多，和他们打交道要循序渐进，注意说话的分寸并且不要太热情。

第六节　从小动作看异性对你的好感度

触碰你的随身物品，是要和你牵手的前兆

有时候，你和某个男生已经互相有好感，甚至已经开始约会，两人也聊得很开心，但他却迟迟没有牵你的手，这时候女生们都会很疑惑：他是真的喜欢我吗？还是因为害羞而迟迟不敢行动呢？遇到这种情况，不妨先仔细观察一下你们在一起时他的各种小动作，例如他是不是经常把玩你随身携带的包包、手机、吊坠，等等。如果他经常触碰你的随身物品，那么在潜意识里他非常想牵你的手，只是暂时还没有行动罢了。

之所以要观察他对你随身物品的态度，是因为一个人随身携带的东西，虽然不是自己身体的一部分，却扮演着"肢体延伸物"的角色。当他想要触碰你，却不好意思或者觉得太唐突，就会先试着触碰你的随身物品作为过渡，相当于间接地接触你的身体。这同时也是在试探你的反应，如果你给他机会，他才敢大大方方地牵起你的手。

同时，从他触碰的物品种类，可以看出他对你有好感的程度。

在有好感的初期，他会触碰你的"非直接贴身"的私人物品，例如手机、提包等，这些物品是属于你个人的，但没有直接和身体接触，相当于和你接触的入门仪式，借由观察你的手机和提包来制造话题，拉近彼此的距离。

如果他进一步研究你的手表、项链、耳环等这些与身体直接接触的物品，则表示他已经非常喜欢你了，通过接触这些配件来触碰你的身体，进一步试探你的反应，如果你不反感，等于告诉他"牵我的手吧"，他便会大胆行动了。

四种牵手方式，显示不同的亲密度

情侣之间牵手恐怕是最普通的行为之一，只要不是害怕被别人看见的地下恋情，牵手一定是少不了的。然而，牵手也有很多种形式，看他如何牵你的手，能够知道他内心对你的亲近程度。

1. 让你挽着他的手臂

这种挽手臂的牵手方式很常见，通常女方属于小鸟依人类型的，依偎在男朋

友的身边，而男方通常比较成熟、稳重，有点"兄长"的感觉，对女朋友非常照顾，不喜欢哪种像小孩子一样手牵手的方式。但如果他从来不跟你手牵手，只让你挽住手臂，那就要提高警惕了。不肯让你触碰手掌的男人和你之间一定还有隔膜，他对你还有防备或者隐瞒了什么。

2. 让你牵他的手指

处于初恋阶段的两个人可能因为害羞而只牵手指，但如果他一直如此，往往在心里也藏了某些秘密，有事情瞒着你。与挽手臂的情况类似，他不让你接触他的掌心，也就是仍然把你当外人，还没完全对你敞开心胸，当然也不排除他有严重的"手汗"问题。

3. 像握手一样牵你的手

当他用整个手掌握着你的手，说明你们之间的关系很正常，他和你在一起很自在舒适，凡事都愿意和你分享，同样也希望你很坦诚地对待他。

4. 和你十指紧扣

正所谓十指连心，如果他不满足于握你的手，而要和你十指交缠相扣，多半是处于热恋的阶段，想要和你密切地接触，甜蜜的感觉藏也藏不住。另一方面，也可能是他感受到某种危机，想要通过亲密的十指相扣来确认你们的关系，获得安全感，此时，可能你们的感情出了某些问题，需要沟通一下。

总之，通过观察情人之间不同的牵手方式，可以判断出他们的亲密程度。

约会中的小动作，预知他的下一步行动

第一次约会之后，最想知道的事情恐怕就是："他对我的印象如何？还会约我出来吗？"由于不知道对方的态度，常常忐忑不安地等待，如果对方并没有继续接触的想法，岂不是一厢情愿浪费时间。其实，从约会中他的小动作，便可以知道他对你的好感程度，预测他会不会再继续约你。

如果约会时，他会不经意地帮你拨拨头发，耐心地帮你把被风吹乱的头发重新理顺，说明在他心里已经把你当成很亲密的人了，潜意识里希望看到你头发整齐光洁的样子。这和许多灵长目动物互相"梳毛"的动作非常相似，例如猩猩和猴子会用手耐心地为对方梳理毛发，以表达关心和爱护之意。无论是帮你理顺头发还是整理卷起来的衣角之类的动作，都是一种自然流露的疼爱表现。

如果他更进一步，抚摸你的脸颊，则更是一种表现亲密的方式。通常我们只会对非常亲密的家人、恋人或者小孩子，才会抚摸对方的脸颊，这是非常怜爱和

亲密的表现。如果他在帮你拨头发的同时，顺手轻触你的脸颊，表明他内心对你已经产生了明显的怜爱之情，想要亲近你、爱护你。虽然可能只是一个顺手的小动作，却比他说上十句"你真美"更能表露心意。

再看约会结束时他的动作，即使是第一次约会双方通常都要有礼貌的握手，就算是害羞的男生，握一下手也不过分。如果连礼节性的握手都没有，那么这个男人不是不懂礼貌，就是真的对你没有兴趣，下次再约会的概率几乎为零。如果他想要再约你，握手之后他还会趁机用手碰碰你的手臂，稍微大胆一点的男性，可能还会拍拍你的肩膀或者轻轻搂抱一下。如果仅仅是礼貌性地握手，那么下一次见面的机会也很小。有的男性即使是第一次约会，也会拥抱你，看起来非常热情，这类男性多半是情场老手、阅人无数。他也很可能再约你出去，但并不一定是认真和你交往，这样的男人最好远离以免自己受伤。

从双腿摆放的方式，看出他对你的好感度

如果仔细观察你会发现，很多男性在自己喜欢的女性面前很善于摆造型。通常男性在站立的时候，如果在很自然的状态下，两腿会自然站开，双脚间的距离与肩同宽或者略小于一些，一般不会双腿并拢呈立正的姿势。然而有的时候，你会发现一些男性在你面前双腿比平时站得更开，两腿间的距离大大超过肩宽，而且脚尖是朝外的。这种站姿是男性典型的开放性姿势，仿佛在展示自己的胯部，好像是整个人都对你"敞开"。这种看上去不十分雅观的姿势，来自于男性的生物本能。双腿叉开，正好突显了男性独有的"重要部位"，以此在自己喜爱的女性面前展示男子气概，虽然很多女性都十分反感这种站姿，但仍然有很多男性会在不经意间摆出这个姿势。如果他这样站着和你谈话，那么就等于告诉你，你的魅力唤醒了他体内的雄性荷尔蒙，他很愿意和你更加亲近。

接下来可以继续观察他的双手，如果双腿叉开的同时，他双手叉腰或者把手插在皮带的位置，就好像美国西部片里牛仔的姿势，那么他可能是想在你面前表现得又帅又酷，什么都不在乎的样子。而如果他双手交叉放在身前，正好遮住胯部，那么他对你可能还有些害羞，所以下意识地遮住自己的"重要部位"。

喜欢你的男人，不会一直凝视你

恋人之间深情对望的场面相信大家都见过，然而长时间地凝视并不一定是爱的表现。相反，真正喜欢你的男人，不会一直盯着你看。当你说话时，他会忍不

住看看你，但是过不了几秒钟就会把视线移开，过了一会儿又会再次把视线投向你的脸。

回想一下自己初恋时候的经历就会发现，想看又不敢看，是男性和女性共有的天性。趁对方不注意的时候偷偷看几眼，但又害怕被对方发现，所以几秒钟之后就会把视线移开，装作没事的样子，可过一会儿又忍不住再看几眼。如果一不小心正好和对方四目交接，更是惊慌失措，如果是害羞的人，可能脸马上就红成一片。而如果是对你没什么感觉的人，则不会有这种害羞的反应。总之，越是心中喜欢的人，越不敢长时间地凝视，总是想看又不敢看，眼神会在你的脸和旁边的景物之间来回移动。

同样，如果你们谈话时，你发现他无法一直凝视你，总是过不了多久就移开，假装看看窗外的景物，作出一副思考的样子，当然他也有可能是故意在耍帅装酷，但无论怎样，都表明他对你非常有兴趣而同时又很害羞的心情。

如果你还是不确定他对你的态度，不妨趁机做个试验。当他看你的时候，你也把目光投向他，看他是不是会立刻移开视线。之后，你再假装看别的地方，用余光留意他的眼神。如果他又再次把目光投向你，那么就可以确定，他对你有好感。

烟不离手的男人，只把你当普通朋友

虽然一直在提倡戒烟，但是如今吸烟的男士仍然占大多数，不论是社交需要还是释放压力，香烟已经是大多数男士离不开的必需品。女性通常对男性吸烟非常反感，一来是讨厌呛人的烟味，二来是不想受"二手烟"之苦，因此，有涵养的男性在女性面前总会稍微克制一下，尤其是在自己心爱的女性面前，会尽量不吸烟。如果你想要了解他有多爱你，不妨看看约会当中他吸烟的次数，除非你自己也是"瘾君子"，否则那些和你约会还烟不离手的男人，多半只是把你当成普通朋友。

如果他平时烟不离手，但和你在一起时总是能够克制自己尽量不吸烟，这足以说明你在他心中占据了很大的分量，你对他的吸引足以让他暂时忘记吞云吐雾的快乐，或者他愿意为了你一直忍着不抽烟。

相反，如果约会过程中，他仍然忍不住不时地找机会避开你抽一根，甚至只要是在户外活动的情况下就尽情地吞云吐雾，说明他虽然重视你的感受，但内心重视你的程度仍然不如重视尼古丁的程度。

如果你的约会对象刚好有吸烟的习惯，而你又想立刻了解他对你的重视程度，不妨在约会的过程中故意制造一些让他单独行动的机会，看他是立刻开始享受尼古丁还是想要一直和你待在一起。

第七节　读懂职场中的暗语

注意，面试官在暗示你

求职时，人们会遇到形形色色的面试官，从进入办公室开始，你就将一直面对这个人。问题是，我们并不知道他们的性情，因此不知道该如何同他们打交道。此时，不妨先观察一下面试官的身体动作，也许能获取些许有效的信息。

1. 严肃的面试官

当你走进面试的房间，发现面试官一脸严肃，似乎对你的出现没有任何反应，然后对你说："嗯，请坐。"等你坐好后，他开始提出问题。

一般遇到这样的面试官，新手会感到十分棘手。这类人就像是冷酷的"终结者"，很轻易就能把自己删掉。实际上，这类考官可能是较为保守的一类，不想听其他人的长篇大论，他们只注重你的实际能力，他们需要你将自己突出的某方面能力展现出来，而不是做过多的论述。或者，面试官内心也比较紧张，是个内冷外热的人，如果遇到合适的谈论话题，他们或许会和你侃侃而谈。当然，他最感兴趣的还是你的能力和这种能力会为公司带来什么。

2. 热情的面试官

一见到面试者就非常主动热情，握手端茶。如此的举动让你感到受尊重，甚至有贵宾般的感受。甚至，他们还会不停地赞赏你，让你放松警惕。除非你非常有能力，足以让这类面试官仰慕你的才华，否则，他们就是在"作秀"。这样做的目的无非是想让你"小看"了面试的严肃性，然后充分表达，暴露自己的缺点。

3. 礼貌的面试官

对待面试者，他们客气有礼，很注意双方之间相处的距离。就像正式场合中的外交代表一样，既不过分热情也不让人感到冷漠。他们给人的感觉是礼貌的疏远，不会主动挑起话题，只会安静地听你陈述。这类人多心思缜密，城府深，不容易洞察他们的内心,所以,你所能做的就是举止得体,正常发挥。

4. 一言不发的面试官

这样的面试官极少遇到,他们从头到尾也没有说几个字,都是让你做自我陈述,只在最后吐出几个字:"好,就这样,你可以走了。"这种面试官一般是等着你自由发挥,看你如何进行自我描述。如果他一直面无表情,那也无须紧张,自由发挥即可。

5. 善于言谈的面试官

他们是会谈中的积极者,一张嘴就能淋漓尽致地发挥自己的能力。这时,面试者应当感到庆幸,这是个自以为是的面试官,他们喜欢表现自己。这样的面试官,需要你将面试中的绝大部分时间留给他们。当你表现出应承或者点头示意的时候,他们会加深对你的认可。要注意的是,他们需要你一直表现得恭恭敬敬,不能出现懈怠或者疲倦的神情。

总之,只要我们注意观察一下面试官的身体动作,就可能获取到一些有效的信息。

听!面试官话里有话

在有限的面试时间里,面试官不会有闲情逸致聊与主题无关的东西,小心面试官话里有话,他们的目的只有一个:全方位地掌握你的思想。

某中学校长到某大学选毕业生,欲招聘几名教师和校刊编辑。一位新闻系的学生前来应聘。一见面,这位中学校长便说:"你们学的是编辑专业,但我们校刊是一份小报,我想多少有些大材小用。你大概是打算到我们这儿来积累经验,然后跳槽到大报社去吧?"

这名学生见校长笑容和蔼,就没听出校长说这话的深意,也就没对这话作出反应,只是笑了笑。这学生本没有跳槽之意,但校长以为他默认了自己的推测,就马上把他否定了。

面试时一定要留个心眼,琢磨一下面试官的"话中话"。

一家大公司要招一个财务总监,前来面试的人很多,经过初试、复试,最后只剩下5个人。在最后一次面试中,面试官问了他们每个人一个问题:"你怎么样能帮公司逃掉300万元的税?"

大家都绞尽脑汁地想办法,第一个应聘者说可以这样做些手脚;第二个应聘者说可以那样做一下账，绝对不会被发现……

听了这些答案后，面试官什么也没有说，只是让他们回家等通知。

这时还剩下最后一个应聘者，当他进来后，面试官问了他同样的问题："你怎么样能帮公司逃掉300万元的税？"

这个应聘者听完一愣，他沉吟了一下，然后说："如果真的必须这样，那么对不起，我退出，我想贵公司的这个职位不适合我。"说完他起身准备告辞。

这时，面试官站起来冲他笑了："请留步，你是这次来应聘的人中最有原则的，你通过了最后的考试。我相信你会把这份工作做得非常出色，欢迎你加入我们！"

面对提问不可疏忽大意，许多面试官就喜欢"攻其不备"，旁敲侧击，以确定你是否就是他们要的人选。

神情告诉你他的最终决定

面试的紧要关头，面试官的表情骤然起了变化，他究竟会如何做决定？请看清楚他的下列神情。

1. 面试官眼睛的变化

面试快结束时，面试官眼睛上扬，看似一副满意的表情，实际上传达的是不太满意，好像是说，这个问题似乎没有表态的意义了。

如果面试官眼睛表面闪亮，可能是情绪激动造成的，说明他在遇到你这样的人才时，感到情绪兴奋，这无疑是对你最明显的肯定。

如果面试官用眼睛不停地注视你，似乎在做某种默契的目光接触，就像在传达：你正是我们需要的人。当然，不是挤弄眼睛，若是在社交场合，两个陌生人挤弄眼睛，则会有强烈的挑逗意味。若面试官做出这样的动作，你最好谨慎为妙。

2. 面试官目光的变化

面试中，如果面试官目光闪烁不定，说明他性格浮躁，并未投入面试中，或表示你不被信任。

假如面试官目光落点不定，说明在内心深处他有不安的情绪干扰，或者对你感到不满，你不是他需要的人。

如果面试官眼睛往上吊，那么他心里在做着权衡，可能在你之前已经有了几个人选，而你所处的位置较尴尬，需要让他更快地作出决断。

如果面试官眼睛往下垂，那你成功的概率已经大大降低。他的表情说明，从他放下眼帘开始，他已对你不感兴趣。

3. 面试官睫毛的变化

面试官的睫毛振动、挤眼睛等动作，说明他在极力抑制情绪。也许你说错了什么，让他开始压抑自己的情绪。相反，若是他眨眼的速度较慢，幅度却较大，意思就是说："我不敢相信我的眼睛，也就是在怀疑，你说的是真的吗？"另外"若面试官出现睫毛振动时眼睛迅速开闭的夸张动作，也是在说："不能欺骗我啊。"

总之，我们可以通过观察面试官的神情，来猜测他将要作怎样的决定。

观察平常表现，读懂你的同事

行走职场，如果能洞悉同事真实的心理，将使你在与同事的交往中得心应手，对你的工作、你的事业都大有裨益。看透同事的心理并不难，只要细心观察，看同事平常的表现就可略知一二。

1. 不忙假装忙的人

这种人是在掩饰自己的工作能力低下。他们大多对自己的能力产生怀疑，力图通过在别人面前装出一副努力工作的样子，使同事，特别是领导不会轻视自己。而事实上，他们的工作业绩却非常差，为了掩饰自己的弱点，他们除了装忙碌之外，别无选择。

2. 看上司脸色行事的人

这种人表里不一、情绪不稳定，只有在上司在场的时候，才会聚精会神地工作，而上司一旦走开，他们的干劲便会回落到谷底。他们在生活中也是玩着当面一套、背后一套的把戏，用一张伪善的面孔面对周围的人和事。有一些内向的人见到领导就会紧张，结果由于分心而使工作效率大大降低，其实这都是他们的自卑感所致。

3. 心不在焉的人

他们不重视谈话的过程，自然不会在意谈话的内容，即使听了，也是粗枝大叶、丢三落四。他们办事容易拖拉，一延再延，因为他们根本就不知道对方想让自己做什么，只是得过且过；如果目标已经明确，条件也成熟，他们又往往无法使精力集中起来，接到手中的任务往往不了了之，毫无责任感，终身难有成就。

4. 趁人不注意窥视他人的人

属于心术不正类型。他们自身根本就没有什么特长或惊人之处，却总是想着能够"不鸣则矣，一鸣惊人"。他们不知如何才能实现这个愿望，而现实当中又很少有人愿意理会这些空想家，结果是他们的自尊心受到很大的伤害。为了实现自己的白日梦，向世人证明自己的存在价值，他们工于心计，善使机关。

5. 凝视对方的人

凝视是一种意志力坚定的表现，他们往往不用过多的言语和动作就已经显得咄咄逼人了，而且不管是男人还是女人，都表明他或她现在是充满力量的强者。如果眼光真的可以杀人，他们的凝视肯定可以成为致命武器，因此与这种目光接触，难免会有受到攻击的恐慌。其实，大多数人之所以凝视他人，只是为了看穿对方的性格而已，并无实际攻击意图。

6. 动作夸张的人

哪怕是鸡毛蒜皮的小事，他们也要蹿上蹿下，扰得周围的人不得安宁。但他们的本质是好的，并不是存心想要别人不舒服，之所以会这样，其实是按捺不住热情，认为光靠言语不足以表达心中炽热的感情，所以必须加进一些夸张的动作来表达自己的内心想法，以引起他人的注意。可是在他们的内心深处，通常存在着极度的敏感和不安，他们无法确定自己的这种方式能否被别人认可和喜欢。

7. 喜欢目光接触的人

眼睛是心灵的窗口，与别人目光接触，无疑是主动向对方展示自己的内心，表明既希望能够深入了解对方，也为对方了解自己敞开了大门。他们充满了自信和直爽，从不怀疑自己的动作会给他人带来不愉快。他们懂得为他人着想，所以做事专心，尽量满足大家的要求，希望做出好成绩让大家认可自己，接纳自己；他们懂得礼貌在交际中的作用，能够把握分寸，非常适合需要面对面地进行交流的工作。

以上是职场中常见的一些类型的人的表现，通过这些表现，你可以看透你的同事的心理，进而了解你的同事。

看透同事的内心

工作中，同事之间的互动，通常是闲谈之语，难以触动真心，即使内心有再大的波动，也会尽量压抑。有关专家指出，人们为了保护自己，会使用更多、更复杂的"伪装"。但是，一些外在的表现也能揭穿人们的这种"表里不一"，因此，在对方什么都不说的情况下，仍有可能探析对方的思维。

1. 目光的暗示

目光的接触通常具有很复杂的含义，但在同事之间，一般使用表示认真聆听的凝视、不满的怒视和普通使用的直视。男性的目光展现威严并不难，而女性在这方面表现得较弱，因为女性往往不能很好地使用目光接触，他们过于敏感和害羞，往往让他人误解。为了展现女性的威严，你不妨什么话都不说，只用严厉的目光气愤地看着对方的眼睛，保持凝固的面部表情。你也可以轻轻皱着眉头或者扬起眉毛。这种姿势保持的时间越长，对方将会感到越心虚，从而让你掌握到主动权。

2. 面色的警示

如果迎面而来的同事刚从经理的办公室里走出来，且面无表情，则此时你最好不要直接上前攀谈。在职场中，当员工不满主管的言行时，常常敢怒不敢言，会表现出一副毫无表情的样子。实际上，他们内心的情绪非常强烈，很需要一个借口来发泄。尤其是当他们的面孔显得僵硬时，最好不要轻易与他们说话，更不能再指责他们什么或者说令对方尴尬的话，否则，他们表面上不做回应，内心可能会暗暗找机会报复你。

3. 手部触摸的暗示

在办公室里，如果同性之间触摸对方，则可能表示一种鼓励或者优势，而不像生活中一样，展现彼此的亲密。如果是异性之间的触摸，尤其是女性触摸男性，或者她们是想展示权威。

另外，当男性频繁地摩擦裤子的时候，说明他们很紧张，因为人们紧张的时候手心通常会出汗，女性一般会使用手绢或者纸巾等来擦手，但男性通常没有这些物品，所以常会揉搓裤子。

4. 选择落座位置的暗示

如果在办公室里有无人坐的空椅子，通常人们会选择不同的位置入座。如果有人选择了靠近角落的位置，则说明这种人在工作中一向处于退让的态度，他们不想过多地被打扰，只想安静地拥有个人空间。如果有人选择了靠近中央的位置，则可能是比较外向，且具有进取心的人，这些人希望能控制局面，或者作出有影响力的决定。

5. 距离的暗示

工作中，异性之间常常会有一些接触。在距离较近的时候，女性通常对个人空间的大小较为敏感。由于女性表现得比较柔顺或者顺从，常常会忍受男性对其空间的无意识入侵，所以对女性展现权威没有好处。而如果女性想向男性展示权威，她就必须表现得更强势，让动作放大，姿势明显，拉开与对方的距离。

总的说来，通过上面的几种情况，我们可以猜测出同事是否表里不一。

工作态度，透露出同事的性格

人们在不知不觉中都会将自己的性格特征表现在对工作的态度上，所以，如果想了解和认识一个人的性格，可以从他对工作的态度上进行观察。

通常来说，外向型的人多勇于承担责任，在工作中，没有机会的时候会积极地寻找和创造机会，有机会的时候会牢牢地把握住机会，他们大多很容易获得成功。

内向型的人在面对一项工作的时候，首先想到的是自己该承担的责任、后果等问题，总是担心失败了会怎样，所以时常会表现出摇摆不定的神态。因为顾虑的东西实在太多，行动起来就会瞻前顾后、畏首畏尾，最后往往会以失败而告终。

工作失败了，不断地找一些客观的借口和理由为自己开脱，以设法推卸和逃避责任，这种人多半是自私而又爱慕虚荣的，他们常常以自我为中心。

工作上一旦出现问题，就责怪自己，把责任全部包在自己身上，这样的人多胆小。

失败以后能够实事求是地坦然面对，并且能够仔细、认真地分析失败的原因，进行总结和归纳，争取在以后的工作中不再犯同样的错误，这样的人多是真正成熟的人。他们为人处世比较稳定和沉着，具有一定的进取心，经过自己的努力，多半会取得成功。

工作比较顺利就特别高兴，稍有挫折就灰心丧气，甚至是一蹶不振，这种人多是性格脆弱、意志不坚强的类型。

第八节　人生沉浮，把人看到骨子里

有城府的人，需要你去试探

一个人的外部肢体形态到言谈举止，都可以精心"伪装"。当然，如果你的交流对象是个"老谋深算"的人，想摸清他，并非无计可施，你需要一些小技，悄悄地试探他，他很快就会"现出原型"来。

公司规定每三年评选一位优秀员工，奖励一套住房。老板的小舅子也在这家公司上班，虽然他平日里游手好闲，但是老板碍于他是自己的小舅子，也睁一只眼闭一只眼。小舅子很想知道姐夫的心思，想知道今年自己有没有资格获得奖励，又不好直接去问姐夫。他忐忑不安，心想："我到底有没有资格呢？如果我有资格，原来评给我的小房子一定会给别的员工，为什么姐夫一直没有表态呢？"他想了很久，最后终于想到了一个去试探姐夫心意的办法。他拜托一位跟姐夫很有交情的员工去办这事。员工见了老板就说："大家都说您的小舅子是今年的优秀员工，那么他原来的那套房子能不能奖励给我住呢？"老板摇摇头说："不！这幢房子今年不能给你啊，我小舅子今年不是优秀员工。"当那个人要离开的时候，老板暗叫一声："糟了！"肯定是那个浑小子让他来试探虚实的，老板连忙问那个员工，是不是受人之托来摸底的。员工佯装不知情，推说没有，但实际上，老板已经先输了一着，小舅子终于知道了姐夫的心事了。

从例子上可以看出，当遇到的对手善于隐藏内心时，你可以投石问路，甚至找第三者去帮你探听虚实。这样你很快就会知道他的真实想法了。在我国古代这样成功探测人心的例子也不胜枚举。

战国时期，子之做了燕国的丞相，为了试探部下的忠佞，有一次，他坐在屋里装出一副很吃惊的样子，然后询问底下人："刚才从门口闪过去的是什么东西，难道是一匹白马？"身边的左右侍从都说没看见，只有一个平时爱奉承的人跑出门外飞奔追马，当然是一无所获，然后他回来禀报说："外面真有一匹白马，您好眼力！"他哪里会想到，这是子之用试探的方法来了解手下人，看看侍从是不是诚实，有没有只知道谄媚讨好的人。

与此相类似的，汉景帝用一双筷子测试出了手下重臣的居功自傲之心。

周亚夫是汉景帝的心腹重臣，他城府很深，在平定七国之乱的时候屡立战功，后来又官至丞相，为汉景帝献言进策。可是最终汉景帝在选择辅佐少主的辅政大臣时，却放弃了他，究竟是什么原因呢？在古代，每个皇帝年老之后，皇位的继承问题就被提上了日程，宫里少不了明争暗斗，所以每个皇帝都不得不花费一番心血。汉景帝自然也碰到了这个难题，当时太子刚刚成年，需要辅政大臣的辅佐，汉景帝为此试探了一次周亚夫。

一天，汉景帝请周亚夫吃饭，给他准备了一大块肉，但是皮肉相连，没有切开。周亚夫见没有给他准备筷子，面色就有些难看，他很不高兴，就向主管筵席的官员要一双筷子。汉景帝微笑着说，给你这么大一块肉你还不满足吗？还要筷子啊。是不是有些贪心啊？周亚夫一听，立刻摘下帽子，赶紧向皇帝叩首谢罪，汉景帝说，起来吧，既然丞相不习惯这样的吃法，那就算了，今天的宴席就到此结束。周亚夫听了，连忙向皇帝告退，疾步走出了宫门。汉景帝目送他离开，并说，这点小事就如此闷闷不乐，看来确实不适合辅佐少主啊！

周亚夫也算是个经验老到、城府很深的人。但是在汉景帝巧妙的试探下，还是现出了原型。辅佐少主的重臣，一定要心态平稳，任劳任怨，倘若少主年轻气盛，有了不合礼数的行为，重臣要有长者风范，懂得包容这些过失，一心一意地敬忠职守，才能成为真正的贤臣。从周亚夫的表现来看，连老皇帝对他不周到的举动，他都不能接受，以后又怎么能辅佐好少主呢？赏赐他的肉，即使不方便食用，在汉景帝看来，他也应该把它吃下去，这体现着君臣礼数。他要筷子的举动，在汉景帝看来就是不成熟的做法。到辅佐少主的时候，是不是会有更多的矛盾？这令汉景帝非常担忧，所以他毅然地放弃了周亚夫。

总之，只要你去试探，就可以知道，谁是有城府的人。

危难面前，考察他的胆识

庄子说，"告之以危而观其节"，意思是，出现了危难的情况让他处理，通过处理危难来观察他的胆识与节操。俗话说，"路不险，无以知马之良；任不重，无以知人之才；岁不寒，无以知松柏；事不难，无以知君子；势不危，无以知英雄"。确定一个人是不是真的勇敢，是不是真是英雄，只有在最关键的时刻才能够检验出来。

一个人要面临大事，真正的品行才显露得出来。遇到大事和难事的时候，可以看出他的担当能力以及克服困难的力量。如果交流对象平时口口声声"遇事果断、果敢"，但是一遇到危机临身，他就不知所措，甚至还会满腹牢骚。这就表明他是个性软弱之辈。个性越是柔顺的人，遇到困难越是仓皇失色。因此，若要探究一个人的胆识、气魄，就得告之他可能面临的灾难和困境，并接连不断地交给他去处理，从中观察他的勇气和反应能力。

F公司是一家效益非常好的上市公司。公司董事长有两个儿子，大林和小林，这两个人都非常能干，依靠自己的实力和父亲的影响力创立了自己的公司，并且业绩不错。但是，大林和小林性格完全不同，大林外向，做事情麻利，小林则不爱说话，勤勤恳恳，一丝不苟地完成工作。董事长年纪越来越大，看着两个儿子都很有实力，发愁到底应该把公司交给哪个儿子打理，谁能真正扛得起这份责任呢？董事长助理小吴看出了董事长的心事，便对董事长说："我看大林和小林做事的能力都很强，您可以看看他们的胆识如何。"董事长若有所思地点了点头。

没过多久，两个儿子分别接到了父亲的电话，说由于账目操作失误，公司的几宗大笔生意没有做成，公司资金周转出现严重困难，可能面临破产，需要儿子们拿出资金帮忙解决。大林听到这个消息后，急忙将自己持有的 F 公司股份全部变卖，然后把所有的存款转移到国外的户头上，推说自己的公司也遇到了困难，资金周转不周，拿不出钱来。一向沉默寡言的小林则拿出了自己所有的积蓄，并且把自己公司的流动资金全部交给父亲。

一个月之后，F 公司运行一切正常，丝毫没有破产的迹象。大林还在纳闷儿，突然接到消息，董事长任命小林为公司董事。原来，这是老董事长放出的假消息，就是为了看看哪个儿子能在危难面前扛住压力。大林由于在困难面前的自私胆小，失去了父亲的信任。

能力和胆识并不成正比。大林和小林的业务能力相差无几，但是在危机面前表现出来的胆识，小林却远强于大林。董事长考察的，正是一个人在关键时刻和重大原则问题上表现出来的立场和道德方面的坚定性。

一个人在危难的时候能够挺身而出、果敢坚毅地维护自己所在集体的利益，这充分体现了他的气节和能力，这样的人才就是被重用的对象。有专家曾根据人的胆识和气魄将人分为大器、中器、小气三种：

大器之才，即使工作繁重，也不会有怨言。他们勤勤恳恳，但不会拘泥于小事，该做的全力以赴，不该做的事也不会耿耿于怀。该说话时，勇于表达己见，不该说话时，就安心沉默。他们可以适时进退，这种人，他们已具备了领导的才华，一有机会便会成功。

中器之人，平日里的表现和大器之人好像差不多，可是一旦让他们面临抉择，就会左右摇摆，举棋不定，他们需要你能适时地给他一鞭子。

小气之人，为人处世多以自己为中心，这种人比较自私。一有不合自己意的事就牢骚满腹，甚至责备他人，听不得别人的忠告，最终也会失去别人的信任与帮助，只留下自己在一边孤芳自赏了。

现实生活中，有些人在平时的工作中能力平平，表现得很不起眼，但在关键时刻，却能力挽狂澜，表现出惊人的掌控局势的能力，这样的就是大器之才；而有些人在平时表现突出，处理事务有条不紊，有板有眼。但在关键时刻，他的能力往往没有"张力"，表现得畏首畏尾。如果要是遇到突发性的事件或棘手的问题时，更是表现得束手无策。凡此种种，都应该全面而又细致的观察，才能得出一个比较精准的结论。

换句话说，如果你作为领导，在考察下属是否有能力时，不但要看其平时的"能量"，还要看其在关键时刻的"质量"，即要看其平时的表现，还要看其"潜能"。只有这样，才能慧眼识英雄。

利益面前，看他是否清廉

《庄子》中提到："委之以财而观其人。"大意是，将钱财托付给他来看他是否清廉。"利"对于任何人来说都是必需的，都具有诱惑力，可放手让他掌管钱财来考察其是否贪财。当一个人无法接近财物时，都可轻易地标榜他是清廉之士，也无从了解他到底是贪是廉。只有让他接近钱财，才能考验他会不会损公肥私。假若他不贪，就是一个大仁大义之人；假若他很贪，就是一个不仁不义之人。只有为官清廉，才能取信于民。一个在利益面前伸出肮脏之手的人，怎么可以担当重任呢？

同样，在生活中，如果你是一家公司的主管，你把下属放在有利可图的工作岗位上，让他有机会得到财物。这样，你就可以看出他是否真正廉洁奉公，是否可以在利益面前面不改色，不为所动了。

A公司新招了一名仓库保管员王小姐，她身段苗条、聪明漂亮又会察言观色，因此深受公司所有员工的喜爱，大家都夸她正直无私。

"小王，你把这些洗面奶放到仓库保存，过几天送客户用得着。"领导将王小姐叫到办公室说。

"张总，一共有多少瓶洗面奶？"王小姐问。

"这是随产品一起运来的赠品，具体多少还不清楚，你搬过去数数就知道了。"

"好的！"

"希望我的考验失败！"张总心想。

其实，这批洗面奶不是随产品赠送的，而是张总派人采购的，数目清晰明了。十分钟之后，小王把洗面奶的数量报给了张总，竟差18个。当然，第二天仓库保管员就换了另外的人。

从例子可以看出，小王尽管在同事中的口碑很好，但是在利益面前，她却轻易地"漏了底"。因此，她属于明里正，暗里贪的人。这种人很厉害，在明处一副很正派的样子，表面上似乎很清正廉明。其实一到暗处，那双脏兮兮的手就伸出了，贪财求利。当然，那些真正廉洁的例子也不少，他们抗腐拒变能力较强。在明处和暗处，都能坚持原则，不贪不占。

伯颜，元朝人。他相貌堂堂，智勇双全，一次被派作西征军的使者向忽必烈奏事，忽必烈见他气度非凡，十分喜爱，就将他留在了身边。1274年，忽必烈有意攻打南宋，于是他任命年轻的伯颜为中书左丞相，与大将阿术率领二十万军队，水陆并进，一路所向披靡。

大军所过之处，正逢疫病流行，老百姓贫病交加，饥饿难耐。伯颜下令开仓赈粮，发药治病。老百姓们大为感激，都称颂伯颜的军队为王者之师。后来，伯颜率军攻入临安，南宋灭亡。

临安城是南宋的都城，繁华富足，金玉珍异，应有尽有，伯颜不为所动。进入临安后，他首先下令封存府库，登记钱谷；又命令将士一律不得擅自进城，敢于暴掠者，军法处置。因此，闹市商业区热闹如故，生意照常进行。两个月后，伯颜将宋皇宫中的祭器、仪仗、图书等全数北运，宋皇室成员押解至上都。忽必烈看到伯颜如此严于律己，很高兴，重赏伯颜。

伯颜身为元军重臣，完全可以借破城之机搜掠财宝，但他并没有贪图财富，而是将其如数封存，交给国家。面对如此大的诱惑仍能不为所动，这种清正廉洁之人，怎会不受忽必烈的青睐呢？话说"贪为私动，贿随权集"，对钱财看得太重的人，往往会想尽一切办法去拉拢贿赂一些有权有势的人来做他们的保护伞和摇钱树。从钱财来识别每个人是不是仁者，就是看他对钱财采取什么样的态度。为私而贪者为不仁，为公而见钱廉洁者为仁者。廉洁的人不追求不应有的财物，所以，古人云："廉者，民之表也，贪者，民之贼也。"即指官吏廉洁奉公，就是老百姓的表率；官吏贪赃枉法，就是残害老百姓的强盗。纵观古今中外仁者，他们共同的优点就是不贪不义之财。

总之，无论是毫无遮盖，明拿暗索，置人格和尊严于不顾的人，还是真正清正廉洁的人，利益面前人人平等，他们的灵魂最终都会显露出来。

任务面前，考察他的信用

在《庄子·列御寇篇》中，有这样一句话："急之与期而观其信。"即把某件事情交付给一个人去办，以考察他是否有信用。信用，是做人交友的基本准则。如果一个人不恪守信用，说了不算，定了不干，谁还能够对他有所依托呢？其实，听听一个人怎么说的，看看这件事他是怎么做的，就可以知道他有无信用。无信用之人，任何事情都不可托付。

如果你是公司的老板，交给手下人一件事情，让他在规定的时间内完成，通过他对这件事情的处理态度，你便可以了解他的诚信和忠心。具体的做法是：与他达成口头协议，约定某事，看他能否说到做到。如果约定期限来完成某件事情，看他是不是能信守承诺如期完成。

大街上，一个女孩在问男友："明天中午 11 点，我和妈妈在家等你，这是她 50 周岁的生日，你能准时到吗？"

"必须的，我未来的丈母娘过生日，我能不准时到吗？"小伙子拍着胸脯保证。

"看得出你是个很稳重的人。虽然我们相亲没多久，但是我对你的印象不错呢！"女孩红着脸对男友说。

第二天中午 11 点整，小伙子没有如期到达。女孩和她妈在家等了他 1 个小时，然而他还是没有来。下午 4 点小伙子在没有事先通知女孩的前提下，竟按响了女孩家的门铃。

"对不起，小玉，今天中午我姑姑来了，在家忙着做饭我没有脱开身来你家。"小伙子无奈地解释着失约的原因。

"对不起，李先生，我想我们不合适，我想找一个守时重信的人，我妈也希望我能找个重视我的人，是吧，妈妈？对不起，我们还是不要再见了。"

好好的姻缘因为失信而告一段落，如果事先他打电话向女孩说明情况，或许结果就不同了。

从上面的故事可以看出，在现实生活中，"信"往往是说得容易做起来很难的，所以我们往往用"期之以事而观其信"来检验一个人。有的人对下属、朋友、同事、甚至妻子轻易许下诺言，可是过一阵子就忘了。这样的人，若想把什么任务交给他们，那就做好被欺骗的准备吧！

考察一个人的途径很多，方法也很多，但是考察一个人应该首先考察他的"信"，这是最重要的。守信的人会得到大多数人很好的正面评价，反之，就会受到诋毁和抨击。有时候，领导者让下属在较短的时间内完成一件工作，就是考察下属是否言必信、行必果，是否具有办事高效率的好机会。在这一点上，古今的事例大致相仿。

太史慈，字子义，山东黄县东黄城集人，东汉末年著名的武将。起初，太史慈跟随刘繇，后来孙策亲自攻讨刘繇，生擒太史慈。孙策见太史慈作战勇敢，爱才心切，亲自为其松绑。太史慈见孙策如此爱惜良才，且有帝王之相，于是归顺了孙策。孙策当即拜太史慈为门下督，回到东吴之后，又拜其为中郎将，授予其兵权。后来，刘繇在豫章去世，其部下万余人无处可附，孙策便命令太史慈前往安抚兵众，想将这数万人收归自己的部下。孙策手下的人都说："太史慈这一去肯定不会回来了。"孙策却说："太史慈他舍弃了我，还可以投奔谁呢？"不仅如此，孙策还亲自送太史慈到昌门，临走的时候握着太史慈的手腕问："爱卿何时能够回来？"太史慈答道："过不了两个月我就能回来。"果然，不到两个月，太史慈如期回来，此后，孙策对太史慈愈加重用。

孙策派太史慈去劝降刘繇遗众，显然是想看一看太史慈是不是守信之人。如果太史慈不回来，那么这种不讲信用之人也没有留在身边的必要。事实证明，太史慈是守信之人，同时也赢得了孙策的信任。

如果你作为公司的领导者，想学学孙策，那么不妨也对下属提出任务，并要求他尽快完成。你可以不规定具体的期限或者为期指定日期。在这种情况下，特别能看出一个人的办事效率。工作责任心强的人，会把你任命的每一项任务都当作你对他的一种考验，会尽快完成。反之，责任心不强的人，则会拖拉。倘若这项任务有期限，在最后期限内，被委任人也不能履行承诺完成任务，就是言而无信。如果这样的事经常发生在一个人身上，就可断定此人不可大用。

不过，如有失约情况，也不可随意给人下结论，要弄清失约的具体原因，是客观的还是主观的，是值得原谅的还是不能谅解的。如果属实是无信之人，那就赶紧踢开他，别把任务交给他。

亲近面前，观察他的礼节

现实中，有些人在你面前客客气气，非常有礼节，尤其是有求于你时，或比你地位低的时候，我们往往很难辨别这种"客气"究竟是来自对方对我们的尊敬之心，还是因为某种利益关系等其他原因。《庄子·列御寇篇》提过一个方法："近使之而观其敬。"即安排他在你身边做事，整天与你形影不离。因为如果一个人对你客气不是出自真心，一旦他与你混熟了，便很容易无所顾忌，失去敬心，甚至表现出轻浮无礼。所以"近使之"是考察他人是否对你有尊敬之心的有效方式。

老刘是一家涂料公司的经理，主要负责联系客户和销售工作。在一次招聘会上，小张前来应聘，简单交谈后，老刘惊喜地发现小张和他竟然是同乡。虽然小张的学历不够，但是他的言谈举止幽默风趣且落落大方，很适合做销售工作。于是，经老刘提议，公司破格录取了小张，小张成为一名销售人员。经过两个月的锻炼，小张经手的订单数突飞猛涨，业绩十分喜人。老刘和小张的私交也越加亲密。

经过细致的观察后，老刘发现小张办事勤快、踏实肯干，又很谦虚谨慎，和同事的关系也十分融洽，公司员工对他的评价也很高。老刘想进一步提拔小张，就先把小张弄到自己身边，当经理助理，并把几个新产品的销售渠道全部交给小张去做，看看他做得怎么样，是否适合做高层管理人员。

几个月后，老刘渐渐发现小张好像变了一个人，并没有初到公司时那种勤奋和谦虚的劲头了，经常上班迟到，工作时间在办公室玩游戏，也不出去跑业务。公司员工也反映，小张的脾气比较暴躁，在主持销售会议的时候经常口出脏话，羞辱业绩不佳的工作人员。两个季度下来，小张负责的几个新产品的销售业绩惨不忍睹，许多老顾客也因为得不到相关的服务而转向对手公司订货。老刘不止一次找小张谈话，指出了他的问题所在，可是，小张总是用各种各样的理由搪塞过去，不思改过，反过来把责任推到其他员工身上。老刘忍无可忍，辞退了小张。

许多人的恭敬谦虚是功利性的。初次见面，因为不知道对方的底细，双方都尊敬有加，长期相处，慢慢就能看出对方的水平来了。如果在自己身边的人因相处比较熟了，而放松对自身的谨慎，这是会出问题的。如同在平坦的道路上行走的人放纵自己而脚下不留意，这样走快了就会摔跤；在艰险的道路上行走的人有所戒备而小心翼翼，因此走得很慢，反而平安无事。这就指出了越是平易的地方，越是要谨慎。

例如，你在领导身边工作，你就应该比他人更加谨慎。平时要自律、自重、自爱、自尊、自励、自强，严格要求自己，树立良好的形象，不做有损自己身份的事。

当然，如果你是管理者，也可以将所要识别的对象安排到自己身边工作，因为天天在一起相见容易相熟，久而久之就会没有拘束，这样就便于观察这个人在与人相交往的过程中是如何对待自己与他人的关系的，从而判断他的为人。

混杂面前，探察他的本性

关于鉴人本性方面，《庄子·列御寇篇》有言，"杂之以处而观其色"，意思是，将人放在混杂的环境里，看他的本性如何。很多实践证明，混杂的环境可以锻炼人，也容易改变人，使人丧失本性。

如果你想考察一个人，让他身处男女混杂的环境里，观察他是否好色，对待男女关系的态度，你就基本可以断定一个人。一般来说，爱美之心人皆有之，但深陷"温柔乡"不能自拔者，往往会造成于公于私都不利的局面。人生中总会要经过金钱关、权力关、美色关，等等，而美色关就是其中的代表。常言道，英雄难过美人关。能否把好这一关，就看一个人的素质及品性了。

公元前200年，刘邦御驾亲征匈奴，被冒顿单于困于单城白登山。虽然左右颇多谋臣勇将，却无奈孤军冒进。从战势看，匈奴军以四十万大军死围白登山城，而刘邦随军只数万人，援军尚远无法搭救，看来是难以逃脱了。

六天六夜过去了，白登山城已缺水断粮，加之天寒地冻，百苦皆至，众人心急如焚可又束手无策。最后刘邦找来足智多谋的陈平反复商量，拟以智取而期死里逃生的冒险办法对付匈奴大军。他们打听到冒顿单于最宠爱王后阏氏，且又喜欢美女，便从这方面用计。当天便安排画家李周，连夜画了张漂亮的美人图，并让人混入敌营，将一些珠宝和美人图献给阏氏，并说愿意献此美人给单于。阏氏见到珠宝立即目眩心迷，心动不已。可当听说汉朝皇帝要献画中美人给单于时，便又不高兴起来，要来人把画带走，至于解围之事让汉朝皇帝放心。是夜，阏氏果然说服单于，要他放走刘邦。可次日勾结匈奴一起反汉的韩王姬信又劝单于不能放走刘邦，并说出美人图的事来，单于一时动心，便传话要见美女后再作考虑。刘邦闻讯，立刻命令士兵将预先做好的十多个木偶美人推上山城城头，用扯线摆弄"美人"的动作。冒顿单于在城下一看，心中陶醉不已，随即下令让路，刘邦君臣打道回府了。汉军退兵后，单于守兵进山城取"美人"，却见到的是一些木偶倒在地上，才大呼上当，中了刘邦的"美人"计了。

从故事中可以看出，冒顿单于和王后阏氏都没有能在混杂的环境中把持住自己的原则，一个好色，一个贪财，结果丧失消灭对手的良机。可见，如果是意志薄弱、思想素质较差的人，一般来说是难以经受住金钱和美色的诱惑的。但也有一些品德高尚的素质较好的人，他们能在金钱、权力和美色的诱惑下，正确把握自己，掌控了方向。

关羽是中国历史上的著名武将。一次，刘备和张飞在外打仗，与关羽失去联系。关羽护送刘备的两位妻子守护下邳城。曹操突然引兵袭来，关羽兵少，败给了曹操。经过谋士张辽的劝说，关羽暂时同意"降汉不降曹"，但同时也提出三个条件：第一，降汉不降曹；第二，确保两位皇嫂安全；第三，今后若探听到刘备的下落，当即辞别。曹操爱才心切，虽对第三条有所顾虑，还是满口答应。

曹操为了笼络关羽，想出了种种办法。他将关羽和刘备的妻子安排到一间屋子里休息，想让关羽乱了君臣之礼，无颜以对刘备。可是，关羽将屋子让给两位嫂子休息，自己手持大刀在外面站了一夜，毫无倦意。曹操得知，不禁暗自佩服。曹操又赠送给关羽大量的金银珠宝，想借此收买关羽，关羽却将财宝全部交由两位嫂子收藏，自己分文不取。曹操仍不死心，将自己的坐骑赤兔马赠给关羽，希望他能归顺自己，关羽仍不为所动，探听到刘备的消息后，义无反顾地回到刘备帐下。

关羽在财色的诱惑之下，不为所动，心中仍牢记忠、义二字，这才是真正的可靠之人。

人生在世，难的就是与人相处。观察一个人是忠良还是好色之徒，就要看他的意志是否坚定，看他在没有任何监督的情况下，特别是在男女混杂的环境里，能否与人融洽和谐地相处。同时，观察他在面对金钱和美色的诱惑时，会保持什么样的态度。如果他能一如既往地坚持自己的本色，说明他内心坚定，目标明确，不会轻易偏离行为的轨迹，这样的人往往拥有良好的道德品质和修养，成功也将指日可待。

第九节　跟古人学读心识人

姜子牙的"六征"识人法

姜子牙是我国古代著名的军事家、政治家，亦是西周的开国元勋，在识人用人方面，提出了洞察人心的"六征"识人法，即"问之以言，以观其详；穷之以辞，以观其变；明白显问，以观其德；使之以财，以观其廉；告之以难，以观其勇；醉之以酒，以观其态。"

第一，问之以言，以观其详

这是说要了解一个人可以通过与之谈话，向他询问、听他的回答，言谈是观察一个人的最佳途径，通过观察一个人的谈吐就可以在一定程度上判断出此人的性格和品行。

第二，穷之以辞，以观其变

在谈话当中，不仅要听对方说，还要有技巧地提问。如果要考察一个人，可以通过连续不断地发问来观察对方的反应。如果一个人缺乏自信、意志不坚定，在面对连珠炮式的发问时，必会表现出惊慌失措的样子。如果一个人本来就谎话连篇，在连续的发问下就很容易语言混乱、自相矛盾、答非所问。

第三，明白显问，以观其德

如果想要考察一个人的品行，可以告诉他一些无关紧要的秘密，观察他的反应。有的人对于别人的秘密能够守口如瓶，即使有人询问也假装不知，这样的人是靠得住的。而有的人刚刚听说一个秘密，就忙着四处散播、以此为乐，这样的人不仅不宜与之深交，最好也不要合作。

第四，使之以财，以观其廉

要看一个人是否廉洁，可以让他到容易拿到灰色收入的职位上，如果是唯利是图的人，就会利用职务之便收受贿赂、回扣等，而如果是廉洁的人，即使处在这样的位子上也会坚持自己的原则。

第五，告之以难，以观其勇

做事情除了需要能力之外，也需要勇气和毅力。尤其在面对困难的时候，有的人能够迎难而上，越是难题越要挑战，想尽办法也要解决。而有的人自信不足、个性软弱，遇到困难就想逃避、退缩，即使真有才能也使不出来。因此，要试探一个人的勇气，不妨把一些棘手的问题交给他处理。

第六，醉之以酒，以观其态

行走社会，每个人脸上都带着厚厚的面具，平时很难看出一个人的真面目。而酒醉之后，往往能够吐真言，将心里的真心话都说出来。因此，以酒试性、借酒察人，也是一种重要的识人方法。

通过这六个方面，大致能够看出一个人的品行和才能，关键要注意在考察一个人的时候，必须要从整体出发，全方位、多角度地去进行了解，看到一个人各个方面的优点和缺点，才能给出一个较为公正和客观的评价。

孔子的识人三法

生活中我们难免遇到一些道貌岸然的伪君子，表面上很有涵养，其实并非如此。关于识人，孔子在《论语·为政》中这样说："视其所以，观其所由，察其所安，人焉廋哉？"孔子的这句话，就是要从人的行为中认识他，考察他行为的动机、行为的途径以及平时的所作所为，一步一步地对人进行全面和完整的考察。

第一，视其所以

即看一个人行为的动机。我们观察别人，人的各种行为，必有其用意，而不是无缘无故的，不仅要看一个人做了什么，更要看他为什么这样做，即行为背后的动机是什么。看一个人的动机，这样才能知道他到底想要什么、追求什么。动机有正有邪。例如有的人做事只求一己之快乐，有的人则为公众谋利益。动机纯正者，必富于仁德；而动机邪恶者，必是寡德之人。

第二，观其所由

即看一个人为了达到目的所用的方式手段。对于同样的目标和追求，不同的人可能采用不同的方式。纯正的动机，必须辅以适当的手段才能得到善果。如果一个人达到目标的方式不正当，即使他所追求的目标是好的，也不能视为君子。并且，通过一个人做事的方式，也可以看出一个人的才能。

第三，察其所安

即看一个人平时能够安心做什么，什么事情能够让他满足，也就知道一个人关注的是什么、对什么感兴趣。有的人安于玩乐、有的安于贫困、有的安于平淡……而其中最难的就是安于平淡。能够安于平淡的人，即能够达到"不以物喜，不以己悲"的境界，不会因为突然升官、发财而兴奋不已，也不会因为坎坷逆境而怨天尤人。这样的人才是能够经受住人生的各种考验，能够做成事情的人。

总之，我们平时只要注意考察对方行为的动机、行为的途径以及他平时能够安心做什么，就可以知道他是一个怎样的人。

管仲的观人术

管仲是春秋时期齐国著名的政治家、军事家，辅佐齐桓公成为春秋时期的第一霸主，管仲也被称为"春秋第一相"，而他的成就很大程度上也得益于他"观人有术"。管仲在《管子·形势》中，详细阐述了他的"观人术"，值得我们后来人学习。

第一，訾之人，勿与任大

即不要把重任交给嫉妒心强的人。嫉妒心强的人无法用客观公正的眼光看待周围的人和事，而且经常因为一些小事对别人怀恨在心，甚至伺机报复。因此这样的人即使有才能，也不能重用，心态不平衡决定他们的才能无法发挥或者不能用在正道上，不能公平、公正地处理事情，并且还是需要小心防范的一类人。

第二，抚巨者，可以远举

即目光长远、懂得规划的人，值得推荐。有的人目光短浅、只图近利，这样的人只能让他做一些不影响大局的事情，而那些有长远眼光和计划的人，则适合统领大局，可以放心地让他独当一面。

第三，顾忧者，可与敬道

即善于从过去的经历中总结和检讨的人，可以把一些重要的任务交给他。

第四，其计也速，而忧在近者，往而勿也

即急功近利、盲目行动的人，不能担任要职。有的人对事情不做周密的考虑和计划，急匆匆地就去做，以为可以立刻完成，相反事情越到后面越发现不对劲，最终以失败告终。这样的人，不能把重要的任务交给他。

第五，举长者，可远见也

即懂得追求长期利益的人，要用发展的眼光来看待他。这种人的特点是含而不露、韬光养晦，把精力放在不断学习提高自己上，初期不露锋芒，但后期则能有大的成就，属于大器晚成型。而一些当下看起来聪明机灵的人，沉不住气、不够踏实，往往不能有长足的进步。

第六，必得之事，不足赖也

即轻易许诺的人，不值得信赖。有的人对于别人求助的事情，喜欢拍着胸脯说，"没问题，这事简单，包在我身上"，却半天看不到实际行动，这样轻易许诺的人是不值得信赖的。相反，那些说话比较慎重的人，经过考虑才答应别人，会尽心尽力地去做事，才是可靠之人。

第七，小谨者，不大立

即过分拘泥于小节的人，很难有大成就。一些人看问题往往会就钻牛角尖，过分关注细节问题而忽视大局，因为常常是捡了芝麻丢了西瓜，很难有所作为。

第八，有无弃之言者，必参之于天地也

即出语绝无废话的人，即使把天下交给他治理，也可以放一百个心。这样的人和任何人来往，都能谨言慎行，语无赘词，非常值得信赖，可以委以重任的。而饶舌多嘴的人，口无遮拦，常常泄露秘密、祸从口出，无法承担重任。

古人的理论能够延续至今，一定有他的精妙之处，所以，只要我们仔细研究管仲的观人术，就一定有所收获。

察人识人，神骨为先

曾国藩是清末著名的军事家、政治家和理学家，官至两江总督、直隶总督、武英殿大学士，封一等毅勇侯，是清代以文人而封武侯的第一人。由于他的努力，晚清一度呈现中兴之势，他被称为"中兴名臣"。他的学术造诣极深，一生著述颇丰，其中以《曾国藩家书》流传最广、影响最大。曾国藩之所以能够取得如此成就，一方面因为他天资聪颖且刻苦修身，另一方面与他的精于识人、知人善任也密不可分。

在曾国藩的著作中不止一次提到识人之术，其中当以《冰鉴》叙述得最为详细。《冰鉴·神骨篇》中写道："脱谷为糠，其髓斯存……山骞不崩，唯石为镇……一身精神，具乎两目；一身骨相，具乎面部……开门见山，此为第一。"大意是说："去掉稻谷的外壳，就是谷糠，但稻谷的精华仍然存在着；山岳不会倒塌破碎，因为它的主体部分是岩石；一个人的精神状态，主要集中在他的两只眼睛里；一个人的骨骼丰俊，主要集中在他的一张面孔上。可见，精神和骨骼是观人的第一要诀。"

神发自内心，一般通过眼睛透露出来。眼睛清澈透亮，眼神端正，表明其人精力充沛，健康状况良好，同时内心坦荡，光明正大，态度诚恳；眼睛昏暗闪烁，目光游离，表明其人疲劳，或者内心有事，抑或心术不正；眼神喜欢向上的人，内心一定有傲气；眼神朝下的人，一定喜欢算计，习惯经常思考问题；眼神斜视的人，心中一定有鬼。一般说来，眼睛大而明亮，眼球凸，这种人个性强、智商高；眼睛较小、白眼球多的人心思细腻，性情变化不定，做事情往往不循常规，为人比较功利；双眼比较对称，面部器官比较和谐，这种人做事中规中矩，往往成功；眼窝较深，眼神坚毅的人一定智虑较深，经历的挫折也比较多。

曾国藩谈到的"骨"也不是指人体的全部骨骼，而是专指与"神"相配，能够传"神"的头部和面部的骨骼。此外，枕骨、颧骨、太阳骨、眉骨都是看骨相

的重要依据。人的骨相更多地与先天资质有关，即使外貌有损伤，骨相也不会改变，足以判断人的显达。

日常生活中有"天庭饱满"这一说法，就是指天庭骨丰满圆隆，为贵人之相。颧骨不能太高，骨高且没有肉的人，个性很强，具有强烈的权利欲。眉骨凸起的人，自尊心强，精于实干，性格比较刚烈率直，但容易有过火行为。如果眉骨较粗的话，运势就比较强。太阳骨位于眉毛尾端、太阳穴的上部，以凸起为佳。枕骨位于人的后脑勺，一般来说，枕骨越凸起，脑容量就越大，人对外界信息的接受就越快，处理得就越准确。

例如，诸葛亮不仅是杰出的政治家，同时也善于识人。魏延率兵降刘备，刘备委以重任。但诸葛亮观完魏延骨相之后，断定其"脑有反骨，日后必反"。诸葛亮去世之后，魏延果然造反，后被姜维设计所杀。

可见，"神"和"骨"是识人的两扇大门，"骨"为内，"神"为外，观神可辨忠奸。识骨可断显达，二者相辅相成、缺一不可。

识内刚柔，以辨才奸

曾国藩在五行学说基础上提出了"外刚柔"和"内刚柔"的说法。他认为，人的外表和内心皆有"刚柔"两种状态，所谓"刚"和"柔"，意指阳刚和阴柔。

"外刚柔"是人的阳刚和阴柔之气的外在表现，也就是前面提到的五行。"内刚柔"指的是人的喜怒哀乐的感情、激动或平静的情绪和有时深、有时浅的心机或城府。

办事果断，性格刚猛，是为"刚"；做事犹豫不决，优柔寡断，是为"柔"。有的人从外表柔弱、平静，对任何事情有意见并不直说，外人也很难从其外表判断其内心的想法，内心却很有主见，有自己的想法，属于刚柔相济类型。这类人一般处世经验很丰富，经常和不同的人打交道，心思较深，处世圆滑，适合做领导者。有的人外表强悍，遇到高兴的事情就乐得忘乎所以，遇到令人愤怒的事情就怒发冲冠，但情绪发泄完之后很快就将事情忘记，这就是阳刚之气太重，缺乏阴柔。这类人心里藏不住事情，所思所想完全能从外表看出来，比较单纯，适合做一些需要踏实肯干的工作。有的人从外表上看毫无生气，无论是遇到高兴的事还是愤怒的事，既不呼唤雀跃也不怒不可遏，毫无张扬之气，这是阴柔太重的表现，缺乏阳刚之气。这类人的情绪不易受到周遭环境的感染，一般比较长寿，但由于缺乏激情，做事情也就缺少动力，需要时不时地接受鼓励才能做出成绩，一般适合做事务性工作。有的人外表上看似喜怒形于色，心性坦率，实际上心思缜密，做的事情都是经过深思熟虑。这种人通常看起来很豁达，给人的印象不错，是可同呼吸、不能共命运之人，这类人一般不能被安排在重要的职位，只适合一般性质的工作。

"内刚柔"其实主要是指人的性格。性格在很大程度上决定一个人的命运，好的性格使人处乱不惊，能坦然积极面对各种各样的环境；不良性格则会让人受尽挫折，严重者走上绝路。因此，内刚柔不仅是识人的一个标准，更是每一个人后天应该注意培养的特质。

有一次，李鸿章带了三个人去拜见曾国藩，请曾国藩给这三个人安排职位。曾国藩先在旁边默默地观察一阵后，再与三个人粗略交谈，随后给李鸿章答复。第一个人心思缜密，胆小甚微，可以给他一个小官的职位；第二个人油嘴滑舌，城府较深，喜欢阳奉阴违，不可重用；第三个人话语得体，谈吐进退得当，刚猛之中透露细致，是将才，可委以重任。这第三个人就是日后立下赫赫战功并官至台湾巡抚的刘铭传。

曾国藩在《冰鉴》中把"刚柔"放到十分重要的位置，因为"刚柔"是人立世之本。一个人要想成就一番事业，必须刚柔并济，拿捏好刚柔的尺度，才能够有所建树，否则只能一事无成。

·第六章·

看人也要看环境

第一节　居住环境——反映生活方式和关切点的重要指标

居住环境比穿衣打扮更能反映社会经济地位

居住环境，是能够贴切地反映出一个人的性格和生活状态的。比如，你到别人的家里去参观的时候，应该注意的就是他的住处、他家里的布置和他这个人的外在形象是否相符。通过对比，可以发现很多情况。

因为，一个人的穿着打扮与居住环境之间的差别，可以透露出这个人愿意把钱花在什么地方。比如，一个人穿着很华丽，但是居住的地方却很简朴。他的房子很旧，所在的位置也比较偏僻，房间里的摆设也很简单。看到他的住处，你完全不能和平时光彩照人的他联系在一起。那么，此时，他的住处更能反映出他的实际财务状况，而他的外在形象只能说明他对自己的期许。他希望自己成为一个富有魅力的有钱人，所以他把自己打扮成这样。而且，他的穿着打扮与他的住所之间的落差越大，他追求财富的动机就越强烈。因为对外表的注重若大于对舒适度的追求，就说明这个人有很强的企图心。他们的目光很远大，追求很高，所以愿意暂时住在简朴的环境中，以所有的财力满足对长远目标的追求，并随时严阵以待不放过每一个机会。当然，还有另外的情况，比如，他们是虚荣心很强的物质主义者。他们贪图别人的目光和称赞，虚荣心极度膨胀，因此，宁愿住得不好也不愿意穿得差。还有一种情况，是缺乏安全感。他们害怕如果不将自己打扮得靓丽一些，就会受到他人的轻视。

还有一种人，和上面的人刚好相反。他们可能会把收入的大部分投入在房子上，在最好的位置买最好的房子，房子的装修和布置也是最好的。但是，他们却并不在乎自己的穿着打扮。这样的人，非常在意自己的舒适度，而不会怎么在乎别人的目光和评价。

比如，有一个人，公司是他自己开的，所以他每天穿很随便的牛仔裤、衬衣上班。他身上也没有任何值钱的配饰，他就是一个普通的人。没有人会把他和有钱人联想到一起。可是，如果你去了他家，那个位于海边的美丽别墅，你就会知道他是多么地富有。他不在意穿着和别人对自己的评价，只要自己舒适就可以。说明这样的人，是非常自信的。他们对自己的现状已经非常满意，所以他不需要向别人展示什么。这样的人，也热爱生活，热爱家庭，他们对家人和朋友的关怀甚于对事业的重视。他们活得洒脱而真实，只会做自己喜欢的事，服从自己内心的想法，是真正的成功人士。

总之，如果一个人的居住环境和外在形象基本上没有差异，那说明这个人对自己的身份和工作都比较满意。如果一个人的居住环境和外在形象存在很大的差别，这个人就值得你思考了。一方面，一个人的居住环境比他的穿着打扮更能真实地反映出他的社会经济地位；另一方面，居住环境所透露出的信息也较为可靠，因为在自己的家里，人们往往不需要掩饰自己真实的身份和性格。

选择在学校附近居住，是重视子女教育的人

孟子是我国战国时期著名的思想家。但是，孟子小时候，也和一般的孩子一样，很贪玩，不愿学习，整天和小朋友打打闹闹。他的母亲为了让他受到良好的教育，花了好多的心血。最初，他们住在墓地旁边。孟子就和邻居的小孩一起学着大人跪拜、号哭的样子，玩起办丧事的游戏。孟母看到了，皱起眉头："不行，我不能让我的孩子住在这里了！"于是，孟母就带着孟子搬到市集旁边去住。到了市集，孟子又和邻居的小孩学商人做生意的样子。一会儿鞠躬欢迎客人、一会儿招待客人、一会儿又和客人讨价还价，表演得像极了！孟母知道了，又皱皱眉头："这个地方也不适合我的孩子居住！"于是，他们又搬家了。这一次，他们搬到了学校附近。孟子开始变得守规矩、懂礼貌、喜欢读书。这个时候，孟母很满意地说："这才是我儿子应该住的地方呀！"

这就是"孟母三迁"的故事。这个故事说明，无论是大人还是孩子，都应该多接近好的人、事、物，才能养成到好习惯，并拥有高尚的情操。但是，从这个故事中我们也可以看到，正是因为最后孟母迁到了学校旁边，才使孟子从小就懂礼貌、喜欢读书。所以，居住环境对孩子的影响是巨大的，而选择在学校附近居住的人，是真正重视子女教育的。

在人们选择住所时，会考虑许多因素。地理位置优越吗？这样离市中心近，买东西会比较方便。离医院近吗？这样看病会方便些。离电影院、KTV等娱乐场所近吗？这样玩起来会方便些。喜欢自然风景和新鲜空气的人，可能会宁愿远一点，也要一片安静的空间。这时，有些人就会考虑，离学校近吗？这样孩子上学会方便一些。而有的家长，会刻意将住所选择在学校旁边，这样就可以让孩子从小就得到良好的教育。

住在学校旁边重要，但是选择什么样的学校也很重要。比如，有位女士描述她为儿子寻找一家幼儿园的经过。她进第一家幼儿园的时候，正是中午时分，那些孩子们正散坐在客厅里看电视。而且，他们竟然在看娱乐节目。如果是卡通片或者介绍大自然的节目，这位女士还可以勉强接受，但是，竟然让小孩子看娱乐节目，她难以理解，于是转身走了。她进入第二家幼儿园，发现房子打扫得一尘不染，而且所有的插座都装上了安全塞子，桌子的每个角落也都套上了橡皮护套，一些可能产生危险的物品也被放在了孩子够不着的地方。每个地方都有贴心的布置，处处显示着这家幼儿园的专业和关怀。通过对比，这位女士选择了这家幼儿园。

总之，住在学校周围，对孩子有好处，所以选择如此居住环境的人重视孩子的教育。但是也要看学校的环境和质量。如果是不好的学校，也会对孩子的成长起反作用。

把整个客厅让给小孩的人，不会拒绝你带小孩来拜访

不同的人，对自己的房子有不同的设计，什么房间起什么作用，都是经过自己精心安排的。因此，通过观察他人对自己房子的设计和各个房间的用途，可以看出这个人的性格。

比如，有的人会把整个客厅都让给小孩，在客厅里堆满了各种各样的玩具。小孩可以在客厅里为所欲为，把客厅弄得很乱，把自己的玩具弄得到处都是。但是，这些人却并不会责怪自己的小孩，而是尽可能地让小孩玩得开心，他们甚至创造条件让孩子玩，并且默默地整理被孩子弄乱的客厅。这样的人，非常爱自己的孩子，并且希望自己的小孩能够快乐地成长。他们注重培养孩子的想象力和创造力，他们让自己的孩子随心自由地发展。因此，这样的人，偏好家庭式的休闲活动，他们不会拒绝你带小孩来拜访，甚至很欢迎你带自己的孩子来家里玩。因为他们是真正富有爱心和耐心，且开明的家长。

而有的家庭会把玩具放在孩子的房间，他们只允许孩子在自己的房间里随便玩，而要把客厅保留为大人的活动空间。这样的人，比较讲原则，但也可以适当通融对方。什么事，该怎样做，他们心里有想法，有自己的原则，但是在一定程度上，他们也可以适当放宽条件。

还有的人，专门为孩子设了游戏房间，这样，孩子既可以在自己的房间里玩，也可以去专门的游戏房间玩。不仅保证了客厅的整齐，也使孩子的房间不至于太乱。这样的人，是非常讲究计划的，也非常善于安排。他们可以尽量使每个人都满意。

值得注意的是，一些女性的房间可以很直接地说明她的性格。比如，她的房间收拾得很干净，家具不多，但是简单而实用。多以白色、蓝色等清淡的颜色为主，呈中性化风格。那么，屋主很可能是性情直爽，性格独立的女性。她们要求和男性具有对等的地方，自主意识很强。她们也不喜欢依赖别人，当然，也讨厌被依赖。虽然她们看起来可能不太可爱，但是一旦真心爱上一个人，会努力给他最好的。

而有的女性的房间恰恰相反，她们不管多大年龄，都喜欢用粉红色装饰自己的房间，并且喜欢用很多可爱的卡通形象。给人一种少女般的梦幻感觉。这样的女性，喜欢浪漫，爱撒娇，情绪反复，喜欢自我沉醉。她们总是习惯于理想化，并一味地追求美的东西。

还有的女性，房间整整齐齐，但是又不乏女性特征。比如一花一草都在细节中，展现了她们对生活细腻的感悟。这样的人，性格坦率，注重内在。她们常常会照顾别人，也喜欢照顾别人。她们在恋爱时，不太注重男人的外表，或者财富，而是注重这个人的内心。所以，这样的女性，活得很真实，也会使自己获得真实的幸福。

总之，房间有不同的布置和装饰，每个房间也有不同的用途，从这些具体的不同，都可以看出主人的性格。

想知道他是否喜爱阅读，只需看他家里有多少藏书

看一个人的爱好，就应该到他家里去，看一看什么比较多。比如，你想知道一个人是否喜爱阅读，就应该看他家里有多少藏书。

书籍是能够反映出人们性格的物品。如果一个人的家里有很多的藏书，虽然不会非常肯定他就是喜欢阅读的，但是，如果一个人非常喜欢阅读，他的家里没有一本藏书，是不可能的。因此，想知道一个人是否喜爱阅读，只需看他家里有

多少藏书。或许，每一个人并非喜欢把书柜放在客厅里，那么，你可以去他的卧室看一看他有没有藏书。又或者，他有一个专门的书房，可以供自己在安静的环境中阅读。还有，你可以具体地观察一下，他所收藏的书的类型，因为根据阅读的书籍类型的不同，还可以具体判断不同的性格。

除了通过看一个人家里的藏书来证明他是否爱阅读，还可以通过房间里的摆设或者布置，也可以看出主人的爱好。

比如，有的人在家里摆放了许多艺术品。很显然，这说明他们很热爱艺术，会把大量的钱投资在购买艺术品上。这时，如果你发现他们摆放的艺术品确实很有艺术价值，那么就恰好证实了你的第一印象。相反，如果你看到的物品只会让你反胃，那么，他们摆放这些艺术品的动机很可能就是为了证明自己很有艺术细胞。往往，人们越显示什么，说明他们越缺失什么。另外，如果他人摆放的艺术品，能够迅速吸引你的目光，也说明你与对方有很多共同的兴趣爱好。

有的人喜欢在家里以开放式吧台的形式，陈列自己丰富的藏酒。很显然，他们喜欢喝酒。他们把自己喜欢的酒，或者舍不得喝的酒，珍藏起来。如果对方年龄不满五十，你就应该特别注意。他们喜欢藏酒，并不一定都是酒鬼。这很可能证明他们是非常欣赏各种美酒，所以他们爱好收藏美酒。收藏有很多种，酒也是其中的一种。当然，他们也可能是喜欢显示自己的人，他们愿意别人夸奖自己收藏了众多的美酒。

有的人喜欢做饭，所以，你去他家的时候，注意一下，他家的厨房是不是特别整洁，配置是不是都很齐全。一个真正热爱厨艺的人，会将自己的厨房打扫得非常干净，而且厨房设施会很齐全，各种作料也都具备。如果他们说自己很喜欢做饭，结果厨房里都是灰尘，并且冰箱里什么都没有，很显然，他们并不热爱做饭。

还有的人，说自己很爱唱歌。那么，去他家的时候，看看他们有没有整套的音响设备，有没有唱片。随口唱几句和真正喜爱唱歌的人，有着本质的区别。真正热情音乐的人，会将自己的资金，投入到改善自己的装备上。

总之，确定一个人的爱好，只需去他家看一看，观察一下相应的物品是否具备。一个人只是强调自己喜爱阅读，家里却没有一本藏书的人，是不可信的。

住在高楼层的人上进心强，但稍显冷漠

在当今的时代，房子越盖越高了。曾几何时，还都是整整齐齐的 6 层小楼，然而随着时代的变迁都变成了 12 层、24 层、32 层，现在甚至于 60 层的大楼也

不足为奇了。房子越盖越高，这说明当今时代的人们，心理上发生了一些变化。

一般情况下，住在高楼层的人，上进心很强。他们通常是不甘人后的，所以无论在财富上，还是在地位上，他们都不想比别人差，而是一味地以高处为目标，努力的奋斗，直至超过别人。这样的人，一般以自我为中心，注重自己的感受，所以好恶也比较明显。他们只注重自己的想法，自己喜欢的就好，自己不喜欢的，就不来往。他们也不喜欢住在低处，而是住在尽量高的地方，这样也和他们好胜的心理相符合，能让他们时时处处高人一等。

俗话说，高处不胜寒。住在10层以上的人们，往往也是不喜欢与人有过多接触的。他们喜欢独居高处，远离低处的喧嚣和嘈杂。闲暇时，他们可以从高楼远眺四周的风景，并享受高处安静的空气和阳光。这样的人，是对人有一点冷淡的。他们不喜欢和很多人打交道，喜欢一个人独居高处，哪怕不胜寒，也喜欢这种凄美的感觉。所以，他们喜欢住在高层，独享一个人的清净。

另外，位置高的住宅，一般都具有良好的景观和较好的环境，价位也比较高。所以，一处位于中心地段的高层住宅，往往是身份和地位的象征。因此，一些有经济实力的人，往往会选择高层，这样会让他们觉得自己很有地位，很有面子，并感觉自己很高贵。

其实，高层住宅有很多具体的弊端。比如，在建筑和医学的领域，有关高楼层居民的研究表明，他们比低楼层的住户，更容易发生"女性压力较大"，"小孩较晚独立"等问题。因为，住在高层的人们，本来就不想和人有过多的来往，他们争强好胜的心又太强，因此他们很难对别人倾诉自己的想法，即便是压力再大，也会积压在自己内心。久而久之，他们的压力得不到及时的排解，就会出现焦躁、情绪反复无常等情况。而且，住在高层的孩子们不能像住在低层的孩子们一样，能够在广阔的空间里玩耍，自由地成长。他们在高处，真正是不胜寒的，只能在自己的房间里孤独地成长，所以心智得不到充分而健康的成长，很难长大，还容易依赖父母。

第二节　人际环境——通过一个人所处的圈子来判断他

气味相投的朋友是一个人的底牌

我们经常说："物以类聚，人以群分。"这句话是非常有道理的。无论是生活中，还是工作中，气味相投、志同道合，都是我们择友的基本标准。反过来讲，一个人有什么样的朋友，也代表了这个人是什么样的。所以，我们也可以通过观察对方的朋友，来判断对方是怎样的人。

一位心理学家曾做过一个实验：要求一些年轻人回忆他们结交的一位最亲密的朋友，并请列举这位朋友与他们自己的相似之处与不同之处。出人意料的是，大多数人列举的尽是朋友与他的相似之处，什么"我们性格内向、诚实，都喜欢欣赏古典音乐"，什么"我们都很开朗、好交际，还常常在一起搞体育活动"，等等。因此，也进一步证明了，人们都是喜欢和自己性格相似的人交往，通过观察一个人周围都是一些什么样的朋友，可以看出这个人是怎样的人。交往的双方若能意识到彼此的相似性，则更容易相互吸引，两者越相似则越能相互吸引，产生亲密感。一般来说，同年龄、同性别、同学历和相同经历的人容易相处；行为动机、立场观点、处世态度、追求目标一致的人更容易相互扶持。相似的范围也很广，包括态度、信念、兴趣、爱好和价值观等。

因此，当我们观察这些人的朋友时，可以从这些方面着手。而且，人们对和自己相似的人容易看着顺眼，相似的两个人容易成为朋友。所以，气味相投的朋友是一个人的底牌，通过观察他的朋友，就可以判断出他的性格。

乐于和优秀者交朋友的人，上进心强

在我们的身边，经常会有很优秀的人。对于这些人，有的人会敬而远之，有的人是暗暗嫉妒，还有的人则是希望和他们成为朋友。很喜欢与比自己优秀的人交朋友，因为在优秀者那里总能学到更多的东西。通常，这样的人有很强的上进心。

希望与优秀的人交朋友的人，有很强的上进心，因为他们在一起接触，本身就可以激发自己的上进心。比如，当你的朋友获得很高的学历时，你是否也希望

自己获得同样的甚至更高的学历呢？当你的朋友领到很丰厚的月薪时，你是否希望自己也领到同样丰厚甚至更丰厚的月薪呢？当你的朋友得到领导的肯定时，你是否希望自己也同样可以得到领导的认同呢？答案是肯定的。所以，跟一个优秀的人在一起，他的进步同样也可以成为你的动力，也能激发你的上进心。俗话说，近朱者赤，所以说，跟一个优秀的人在一起，自己也会变得越来越优秀。而那些主动寻求优秀朋友的人，肯定有着很强的上进心，他们时刻希望自己也能变得优秀。喜欢和优秀的人交朋友，在交朋友的同时还抱着向对方学习的目的。他们也想成为一个优秀的人，也希望自己像别人一样获得成功，于是他们就不断地为自己创造向别人学习的机会。

与优秀的人交朋友，可以从他那里学到许多对自己有用的东西。比如，他的学识，他的经验，他面对问题时的态度，他解决困难时的办法等，这样的人通常可以在生活与工作的好多方面做你的老师，这是提高自己能力的一条途径。所以，许多人都希望自己多结交一些可以当自己老师的朋友，亦师亦友的关系可以让自己更快地得到进步，这是一种有很强的上进心的体现。

因此，当我们的在工作或生活中遇到喜欢与优秀者结交朋友的人，基本上可以断定他是一个上进心很强的人。而有些人恰恰相反，他们喜欢与不如自己的人交朋友。一般情况下，这样的人，虚荣心很强。

人们在选择朋友时，通常会选择与自己志同道合的，或者比自己优秀的，以便提升自己。可是有些人，却偏偏喜欢和不如自己的人在一起，这样他就会有一种优越感。因为自己无论什么方面都强于对方，对方在自己面前只有点头哈腰的分，而自己站在对方的面前，则显得高高在上。其实，这是一种虚荣心过强的表现。而且，这种对比很不公平，不具备可比性，但有的人就是喜欢找一些不如自己的人来衬托自己的高大，以满足自己的虚荣心。所以，喜欢和不如自己的人交朋友的人，通常是那种虚荣心特别强烈的人。因为他们在比自己优秀的人面前他找不到自信，总是有压抑的感觉，不但虚荣心满足不了，还常常无端地郁闷生气。所以，他们必须要找一些不如自己的人做朋友，在这些人面前，他们总是显得很厉害，很有办法，很精明强干，实际上他的任何能力都没有得到提升，但他们仍然很高兴，因为他们的虚荣心得到了满足。

其实，每个人都有虚荣心，有时候，适当的虚荣心也是我们前进的动力。但虚荣心太强也不是一件好事，虚荣心太强的人做事情往往首先想的是要如何满足自己的虚荣，而不去想什么是自己真正想要的。而且，如果虚荣心得不到满足，即使他们做出了什么成绩也不会高兴。这样的人，往往为自己的虚荣付出痛苦的代价。所以，如果有谁喜欢与不如自己的人结为朋友时，那么这个人可能是个很虚荣的人，他有着强烈的虚荣心。如果你不是过度谦虚的人，最好不要尝试与这样的人交朋友。

总之，在现实生活中，有的人喜欢结交比自己优秀的人，也有的人喜欢和不如自己的人交往。看他们和什么样的人交往，身边的朋友圈是什么样的，也可以推断出他们的性格。

异性朋友少的人，内心比较自卑

在交朋友的时候，对性别的挑选是一个特殊的问题。有的人喜欢和同性别的人交朋友，而有的人则喜欢和异性交朋友。

只喜欢和同性交朋友的人，不喜欢与异性交朋友的人，内心深处往往比较自卑。因为自卑，导致他不敢与异性往来，他害怕在异性面前出丑，害怕被异性看不起。当他与异性交流时，不能通畅地交流，有时他还会脸红。在内心深处，他们也希望自己在异性面前光彩夺目，但是自卑的心理让他们觉得自己没有任何优势可言，没有任何可以在别人面前显露的东西，甚至连微笑也没有。因此，他们在没有与异性接触前就先背上了思想包袱，背着这样的包袱去与人交往肯定没有好的效果，而越是没有好的效果，他们便越是着急，从而心里的压力越大、包袱越重，越是放不开，慢慢地就形成了恶性循环。于是，最后的结果就是，他越来越不敢与异性交流，慢慢地开始躲避异性，只与同性交往。他们觉得，与同性交往能让他们不那么紧张，他们可以想说什么就说什么，同伴的安慰和鼓励也会让他找回一点信心。而且，只喜欢与同性交往，他们几乎没有异性朋友，平时见了异性就不知道说什么好，有时甚至与异性说话都会脸红。所以，生活中他们常常避开与异性的交往，渐渐地他们也就失去了异性的朋友。

其实，在很多时候，这都是他们的心理作用。他们的自卑，使他们看不到自己的优点，觉得自己一无是处。他们总是羡慕别人，看到别人身上处处是优点处处散发光芒，而反观自己却是一脸的暗淡。久而久之，他们就真的觉得自己什么都不好了，也愈发不敢和异性交往，害怕他们看不起自己。其实在别人眼里他们也有着自己的优点，只是他们自己看不到而已。他们只能看到自己的缺点却看不到自己的优点，他们常常被自己的缺点所困扰，这是他们自卑的根源。当然，也有一些人因为在经济条件上与别人相差甚远而引起的自卑，这只能靠个人的努力奋斗去填平差距了。还有的是长得比较难看，尤其是女性，害怕在男性面前遭到嘲笑或者轻蔑的眼光。如果不是这两种情况，就是他们的心理作用了。

因此，如果我们身边也有这样的只喜欢和同性交往，不敢跟异性往来的人，我们可以推断出他是一个内心深处极为自卑的人。而有的人恰恰相反，他们的同性朋友很少，而异性朋友却很多，而且，他们喜欢结交异性朋友。

在日常生活中，一般男性的朋友多是男性，女性的朋友多是女性。这是因为同性别的人，性格比较相似，相同的话题也比较多，交往起来也没有什么避讳。但是，有些人却是异性朋友比较多，这是为什么呢？

这些特别喜欢与异性交往的人认为，与异性在一起时比较放松，平时积压在心头的一些话都可以拿出来说说，可以互相安慰对方、鼓励对方。而跟同性在一起时，这些话可能就会因为种种原因说不出口。比如，如果是女性有大量的男性朋友，很可能是因为害怕竞争。因为女性之间的妒忌心比较重，很容易吵架或者互相说坏话。而男性的胸怀比较宽广，能够容纳女性的任性和偶尔的虚荣，所以，女性喜欢与男性交往。同样，如果男性喜欢与女性交朋友，排除"拈花惹草"的可能性，单纯是想交个朋友，则是因为他们觉得女性很善良、很细心，能够安慰人。这样的男人也大多比较软弱，在遇到困难的时候，首先想到找自己的"红颜知己"倾诉，是比较懦弱的表现。

总是结交老实人的人，通常担心遭到背叛

有的人在交朋友时，喜欢找老实巴交的人。他们觉得与那些精明强干的人为伍，可能有一天会遭到背叛，受到伤害。而与老实的人交朋友，不用担心这一点。他们觉得这些老实人一旦与自己成为真心的朋友，便会对自己推心置腹，还有特别的关心照顾，常常会在自己需要帮助的时候出来帮助自己，甚至自己背叛了他们，他们也无怨无悔。而且，跟老实人在一起永远都不会吃亏，也永远不用担心他们会背叛自己。

这些人之所以有这样的想法，可能是在交友的路上受到过什么伤害，以至于一朝被蛇咬，十年怕井绳，让他们不敢再去结交那些比自己聪明强干的人，因为害怕再受伤。他们觉得太聪明能干的人，会欺骗自己、背叛自己，而老实巴交的人则不会。就算是和那些平时比较老实的人交往，他们也要通过长期的观察才会决定自己是不是要结交这个朋友，因为有些人只是表面上比较老实，而心里却很狡猾。如果不经过长时间的观察，可能就无法发现一个人的真面貌。所以，这些

人活得比较累，他们总是担心遭到背叛，在交友的时候小心翼翼。也同样是因为他们害怕别人的背叛，所以他们选择一个永远不会背叛友情的人，这样他们便不会在友情中受到伤害。

而且，喜欢与老实巴交者为伍的人性格比较多愁善感，他们的感情比较细腻，对待友情与爱情都十分认真，是重情谊的人，他们也比较敏感，常常朋友一两句无心的话，都会触动他那敏感的神经。而敏感重感情的人，本身就容易受到伤害，因为一些在别人眼里无足轻重的事情和无足轻重的话，在他们眼里可能有着不同的重量，别人不会在意的东西，他们可能会去在意。

喜欢与老实人交朋友的人，也都是比较率真的人。他们不喜欢那些虚假的客套，希望人与人之间能开诚布公地交流。而与精明者在一起有时会被利用，可能自己将对方当朋友对待了，而对方只把自己当成了实现他的某种目的的一个工具。所以，他们在择友时会选择与老实巴交者、不会欺骗他们、不会利用他们的人为伍。

因此，当我们碰到一个喜欢与老实人交朋友的人，可以初步推断出，他可能是害怕别人的背叛，而且他也是一个性格率真、多愁善感的人。而有的人恰恰相反，不喜欢和老实巴交的人交朋友，而是喜欢跟有权势者交朋友。这样的人，多半有势利心理。

在交朋友的时候，应该以自己的内心为取舍标准。但是有些人，却喜欢结交位高权重者。他们只看得起那些比自己强或者跟自己职位一样高的人，他们只希望和这样的人交朋友，他们看不起那些比他们职位或收入低的人，因为在他们心里，这样的人帮不了他什么忙。这样的人，多半有些势利，他交朋友的原则是能从朋友身上获得利益，而不能让他获得利益的人则不能成为朋友。

这些只喜欢结交位高权重者的人，总希望靠别人的职权来为自己铺路。他们的交友并不是真心的，里面埋藏更多的是利益关系。所以，这样的人交朋友不是以心换心，因此，他一般没有什么真正的知心好友。而且在现实中，对待比自己地位低的人，甚至都不会去多看一眼，更不会去主动交朋友，即使别人主动与他交朋友，他也会表现出爱理不理、不耐烦的样子。但对待比他地位高的人，他马上就转变了态度，他的热情、大方、亲切都会表现得淋漓尽致，当然，并不一定是真心的。不熟悉他的人肯定会被他这种表面流露出的假象所蒙蔽。他还很看重利益的交换，比如，我帮你一次，你也帮我一次，如果我帮了你一次，而你没有能力帮我，他们就会觉得吃了亏。

因此，在现实生活中，有的人喜欢结交老实巴交的人，有些人却只喜欢和位高权重者交朋友。前者可能是害怕遭到背叛，而后者就有着势利的心理。所以，当我们在生活中遇到只喜欢结交位高权重者的人时，我们就主动离他远点，因为连交朋友都十分势利的人，也不值得我们去结交。

喜欢和长辈交朋友的人，心智比较成熟

在交友时，一般人都习惯于和自己的同龄人交朋友。但是，有的人却喜欢与比自己年长的人交往。他们觉得跟同龄人在一起，没有什么话说，而且觉得同龄人的思想太简单，而跟比他们年长的人在一起，反而有更多的共同语言。

喜欢与长辈交朋友的人，一般都是心智比较成熟的人。比起同龄人，他们显得更有远见，在处理事情上，更有大局观，能够比较理智地去对待一些事情，所以，他们的思想要比同龄人成熟。而且，他们跟同龄人在一起时，总会感觉同龄人的想法与他们不一致，或者会认为同龄人现在的想法，他很早前就有了。还有的时候，感觉同龄人的想法很幼稚，完全没有可实施性。所以他们与同龄人在一起时，很难有共同的语言，因为他们的思想已经不在一个层次上了，看问题的立场与观点也都改变了。

这样时间久了，当他们和同龄人谈到某个问题时，同龄人常常不能理解他们的想法，渐渐地便孤立了他们。和这样的情况在和长辈交谈时则没有。他们与比自己年长的人在一起时，往往能够在想法上达成一致，因为那些比较成熟的想法正好与年长者的想法不谋而合，所以与年长者在一起时不仅常常能聊得很投机，还能得到年长者的赞扬和赏识。比较起和同龄人在一起时，他们对自己的想法的怀疑、不理解或者不赞同，这些赞扬和赏识也让他们更加愿意与年长者接触，更加疏远同龄人。而他们经常和长辈在一起，交流越多，思想就越成熟。良性循环，久而久之，他们就成为了心智上比较成熟的人。

心智成熟的人，虽然并没有处理过一些问题，但他们却在年长者那里学到了足够多的经验，因此他们一般在接受新事物上显得比别人更快，在处理问题上也显得比别人更稳重、更有经验。这也是与年长者在一起的好处，毕竟是过来人，你可以从年长者那里学到许多在同龄人身上学不到的东西。所以他们愿意与年长者交往。而本身，这些想法也只有心智比较成熟的人才会有。因为他们知道和年长者交往的好处，本身心智就比较成熟。

总之，当我们身边有比自己年龄小的人很喜欢与自己交往时，我们可以判断

这个比自己年龄小的朋友很可能是个心智十分成熟的人，不要小看了他。或者，当我们身边有些同龄人，不喜欢和我们交往，却喜欢和年龄比我们大的人交往时，也不要用自己的想法揣摩他，因为他很可能比我们的想法要成熟许多。而还有一些人恰恰相反，他们不仅不喜欢比自己年长的人交往，还喜欢与年幼者交友。这样的人，多半是对现状不满的人，比较"愤青"。

确实，有人喜欢与长辈交往，就有人喜欢与年幼的人交往。要不然前者的情况也不可能出现。喜欢比自己年幼者交往的人，往往讨厌自己身边的年长者或者同龄人，那些年长者和同龄人对事物的观点和想法不能和他达成一致，也不能令他满意。因此，喜欢比自己年幼的人交往，从另一个角度而言，他排斥比自己年长者或者同龄者，在年长者或者同龄者那里，他们不能找到自己的知己。他们需要的朋友是那种比较纯粹的真挚的朋友，而不是成人间的那种表面一套背后一套的交往。而且，他们对年长者和同龄人的不满实际上就是对现状的不满。所以，在年长者和同龄人面前他总是一副"愤青"的样子，对什么都看不惯，对什么都不满意。

而且，因为他们对什么都看不惯，还会把本来没有那么严重的问题严重化。特别是对成人间那些虚伪的客套的关系感到恶心，对那些尔虞我诈的交往感到失望。所以他常和年幼者交往，他们觉得比自己小的人，思想还单纯些。因此，他们愿意和那些心灵比较纯洁的年幼者交往。所以，他们总是在同龄人中显得很激进。

不过，这样的人性格也非常直率、真诚。他们敢于大胆地去戳穿别人不愿戳穿的谎言，有什么就说什么，不怕得罪人，无论在什么时候他都敢于仗义执言。虽然他们说话有些偏激，做事也有些容易冲动，但是他们不虚伪，也很真诚。

因此，有人喜欢和长辈交往，有人喜欢和年幼的人交往。前者的心智比较成熟，而后者的想法比较激进。通过观察身边的人都喜欢和什么年龄段的人交往，就可以初步判断他们的思想是否成熟。

朋友圈子大的人，多半热情开朗

有些人，非常喜欢交朋友。不管对方是怎么样的性格，也不管对方的年龄身份如何，只要是能谈得来，就会交了对方这个朋友。而且，对他们来说，也很少有谈不来的。因此，他们的朋友很多，三教九流，什么样的朋友都有。他们在生活中喜欢与各种职业、各种性格的人交朋友，所以他们的朋友常常遍布在城市的各个角落。

这些喜欢结交不同性格朋友的人，大多是热情开朗的。他们能接受、能容纳不同性格的人，他们对任何人、任何事都很热情，没有这份热情，相信也很难有不同性格的人愿意与他为伍。另外，他们不仅自己热情开朗，对别人的事也很热心。因为他们要交到不同性格的朋友，就不能只待在一个圈子里，他们要和不同的人接触，只有先接触才能找到朋友。所以，他们必须对别人的事情热心，他们甚至要去参与别人的事情，因为这样他们就能跳出自己的圈子，走进别人的圈子，在别人的圈子里接触更多的人，认识更多的人，为自己的下一步交友做准备。所以，喜欢结交不同朋友的人，性格比较开朗热情，对别人的事也很热心。

而且，这些人往往是重视社交的人，他们不仅在自己熟悉的场合，展开自己的交际攻势，往往在不熟悉的场合，也敢于施展自己的交际才能，他们有那种能很快把陌生人变为朋友的本领，在他的朋友中，至少有一半是完全通过无意间的一次交流而转化为朋友的。他们重视社交，一方面是为了给自己铺路，另一方面，他们本身就热衷于交朋友。

另外，他们的性格也是多元的。他们对朋友的事情很关心、很热心，有需要帮助的地方，一定会尽力去帮忙。所以，朋友们遇到问题和麻烦时也常常能想起他，而当他遇到困难和麻烦时也会得到八方支援。不过，他们有时虽然会跟着感性的朋友一起把酒畅聊到天明，但是，有时也会跟着理性的朋友计算股票基金的收益，或者想想和这样的人交往能够给自己带来什么好处。

总之，当我们在生活中遇到这种喜欢交朋友的人时，我们就可以大致判断出，他是一个比较开朗热情的人。而有些人却刚好相反，他们很少主动结交朋友，有的甚至从来没有主动结交过朋友。这样的人，通常比较孤傲，比较清高自负。

与喜欢交朋友的人相反，有的人很少主动去结交朋友。他们根本不喜欢交际。不过，如果有人愿意跟他们交朋友，他们也不介意。但是他们在交际上一般比较被动。

这样的人，性格一般都比较孤傲。更多的时候，他们都愿意一个人待着，而不是跟朋友在一起。他们往往具备一些过人的能力，但又不喜欢外露，不喜欢刻意地去表现自己，当别人发现不了他时，他便一个人孤芳自赏，而不是毛遂自荐。而且，从不主动结交朋友的人，一般都是比较清高自负的人。他们骨子里有一股傲气，谁也不服的傲气。所以他不会主动去跟谁好，因为在他眼里世上大多数人都不如他。所以这样的人也常常为自己的清高付出昂贵的代价，这代价就是失去一些很好的机遇。失去后他们也会觉得有些遗憾，但也并不会太在意，更不会去因此改变自己。

不过，他们孤傲、清高自负，却并不冷漠。一旦有人愿意跟他们交往时，他们不会像那些势利的人对朋友挑挑拣拣，他们会表现出自己的热情与真诚，当然，前提是这些想与他交朋友的人必须也是真诚的。而且，一旦交往起来，你就会发现，他们是值得深交的朋友。

总之，无论是喜欢交朋友的人也好，还是不喜欢主动交朋友的人也好，都是值得我们交往的朋友。因为前者是热心开朗的好朋友，而后者是外表清高、内心真诚的好知己。能够和这样的人成为朋友的人，本身也是热情而宽容的。他们能够用他们广阔的胸怀，包容不同的人。

第三节　工作环境——个性的浓缩地带

费心在办公室照顾花卉的人体贴而好客

对现代人来说，在紧张的工作之余，养些花卉不仅能调节生活，放松心情，还有助于调节人体生理功能，稳定情绪，有益于身心健康。因此，喜欢种植花卉的人，是热爱生活，也注重自身健康的人。

如果是在办公室等公共场合费心照顾花卉的人，则是体贴而好客的。他们不仅在家里种植花卉，对于办公室的花卉也是悉心地照顾，说明他们内心是很善良的。对于一花一草都这么热心，对于人也是。所以，他们能够体贴别人，当对方遇到困难时，能够热心地帮助对方。他们也喜欢与人交往，会组织并参加集体活动，也欢迎别人到自己家里来做客。他们会热情地招待客人，给客人贴心的照顾，所以是真正好客的人。他们的心态也很好，遇到压力的时候，知道怎么排解，并且化压力为动力。他们内心也很阳光，凡事都看得比较开。他们还容易满足，就像花卉一样，有阳光有水，就能生机勃勃地开放。

美国旧金山有一家医院，专为一些慢性病人开辟了一片空地，让他们在此从事花草和蔬菜的种植。澳大利亚的一家诊疗所，根据病人的不同症状，让他们分别在田野里拔草、剪枝、施肥、松土、浇水。结果，这些病人康复得很快。

正如上面的故事中所讲，种植花卉，是对美的向往和追求。各种花卉，不仅是美化生活的大使，给人以美和艺术的感受，更是改善环境、陶冶情操、增进健康的益友。所以，费心在办公室里照顾花卉的人，不仅注重自己的身心健康，还在帮助别人调节情绪，是善良而体贴的。

相反，如果一个人只喜欢鲜花而不去照顾花卉，则是非常冷漠的。他们只喜欢漂亮、灿烂的成果，而不去照顾和培养，说明他们很自私。他们对人也比较冷漠，不喜欢照顾别人。当别人有求于他们时，他们只想找借口推脱。而且，他们做事很急躁，不注重过程，只看重结果，而没有享受生活的心态。

总之，当人们置身于亲手种植的花草丛中时，看着绽开的朵朵鲜花，闻着沁人心脾的花香，在劳动中得到美的享受与喜悦，心情也会得到极大的安抚和放松。所以，那些不论是在家里，还是在办公室，都悉心照料花卉的人，是身心健康的人，也是体贴而好客的。

桌面零乱的人往往做事时没有条理

对于常常需要在桌上学习或办公的人来说，桌面所呈现出来的种种表象，可以反映主人的情绪状态和个性特点。

比如，有的人的桌面十分零乱，抽屉里也是乱七八糟。这样的人，一般缺少深谋远虑的智慧，不会把事情考虑得太周密，做事没有条理，更别说什么长远的计划。不过，他们待人往往相当热情，性格也很随和，是真诚而坦率的人。但他们做事，多凭一时的喜好和冲动，属于"三分钟热度"的人，很难长久地坚持某一件事。而且，他们生活态度虽积极乐观，但太过于随便，不拘小节，经常是马马虎虎、得过且过，有时候经常会忘记或者忽略一些重要的事。所以，这样的人工作能力较差，效率也较低，他们的逻辑思辨能力较差，缺乏足够的责任心。但是他们的适应能力比一般人要强。因为，他们的桌子和抽屉里都乱七八糟的，像是垃圾堆，如果要找一样东西，往往要把抽屉翻个遍，到最后可能还是找不到，所以，当他们遇到糟糕的事情时，也能够以最快的速度调整好心态。

不过，他们的各种文件资料总是这里放一些，那里也放一些，没有一点规则，而且轻重缓急不分，这样的人大多做起事来虎头蛇尾，没有头绪。他们的注意力常被一些其他的事情分散，从而无法集中在工作上，自然也很难有优异的成绩。他们也想改变自己目前的状况，但是自我约束能力很差，总是自我妥协，过后又不断自责，紧接着又会找各种理由来安慰自己。

而有的人，虽然桌面上收拾得很干净、整洁，但抽屉里却乱七八糟，这样的人虽然有足够的智慧，但往往不能脚踏实地地做事，喜欢耍一些小聪明，做表面文章。他们性格大多比较散漫、懒惰，为人处世并不十分可靠。从表面上看，他们有比较不错的人际关系，但实际上，他们内心很孤独。

还有的人，不管是桌面上还是抽屉里，都是整整齐齐的，各种物品都放在该放的位置上，让人看起来有一种舒服的感觉。这表明桌子的主人办事是极有效率的，他们的生活也很有规律，什么事都会办得井井有条。他们很懂得珍惜时间，能够精打细算地用空闲的时间来做更有意义的事情。他们多有一些很高的理想和追求，并且坚持不懈。但是他们习惯了依照计划做事，所以，对于一些意料之外发生的事情，常常会感到不知所措。在这一方面，他们的应变能力显得稍微差一些，当遇到突然的变故时，往往会令他们措手不及。而且，这样的人虽然可以把分内的工作做得很好，但墨守成规，缺乏冒险精神，所以不会有什么开拓和创新。

值得一提的是，有的人喜欢在抽屉里放一些具有纪念意义的物品。这样的人，多是比较内向的。他们不太善于交际，所以朋友不多，但仅有的几个却是终生不渝的。他们很看重和这些人的感情，所以会分外珍惜。他们有一些怀旧情结，总希望留下一些美好的回忆。但他们比较脆弱，容易受到伤害，而且做事也缺少足够的恒心和毅力，常常不敢面对困难和挫折。

下班后的桌子可以看出心情转换的能力

忙碌了一天，都很累了，下班后，大家都会比较迅速地收拾东西回家。因此，通过下班后的桌子，也可以看出桌子主人的性格，以及心情转化的能力。

比如，下班后，一些人会把桌子整理得干干净净。这说明这些人心情转化的能力很强。他们的思想很清楚、很明快。下班了，就要把事情处理好，轻松地回家。也说明这样的人，对于什么事都比较淡泊，对周围的环境能够迅速地适应以及应对。如果他们整理的速度还比较快，说明他们想早点脱离工作，想尽快放松一下自己。并且，不喜欢上班占用自己的私人时间，公私分明。上班，就会努力工作，争取效率；下班，就要迅速回家，和家人在一起。另外，能够把桌子收拾得干干净净，说明他们也有很好的生活习惯，喜欢干净、整洁，做事也比较干净利索。不过，他们比较在意别人的目光，不想给别人留下不好的印象，哪怕是以后再也不会见到的陌生人。他们也比较爱面子，如果你指出他们的缺点或错误，会使他们觉得非常丢脸，并且对你产生很深的成见。而且，让他们说出内心的想法也比较困难，他们不喜欢对别人敞开心扉。

有的人在下班后，只是把桌子简单地整理一下。他们觉得下班之后直接走人不太好，桌子应该整理一下，所以他们开始整理。但是他们又觉得整理干净很麻烦，于是只会大概整理一下。这样的人，也非常在意别人的目光。因为将桌子打扫得干干净净的人，有可能是因为自己内心非常爱整洁，并不是特别在乎别人的看法。但是，简单整理一下桌子的人，只是因为顾忌别人的目光。而且，他们也容易依照别人的意思做事，所以能和周围的人保持不错的人际关系。

不过，因为他虽然想整理桌子，但是整理得又不认真，说明他们有半途而废的性格。他们觉得彻底做一件事是很辛苦的，虽然开始会觉得这样做是对的，但是干一会儿就会坚持不下去，于是想，大概差不多就行了。所以这样的人，没有定性，对自己也太过纵容。也是因为做事的不彻底，让他们很难放开心胸与人交往。即便是他尽量放开心胸与人相处了，也会因此感到不安。

有的人在下班后，根本不整理桌子，而且进行到一半的工作，也会放下来不做。这样的人，很讨厌整理桌子。如果他们的东西是应该整理的，而他没有整理，说明他是一个不太爱整洁的人，并且比较健忘。如果你和他约好了见面时间，一定要不停催促他，否则他不会准时赴约。如果他是故意不整理的，把进行了一半的工作放在桌子上，这样明天来了就可以直接继续工作，说明他对工作很努力，而且不会在意别人的眼光，只做自己认为对的事。

办公桌上摆放家人照片的人，家庭观念较强

办公室是一个人每天办公的地方，我们每天至少有 8 个小时在这里度过。因此，我们办公桌上摆放的物品，就显得尤为重要。通过人们在办公桌上摆放的物品的不同，可以判断桌子的主人具有怎样的性格。

比如，有的人会在办公桌上摆放家人的照片，这说明他有极强的家庭观念。这里要区分，摆在家里的照片和摆在办公桌上的照片。家里的空间不受限制，人们想放多少放多少，也没有顾忌，什么样的照片都可以。但是在办公室里就不同了，位置有限，还要顾忌别人的目光。此时，能够有勇气将自己家人的照片放在办公桌上的人，一定是非常热爱自己的家庭的。他时时刻刻想着自己的家人，有着很强的家庭观念，所以，才会在办公桌上摆放家人的照片。

当然，除了摆放家人的照片，他们也可以摆放其他的照片。比如，他们可以

摆放自己和某位知名人士的合影，这说明他们有很强的虚荣心，喜欢表现自己；他们也可以摆放自己的独照，这很容易看出来他们有强烈的自恋情结；他们可能还会摆放自然风景的照片，这说明他们很期待生活在风景优美的大自然中。

在办公桌上，当然不可能只摆放照片，所以人们也可以有不同的选择。通过不同的摆放物品，也可以看出这个人的性格。

比如，书籍是办公桌上少不了的物品。如果一个人的办公桌上没有一本书，只能说明这个人是非常不专业的。当然，大部分的桌子上是有书的，那么，可以根据桌子上摆的是什么书，初步确定桌子的主人的爱好。简单地举例，如果他摆放的是专业书籍，证明他很热爱自己的工作，并且努力钻研，想在工作上有所突破；如果他的桌子上摆满了精装本的世界名著，而且基本上没有翻过，只能说明这个人是喜欢派头的人；如果他的桌子上摆放的是一些与工作和提高个人能力无关的书，只能说明此人不热爱自己的工作，心有旁骛。

当然，办公桌上肯定少不了办公用品。此时，你就要观察他的办公用品都是什么档次的，因为办公用品的档次，不仅可以说明公司的实力，也可以看出个人的品位。而且，他的办公用品摆放整齐吗？他的桌面是凌乱不堪，还是井然有序？如果他的办公用品都杂乱地放在一起，很容易看出这是一个在生活上比较散漫的人。

还有的人，会在办公桌上摆放日历。日历的摆放，很容易看出桌子的主人对时间很珍惜，而且，对自己的事很有计划性。并且，日历的材质和画面的背景，也可以从侧面推出一个人的性格。比如，是精致的材质，还是免费赠送的日历？画面的背景是美女还是风景？追求卓越的人，对细节也要求精美，因此，他们不会用赠送的附带广告的日历，而且，根据自己的喜好，购买他们喜好的日历。而用免费赠送的日历的人，很明显是大大咧咧的豪放派，不管好坏，能用就行了。

使用高档通讯录的人，多小心谨慎

人是社会化的产物，人的一生中总会和很多人保持着一定的联系，而这些人的联系方式除了记在头脑里以外，为了以防万一，还会记在通讯录上。因此，通讯录几乎是很多人都具备的，尤其是在工作中，通讯录的作用更是不可缺少。而且，一个人对通讯录持什么样的态度，这在一定程度上是由一个人的性格所决定的。

比如，有的人喜欢使用相对昂贵的通讯录。使用昂贵通讯录的人，他们的生活态度是严谨小心的，与人交往是有建立长久关系的意愿，一旦有谁真正进入到他们的生活中，就会真心对待，给予足够的尊重，这种感情尤其是在紧要关头，会淋漓尽致地表现出来，这时候，他们是最可靠的。而且，他们会珍藏自己的通讯录。这样的人，不仅把同学、朋友、同事看得很重，而且这类人还比较注重人与人之间的感情。即使他们身边的人不停地变换，但是他们都希望能够留住大家曾经在一起的美好时光，所以在情感上这种人比较怀旧，在爱情上他们大多都会对以往的恋人念念不忘。因此，这些一直保留旧的通讯录的人，比较重感情，比较怀旧，即使是彼此之间的感情已经结束了，也不会放弃他们，因为他想在自己的记忆中保留一份美好的回忆。

在工作方面，他们也总是会保持清醒的头脑，他们很了解自己的能力，他们懂得，无论什么事情不可能凭借一己之力就能做好，只有集中大家的智慧，通过别人的帮助，自己才可能把一件事做得更加完美。但是由于社会上什么样的人都有，他们很可能会因为盲目信赖一些人而被人辜负，但这些经历并不能阻止他们对别人的信任和依赖。在爱情方面这种人一般属于特别痴情的一类人，但是他们的痴情并不能改变他人，所以这种人常常会成为爱情中的苦情派，深爱一个人，却永远得不到对方的怜爱。

相反，有的人喜欢使用比较便于携带的通讯录。这表明他们在很多方面都不是特别的讲究。他们多是随随便便的人。这一类型的人非常实际，什么东西对自己有用的时候就保存，没有用的时候就丢弃。在与人相处中，他们不喜欢强求的友谊，同样他们也不希望会被对方记住或珍惜，他们更喜欢新朋友、新同事，所以这种人的朋友不少，却缺少知己。

有的人每年都要更换一回通讯录，这说明他是一个非常注重实际的人，谁对自己的帮助大，谁对自己的帮助小，他们自己在心里往往有数，分得很清楚。他们很实际，有时候做事一点儿情面也不留，让他人无法接受。可是在另一方面，他们又是比较仗义的，对和自己同属一条战线的人能够为之付出，与此同时，也会有人情愿为他们付出。

有的人使用抽取式的通讯录，这说明他们的社交范围是相当广的，他们认识很多很多的人，所以必须要以最快的速度为这些人找个落脚的地方。他们大多很繁忙，时间表安排得满满的，但他们做事的效率又很高，大多数情况下心态也比较平和。

有的人习惯用铅笔在通讯录上记录，表明这些人不容易相信对方的。他们之所以用铅笔记录与人联系的方式，多是对对方持怀疑态度，如果有什么事情证实自己的怀疑是有一定根据的，他们可能很快就会将这个人在通讯录上删去，断绝来往。

有的人使用皮夹或皮包型的通讯录，这表明他们的性格不是特别坚强，缺乏必要的安全感，总是想得到他人的关心和帮助，只有这样，才会使他们的情绪稳定下来。他们比较内向，并不太轻易地与陌生人交往，他们与之交往的一些人，多是一些比较亲近的人。

还有的人根本就没有通讯录，他们总是把通讯录和联系方式随便乱放。这样的人生活常常是一团糟的，他们的任何东西都是没有规律的，组织能力和自我约束能力也很差。但他们大多都有较聪慧的头脑，在某一方面有一定的专长，有非凡的创造力和想象力，所以很可能会做出一些重大的成就。

提升篇

瞬间了解他人的心理策略

·第一章·

洞悉心理，赢得好感与支持

第一节　洞悉人性，满足他人的心理需求

让出谈话的主动权，满足他人的倾诉欲

有人说："不肯留神去听人家说话，这是不能受人欢迎的原因的一种。一般的人，他们只注重于自己应该怎样说下去，绝不管人家要怎样说。须知世界上多半是欢迎专听别人说话的人，很少欢迎自己说话的人。"

很多人在生活中常易犯一个毛病：一旦打开话匣子，就难以止住。其实，这种人得不偿失，因为话说得多了，既费精力，给他人传递的信息又太多，还有可能伤害他人；另外，无法从他人身上吸取更多的东西，因为他们总是不给别人机会。其实，每个人天生都有一种渴望倾诉的心理，希望能够畅快地表达自己，希望有人能够安静地听自己说话。在与人交谈的过程中，我们应该随时关注人们的这种心理，学会做一个认真的倾听者，让出谈话的主动权，满足他人的倾诉欲。

与人交谈时要暂时忘记自己，不要老是没完没了地谈个人生活、自己的孩子、自己的事业。你要在交谈中给对方发表意见的机会，可以尽量去逗引别人说他自己的事情，同时，你以充满同情和热诚的心去听他的叙述，一定会让对方高兴，给对方留下最佳的印象。

如果有几个朋友聚在一起谈话，当中只有一个人口若悬河，其他人只是呆呆地听着，这不就成为他的演讲会，让在场的其他人感到无可奈何和愤怒。每个人都有着自己的发表欲。小学生对老师提出的问题，争先恐后地举起手来，希望教师让自己回答，即使他对于这个问题还不是彻底地了解，只是一知半解地懂了一些皮毛，还是要举起手来的，也不在乎回答错误要被同学们耻笑，这就说明人的表现欲是天生的，因为小学生远不如成年人有那么多顾虑。成人们听着人家在讲

述某一事件时，虽然他们并不像小学生那样争先恐后地举起手来，然而他的喉头老是痒痒的，他恨不得对方赶紧讲完了好让他讲。

阻遏别人的发表欲，人家一定不高兴，你在此情况下很难得到别人的认同，为什么要做这样的傻事呢？你不但要让别人有发表意见的机会，还得设法引起别人说话的欲望，使人家感觉到你是一位使人欢喜的朋友，这对一个人的好处是非常之大的。

在与人交谈的过程中，与其自己唠唠叨叨地说废话，还不如爽爽快快，让别人去说，反而会得到意想不到的结果。如果能够给别人说话的机会，你就给别人留下了一个好印象，以后，别人就会更愿意与你交谈了。

能说会道的人很受欢迎，而善于倾听的人才真正深得人心。话多难免有言过其实之嫌，或者被人形容夸夸其谈。静心倾听就没有这些弊病，倒有兼听则明的好处。用心听，给人的印象是谦虚好学，是专心稳重，诚实可靠。所以，有时候用双耳听比说更能赢得他人的认可和赞誉。

别人得意之事挂在嘴上，自己得意之事放在心里

虚荣心人人都有，是人类天性的一部分，每个人都喜欢炫耀自己的成绩，引起别人的注意。一方面，我们在人际交往的过程中，要学会洞悉他人的虚荣心理，多说说别人得意的事情，不失时机地满足对方的虚荣心；另一方面，要尽量把自己的得意事放在心里，别伤害了对方的虚荣心，尤其是别人失意时，更要注意维护对方的心理。聪明人会将自己的得意放在心里，而不是放在嘴上，更不会把它当作炫耀的资本。当你和朋友交谈时，最好多谈他关心和得意的事，这样可以赢得对方的好感和认同，从而加深你们之间的感情。

小柯刚调到市人事局的那段日子里，几乎在同事中连一个朋友也没有，他自己也搞不清是什么原因。原来，他认为自己正春风得意，对自己的机遇和才能满意得不得了，几乎每天都使劲向同事们炫耀他在工作中的成绩。但同事们听了之后不仅没有人分享他的"得意"，而且还极不高兴。后来，还是他当了多年领导的老父亲一语点破，他才意识到自己的症结到底在哪里。以后，每当他有时间与同事闲聊的时候，总是谈论对方的得意之事，久而久之，同事们都成了小柯的好朋友。

诚然，人在得意时都会有张扬的欲望，都想及时地把得意的事和大家分享，

以显示自己的优越感，但是当你想谈论你的得意时，要注意说话的场合和对象。你可以在演说的公众场合谈，对你的员工谈，享受他们投给你的钦羡目光，也可以对你的家人谈，让他们以你为荣，引以为豪，但就是不要对失意的人谈。因为失意的人最脆弱，也最敏感，更容易触发内心的失落感。你的每一句得意之言都会在他心中形成鲜明的对比，你的谈论在他听来都充满了嘲讽的味道，让失意的人感受到你"看不起"他。

一个周末，晓楠约了几个要好的朋友来家里吃饭，这些朋友彼此都是很熟悉的。晓楠把他们召集到一起，主要是想借着热闹的气氛，让一位目前正处于人生低潮的朋友心情好一些，希望他早点从心情的低谷中走出来。

这位朋友在不久前因经营不善，关了一家公司，他的妻子也因为不堪生活的重负，正与他谈离婚的事。内外交迫，他实在痛苦极了，对生活也失去了信心。

来吃饭的朋友都很同情这位朋友目前的遭遇，也非常理解他现在的心情，因此大家都避免去谈那些与事业有关的事。但是其中一位朋友因为目前生意好，赚了很大一笔钱，按捺不住内心的喜悦，酒一下肚就忍不住开始大谈他的赚钱本领和花钱功夫，那种得意的神情，连晓楠看了都很不舒服。那位失意的朋友沉默不言，心中的苦涩全写在脸上了，一会儿去拿东西，一会儿去抽烟，最后还是提早离开了。晓楠送他出去，在巷口，他愤愤地说："那家伙会赚钱也不必在我面前说得那么神气。"

晓楠了解他的心情，因为在多年前她也碰过低潮，曾经对生活绝望，每次有正风光的亲戚、朋友在她面前炫耀自己的薪水、奖金，那种感受就如同把针一枚枚插在心坎一般，说不出的心酸与痛苦。

一般来说，失意的人较少具有攻击性，郁郁寡欢、沉默寡言、多愁善感是最普遍的心态，但别以为他们只是如此。当他们听你的得意言论后，他们普遍会产生一种心理——怨恨。这是压抑在内心深处的不满，你说得唾沫横飞、得意忘形，其实，不知不觉中已在失意者心中埋下一颗情绪炸弹。一般情况下，失意者对你的怀恨不会立即显现，因为他无力显现，但他会通过各种方式来泄恨，比如说你坏话、扯你后腿、故意与你为敌，在暗地里给你下套，主要目的则是——看你得意到几时，而最明显的则是疏远你，避免和你碰面，这样你就少了一个朋友，其他的朋友甚至也会孤立你，这样的结果得不偿失。

自己的得意事放在心里，别人的得意事挂在嘴边，只有铭记这一点，才不会被人讨厌，才有可能真正被人接纳，找到成事的"切入点"，让自己的人生多一条坦途，少一分牵绊。

任何时候都要维护他人的自尊

每个人都有自尊，都渴望得到别人的尊重。人与人之间虽然在财富、地位、学识、能力、肤色、性别等许多方面各有不同，但在人格上是平等的。维护自己的自尊是每个人最强烈的愿望，在人际交往中，我们如果伤害了别人的自尊，对方就很有可能千方百计地伤害我们的自尊；而如果我们维护了别人的自尊，别人也会反过来回报我们对他的尊重。

余伟是一家食品店的老板，他的一名店员经常粗心大意地把商品的价格标签贴错，并由此引起了混淆和顾客的抱怨，余伟每次批评他，但还是屡屡犯错。最后，余伟把这名店员叫进了办公室，任命他为价格标签的主管，负责将整个食品店货物架子上的标签都贴在合适的位置上。新头衔和职责让他的工作态度发生了彻底的改变，从此以后，他做的工作都很令人满意。

许多人自尊心非常强，不到万不得已不轻易求人。因为一旦乞求别人的帮助就意味着自己是弱者而对方是强者，自己受别人的恩惠，就要看人家的脸色，在别人面前气短三分。正因为如此，我们在为别人提供帮助时，也要考虑自己的说话办事的方法，不要伤及对方的尊严，才能使他真正得到帮助。否则人情没有做成，反而招人埋怨。

一位女士讲述了她祖父的故事。

当年祖父很穷，冬天来了，他没有钱买木柴，就去向一个富人借钱。富人爽快地答应借给他两块大洋，很大方地说："拿去花吧，不用还了！"

祖父犹豫了一下，还是接过钱，小心翼翼地包好，就匆匆往家里赶。富人冲他的背影又喊了一遍："不用还了！"

第二天大清早，富人打开院门，发现门口的积雪已被人扫过了。他在村里打听后，得知这事是借钱的人干的。

富人想了想，终于明白了：自己昨天的举动是给别人一份施舍。于是他让借钱人写了一份借条，约定以扫雪来偿还借款。

祖父用扫雪的行动提醒富人，任何人都有尊严。可见，即使是在帮助别人的过程中，也要考虑对方的感受，不要一副"施舍"的姿态，否则一片好心反而遭来怨恨，得不偿失。

由此可见，无论我们与什么身份、什么地位的人打交道，都要随时注意维护他人的自尊，这样才能赢得别人的尊重，避免不必要的麻烦和损失。

让别人感觉他比你聪明

装傻是一种人生大智慧。每个人都希望比别人显得更聪明，装傻可以满足这种心理。他会感觉自己很聪明，至少比你聪明一些。一旦他意识到这一点，他将再也不会怀疑你可能有更加重要的目的。

在一个小镇上，有一个孩子，人们常常捉弄他。其中最为乐此不疲的一个游戏是挑硬币，他们把一枚5分硬币和一枚1角硬币丢在孩子面前，他每次都会拿走那个5分的。于是大家哈哈大笑，感叹一番"真傻""傻得不可救药"，等等。

一个女教师偶然看到了这一幕，心中非常难过，她为那些没有同情心的人感到可悲。她把那孩子拉到一边，对他说："孩子，你难道不知道1角钱要比5分钱多吗？为什么要让人家嘲笑你呢？"

出乎意料的事发生了，孩子双眼闪出灵动的光芒，他笑着说："当然知道！可是如果我拿了那1角钱，以后就再也拿不到那许多的5分钱了。"

这个孩子正是那种貌似愚钝、内心聪明的人，他的傻只是一种伪装，那些肤浅的人们在嘲笑他的同时，却扮演了被愚弄的角色。谁聪明谁傻，从表面上是看不出的，真正的聪明人往往不是光彩外露的。在纷繁复杂、变幻莫测的世界上，那些智者不得不故意装憨卖傻，以一副糊涂表象示之于众人。然而也唯有如此，方称得上有"大智慧"，是"大聪明"。装傻是大智若愚、大巧若拙，是为人处世的大艺术，是保全自我的好方式。

有的人外表似乎固执守拙，而内心却世事通达、才高八斗；有的人外表机敏精灵，而内心却空虚惶恐、底气不足。

人生是个万花筒，一个人在复杂莫测的变幻之中要用足够的聪明智慧来权衡利弊，以防失手于人。但是，有时候不如以静观动，守拙若愚。这种处事的艺术其实比聪明还要胜出一筹。聪明是天赋的智慧，装傻是后天的聪明，人贵在能集聪明与愚钝于一身，需聪明时便聪明，该装傻时装傻，随机应变。

老子自称"俗人昭昭，我独昏昏；俗人察察，我独闷闷"，而作为老子哲学核心范畴的"道"，更是那种"视之不见，听之不闻，搏之不得"的似糊涂又非糊涂、似聪明又非聪明的境界。人依于道而行，将会"大直若屈，大巧若拙，大辩若讷"。庄子说："知其愚者非大愚也，知其惑者非大惑也。"人只要知道自己的愚和惑，就不算是真愚真惑。是愚是惑，各人心里明白就足够了。圣贤将"装傻"上升到哲学的高度，其中的深意耐人寻味。

不把别人比下去，不被别人踩下去

每个人都难免有一些嫉妒心，你太优秀、太耀眼，难免刺伤别人的自尊和虚荣。想想看，当你将所有的目光和风光都抢尽了，却将挫败和压力留给别人，那么别人在你的光芒的压迫之下，还能够过得自在、舒坦吗？要知道，一个人锋芒太盛了难免刺伤他人。在名利场中，要防止盛极而衰的灾祸，必须牢记"持盈履满，君子竞竞"的教诫。有才却不善于隐匿的人，往往招来更多的嫉恨和磨难。

唐人孔颖达，字仲达，八岁上学，每天背诵一千多字。长大后，很会写文章，也通晓天文历法。隋朝大业初年，举明高第，授博士。隋炀帝曾召天下儒官，集合在洛阳，令朝中士与他们讨论儒学。孔颖达年纪最小，道理说得最出色。那些年纪大、资深望高的儒者认为孔颖达超过他们是耻辱，便暗中刺杀他。孔颖达躲在杨志感家里才逃过这场灾难。到唐太宗，孔颖达多次上诉忠言，因此得到了国子司业的职位，又拜酒之职。太宗来到太学视察，命孔颖达讲经。太宗认为讲得好，下诏表彰他，但后来他却辞官回家了。

南朝刘宋王僧虔，是东晋名士王导的孙子，宋文帝时官为太子庶子，武帝时为尚书令。年轻的时候，王僧虔就以擅长书法闻名。宋文帝看到他写在扇面上的字，赞叹道："不仅字超过了王献之，风度气质也超过了他。"当时，宋孝武帝想以书名闻天下，王僧虔便不敢显露自己的真迹。大明年间，他曾把字写得很差，因此平安无事。

当你把别人比下去，就给了别人嫉妒你的理由，为自己树立了敌人。所以，在与人逞强之前请先三思。

如果你确实有真才实学，又有很大的抱负和理想，不甘于停留在一般和平庸的阶层，那么，你可以放开手脚大干一场，但有一点，你必须时刻提防周遭人的嫉妒。

要想使自己免遭嫉妒者的伤害，你需要注意自己的言行，尽量不要刺激对方的嫉妒心理。对于你周围的嫉妒者，可回避而不宜刺激。同事的嫉妒之心就像马蜂窝一样，一旦捅它一下，就会招来不必要的麻烦。既然嫉妒是一种不可理喻的低层次情绪，就没必要去计较你长我短、你是我非，更不必针锋相对，非弄个水落石出、青红皂白不可。须知，这不是学术讨论，更不是法庭对峙，你的对手不会用逻辑、情理或法律依据与你争锋的。

事实上，嫉妒之人本来就不是与你处在同一档次上，因而任何据理力争都会使你吃亏，浪费时间，虚掷精力，最佳的应对方式是胸怀坦荡、从容大度。对嫉妒者的种种雕虫小技，完全可以视若不见、充耳不闻，以更为出色的成绩来证实自己的实力。

成全别人好胜心，成就自己获胜心

人人都有自尊心，人人都有好胜心，若要联络感情，应处处重视对方的自尊心，因为重视对方的自尊心，必须抑制你自己的好胜心，成全对方的好胜心。若能做到这一点，在危险中你将可以保全自己，在竞争中你将更容易获胜，在日常与人相处中你将获得好人缘。

汉初良相萧何，今江苏沛县人，曾任沛县主吏掾、泗水郡卒吏等职，持法不枉害人。秦末随刘邦起兵反秦，刘邦进入咸阳，萧何把相府及御史府的法律、户籍、地理图册等收集起来，使刘邦知晓天下山川险要、人口、财力、物力的分布情况。项羽称王后，萧何劝说刘邦接受分封，立足汉中，养百姓，纳贤才，收用巴蜀二郡的赋税，积蓄力量，然后与项羽争天下。为此深得刘邦信任，被任为丞相。他极力向刘邦举荐韩信，认为刘邦要取得天下非用韩信不可。后来韩信在楚汉战争中的才干证明萧何慧眼识人。楚汉战争中，萧何留守关中，安定百姓，征收赋税，供给军粮，支援了前方的战斗，为刘邦最后战胜项羽提供了物质保证。西汉建立后，刘邦认为萧何功劳第一，封他为侯，后被拜为相国。萧何计诛了韩信后，刘邦对他就更加恩宠，除对萧何加封外，刘邦还派了一名都尉率五百名士兵作相国的护卫。

当天，萧何在府中摆酒庆贺。有一个名叫召平的人，穿着白衣白鞋，进来对萧何说："相国，您的大祸就要临头了。皇上在外风餐露宿，而您长年留守在京城，您既没有什么汗马功劳，又没有什么特殊的勋绩，皇上却给您加封，又给您设置卫队，这是由于最近淮阴侯在京谋反，因而也怀疑您了。安排卫队保卫您，这可不是对您的宠爱，而是为了防范您。希望您辞掉封赏，再把全部私家财产都捐给军用，这样才能消除皇上对您的疑心。"

萧何听从了他的劝告，刘邦果然很高兴。同年秋天，英布谋反，刘邦亲自率军征讨。他身在前方，每次萧何派人输送军粮到前方时，刘邦都要问："萧相国在长安做什么？"使者回答，萧相国爱民如子，除办军需以外，无非是做些安抚、体恤百姓的事。刘邦听后总默不作声。使者回来后告诉萧何，萧何也没有识破刘邦的用心。

有一次，偶然和一个门客谈到这件事，这个门客忙说："这样看来您不久就要被满门抄斩了。您身为相国，功列第一，还能有比这更高的封赏吗？况且您一入关就深得百姓的爱戴，到现在已经十多年了，百姓都拥护您，您还在想尽办法为民办事，以此安抚百姓。现在皇上所以几次问您的起居动向，就是害怕您借关中的民望而有什么不轨行动啊！如今您何不贱价强买民间田宅，故意让百姓骂您、怨恨您，制造些坏名声，这样皇上一看您也不得民心了，才会对您放心。"

萧何说："我怎么能去剥削百姓，做贪官污吏呢？"门客说："您真是对别人明白，对自己糊涂啊！"萧何又何尝不知道这个道理，为了消除刘邦对他的疑忌，只得故意做些侵夺民间财物的坏事来自污名节。不多久，就有人将萧何的所作所为密报给刘邦。刘邦听了，像没有这回事一样，并不查问。当刘邦从前线撤军回来，百姓拦路上书，说相国强夺、贱买民间田宅，价值数千万。刘邦回长安以后，萧何去见他时，刘邦笑着把百姓的上书交给萧何，意味深长地说："你身为相国，竟然也和百姓争利！你就是这样'利民'啊？你自己向百姓谢罪去吧！"刘邦表面让萧何自己向百姓认错，补偿田价，可内心里却窃喜。对萧何的怀疑也逐渐消失。

刘邦身为开国皇帝，自是不希望臣子的威信高过自己。萧何采纳了门客的建议成功地保全了自己。

人们在人际交往中也是如此，每个人都有好胜心，懂得成人之美，是一种双赢、皆大欢喜的智慧。

第二节　揣摩心理，与他人有效沟通

看清谈话对象的身份，然后再开口

中国有句谚语："到什么山唱什么歌，见什么人说什么话。"说场面话不看对象，常常让别人无法理解自己的本意，从而在无形之中与别人拉开了距离。反之，了解了对方的情况，并依据其情况，寻找与之相适应的话题和谈话内容，双方就会觉得谈话比较投机，彼此在距离上也显得比较亲切。对方会觉得你是一个极具亲和力的人，从而愿意与你相处。

1. 看对方的身份地位说话

几乎没有一个人在说话的时候不考虑到彼此的身份。不分对象，不看对方身份，都用一样的口气说话，是幼稚无知的表现。下级对上级、晚辈对长辈、学生对老师、普通人对于有名气地位的人等，不必表现得屈从、奉迎。但在言谈举止上则不要过于随便，有必要表现得更加尊重一些。在不是十分严肃隆重的场合，身份较高的人对身份较低的人说话越随和风趣越好，而身份较低的人对身份较高的人说话则不宜太过随便，尤其在公众场合，说话要恰如其分地把握好自己与听者的身份差别。地位则是个人在团体组织中担负的职位和在社会关系中所处的位置。个人的社会地位不同，就会有不同的人生经历、社会职责和交际目的，对口才表达也会产生不同的需求。

例如，与上司说话，或是探讨工作，我们应该尽量向上司多请教工作方法，多讨教办事经验，他会觉得你尊重他，看得起他。所以，在工作中，即使你全都懂，也要装出有不明白的地方，然后主动去问上司："关于这事，我不太了解，应该如何办？"或"这件事依我看来这样做比较好，不知局长有何高见？"上司一定会很高兴地说："嗯，就照这样做！"或"这个地方你要稍微注意一下！"或"大体这样就好了！"如此一来，我们不但会减少错误，上司也会感到自身的价值，而有了他的帮助和支持，后面的事情就好办得多了。

2. 针对对方的特点说话

和人交谈要看对方的身份、地位，还要看对方的性格特点，针对他的不同特点，采取不同的说话方式，这样才有利于解决问题。

春秋时期的纵横家鬼谷子指出："与智者言依于博，与博者言依于辨，与辩者言依于要，与贵者言依于势，与富者言依于豪，与贫者言依于利，与卑者言依于谦，与勇者言依于敢，与愚者言依于锐。"意思是说，和聪明的人说话，须凭见闻广博；与见闻广博的人说话，须凭辨析能力；与地位高的人说话，态度要轩昂；与有钱的人说话，言辞要豪爽；与穷人说话，要动之以利；与地位低的人说话，要谦逊有礼；与勇敢的人说话不要怯懦；与愚笨的人说话，可以锋芒毕露。

一次，孔子的学生仲由问："听到了，就去干吗？"孔子说："不能。"又一次，另一个学生冉求又问："听到了，就去干吗？"孔子说："干吧！"公西华在旁听了犯疑，就问孔子："两个人的问题相同，而你的回答却相反。我有点儿糊涂，故来请教。"孔子说："求也退，故进之；由也兼人，故退之。"

孔子的意思是说，冉求平时做事好退缩，所以我给他壮胆；仲由好胜，胆大勇为，所以我劝阻他。孔子教育学生因人而异，我们谈话也要因人而异。

3. 与异性谈话要注意距离

与同性和异性交流，在说话方式、措辞和态度上都应有所区分，尤其在与异性说话时，要注意关系的亲疏远近，选择适当的称呼用语，谈话中也要尽量避免一些模糊、暧昧的词语，否则容易引起误会甚至对方的反感。

一个男子在火车站候车，看见坐在身边的一位女士风韵照人，便凑上前去搭讪。

男子："你这双袜子是从哪儿买的？我想给我的妻子也买一双。"

女士："我劝你最好别买了，穿这种袜子，会招来不三不四的男人找借口跟你妻子搭腔的。"

所以，男士同女士交谈，一定要对她们的心理有一定的了解，注意男女有别，一定要保持应有的距离，而不能把男人圈里的东西随便搬过来。此外，男性与女性说话，一般不宜贸然提起对方的年龄，尤其和西方女性交流时更要注意这一点。

不同的人在不同的情况下有不同的心态，有时候甚至不会从外部表现上明显地表露出来，这时作为表达者就应当洞察对方的心理，以便进行有效的交流。既然大家日常说话有差别，同样的话，可能对这个人说，他很愿意接受，而对另外一个人说，不但不接受，而且还产生了反感，不利于交流。所以遇到不同的人要说不同的话，"见什么人说什么话"，才能真正引来对方的好感。

好话也得看准时机说

孔子在《论语·季氏》里说："言未及之而言谓之躁，言及之而不言谓之隐，不见颜色而言谓之瞽。"这句话有两层意思：一是不该说话的时候说了，叫作急躁；二是应该说话的时候却不说，叫作隐瞒；三是不看对方的脸色变化，贸然信口开河，叫作闭着眼睛乱说。

这三种毛病都是没有把握说话的时机，没有注意说话的策略和技巧。说话是双方的交流，不是一个人的单方面行为，它要受到各方面条件的制约，如说话对象、周边环境、说话时间，等等，所以说话要把握时机。如果该说的时候不说，时境转瞬即逝，便失去了成功的机会。同样的，如不顾说话对象的心态，不注意周边的环境气氛，不到说话的火候却急于抢着说，很可能引起对方的误解。如果信口开河，乱说一通，后果就更加严重。所以说话的时机掌握好了是相当重要的。

某学校为两位退休老教师举行欢送会。会上，领导非常得体地赞扬了两位的工作和为人。但是，两相比较之下，其中那位多次获得过"先进"的老教师得到了更多的美誉。这让另外那位老教师感到相当难过，所以在他讲完感谢的话以后，又接着说："说到先进，我这辈子最遗憾的是，我到现在为止一次都没有得过……"这时，另外一位平日里与他不合的青年教师突然开口说："不，不是你不配当先进，是因为我们不好，我们都没有提你的名。"一时间，原本会场上温馨感动的气氛被尴尬所取代。领导看气氛不对，马上接过话说："其实，先进只是一个名义罢了，得没得过先进并不重要，没有评过先进，并不代表你不够先进，我们最重要的还是要看事实……"这位领导本来是想要缓和一下气氛，但是反而使局面更糟糕。

其实，会场的气氛之所以会如此尴尬，最主要的还是退休老教师、青年教师，以及领导没有掌握好说话的时机。就算自己心里面有多少遗憾，这位退休老教师也不应该在欢送会这样的场合上讲出来。对于那位青年教师，也不应该在这样的场合上为了图一时之快，说一些刻薄的不近人情的话。场合出现尴尬的时候，领导也应该极力避开这个敏感话题，而不是继续在这个话题上唠叨不休。

所以，说话要注意时机，把握说话时机非常重要。这个过程，我们要在不同的时间、地点、人物面前说合适的话，该说话时才说话，而且要说得体的话。只要我们有充分的耐心，积极地进行准备，等待条件成熟，顺理成章地表达自己的观点，不仅能赢得对方的开心，又能令自己舒心。具体来说，可以遵循以下原则：

（1）要看准时机再说话，要有耐心，积极准备，时机到了，才能把该说的话说出来。

（2）沉默是金，并不是说要一味地沉默不语，该说话的时候就不要故作深沉。比如，领导遇到尴尬情况了，就需要你站出来为领导打圆场，同事有矛盾了，需要你开口化干戈为玉帛。

（3）别人在说话的时候，不要随意插嘴打断人家的话。

（4）看准时机，说不同的话。这些话都要与当时的场合、时间、人物相吻合。

（5）该说话的时候要说话，因为有时候机会转瞬即逝，错过这个说话的时机，也许以后就不会再有机会了。

得体的幽默最能取悦人心

幽默使生活充满了情趣，哪里有幽默，哪里就有活跃的氛围。在人际交往中，幽默是心灵与心灵之间快乐的天使，得体的幽默最能够取悦人心，没有人会不喜欢能让自己开心的人，如果你能博得他人一笑，自然能够营造轻松愉快的谈话气氛，沟通起来就容易多了。

一个秃头者，当别人称他"理发不花钱，洗头不费水"时，他当场变了脸，使原本比较轻松的环境变得紧张起来。一位演讲的教授，也是一个秃头，他在自我介绍时说："一位朋友称我聪明透顶，我含笑地回答：'你小看我了，我早就聪明绝顶了。'"然后他指了指自己的头说，"我今天演讲的题目是外表美是心灵美的反映。"教授就这样开始了自己的演讲，整个会场充满了活跃的气氛。

同样是秃头，为什么不同的人得到的却是别人不同的认可，其间的缘故就是有没有幽默感。秃头的教授在自我介绍时运用自嘲的方式谈自己的秃头，继而又把自己的秃头和讲座的主题联系起来，表现出随和大度的个性，立刻活跃了气氛。

幽默家兼钢琴家波奇，有一次在美国密歇根州的福林特城演奏，发现听众不到一半，他当然很失望也很难堪，但是他走向舞台时却说："福林特这个城市一定很有钱，我看到你们每个人都买了两三个座位的票。"于是整个大厅里充满了欢笑，波奇也以寥寥数语化解了尴尬的场面。

由此可见，幽默不仅反映出一个人随和的个性，还显示了一个人的聪明、智慧以及随机应变的能力。生活中应用幽默，可缓解矛盾，调节情绪，促使心理处于相对平衡的状态。著名的喜剧大师卓别林曾说："通过幽默，我们在貌似正常的现象中看不出不正常的现象，在貌似重要的事物中看不出不重要的事物。"

幽默并非天生就有，而是需要自己用心培养。那么，怎样培养幽默感呢？

1. 要领会幽默的真正含义

幽默不是油腔滑调，也非嘲笑或讽刺。正如有位名人所言：浮躁难以幽默，装腔作势难以幽默，钻牛角尖难以幽默，捉襟见肘难以幽默，迟钝笨拙难以幽默，只有从容、平等待人、超脱、游刃有余、聪明透彻，才能幽默。

2. 扩大知识面

幽默是一种智慧的表现，它必须建立在丰富的知识基础上。一个人只有具有审时度势的能力、广博的知识，才能做到谈资丰富，妙言成趣，从而有恰当的比喻。因此，要培养幽默感，必须广泛涉猎，充实自我，不断从浩如烟海的书籍中收集幽默的浪花，从名人趣事的精华中撷取幽默的宝石。

3. 陶冶情操

幽默是一种宽容精神的体现，要使自己学会幽默，就要学会宽容大度，克服斤斤计较，同时还要乐观。乐观与幽默是亲密的朋友，生活中如果多一点趣味和轻松，多一点笑容和游戏，多一份乐观与幽默，那么就没有克服不了的困难，也不会出现整天愁眉苦脸、忧心忡忡的痛苦者。

4. 培养敏锐的洞察力

提高观察事物的能力，培养机智、敏捷的能力，是提高幽默的一个重要方面。只有迅速地捕捉事物的本质，以诙谐的语言作出恰当的比喻，才能使人们产生轻松的感觉。

当然，在幽默的同时还应注意，幽默既不是毫无意义的插科打诨，也不是没有分寸的卖关子、耍嘴皮。幽默要在入情入理之中，做到幽默而不俗套，让幽默为人们的精神生活提供真正的养料。

实话要巧说，坏话要好说

在生活中，人与人之间交流是避免不了的，同时说话的双方彼此都希望对方能对自己实话实说。但在某些特定的场合下，如顾及面子、自尊，以及出于保密等，实话实说往往会令人尴尬、伤人自尊，因此，实话是要说的，却应该巧说。那么该如何才能巧妙地去表达呢？如何才能说得既让人听了顺耳，又欣然接受呢？在这里介绍几点：

1. 由此及彼肚里明

两个人的意见发生了分歧，如果实话"实说"直接反驳就有可能伤了和气，影响团结。这个时候就需要我们采取这种方法，因为这样可能会避免一些麻烦。有这样一个例子：

一次事故中，主管生产的副厂长老马左手指受了伤被送往医院治疗，厂长老丁来病房看望时，谈到车间小吴和小齐两个年轻人技术水平较强，但组织纪律观念较差，想让他们下岗。老马当时没有表态，只是突然捧着手"哎哟哎哟"大叫。丁厂长忙问："疼了吧？"老马说："可不是，实在太疼了，干脆把手锯掉算了。"老丁一听忙说："老马，你是不是疼糊涂了，怎么手指受了伤就想把手给锯掉呢。"老马说："老丁，你说得很有道理，我这手受了伤需要治疗，那小吴和小齐……"老丁一下子听出老马的"弦外之音"，忙说："老马，谢谢你开导我，小吴和小齐的事我知道该怎么处理了。"

老马用手有病需要治疗类比人有缺点需要改正，进而巧妙地把用人和治病结合起来，既没因为直接反对老丁伤了和气，而且又维护了团结，成功地解决了问题。

2. 抓心理达目的

这就是要抓住人的心理，运用激将的方法，进而达到自己真正的目的。

一位穿着华贵的妇女走进时装店，对一套服装很感兴趣，但又觉得价格昂贵，犹豫不决。这时一位营业员走过来对她说，某某女部长刚才也看好了这套服装，和你一样也觉得这件服装有点贵，刚刚离开，于是这位夫人当即买下了这套服装。

这位营业员能让这位夫人买下服装，是因为她很巧妙地抓住了这位夫人"自己所见与部长略同"和"部长嫌贵没买，她要与部长攀比"的心理，用激将的方法进而巧妙地达到了让夫人买下服装的目的。

3. 藏而不露巧表达

运用多义词委婉曲折地表明自己要说的大实话。

林肯当总统期间，有人向他引荐某人为阁员，因为林肯早就了解到该人品行不好，所以一直没有同意。一次，朋友生气地问他，怎么到现在还没结果。林肯说，我不喜欢他那副"长相"。朋友一惊道："什么！那你也未免太严厉了，'长相'是父母给的，也怨不得他呀！"林肯说："不，一个人超过40岁就应该对他脸上那副'长相'负责了。"朋友当即听出了林肯的话中话，再也没有说什么。

很显然，这里林肯所说的"长相"和他朋友所说的"长相"，根本不是一回事。林肯巧妙地利用词语的歧义性，道出了"这个人品行道德差，我不同意他做阁员"这句大实话，既维护了朋友的面子，又达到了自己的目的。

别人郁闷时，多说理解的话

有一位妈妈在火车上哄着她的小宝宝。

有一位乘客很好奇地把头凑过来看了以后就说："哇！好丑的宝宝！"

妈妈听了好难过，就一直哭，一直哭。

后来车子停到某一站，上来了一些新的乘客。

有一位好心的乘客看她哭得这么伤心，就安慰她说："这位女同志你为什么哭得这么伤心呢？凡事都要看开点，没有解决不了的事情嘛！好了，好了，不要再哭了。我去帮你倒杯水，心情放轻松点嘛！"过了一会儿，那个乘客真的倒了一杯水给她说："好了，别再哭了，把这杯水喝了就会舒服点，还有这根香蕉是给你的猴子吃的。"

这位妈妈听了，差点哭晕过去。

笑话里面的那位好心的乘客还没有弄清女同志为什么在那儿哭，就随便安慰一通，当然会驴唇不对马嘴了。所以，首先应该知道别人郁闷的原因，然后对症下药，才能说出真正理解人的话，达到安慰的目的。

人与人之间情感的沟通，是交往得以维持并向更为密切方向发展的重要条件，是人对客观事物所持态度的内心体验。情感沟通由两部分组成：一是"共鸣"，即对同一事物或同类事物具有相仿的态度及相仿的内心体验；二是"振荡"，即由于"共鸣"而双方情绪相互影响，以致达到一种比较强烈的程度。前者是找到共同语言，后者是掏出心来。

吴倩十分认真地告诉她的好朋友李蓉，她想自杀。李蓉不去问她为什么，也不板起脸孔说教一番，而是说："是啊，我曾经也有过同样的想法，但是那天发生的一件事，使我看到了人为什么要勇敢地活下去……"

说完后，吴倩谈起了她的烦恼与苦闷。李蓉边听边点头，表示理解和关注。后来吴倩放弃了自杀的想法，她和李蓉的友谊也越来越深了。

要想与人进行情感沟通，就要注意对方。当对方对某一事物表露出一种情感倾向时，你就要对他所说的这件事表达同样的感受。情感沟通的程度，以每当回忆起这段交往时，所导致的兴奋程度为标准。比如，当你读到友人的来信，你俩的感情就绝不会变得冷漠。"不知怎的，你在上次谈论中的一举一动、一言一语都给我留下深刻的印象。我很高兴与你一起度过了那个下午……"当对方常常联想到这段交往时，就伴着愉悦的心境，则这种沟通也就达到了。

有许多女性被朋友冠以"知心姐姐"的美名，但凡朋友有心烦之事、郁闷沮丧时都会找她们聊天，常常一聊就是一两个小时，聊过之后心情便好了很多。这些"知心姐姐"没有学过心理学，也没有受过什么专门的训练，她们之所以能够抚慰失意者的心，秘密就在于她们总是试着理解对方的想法和处境，并作出"同感"的回应，她们从来不会说，"你怎么会这么做"、"你真是太傻了"，而是表示自己有时也会有这种想法。因此，对方就能毫无顾忌地说出自己的心事，进而得到解脱和安慰。

有一句话叫"理解万岁"。我们在自己碰到不如意的事情的时候希望得到别人的理解，而在别人郁闷的时候经常不能理解对方的心情，不能发自肺腑地说出理解的话。其实，如果设身处地想想，别人和自己是一样的，自己希望别人理解，别人又何尝不是？多说理解的话，别人就会把你当成真心朋友，赞赏你、信任你，把你当成知己。当别人遭遇不顺、心情烦闷时，最好多说一些理解的话，尽管可能无法帮对方解决问题，你的理解也能让对方感到安慰。因为发自内心的"同感"不是违心的附和，而是朋友间的理解，是心灵的沟通。

绕个圈子再说"不"

身边常有这样的人，一味地照顾别人的感受，凡事都习惯于说"是"，经常给别人面子，认为那是一种对别人的尊重。然而，他们没有意识到，自己拒绝的权利却没有得到别人的尊重。聪明的女人应该学会如何果断而尊重地拒绝。

在日常生活中，热情帮助别人，对别人的困难有求必应，当然有助于建立融洽的人际关系。但生活中也常有这样的事，即别人有求于你的，恰恰是你感到为难的事。帮忙吧，自己确实有难处，不帮忙吧，又怕人家说你的闲话。还有的时候，你必须对别人的提问给予回答，一般说来，肯定的合乎对方期望的回答往往能使听者感到愉快，而否定的回答，尤其是直截了当地说"不"，则会使提问者感到失望和尴尬。拒绝就意味着将对方阻挡在门外，拂却了对方的一片"好意"，说"不"需要很大的勇气。

所以，拒绝别人也有一定的方法，说出来的话要能让对方接受，这样彼此之间的关系才不会受到影响。拒绝是一门艺术、一门学问，能体现一个人的综合素养。当别人对你有所希求而你办不到，不得已要拒绝的时候，你最好用婉言拒绝的方式。所谓婉言拒绝就是用温和曲折的语言，把拒绝的本意表达出来。与直接拒绝相比，它更容易被接受。它在很大程度上，顾全了被拒绝者的颜面。

拒绝他人的一个好办法就是在对方提出请求后，不要马上回答，而是先讲一些理由诱使对方自我否定，自动放弃原来提出的请求，以减少对方遭到拒绝后的不快。

两个打工的老乡找到在城里工作的李某，诉说打工的艰难，一再说住店住不起，租房又没有合适的，言外之意是要借宿。李某听后马上暗示说："是啊，城里比不了咱们乡下，住房可紧了，就拿我来说吧，这么两间耳朵大的房子，住着三代人，我那上高中的儿子，晚上只得睡沙发。你们大老远地来看我，应该留你们在我家好好地住上几天，可是做不到啊！"两位老乡听后，就非常知趣地走开了。

拒绝别人是一件很难的事，如果处理得不好，很容易就会影响彼此的关系，所以在拒绝别人的时候有必要绕个圈子说出你的"不"。喜剧大师卓别林就曾说过一句话："学会说'不'吧！"学会有艺术地说"不"，才是真正掌握了说话的艺术。当你不得不拒绝别人时，也要讲究礼貌，这对于你的形象是大有益处的。人都是有自尊心的，一个人有求于别人时，往往都带着惴惴不安的心理，如果一开口就说"不行"，势必会伤害对方的自尊心，引起对方强烈的反感，而如果话语中让他感觉到"不"的意思，从而委婉地拒绝对方，就能够收到良好的效果。所以掌握好说"不"的分寸和技巧就显得很有必要。

1. 通过幽默的话拒绝别人

适当地在拒绝别人的时候加入一些调笑剂，不仅不让对方难堪，而且你自己心里也不会有太多的压力和内疚。

2. 推托其辞

例如你的一位同事请你到他家里吃饭，以便要你帮他做某事，你不便直接说"不"，就可找个理由推辞过去。你可以说家里或单位有事，因此不能去。这时，别人一般就会明白你什么意思了。

3. 用答非所问的方式，婉拒对方的建议，使对方一听就知道你不想答应他的要求

如果你的一位朋友邀请你星期天去看电影，你不想去时可以说："划船不错，咱们去公园划船吧。"

4. 拖延回答

例如你一位老乡对你说："你今晚到我这来玩吧！"你不想去时可以说："今

天恐怕不行了，改天我一定会去的。"这样的话听起来比"没空，来不了"的回答，显然易于为对方所接受，至于下次什么时候来，其实也并没说清楚。

5. 先扬后抑

对于别人的一些想法和要求，可以先用肯定的口气表示赞赏，再来表达你的拒绝。这样不会伤害对方的感情，也为自己留下一条后路。

第三节　巧妙赞美，拉近彼此距离

马斯洛效应：任何人都需要尊重和赞美

1943 年，美国心理学家马斯洛发表了《人类动机的理论》一书，提出了著名的"马斯洛需求"理论，他认为，人类的需求从低到高分为五个层次，最基本的需求是生理需求，即温饱和安全感，在满足了生理需求之后，就会追求被爱、被尊重以及自我价值的实现等高层次的需求。既然人人都需要、都渴望被赞美，那么在与人交往的过程中，我们就应适当地满足他人的这种心理需求，多给人一些赞美和肯定，能够自然而然地拉近人与人之间的距离，使得彼此的关系更加和谐。

卡耐基去纽约的一家邮局寄信，发现那位管挂号信的职员对自己的工作很不耐烦。于是他暗暗地对自己说："卡耐基，你要使这位仁兄高兴起来，要他马上喜欢你。"同时，他又提醒自己：要他马上喜欢我，必须说些关于他的好听的话。而他，有什么值得我欣赏的呢？非常幸运，他很快就找到了。

轮到他称卡耐基的信件时，卡耐基看着他，很诚恳地对他说："你的头发太漂亮了。"他抬起头来，有点惊讶，脸上露出了无法掩饰的微笑。他谦虚地说："哪里，不如从前了。"卡耐基对他说："这是真的，简直像是年轻人的头发一样！"他高兴极了。于是，他们愉快地谈了起来。

当卡耐基离开时，他对卡耐基说的最后一句话是："许多人都问我究竟用了什么秘方，其实它是天生的。"卡耐基想：这位朋友当天走起路来一定是飘飘欲仙的。晚上他一定会跟太太详细地叙说这件事，同时还会对着镜子仔细端详一番。

可见，原本素不相识的两个陌生人，只因为一句真诚的赞美，立刻像好朋友一样攀谈起来，想必卡耐基下次再到这家邮局寄信时，一定会得到非常好的服务。其实，不仅是陌生人之间，相识的朋友同样希望得到你的赞美，此外，无论是不起眼的邮递员还是身份显赫的大人物，都一样渴望得到赞美。

法国总统戴高乐在访问美国时，在一次尼克松为他举行的宴会上，尼克松夫人费了很大的劲布置了一个美观的鲜花展台：在一张马蹄形的桌子中央，鲜艳夺目的热带鲜花衬托着一个精致的喷泉。精明的戴高乐一眼就看出这是女主人为了欢迎他而精心设计制作的，不禁脱口称赞道："女主人为举行一次正式的宴会一定花了很多时间来进行这么漂亮、雅致的计划与布置吧!"尼克松夫人听了，十分高兴。事后她说："大多数来访的大人物要么不加注意，要么不屑为此向女主人道谢，而他总是想到和讲到别人。"

面对尼克松夫人精心布置的鲜花展台，戴高乐没有像其他大人物那样视而不见或见而不睬，而是即刻领悟到了对方在此花费的苦心，并对这一片苦心表示了特别的肯定与感谢。戴高乐赞美的言语虽然简短，但很显然，尼克松夫人获得了深深的感动。

心理学家赫洛克曾做过一个十分有意义的实验：他把 106 名能力相等的被试者分为 4 组，第一组为表扬组，每次练习后都给予表扬和激励；第二组为受批评组，每次练习后都严加训斥；第三组为受忽视组，每次练习后基本不予评价，只是在一旁静听前两组所受到的批评与表扬；第四组为控制组，既不给予任何表扬与评价，也不让他们听到前两组的表扬与批评。然后让被试者做一组难度相等的练习题，每天做 15 分钟，共做 5 天。之后分别检测四组被试的学习效果，结果发现受表扬组的被试者学习成绩明显高于其他组，其次是受批评的，再次是被忽视的，最差的是被控制组。

然而，大多数人在生活中常常吝啬自己的赞美，因为周围的人对大家来说，太熟悉了。要么就是区区小事，不足挂齿，不用说什么；要么就是熟视无睹。每天我们走在干干净净的马路上去上班，都觉得无所谓，脏了该骂清洁工。父母为你呕心沥血，碾平了生活道路上的坎坷，我们却只知衣来伸手，饭来张口，他们在你眼里是"隐形人"。同事、亲戚和朋友时时都在关照你，你却受之泰然。美国著名心理学家威廉·詹姆斯说："人类本性上最深的渴望之一是期望被赞美、钦佩和尊重。"希望得到尊重和赞美，是人们内心深处的一种愿望。我们在赞美、鼓励别人的同时，也会改善自己与周围的关系，丰富自己的生存智慧。如果，我们能够用真诚的心去赞美家人、同事和朋友，赞美我们身边的每一个人，一定能够得到更多人的喜欢和支持。

用恰如其分的话赞美对方

在人的一生中，有无数让他们引以为自豪的事情，这些都是一个人人生的闪光点。这些东西又会不经意地在他们的言谈中流露出来，例如，"想当年，我……""我年轻的时候……"等等。对于这些引以为荣的事情，他们不仅常常挂在嘴边，而且深深地渴望能够得到别人由衷的肯定与赞美。抓住他人胜过于别人的，引以为豪的东西，用恰如其分的话进行赞美，往往能起到出乎意料的效果。

每个人都有希望，年轻人寄希望于自身，老年人寄希望于子孙。年轻人自以为前途无量，你如果举出几点，证明他的将来大有成就，他一定会十分高兴，引你为知己；你如果说他父亲如何了不得，他未必感兴趣，最多你说明他是将门之后了，把他与他的父亲一齐称赞，才对他的胃口。但是老年人则不然，他自己历尽沧桑，几十年的光阴，并未达到预期的目的，他对自己不再相信，不再有希望，他所希望的是他的子孙。你如果说他的儿子，无论学问能力都胜过他，真是个可造之才，虽然你是抑父扬子，当面批评他，他不但不会怪你，而且会十分感激你，口头上虽连连表示不敢当，内心却认为你是慧眼识英雄。可见说恭维话时对于对方的年龄，应该要特别注意。

对年轻人不妨语气稍为夸张地赞扬他的创造才能和开拓精神，并举出几点实例证明他的确能够前程似锦；对于经商的人，可称赞他头脑灵活，生财有道；对于有地位的干部，可称赞他为国为民，廉洁清正；对于知识分子，可称赞他知识渊博、宁静淡泊……当然这一切要依据事实，切不可虚夸。

在赞美别人的时候一定要情真意切，虽然人人都喜欢听赞美的话，但并非任何赞美都能使对方高兴。虚假的赞美会引起别人的反感。例如，当你见到一位其貌不扬的小姐，却偏要对她说："你真是美极了。"对方立刻就会认定你所说的是虚伪之至的违心之言。但如果你着眼于她的服饰、谈吐、举止，发现她这些方面的出众之处并真诚地赞美，她就一定会高兴地接受。

赞美别人时不妨采取翔实具体的方法。在日常生活中，人们有非常显著成绩的时候并不多见，更多时候人们都是默默无闻的平凡人。因此，交往中应尽量从具体的事件入手，善于发现别人哪怕是最微小的长处，并不失时机地予以赞美。

赞美用语愈翔实具体，说明你愈了解对方，对他的长处和成绩愈看重。让对方感到你的真挚、亲切和可信，你们之间的距离就会越来越近。如果你只是含糊其辞地赞美对方，说一些"你工作得非常出色"或者"你是一位卓越的领导"等空泛飘浮的话语，就可能会引起对方的猜疑，甚至产生不必要的误解和信任危机。到别人家里与其乱捧一场不如赞美房间布置得别出心裁，或欣赏墙上的一幅好画，或惊叹一个盆景的精巧。如果主人爱狗，你应该赞美他养的狗；如主人养了许多金鱼，你应该欣赏那些金鱼。赞美别人的工作成绩、最心爱的宠物、最费心血的设计，比说上许多无谓空泛的客气话要好得多。

赞美要合乎时宜。赞美的效果在于见机行事、适可而止，真正做到"美酒饮到微醉后，好花看到半开时"，这样你才能有影响力。赞美的话人人都爱听，但"真理向前跨越一步就是谬误"，适度的赞美，会使人心情舒畅；反之，则使人十分尴尬。为了使赞美达到应有的而不是相反的效果，合理把握赞美的"度"就成为赞美者们必须重视的问题。

赞美一定要在适合的时机说，要看清对方是一个什么样的人，如果对方是不苟言笑的人，那么就要注意自己的措辞。

最后要说，锦上添花固然好，雪中送炭更可贵。一位普普通通的下属住院了，领导亲自去探望时，说了这样一番话："平时你在的时候感觉不出来你作了多少贡献，现在没有你在岗位上，就觉得工作没了头绪、慌了手脚，你可一定要安心把病养好！"你把下属当成左膀右臂，让他也认为自己很重要，这样赞美别人又怎么会不深得人心呢？

俗话说："患难见真情。"最需要赞美的不是那些早已功成名就的人，而是那些因被埋没而产生自卑感或身处逆境的人。他们平时很难听到赞美的话语，一旦被人当众真诚地赞美，便有可能振作精神，大展宏图。因此，最有实效的赞美不是"锦上添花"，而是"雪中送炭"。

赞别人没赞过的美，出其不意更动听

每个人都希望自己有更多的优点被别人赞美，因此要想你的赞美讨人喜欢，就不要跟在别人后面人云亦云，而是竭力去挖掘别人一些不为人知的优点，表现其赞美的独特性，让人得到一些新的刺激，这样效果反而更好。

比如对一个健美冠军，不要去赞美其长得真健壮、真美，因为可能电视、广播、报纸都已介绍过了，而且电台、广播、报纸的赞美不比我们的赞美更让人激

动吗？此时，应该挖掘对方的不明显的优点去加以赞美，比如赞美其烹调手艺等。

学会寻找和发现别人与众不同的地方，你的赞美也要巧妙地与众不同；经常既恰到好处又实事求是地赞美别人，别人就喜欢你，你就容易得人心，同时也是你对自己的认可。

因为拍了《真善美》而红遍天下的影星茉莉·安德鲁丝，除了演技好、容貌美、歌声令人陶醉之外，还有一张伶俐的嘴。

有一天，她去聆听鼎鼎大名的指挥家托斯卡尼尼的音乐会，在音乐会结束之后，她和一些政要名流一起来到后台，向大指挥家恭贺演出的成功。

大家都夸奖指挥家："指挥得实在是棒极了！""抓住了名曲的神韵！""超水准的演出！"大指挥家一一答谢，由于疲累，而且这种话实在是听得太多了，所以脸上显出有些敷衍的表情。忽然，他听到一个高雅温柔的声音对他说："你真帅！"

抬头一看，是茉莉·安德鲁丝。

大指挥家眼睛亮了起来，精神抖擞地向这位美丽的女士道谢。

事后，托斯卡尼尼高兴地到处对人说："她没说我指挥得好，她说我很帅哩！"恐怕大指挥家还是头一回听到有人赞美他帅呢！

就这样，大指挥家把茉莉当成了挚友，时时去为她捧场。虽然只是一次见面，大指挥家就时常抱怨与她"相见太晚"。

真正高明的赞美表现为独具慧眼。独具慧眼的赞美者善于发现被赞美者别人发现不到的优点、长处。比如，面对一幅油画作品，几乎所有的人都异口同声地叹道："真是太绝了！""我再练十年恐怕也赶不上！"油画家对这样的赞美早就习以为常了。唯独有一个人细心，发现了与众不同之处，慢慢地说道："常言说，画如其人。您的画运笔沉稳，是和您刚正不阿的秉性、对人生与社会的深刻思考分不开的。这是您跟一般画家最大的不同点，也是最大的优点。"谈画论人，在行在理，独辟蹊径，巧妙地换了个新角度，令人耳目一新。他的赞美与众不同，技高一筹，非常讨画家喜欢。

此外，我们可能都有过这样的体验。当你夸奖朋友取得的成绩时，他会说："你不知道我付出了多少心血！"言语间仿佛有你不知其艰辛，只看结果不看过程的意思。相反，如果你说："真不错，一定花了你许多的心血吧！"他就会觉得心里舒服，认为你很了解他。可见，夸奖劳动的付出是必不可少的，甚至效果更佳。其实，很多人做事并不仅仅在乎结果，更注重过程。如果你人云亦云地夸奖他取得的成果，不但有势利之嫌，还会让人这样想："如果我失败了呢？"因而对你心生厌恶也未可知。

由此可见，赞美不是一味地奉承说好话，每个人都希望受到别人的关注，我们要学会发现别人身上隐藏的闪光点，把赞美的话说到点子上，才能达到最好的效果，如果人云亦云，在对方看来既乏味又粗糙，反而令人生厌。

背后赞美别人，更能让人开心

人人都爱听好话、戴高帽，但好听的话、赞美的话也不一定要当着别人的面说，当面赞美别人，虽然也能拉近彼此的距离，但是难免带上一点恭维的成分，沾上奉承的色彩。但是，背后赞美别人就没有这些弊端，向第三个人间接地赞美别人，通常会被认为是发自内心的，是诚恳的，因此更容易让人相信和接受。背后赞美就是通过第三者在无意间转述自己对他人的好感或者赞美，或者通过创造某种特定的环境条件，让对方听到自己对他的评价。《红楼梦》中有这么一段：

史湘云、薛宝钗劝贾宝玉做官，贾宝玉大为反感，对着史湘云和袭人赞美林黛玉说："林姑娘从来没有说过这些混账话！要是她说这些混账话，我早和她生分了。"

凑巧这时黛玉正来到窗外，无意中听见贾宝玉说自己的好话，"不觉又惊又喜，又悲又叹"。结果宝黛两人互诉肺腑，感情大增。

因为在林黛玉看来，宝玉在湘云、宝钗、自己三人中只赞美自己，而且不知道自己会听到，这种好话就不但是难得的，还是无意的。倘若宝玉当着黛玉的面说这番话，好猜疑、使小性子的黛玉恐怕会说宝玉打趣她或想讨好她。

可见，背后赞美比直接赞美更明智，更容易打动对方。在背后说一个人的好话比当面说好话要好得多，你不用担心他不知道，你在背后说他的好话，很容易就会传到他的耳朵里。

一位妻子就非常懂得使用背后赞美的方法，让她的丈夫对她百依百顺、言听计从。结婚不久，闺中密友经常打电话和她聊天，每当别人问道："你现在还好吧？"她总是一脸幸福欢快地笑着说："他对我很好，只要我哪儿不舒服，他就叮嘱我吃药、喝水……还有他很会做饭，他做的水煮鱼好香好香……我工作忙的时候，他就收拾家务，比我打理得还好……"在她这样说的时候，她的丈夫一定就在她不远的地方，看上去似乎在忙自己的事情，其实正竖着耳朵听，心里高兴得不得了。其实，一开始他只会西红柿炒鸡蛋，收拾屋子也是偶尔为之。没想到，听到妻子在别人面前这样夸他，他就有了劲头去做，后来成了一个"模范丈夫"。

从心理学的角度说，当一个人发现别人对他的印象和评价与他自己期望的不一样，他就会自觉地调整和修饰自己的言行，以期符合别人对自己的看法。这位妻子深深懂得背后赞美的奥妙，轻松地把一个原本不出色的男人变成了模范丈夫。

背后说人坏话是令人讨厌的，一方面是背后说坏话，会有中伤别人的感觉；另一方面，人们会觉得背后的评价更能体现那个人内心的真实想法。同理，当他知道一个人在背后赞美自己的时候，他也会感觉你真的是这样想的，会更加高兴。

不要担心你在别人面前说另一个人好话，那些好话当事者不会听见，这世上没有不透风的墙，就算赞美传不到他本人的耳朵里，别人也会因为你在背后夸奖他人而更加敬重你。

故作不识赞扬对方，更能让人开心

人人都懂得要时常赞美别人，但很少有人懂得赞美的艺术，恰如其分的赞美只是基本要求，赞美他人不露痕迹才是真功夫。在某些特定的情况下，故作不识赞美对方便是一种巧妙的方法。

一个叫彭玉麟的官员，有一次路过一条狭窄的小巷。一个女子正在用竹竿晾晒衣服，一不小心竹竿掉了下来，正好打在彭玉麟的头上。彭玉麟勃然大怒，指着女子破口大骂起来。那女子一看，认出他是当地武将彭玉麟，不禁冷汗直冒。但她猛然间急中生智，便正色道："你这副腔调，像行伍里的人，这样蛮横无理。你可知彭玉麟就在此地！他清廉正直，爱民如子，如果我去告诉他老人家，怕要砍了你的脑袋呢！"

彭玉麟一听这女子夸赞自己，不禁高兴起来，而且又意识到自己的失态，马上心平气和地走了。

晒衣女子失手掉落竹竿，打在彭玉麟头上，可谓无意却很凑巧。所幸晒衣女急中生智，采用美誉推崇的方式来把他夸奖一番。她装作不知道对方是谁反而斥责对方蛮横无理，并且夸彭玉麟清廉正直，说向彭玉麟告状会治他的罪。这并非"当面"夸奖，却胜过当面夸奖，说得彭玉麟心里美滋滋的：自己在民间居然有这么好的吏治声誉，绝不应该为这些小事而损害形象。他幡然醒悟之后，便转怒为笑，一场眼看就要降临的灾祸就这样巧妙地化解了。

晒衣女子的这一招的确高明，一顶恰到好处的高帽往往能浇灭对方的怒火。因为维护自己在别人心目中的好形象是每个人本能的选择，在一番恭维话面前，谁还有心情去生气呢？

人们都希望自己在别人心目中能有好的名声，又经常不敢相信别人当面的夸赞，害怕这种夸赞是逢场作戏，而在私下里颇有微词。这时，一种特殊的赞美方式就派上用场了，这就是"故作不识夸对方"。像故事中的女子，就很好地用了这种方法，让彭玉麟高兴的同时，也给自己免了一灾。

传说当年康熙皇帝微服私访，到了太原地界，找一个客店住了下来。店家开始看他也就是一个财主，读过一些书，带着两个仆人来这里办事，也就没有特别地关照。谁知当天晚上，店家睡觉之前上茅厕，路过这个"财主"的房门时，听到里面说道："把朕的御扇拿来，这里真是太热了。"

这店家也是读过几天书的，他心里想："朕、御扇，这不是皇帝才能用的吗？难道这位客官真的是当今皇上？"想到这里，他不禁吓出了一身冷汗。

第二天康熙很早就起床活动身体了，待到走出屋门一看，见大门大敞着，过了一会儿，店家睡眼惺忪地从他的房里出来了，见到康熙忙作揖道："客官，起这么早啊？"

康熙很纳闷儿："店家，我还以为你这么早就出去了呢，原来才起床啊。那你这院门怎么不关？不怕晚上遭贼吗？"

店家听了呵呵笑道："客官，当今皇帝治理国家有声有色，我们小民有什么小冤屈，他老人家听说了都要亲自过问呢。尤其派到太原来的知府大人，更是没得说，没两年把这里治理得夜不闭户、路不拾遗。我这客店的门现在是爱关不关，就是忘了，让它大敞着一宿，也不会有事的。"

康熙非常高兴，等到回宫之后，马上传旨嘉奖山西巡抚和太原知府，还赏了那个店家一些银两。

康熙是我国历史上少有的贤明皇帝，常常通过微服私访来看看自己治理的天下到底是怎么样的。店家就是利用了他微服私访这个特点，假装不认识他，然后对他治理天下的成就大大赞扬了一把，让皇帝欢喜。

因为"不认识"，所以再多的赞美也不会像是溜须拍马，反而显得更加真实和自然，被赞美的一方也不会觉得难为情，只会在心里暗自高兴，这一点，与背后赞美别人有异曲同工之妙，不同的是，故作不识赞美对方，能够造成一种对方的美名远播的印象，就连素昧平生的陌生人都知道他的美名，这比背后赞美别人又更进一步。当然，"故作不识夸对方"，关键还是"不识"，如果对方明明知道你认识他，就更像是溜须拍马了。

适时地贬低自己，赞美他人

语言美在于含蓄婉转，很多时候不便于直截了当地赞美别人，在这种情况下，不妨换种方式来表达，效果是同等的，甚至会超过所期望的效果。这个诀窍就是适当地贬低自己。适当地贬低自己，也就相对地捧高了对方。即使是不善言辞、不善于称赞的人，也能轻而易举地使用这种方法，达到捧高他人的目的。

比如，当我们参加某店铺开张的庆祝会时，即使那是一家不怎么样的店铺，我们也要依场合的不同为庆祝增添一些喜气。我们可以贬低自己，捧高对方，例如说："这店铺看起来真不错，室内的装潢也很考究。不像我经营的那家店，门没做好，窗户也是一大一小的。"这样将对方和自己做具体的比较，并有技巧地批评自己略逊一筹，对方会因被人高抬而唤起优越感，心中的舒坦自是不言而喻。相反的，如果以轻视的口吻对主人说："店铺的柜台再宽一点会比较好，你们下次再整修时，可要记住啊！"对方在庆祝会上听到这样毫不客气的批评，一定会大感不快，从此对你产生敌意，这就是不谙人情世故所要承受的恶果。

在某些情况下，贬低自己来捧对方，不只是为了抬高他人，也是一种低调做人的方式。当对方听你说"我前天做了一件丢脸的事情"时，想必他会浮现出微笑，并心情轻松地听你继续说下去。因为炫耀自己会引起他人的反感；而谈及自己的失败经验，不但会增强对方的自尊心，更能因此打开对方的心扉，让他坦然地接受你。

适当地运用这种方法，可以避免在一些场合过分锋芒毕露，从而给自己带来不必要的麻烦。低调做人，低姿态处世，在某些情况下适当地贬低自己，这才是明智之举。

借他人名义，让你的"捧"更受宠

俗话说："雾里看花花更美。"赞美之词未必要从你嘴里说出来。可以以第三者的名义。比如，若当面直接对对方说"你看来还那么年轻"之类的话，不免有点恭维、奉承之嫌。如果换个方法说："你真是漂亮，难怪某某一直说你看上去总是那么年轻!"可想而知,对方必然会很高兴,而且没有阿谀之嫌。

在一般人的观念中,总认为"第三者"所说的话是比较公正的实在的。因此,以"第三者"的口吻来赞美,更能得到对方的好感和信任。

1997年,金庸与日本文化名人池田大作展开一次对谈,对谈的内容后来辑录成书出版。在对谈刚开始时,金庸表示了谦虚的态度,说:"我虽然过去与会长(指池田)对谈过世界知名人士不是同一个水平,但我很高兴尽我所能与会长对话。"池田大作听罢赶紧说:"你太谦虚了。您的谦虚让我深感先生的'大人之风'。在您七十二年的人生中,这种'大人之风'是一以贯之的,您的每一个脚印都值得我们铭记和追念。"池田说着请金庸用茶,然后又接着说:"正如大家所说'有中国人之处,必有金庸之作',先生享有如此盛名,足见您当之无愧是中国文学的巨匠,是处于亚洲巅峰的文豪。而且您又是世界'繁荣与和平'的香港舆论界的旗手,正是名副其实的'笔的战士'。《春秋·左传》有云:'太上有立德,其次有立功,其次有立言,是之谓三不朽。'在我看来,只有先生您所构建过的众多精神之价值才是真正属于'不朽'的。"

在这里池田大作主要采用了"借用他人之口予以评价"的赞美方式,无论是"有中国人之处,必有金庸之作",还是"笔的战士"、"太上……三不朽"等,都是舆论界或经典著作中的言论,借助这些言论来赞美金庸,既不失公允,又能恰到好处地给对方以满足。

假借别人之口来赞美一个人,可以避免因直接赞美对方而导致的吹捧之嫌,还可以让对方感觉到他所拥有的赞美者为数众多,从而心里获得极大的满足。

在生活中,要善于借用他人,特别是权威人士的言论来赞美对方,借此达到间接赞美他人的目的。权威人士的评价往往最具说服力,因此引用权威言论来赞美对方是最让对方感到骄傲与自豪的,如果没有权威人士的言论可以借用,借用他人的言论也会收到不错的效果。

捧人要高低有"度"

捧人如果把握不好"捧"的分寸和尺度,肤浅的"捧"会让人感到乏味与空洞,使被捧者丝毫感觉不到一种荣耀,并会在你的言语中产生一种不安与困惑,进而对双方交际产生一些不良的后果。而适度的"捧",可以使被"捧"者迅速产生认同感,进而对你抱以信赖的态度,产生与你积极沟通交流的愿望。

总体来说，掌握赞美他人的艺术，需要我们在生活中多观察、多总结，只有这样，才能够准确恰当地运用它来达到我们与他人沟通的目的。对此，有些必须重视的问题我们万万不可忽视：

1. "捧"要得体，不可过于夸张

夸张是语言的一种修辞方法，在赞美他人时适当地夸张一点能够有利于表达自己的感情，对方也乐于接受，但过分地夸张就有阿谀奉承、溜须逢迎之嫌，甚至会让对方怀疑你赞美他的真实目的。

董明娶了一个漂亮的妻子，大家都夸他妻子漂亮，董明心里也美滋滋的。他夸张地对妻子说："你真漂亮，自从我娶了你之后，连电视都不想看了。"电视中美女如云，不可能个个都比不过他妻子。听了董明的赞美，妻子不屑地扔出"虚伪"二字。

夸张终归是夸张，如果夸张过度，赞美也就变了味。过分地夸张往往使赞美脱离了实际情况，让人感觉到缺乏真诚的东西。再如，对于一般的知识分子，你夸他智力超群，独树一帜，会令人生厌；对长相丑陋的女性，你夸她美貌过人，她会认为你在讽刺她。

2. 不要滥用吹捧

这里讲的滥用是指相对时期内对一个对象赞美的次数。次数太少，起不到应有的作用；次数太多，也会削弱应有的效果。而赞美的频率是否适中，是以受赞美者优良行为的进展程度为尺度的。如果被赞美者的优良行为同赞美的频率成正比，则说明赞美的频率是适度的；如果呈现反比的现象，则说明赞美的频率过高，已经到了"滥施"的程度。

3. 不要说外行话

赞美他人是对他人的认可和肯定。所以在赞美时，不能说外行话，要慎重选择赞美的角度，不要不懂装懂，落下笑柄。

有个年轻人本不懂诗，但有一个偶然的机会，他有幸遇到了一位诗人。年轻人趁机恭维道："您的诗写得再好不过了，我读了好几遍也没读懂。"年轻人是只知其然，而不知其所以然，这位诗人的诗写得好，但究竟好在哪里？年轻人就说了外行话，用读不懂来形容，简直是在亵渎诗人的作品。

要想不说外行话，在赞美时需要注意：

第一，美言适可而止。心里要谦虚，赞美别人时有所保留，不要打肿脸充胖子，硬装内行。

第二，多用模糊语言。赞美行家，不要说得过细，因为他比你懂得多。如对书法家，说"你的字写得太好了，什么时候指点指点我"即可，没有必要说他的字好在哪里。

第三，类比熟悉事物。选择自己熟悉的事物作类比，以免出漏洞。

第四，看得远一点儿。赞美不仅要符合眼前实际，而且要高瞻远瞩，具有一定的前瞻性和预见性。

还有，某些东西具有相对稳定性，比如人的容貌、性格、习惯等，这方面比较容易赞美。而有些东西则不稳定，如人的行为、成绩、思想、态度等，若从长远考虑，赞美时要谨慎。

例如，有些人入党之前各方面表现都很积极，领导便开始称赞他："该同志一直……"有经验的人就会想，先别夸那个，慢慢看吧。果然，他入党之后，各方面就开始松懈了。人迫于某种压力或某种需求，做一件好事很容易，难的是一辈子都做好事。

如果赞美人时仅限于就事论事，极易犯目光短浅的错误。

第四节　抓住对方心理，让他乐意听你的

先赞美后说服，满足对方自尊心

要说服一个人，最好先把他抬高，给他一个超乎事实的美名，就像用"灰姑娘"故事里的仙棒，点在她身上，会使她从头到脚焕然一新。对于那些地位显赫、有权有势的人，想要说服他，更要学会先抬高、后说服的策略。

古时候，有位宰相请理发师给他修面。那理发师修面修到一半时，忽然停下刮刀，两眼直愣愣地看着宰相的肚皮。

宰相见理发师傻乎乎发愣的样子，心里很纳闷儿："这平平板板的肚皮有什么好看呢？"就问道：

"你不修面，却看我肚皮，这是为什么呢？"

"听人们说，宰相肚里能撑船，我看大人您的肚皮并不大，怎么可以撑船呢？"

宰相一听，哈哈大笑。

"那是讲宰相的度量十分大，能容天容地容古今，对鸡毛蒜皮的小事从不斤斤计较。"

理发师一听这话，"扑通"一声跪倒在地，哭着说："小人该死，方才修面时不小心将大人您的眉毛刮掉了，万望大人大德大量，恕小的一罪！"

宰相听说自己的眉毛被刮了，不禁怒从心起，正想发作，转念一想：刚才自己还讲宰相的度量很大，我又怎好为这小事给他治罪呢？于是，只好说："不妨，不妨。"

聪明的理发师以曲折迂回之法，层层诱导宰相进入自己早已设定的能进难退的"布袋"中，避免了一场灾难。

莎士比亚曾说："假如他没有一种德行，就假装他有吧！"给他们一个好的名声来作为努力的方向，他们就会不计前嫌，努力向上，而不愿看到你的希望破灭。

生活中，难免会遇见亲朋好友为了某些事而发生冲突，这时候，女人往往需要出面调解做和事佬。但是，和事佬并不好做，这是个两边不讨好的差事，如果没有比较高超的语言技巧，往往会把自己陷进去，成为一方甚至双方攻击的对象。但是冲突总得有人调解，或许这个人就是自己，那该怎么办呢？

俗话说："一个巴掌拍不响。"在双方接受自己来进行调解之后，可以考虑抬高一方，让其主动退出争执，另一方没了冲突对象，纠纷自然化解了。

让当事人为顾全面子而退出争执。对一方当事人进行夸奖，讲述他曾经有过的可引以为自豪的事情，唤起他的荣誉感，使之为了保全荣誉感和面子，主动退出争执。这种方式对于绝大多数受过良好教育的人都非常有效，因为荣誉和颜面往往是他们很看重的，是他们约束自己的动力。

小王与小刘是学校新来的两位年轻教师，小王心细，考虑事情周到；小刘性情鲁莽，但业务能力强。两人因一件小事发生争执，小王说不过小刘，并且被小刘训了一顿，小王觉得非常委屈，就去找年级主任诉苦。主任说："小王啊，你脾气好，办事周到，大家都很欣赏。你是个细致的人，小刘是个急性子，脾气上来了连自己说了什么都不知道。你怎么能和他计较呢？你一向都非常注意团结同事、不感情用事的，怎么能为了这么点事情就觉得委屈呢？"一番话说得小王心里又甜又酸，从此再也不和小刘争执了。

事例中主任就是巧妙地运用了抬高一方的方法。她先夸奖小王，然后强调两人之间的差距，让听话者的一方受到赞扬，从而轻易化解了两人之间的冲突。

不过这个调解办法在使用时必须注意不可伤害到另一方的自尊，你对一方的"抬高"最好不要当着另一方的面说，否则会事倍功半，收效不佳。

另外，跟当事人说一件很重要的事让他感觉到自己的地位及价值的存在，从而让他退出争执，也是一种不错的方法技巧。冲突之所以持续，往往是一种非理性情绪支配的结果。所以，如果在调解冲突时，提出一件足以唤起一方理性思考的事情，转移其注意力，往往也能达到让一方退出争执、化解冲突的目的。

每个人都希望别人赞同自己而不是事事屈服于别人，被别人说服意味着对方比自己强，因此被说服的人大多是不太愉快的，很多人固执己见常常是因为放不下面子，因此说服之前抬高对方，先满足对方的自尊心和虚荣心，把对方捧得高高在上，再提出建议，他便不会觉得受了轻视和伤害，说服自然更加容易。

站在对方的立场说话，更容易被接受

当我们和别人商谈什么事情时，我们习惯将自己的想法和意见强加给别人，而没有站在对方的立场仔细想想，这种说话方式其实是有碍沟通的。如果单纯从自己的角度出发，说："我认为、我想……"可能无法引起对方的兴趣，甚至会反问你"这与我有什么关系"。所以，当你希望说服对方配合或者为你办什么事时，首先应该从对方的角度出发，提出对他有利的条件或利益，这样你的意见才更容易被对方接受。

劝说别人时，站在对方的立场上，才能让别人听着顺耳，觉得舒服。站在对方的立场上，设身处地地想，设身处地地说。如此，不仅能使他人快乐，也能使自己快乐。站在对方的立场考虑问题，你会发现，你跟他有了共同语言，他的所思所想、所喜所恶，都变得可以理解甚至显得可爱。在各种交往中，你都可以从容应对，要么伸出理解的援手，要么防范对方的恶招。许多人不懂得如何站在对方立场上思考和说话，这是导致很多事情做不成功的原因。

站在他人的立场上说话，能给他人一种为别人着想的感觉，这种投其所好的技巧常常具有极强的说服力。要做到这一点，"知己知彼"十分重要，唯先知彼，而后方能从对方立场上考虑问题。成功的人际交往语言，有赖于发现对方的真实需要，并且在实现自我目标的同时给对方指出一条可行的路径。

春风剧场门前有一位年近六旬的老太太摆着一个小摊，卖瓜子、花生之类的小食品。

某日，市里要检查卫生，剧场管理员小王要老太太回避一下，说："老太太，快把摊子挪走，今天这里不许卖东西。"

"往天许卖，今天又不许卖，世道又变了吗？"

"世道没有变，检查团要来了。"

"检查团来了就不许卖东西？检查团来了还许不许吃饭？"

"检查团来了，地面不干净要罚款的。"小王加重了语气。

"地面不干净关我什么事？"

小王无言以对，悻悻而退。

管理自行车的刘师傅随后走了过来，说道："老嫂子，你这么一把年纪，没早没晚的又能挣几个钱呢？检查团来了，真要罚你一笔，你还能打场官司不成？再说，检查团不会天天来，饭可是要天天吃，生意可是要天天做的。"

"嗯！姜还是老的辣。好，我这就走。"老太婆边说边笑地把摊子挪走了。

管理员小王之所以劝阻不成反讨没趣，就因为他只是一味地讲抽象的大道理，却没有站在老太太的角度上耐心地帮助她分析利弊。而刘师傅就懂得这一点，他从老太太的切身利益出发，向她指出了只考虑眼前的小利而不顾长远利益的不良后果，使她真正认识到了自己固执行为的不明智，于是心服口服地接受了规劝。

一个人最大的痛苦之一就是没人理解，如果我们能站在别人的立场上说话，那对于他来说是一种莫大的幸福。要想把事情办好，最好的办法就是让对方感动，而站在对方的立场上说话无疑是不错的方法。也许你会质疑："站在对方的立场上说来容易，实际要做的时候却很难。"没错，站在对方的立场上说话确实不容易，但却不是不可能，许多人都能做到这一点。如果不这么做，谈话成功的希望就可能很小了。会说话的人都善于揣摩对方的心理，尽量站在他人的角度来设想，并且乐此不疲。

俗话说"打蛇打七寸"，蛇虽然移动迅速、灵活凶猛，但也有自己最脆弱的地方，击中要害便能将其制服。说服别人就像"打蛇打七寸"一样，抓住对方切身利益的得失，会使他的心弦受到颤动，促使他深入思考，从而作出改变。

说服没有主见的人："大家的意见都是这样。"

我们身边有这样一些人，凡事没有主见，做决定的时候总是犹犹豫豫，但别人的意见他也听不进去，总是拿不定主意。这样的人总是考虑得太多，过分计较得失，因此也不太好说服。其实，这类人也有死穴，那就是从众心理，在他们看来，既然各种选择都有利弊，那么大多数人的选择总是最保险的，就算最后错了，也是大家一起吃亏。因此，说服这类没有主见的人，就要用"大家的意见都是这样"。

心理学家曾做过这样一个实验：让5个人围坐着一张桌子，实验者请他们判断线段的长度。每次呈现一组卡片，每组包括两张，一张卡片上有一条垂直线段，称为标准线段；另一张卡片上有三条垂直线段，其中一条与标准线段一样长，另外两条要么长了许多，要么短了许多，要求那5个人把那条与标准线段等长的线段挑出来。按理论，每个人都可以轻易地作出正确无误的选择。

当第一组的两张卡片呈现后，每个人依次大声地说出了自己的判断，所有人意见一致，都作出了正确的选择。然后再呈现第二组，大家又都做了正确的一致回答。就在大家觉得实验单调而无意义时，第三组卡片呈现了，第一位被试者在认真地观察这些线段后，却作出了显然是错误的选择，接着第二、三、四位被试者也作了同样错误的回答。轮到第五位被试者，他感到很为难，左右看看，因为他的感官清楚地告诉他别人都是错的，最后，他终于小声地说出了与别人相同的错误选择。

其实，这个实验是事先安排好的，前四名被试其实都是实验者的助手，他们按照事先安排好的程序进行正确或错误的选择，而只有第五位被试者不知道这一情况，是真正的被试者。真正参加实验的被试者是具有良好视力及敏锐思维能力的大学生，并且从表面上看，他们可以任意地作出想做的反应，而实质上，也明确要求他们作出他们自己认为是正确的反应。但是，当绝大多数人都作出同样的反应时，个人就有强烈的动机去赞同群体其他成员的意见，因此有35%的被试者拒绝了自己感官得来的证据，而作出了同大多数人一样错误的选择，这就是心理学上所说的从众行为。

当个人的感觉与群体中的大多数人不一致时，个体为了使自己不被人认为"标新立异"，常常会放弃自己的看法而接受大多数人的判断。所以，当我们在说服别人遇到困难的时候不妨说一句"大家的意见都是这样的"，那么这个人可能就会改变自己的看法而接受你的建议。

社会也会有大规模的从众行为，似乎每个人都要参考周围的人的行为来决定自己应该做些什么，似乎没有人自己可以确定自己的主见，就像如今流行的钢琴热、外语热、瑜伽热等，似乎大家在接受什么，自己也要接受什么，恰好，我们可以利用周围人的行为来影响或制约别人，这也不失为一种说服其他人的技巧和方法。

利用逆反心理，说服个性偏强的人

"请不要阅读第七章第七节的内容。"这是一个作家写在其著作扉页上的一句饶有趣味的话。后来，这个作家做了一个调查，不由得笑了，因为他发现绝大部分的读者都是从第七章第七节开始读他的著作的，而这就是他写那句话的真正目的。

当别人告诉你"不准看"时，你却偏偏要看，这就是一种"逆反心理"。逆反心理是人们彼此之间为了维护自尊，而对对方的要求采取相反的态度的一种心理状态。在日常生活中，常会有"不受教""不听话"，与别人"顶牛""对着干"的事情出现。人们常常通过这种与常理背道而驰的行为，来显示自己的"高明"和"非凡"，来抗拒和摆脱某种约束，或者来满足自己的好奇心、占有欲。这种欲望被禁止的程度愈强烈，它所产生的抗拒心理也就愈大。所以，如果能善于利用这种心理倾向，不仅可以将顽固的反对者软化，使其固执的态度发生一百八十度的大转变，而且可以打破对手原有的意念，让他按你的意思去办。

据说明朝时，四川的杨升庵才学出众，中过状元。因嘲讽过皇帝，所以皇帝要把他充军到很远的地方去。朝中的那些奸臣更是趁机公报私仇，向皇帝说，把杨升庵充军海外，或是玉门关外。

杨升庵想："充军还是离家乡近一些好。"但是皇帝对他怀恨在心，如果直接提要求，肯定得不到应允。于是就对皇帝说："皇上要把我充军，我也没话说。不过，我有一个要求。"

"什么要求？"

"宁去国外三千里，不去云南碧鸡关。"

"为什么？"

"皇上不知，碧鸡关呀，蚊子有四两，跳蚤有半斤！切莫把我充军到碧鸡关呀！"

"哦……"

皇帝不再说话，心想："哼！你怕到碧鸡关，我偏要叫你去碧鸡关！"杨升庵刚出皇宫，皇上马上下旨："杨升庵充军云南！"

杨升庵利用"对着干"的心理，粉碎了奸臣的打算，达到了自己要去云南的目的。

其实每个人身上都有一根"反骨"。例如，有一个人站在高楼顶上欲跳楼自杀，而旁人也在拼命说些"不要跳"或"不要做傻事"之类的话，这更是助长了他跳楼的意念；相反，若你说："如果你真想跳的话，那就跳吧！"他可能会感到很泄气，没料到旁人竟不予阻止，反而鼓励他跳下，这完全背离了他原先的期待，这种对于劝阻的期待，一旦为他人所背离，反而会失去原有的意念。

逆反心理可以造成这样的一种心理结果，即你越是制止人们的某种行为，他们越是想要这样去做；如果你坚持采取某种行动，结果却会使对方采取相反的行动。利用这种心理效果，我们可以设下一个小陷阱，刺激对方的逆反心理，使其主动地钻进来，以达到改变人们某种行为的目的。可见，巧妙地利用别人的逆反心理是可以有效地改变其行为的，我们要善于利用这一点，学会对人们进行善意的规劝和说服。

可见，无论男性女性，长者幼小，他们内心多多少少都带有一些逆反心理，只要我们善于抓住那一根"反骨"，轻轻一扭，就连皇帝也会按照你的意思去办。这的确不失为一种省心省力又奏效的说服方法。

巧用好奇心影响他人行为

每个人都天生有一种猎奇心理，对那些新鲜事物或传闻有强烈的好奇心，越是自己不知道的事物就越有兴趣去了解，也就是说，好奇心是一种强大的推动力，能够在无形中调动一个人的积极性，诱导人们行动。因此，我们在与人交往的过程中，要学会洞察他人的这种猎奇心理，充分利用别人的好奇心来影响对方的行为，这样做有时比直接劝说更有效。

一个工头，他常常坚持反对一切改进的计划。李工程师想装一个新式的指数表，但他想到那个工头必定要反对，于是李工程师就去找他，腋下挟着一个新式的指数表，手里拿着一些要征求他的意见的文件。

当大家讨论着关于这些文件中的事情的时候，李工程师把那指数表从腋下移动了好几次，工头终于先开口了："你拿着什么东西？"

李工程师漠然地说："哦！这个吗？这不过是一个指数表。"

工头说："让我看一看。"

李工程师说："哦！你不要看了。"并假装要走的样子，并说，"这是给别的部门用的，你们部门用不到这东西。"

但是，工头又说："我很想看一看。"

当他审视的时候，李工程师就随便但又非常详尽地把这东西的效用讲给他听。

工头终于喊起来："我们部门用不到这东西吗？它正是我想要的东西呢！"

李工程师故意这样做，果然很巧妙地把工头说动了。

通常情况下，这位刚愎自用的工头是不会轻易按照别人说的去做，而李工程师之所以能够轻而易举地让工头使用新式的指数表，正是利用了他的好奇心，装作一副故意不让对方知道的样子，引起对方的注意，而李工程师越是说这个东西用不着，工头便越要探个究竟，之后便可顺水推舟达到目的。

每个人都有好奇心，因为好奇而想要了解某些事物。当这些事物被禁止时，最容易引起人们强烈的好奇心和求知欲。特别是只做出禁止而又不解释禁止原因的时候，反而更加激发了人们的逆反心理，使人们更加迫切地想要了解该事物。因此，你越是禁止，对方越是想知道，形成一种相对的局面。因此，我们不妨在适当的时候迎合他人的好奇心，让别人跟着你的思路走。

巧妙提问，让对方只能答"是"

在沟通心理学上有一个重要的"6＋1"法则，用来说明这样一种现象：一个人在被连续问到 6 个作肯定回答的问题之后，那么第 7 个问题他也会习惯性地作肯定回答；而如果前面 6 个问题都作否定回答，第 7 个问题也会习惯性地作否定回答，这是人脑的思维习惯。利用这个法则，你如果需要引导对方的思路，希望对方顺从你的想法，你可以预先设计好 6 个非常简单、容易让对方点头说"是"的问题，先问这 6 个问题作为铺垫，最后再问一个最重要和关键的问题，这样对方往往会自然地点头说"是"。

日本有个聪明绝顶的小和尚，他的名字可谓家喻户晓：一休。有一次，大将军足利义满把自己最喜爱的一只龙目茶碗暂时寄放在安国寺，没想到被一休不小心打碎了。就在这时，足利义满派人来取龙目茶碗。

大家顿时大惊失色，不知所措，茶碗已被一休打碎，拿什么去还呢？

一休道："不必担心，我去见大将军，让我来应付他吧！"

一休对将军说："有生命的东西到最后一定会死，对不对？"

足利义满回答："是。"

一休又说道："世界上一切有形的东西，最后都会破碎消失，是不是？"

足利义满回答："是。"

一休接着说："这种破碎消失，谁也无法阻止是不是？"

足利义满还是回答："是。"

一休和尚听了足利义满的回答，露出一副很无辜的神情接着说："义满大人，您最心爱的龙目茶碗破碎了，我们无法阻止，请您原谅。"

足利义满已经连着回答了几个"是"，所以他也知道此事不宜再严加追究了，一休和尚和外鉴法师便这样安然地渡过了这一难关。

可见，在说服中，可以先巧设陷阱，在对方没有防备的情况下，诱其说"是"。让对方多说"是"的好处就是使对方在不知不觉中一步步坠入圈套，这时候你便牵住了他的"牛鼻子"，对方于是不得不就范。

一个人的思维是有惯性的，当你朝某一个方向思考问题时，你就会倾向于一直考虑下去，这也就是为什么有些人一旦沉醉于某些消极的想法之后，就一直难以自拔的道理。在人际交往中，我们应懂得并善于运用这一原理来对他人进行善意的说服。

詹姆斯·艾伯森是格林尼治储蓄银行的一名出纳，他就是采取了诱导对方不得不说"是"的办法挽回了一位差点失去的客户。

"有个年轻人走进来要开个户头，"艾伯森先生说道，"我递给他几份表格让他填写，但他断然拒绝填写有些方面的资料。"

"在我没有学习人际关系课程以前，我一定会告诉这个客户，假如他拒绝向银行提供一份完整的个人资料，我们是很难给他开户的。但今天早上，我突然想，最好不要谈及银行需要什么，而是客户需要什么，所以我决定一开始就先诱使他回答'是，是的'。于是，我先同意他的观点，告诉他，那些他所拒绝回答的资料，其实并不是非写不可。但是，假定你碰到意外，是不是愿意银行把钱转给你所指定的亲人？

"'是的，当然愿意。'他回答。

"那么，你是不是认为应该把这位亲人的名字告诉我们，以便我们届时可以依照你的意思处理，而不致出错或拖延？

"'是的。'他再度回答。

"客户的态度已经缓和下来，知道这些资料并非仅为银行而留，而是为了他个人的利益。所以，最后他不仅填写了所有资料，而且在我的建议下，开了一个信托账户，指定他母亲为法定受益人。当然，他也回答了所有与他母亲有关的资料。"

很多人先在内心制造出否定的情况，却又要求对方说"是"，表现出肯定的态度，这样做是不可能让对方点头的。假如你要使对方说"是"，最好的方法是制造出他可以说"是"的气氛，然后慢慢诱导他，让他相信你的话，他就会像是被催眠般地说出"是"。由于一开始就让他回答"是，是的"，这样反而使他忘了原本存在的问题，而高高兴兴地去做你建议的所有事情。换句话说，你不要制造出他可以表示否定态度的机会，一定要创造出他会说"是"的肯定气氛。

激将有法，大功告成

俗话说："请将不如激将。"劝说别人时，可以利用对方的情感心理，采用激将法。为了让对方动摇或改变原来的立场和态度，利用一些略带贬损意义的不太公正的话给对方罩上一顶"帽子"，而对方一旦被罩上这顶帽子，就会激起一种极力维护自我良好形象的欲望，从而用语言或行动表明自己不是这样，自动地去改变原来的立场和态度。

使用激将法往往能够使对方感情冲动，从而去做一些他在平常情况下可能不会去做的事。激将者可以激起对方的愤怒感、羞耻感、自尊感、嫉妒感和羡慕感，等等，这样，对方在激动之中来不及考虑太多就答应下来，所以，激将得当可使你在劝说时起到"请君入瓮"的效果。巧言激将，一定要根据不同的交谈对象，采用不同的激将方法，才能收到满意的效果。犹如治病，对症下药，才有疗效。激将法一般有以下 3 种类型：

1. 利用对方的自尊来"激将"

面对面直截了当地贬低对方，刺激他、羞辱他、激怒他，以达到使其"跳起来"的目的。

某厂改革用人制度，决定对中层干部张榜招贤。榜贴出后，大家都看着能力技术俱佳的技术员小李。然而，由于某种原因，小李正在犹豫。一位老大姐找到他，直言相激："小李，你不是大学毕业的高才生吗？大家都巴望着你有出息呢！没想到，你连个车间主任的位子都不敢接，你真是个窝囊废！"

"我是窝囊废？"话音未落，小李就跳了起来，说，"我非干出个样儿不可！"

他当场揭榜出任了车间主任。

2. 抓住对方的痛处来"激将"

激，确切地说，就是要从道义的角度去激对方，让对方感到不再是愿不愿意去干，而是应该、必须去干。戳到对方痛处能激发对方办事的巨大力量。

丹丹想让妈妈给她买一条新牛仔裤，但是怕妈妈不同意，因为她已经有了一条牛仔裤。于是丹丹采用了一种独特的方式，她没有像其他孩子那样或苦苦哀求，或撒泼耍赖，而是一本正经地对母亲说："妈妈，你见没见过一个女孩，她只有一条牛仔裤？"

这颇为天真而又略带心机的问话，一下子打动了母亲。事后，这位母亲谈起这事，说到了当时自己的感受："女儿的话让我觉得若不答应她的要求，简直有点对不起她，哪怕在自己身上少花点，也不能太委屈了孩子。"

丹丹一句话就说服了母亲，满足了自己的需要。在她说这话时，唯一的目的就是要打动母亲，并没有想到该用什么样的方法。而事实上，她的确戳到了母亲的痛处，是从母子道义上刺激母亲，让母亲觉得女儿的要求是合情合理的，而不是非分的。

3. 采用反语来"激将"

就是正话反说，用故意扭曲的反语信息和反激的语气表达自己的意见，以激起对方发言表态，达到预期目标的方法。下面是一家中外合资公司的总裁与一家乡镇企业厂长的洽谈。

厂长："总裁先生的魄力，的确比我们这些人大得多，简直是一个大如牤牛，一个小如毫毛。这么大的魄力，虽然让我们佩服，但我们实在不敢奉陪，只能回收土地，停止合作。"

总裁："好吧，我再让利一成？"

厂长："不行，按我方投资比例，应当让利两成。"

总裁："行，本公司原则上同意……"

上例中，厂长不说对方"黑心贪利"，而说反语"魄力大"，又以"不敢奉陪"的"哀兵"战术以退为攻，激发对方。

每个人都有理性的一面，也有感性的一面，行为很容易受到情绪的影响，激将法正是通过影响对方的情绪来改变对方的行为，让对方自己愿意去做这件事。

激发对方高尚动机，顺势制宜影响他

我们每个人都在内心里将自己理想化，都喜欢为自己行为的动机赋予一种良好的解释，这就是为何大家都希望听到夸奖，而不是贬低。也正因如此，我们可以通过诉诸一种高尚的动机赋予对方，顺势制宜，实现改变他人、影响他人的目的。

有一位妇女，抱着小孩上火车。由于人多，他们上车后位子上已经坐满了人。但是，这位妇女旁边，有一位年轻的小伙子正躺着睡觉，一个人占了两个人的位子。孩子哭闹着要座位，并用手指着要那个小伙子，想让其把座位让给自己。

谁料，小伙子却假装没听见，依旧躺在那里睡觉。

这时，小孩的妈妈用故作安慰的口吻对孩子说："这位叔叔太累了，等他睡一会儿，就会让给你的！"听了妈妈的话，小孩也不好再说什么了。

几分钟后，那个小伙子似乎刚刚睡醒的样子，然后站起来，客气地把座位让给了母子俩。小孩子单纯地索要，小伙子并没有让座，而妈妈一句安慰，却赢得了小伙子主动而客气地让座。这是为什么呢？要知道，这位妇女之所以能成功，妙就妙在她顺势制宜，对那位小伙子采取了尊重礼让的方法，给他设计了一个"高尚"的角色：他是一个善良的人，只是由于过度劳累而无法施善行。趋善心理使小伙子无法拒绝扮演这个善良的角色。

正如《三字经》里有句话："人之初，性本善。"从广义的角度而言，是说当一个人在进入新的一个领域时，他的为人处世都是抱着一种善良、美好的行为去工作、去学习、去交友，等等。后天的生活习惯和环境变化，才造成了人的各种行为的差异，导致背离"善"的现象。

某房屋公司有一位不满意的房客，在租约尚有四个月没到的情况下，恫吓要搬离他的公寓。按当时规定，那间公寓每个月的租金是 55 元，可是房客声称立即就要搬，不管租约那回事。要知道，当时是淡季，如果房客立即搬走，房子是不容易租出去的。对于公司来说，220 元就不翼而飞了。

很多人都认为，此时应该找那个房客，要他把租约重念一遍，并向他指出，如果现在搬走，那四个月的租金，仍须全部付清。

可是，聪明的工作人员却采取了另外一种办法。他对房客说："先生，我听说你准备搬家，可是我不相信那是真的。我从多方面的经验来推断，我看出你是一位说话有信用的人，而且我可以跟自己打赌，你就是这样的一个人。"

房客静静地听着，没有作特殊的表示。他接着又说："现在，我的建议是这样的，将你所决定的事，先暂时搁在一边，你不妨再考虑一下。从今天起，到下个月一日应缴房租前，如果你还是决定要搬，我会答应你，接受你的要求。"

他把话顿了顿，继续说道："那时，我将承认自己的推断完全错误。不过，我还是相信，你是个讲话有信用的人，会遵守自己所立的协议。"

很多人想不到的是，到了下个月，那位房客主动来缴房租了。还告诉工作人员，他跟太太商量过，决定继续住下去，他们认为，最光荣的事，莫过于履行协议。

不难看出，想达到改变他人的目的，你不妨找一顶能表现出高尚的帽子，然后恭敬地戴到对方头上，很少有人会拒绝的。

第五节　用心交往，让他人乐意帮助自己

给予对方一个头衔，他更愿意鼎力相助

要想获得他人的鼎力支持，给予他人合适的头衔是非常有效的方式，这被无数事实反复证明是正确的。虽然头衔是虚的，不能增加人的经济收益，但却可以在极大程度上满足人的自我成就感。很多人都通过给予对方一个光辉闪耀的头衔来获得对方的鼎力协作。

斯坦梅茨是一位拥有异常敏锐的观察力和无法估计的才能的人。然而，在他就任通用电气公司的行政主管时，他所管理的事务却乱作一团，因此，他被撤销了行政主管一职，而担任顾问兼工程师。那么，怎样才能使这样一个事业上受挫的人不遗余力地投入到工作中，为公司效力呢？

这时，高层管理人员运用了一些奇妙的驭人策略。他们给予了斯坦梅茨一个耀眼的头衔——"科学的最高法院"。一时之间，几乎公司上下所有的人都知道：有一个叫斯坦梅茨的工程师非常了不起，他被称为"科学的最高法院"。而斯坦梅茨也极力维护这个头衔所带给他的荣誉，他不遗余力地工作着，创造了很多奇

迹，为通用电气的发展作出了极大的贡献。

头衔是一种公开化的赞誉，面对它，几乎没有人能够真正抗拒。头衔能够让许多人激动不已，能够激发他们的工作热情，当然，还能够赢得他们的忠诚。一个小小的头衔真的拥有这么巨大的魔力吗？

其实，这当中是有其心理学依据的。

一方面，从个体心理学的角度看，当一个人被赋予某种头衔的时候，他对自己的自我认知就发生了改变。潜意识中，他将自己和这种头衔统一起来，如果他不按头衔的要求去做的话他就会产生认知失调，也就是自我认知和言行冲突，从而产生心理不适。因此，为了避免认知失调的产生，他一定会以积极的言行来极力维系头衔带给他的荣誉。

另一方面，从社会心理学的角度看，当一个人被赋予某种头衔的时候，实际上是被赋予了某种社会角色。著名心理学家津多巴曾经做了一个这样的实验：

参加实验的志愿者都是男性。津巴多将他们分成两组，一组扮演监狱里的"看守"，另一组扮演"犯人"。

一天后，几乎所有的参与者都进入了角色。"看守"变得十分暴躁而粗鲁，甚至主动想出许多方法来体罚"犯人"。而"犯人"则"垮"了下来，有的消极地逆来顺受，有的开始积极反抗，有的甚至像个看守一样去欺辱其他犯人。

人有一种将自身的言行与自己所扮演的角色统一起来的本能，人很难抛开自己所拥有的头衔而做出格的事情。

如果想让别人作出改变，不妨给他一个与之相适应的头衔，让他觉得自己是这样的人，他便会表现得像这个人一样。任何人都不甘于辜负好的名声，如果你乐于给他一项桂冠，他就会乐于做出优秀的表现。

激起心理共鸣，让他感觉像是在帮助自己

心理学中，有一个概念叫共鸣，指人在与自己一致的外在思想情感及其他客体刺激影响下而产生情状相同、内容一致、倾向同构的心理活动和精神现象。在人际交往过程中，"心理共鸣"是一种以心交心的有效方式，也是一门非常微妙的相处艺术。求人的时候，如果你能激起对方的心理共鸣，事情自然就好办多了。

不过，虽然人与人之间本来就有许多地方是相同的，但是要产生共鸣，还需要相当的说话技巧。当你对另一个人有所求的时候，最好先避开对方的忌讳，从

对方感兴趣的话题谈起，不要太早暴露自己的意图，让对方一步步地赞同你的想法，当对方跟着你走完一段路程时，便会不自觉地认同你的观点。

伽利略年轻时就立下雄心壮志，要在科学研究方面有所成就，为此，他希望得到父亲的支持和帮助。

一天，他对父亲说："爸爸，我想问您一件事，是什么促成了您同母亲的婚事？"

"我看上她了。"父亲不假思索地答道。

伽利略又问："那您有没有娶过别的女人？"

"没有，孩子。家里的人要我娶一位富有的女士，可我只钟情于你的母亲，她从前可是一位风姿绰约的姑娘。"

伽利略说："您说得一点也没错，她现在依然风韵犹存。您不曾娶过别的女人，因为您爱的是她。您知道，我现在也面临着同样的处境。除了科学以外，我不可能选择别的职业，我对它的爱有如对一位美貌女子的倾慕。"

父亲说："像倾慕女子那样？你怎么会这样说呢？"

伽利略说："一点也没错，亲爱的爸爸，我已经18岁了。别的学生，哪怕是最穷的学生，都已想到自己的婚事，可是我从没想过那方面的事，以后也不会。因为我只愿与科学为伴。"伽利略继续说，"亲爱的爸爸，您有才干，但没有力量，而我却能兼而有之。为什么您不能帮助我实现自己的愿望呢？我一定会成为一位杰出的学者，获得教授身份。我能够以此为生，而且比别人生活得更好。"

说到这，父亲为难地说："可我没有钱供你上学。"

接着伽利略又说："爸爸，您听我说，很多穷学生都可以领取奖学金，这钱是公爵宫廷给的。我为什么不能去领一份奖学金呢？您在佛罗伦萨有那么多朋友，您和他们的交情都不错，他们一定会尽力帮忙的。他们只需去问一问公爵的老师奥斯蒂罗·利希就行了，他了解我，知道我的能力……"

父亲被说动了："嗯，你说得有理，这是个好主意。"

伽利略抓住父亲的手，激动地说："我求求您，爸爸，求您想个法子，尽力而为。我向您表示感激之情的唯一方式，就是……就是保证成为一个伟大的科学家……"

伽利略最终说动了父亲，他实现了自己的理想，成为一位闻名遐迩的科学家。

伽利略争取父亲的认可和帮助，采用的就是"心理共鸣"的方法。这种方法一般可分为以下 4 个阶段：

1. 导入阶段

先顾左右而言他，以对方当时的心情来体会现在的心情。例如，伽利略先请父亲回忆和母亲恋爱时的情形，引起了父亲的兴趣。

2. 转接阶段

伽利略巧妙地通过这句话把话题转到自己身上："我现在也面临着同样的处境。"

3. 正题阶段

提出自己的建议和想法。伽利略提出"我只愿与科学为伴"，这也正是他要说服父亲的主题。

4. 结束阶段

明确提出要求。为了使对方容易接受，还可以指出对方这样做的好处。伽利略正是这样做的，他说："……为什么您不能帮助我实现自己的愿望呢？我一定会成为一位杰出的学者，获得教授身份。我能够以此为生，而且比别人生活得更好。"

正是巧妙运用了"心理共鸣"的方法，伽利略终于达到了自己的目的，为最终实现自己的理想奠定了基础。在日常生活中，我们也不妨试着用这种方法求助别人，往往会带来让你满意的结果。

弱势时打张感情牌，激发同情心

正所谓"以情动人"，"情"最能开启人的心扉，真正唤起别人的共鸣和认同。现实世界里，聪明的人往往善于打"情感"牌，尤其在弱势的时候，这样更容易被他人认可、得到帮助。

在美国经济大萧条时期，有一位 17 岁的姑娘好不容易才找到一份在高级珠宝店当售货员的工作。在圣诞节的前一天，店里来了一位 30 岁左右的贫民顾客，他衣衫褴褛，一脸的悲哀、愤怒，他用一种不可企及的目光盯着那些高级首饰。

这位姑娘要去接电话，一不小心，把一个碟子碰翻，六枚精美绝伦的金戒指落到地上，她慌忙捡起其中的五枚，但第六枚怎么也找不着。这时，她看到那个 30 岁左右的男子正向门口走去，顿时，她知道了戒指在哪儿。

当男子的手将要触及门柄时，姑娘柔声叫道："对不起，先生！"

那男子转过身来，两人相视无言，足足有一分钟。

"什么事？"他问，脸上的肌肉在抽搐。

姑娘一时竟不知说些什么。

"什么事？"他再次问道。

"先生，这是我第一份工作，现在找个事做很难，是不是？"姑娘神色黯然地说。

男子长久地审视着她，终于，一丝柔和的微笑浮现在他脸上。

"是的，的确如此。"他回答，"但是我能肯定，你在这里会干得不错。"

停了一下，他向前一步，把手伸给她："我可以为您祝福吗？"

他转过身，慢慢走向门口。姑娘目送着他的身影消失在门外，转身走向柜台，把手中握着的第六枚金戒指放回了原处。

这位姑娘成功地要回了青年男子拾到的第六枚金戒指的关键是，在尊重谅解对方的前提下，以"同是天涯沦落人"凄苦的言语博得对方的真切同情。对方虽是流浪汉，但此时握有打破她饭碗的金戒指，极有可能使她也沦为"流浪汉"。因此，"这是我的第一份工作，现在找个事做很难"，这句真诚朴实的表白，却饱含着惧怕失去工作的痛苦之情，也饱含着恳请对方怜悯的求助之意，最终感动了对方。对方也巧妙地交还了戒指。试想，如果这位姑娘怒骂，甚至叫来警察，也可能找回戒指，但姑娘的"饭碗"还保得住吗？

曹丕和曹植都是曹操的儿子，均能辞赋。在文学史上，父子三人合称"三曹"。曹操被汉献帝封为魏王后，在诸子中选立自己的继承人。长子曹丕虽被确定为继承人，但觉得自己的地位很不稳固，认为弟弟曹植是自己强有力的竞争者，曹植也未放弃希望。于是，两人都想方设法争宠于曹操。

有一次，曹操要率大军出征，曹丕与曹植都前去送行。临别时，曹植作了一篇洋洋洒洒的散文，极力称颂父王功德，并当众朗诵得声情并茂，使得曹操和他的左右文武大臣万分高兴。曹植也因此受到众人的夸奖。曹丕怅然若失。这时，他的谋士吴质悄悄建议他做出流涕伤怀的样子。等到曹操出发时，曹丕什么话也不说，只是泪流满面，趴在地上，悲伤不已，表示为父王将要出生入死而担忧。他一边哭着一边跪拜，祝愿父王与将士平安。曹操及左右将士都大为叹息。

这样一来，形势大转。曹操和左右大臣都认为曹植虽能说会道，但华而不实，论心地诚实仁厚远不如曹丕。一番考察和鉴别之后，曹操最终把曹丕定为自己的继承人。

曹丕心里知道，曹植才华横溢，而自己处于弱势，如果和他硬拼，无异于鸡蛋碰石头。于是，曹丕打出了感情牌，以父子之情感动曹操，最终达到了目的。

由此可见，弱势地位并非没有好处，如果能够巧妙地运用自己的弱势，从情感上打动对方，也能够顺利获得帮助。

互惠，让他知道这样做对他也有利

一位心理学教授做过一个小小的实验：他在一群素不相识的人中随机抽样，给挑选出来的人寄去了圣诞卡片。虽然他也估计会有一些回音，但却没有想到大部分收到卡片的人，都给他回了一张。而其实他们都不认识他啊！给他回赠卡片的人，根本就没有想到过打听一下这个陌生的教授到底是谁。他们收到卡片，自动就回赠了一张。也许他们想，可能自己忘了这个教授是谁了，或者这个教授有什么原因才给自己寄卡片。不管怎样，自己不能欠人家的情，给人家回寄一张，总是没有错的。

这个实验虽小，却证明了互惠定律的作用。互惠是人类社会永恒的法则，它是各种交易和交往得以存在的基础。如果我们想要获得别人的帮助，就要制造互惠的效果，让对方知道这样做不仅是帮助你，也对他自己有利，这样别人才会心甘情愿地给你帮忙。

在长篇历史小说《曾国藩》中，有这么一节：

曾国藩初握兵权时，对待下属比较"吝啬"：在向朝廷保荐有功人员时，"据实上报"，一是一，二是二，有多大功劳就报多大功劳，不肯多报一点，更别说虚报那些无功人员了。这样一来，那些为他出生入死的下属就不乐意了，在以后的战役中，明显没有以前勇猛。曾国藩不明就里，直到有一天，其弟曾国荃对他说："大哥，弟兄们现在不卖力全是因为你的'据实上报'啊，你是朝廷大员，你可以修身齐家治国平天下，你可以百世流芳，这是你的追求。可弟兄们没有你那么高的追求，他们要的就是眼前的利益。弟兄们流血卖命打仗，图的是金银财宝和有个官职，你不给人家好处，谁给你卖命啊？"

一番话点醒梦中人，尽管曾国藩是个理想主义者，但在现实面前也只能妥协。

就像那些普通的"湖湘子弟"，他们不可能都在历史上留下自己的名字，也许他们也有对理想的追求，但眼前的实际利益无疑更能打动他们。

在现实生活中，人们往往离不开对利益的要求。从政也好，经商也好，若无利可图，谁也不会和你合作，为你所用。看透这一点，在博弈中才能进退自如。

所以，要打动对方，首先要考虑能够给对方什么，然后考虑自己能否给对方这些东西。简而言之，打动对方的方法是：首先考虑在自己能够接受的范围内能给对方什么好处。不给对方好处，对方就不予合作，你也无法获利。给的好处小了对方劲头不高，合作程度也就不大，你获利也就少。你只有给对方最大程度的好处，对方才能全力以赴，你也才能取得最大的利益。

登门槛效应：先提小要求，再提大要求

曾有社会心理学家做过一个经典而又有趣的实验，他们派了两个大学生去访问加州郊区的家庭主妇。首先，其中一个大学生先登门拜访了一组家庭主妇，请求她们帮一个小忙：在一个呼吁安全驾驶的请愿书上签名。这是一个社会公益事件，每年死在车轮底下的人不知道有多少！不就是签个字吗，太容易了。于是绝大部分家庭主妇都很合作地在请愿书上签了名，只有少数人以"我很忙"为借口拒绝了这个要求。

接着，在两周之后，另一个大学生再次挨家挨户地去访问那些家庭主妇。不过，这次他除了拜访第一个大学生拜访过的家庭主妇之外，还拜访了另外一组家庭主妇。与上一次的任务不同，这个大学生访问时还背着一个呼吁安全驾驶的大招牌，请求家庭主妇们在两周内把它竖立在她们各自院子的草坪上。可是，这是个又大又笨的招牌，与周围的环境很不协调。按照一般的经验，这个有点过分的要求很可能被这些家庭主妇拒绝。毕竟，这个大学生与她们素昧平生，要求她们帮这么大的忙，真的有些难为她们。

实验结果是：第二组家庭主妇中，只有 17% 的人接受了该项要求，但是，第一组家庭主妇中，则有 55% 的人接受了这项要求，远远超过第二组。

对此，心理学家的解释是，人们都希望给别人留下前后一致的好印象。为了保证这种印象的一致性，人们有时会做一些理智上难以解释的事情。在上面的实验中，答应了第一个请求的家庭主妇表现出了乐于合作的特点。当她们面对第二个更大的请求时，为了保持自己在他人眼中乐于助人的形象，她们只能同意在自家院子里竖一块粗笨难看的招牌。

这个实验告诉我们，一个人一旦接受了他人的一个小要求之后，如果他人在此基础上再提出一个更高一点的要求，那么，这个人就倾向于接受更高的要求。这样逐步提高要求，就可以有效地达到预期的目的。心理学家把这种对别人提出

一个更高要求之前，先提出一个别人很容易接受的小要求，从而使别人对进一步的更高要求更容易接受的现象称为"进门槛效应"。

为什么会发生"进门槛效应"呢？

当你对别人提出一个貌似"微不足道"的要求时，对方往往很难拒绝，否则，似乎显得"不近人情"。而一旦接受了这个要求，就仿佛跨进了一道心理上的门槛，就很难有抽身后退的可能。因为当再次向他们提出一个更高的要求时，这个要求就和前一个要求有了顺承关系，让这些人容易顺理成章地接受。在这种情况下，比一上来就提出比较高的要求更容易被人接受。

日常生活中有许多利用"进门槛效应"的例子。比如一个推销员，当他可以敲开门，跟顾客进行交谈时，其实，他已经取得了一个小小的成功。在这种情况下，如果他能够说服顾客买一件小东西的话，那么，他再提出进一步的要求，就很可能被满足。为什么呢？因为那位顾客之前答应了一个要求，为了前后保持一致，他的确会有可能接受进一步的要求。男士在追求自己心仪的女孩时，也并不是"一步到位"提出要与对方共度一生的，而是逐渐通过看电影、吃饭、游玩等小要求来逐步达到目的的。

有的孩子向妈妈要求，可不可以吃颗糖果？当妈妈答应他的时候，他可能会提出进一步的要求，那可不可以喝一小杯果汁呢？妈妈通常是会答应的。

这个心理效应给我们的启示是，在人际交往中，当我们要提出一个比较高的要求时，可以不直接提出，因为这个时候很容易被拒绝。你可以先提出一个较小的要求，一旦对方答应，再提出那个较高的要求，就会有更大的被接受的可能。

假如你要组织一次募捐活动，怎样才能征集到更多的募捐款呢？根据"进门槛效应"，调动你的思维，把你的想法写下来：

英国心理学家查尔迪尼曾做过一个募捐实验：对一部分人募捐时提出请求，并附加一句"哪怕一分钱也行"，结果其捐款人数比没有这句附加语的人数多两倍，并且募捐到的款额也不少。查尔迪尼的这个实验是否会给你一些启示呢？

当我们要请求别人帮忙或是做事的时候，你不妨运用"进门槛效应"，这样做会给你带来意想不到的收获。

不妨提一个更大的要求更容易取得成功

在生活中，我们经常可以见到这样一种现象：一个人提出了一个大要求后再提出一个同类性质的小要求，这个小要求就有可能被人轻易地接受。这一现象与

"进门槛"恰好相反，因而人们称其为"反进门槛效应"，也叫留面子技术。

美国著名的顾问尼一韦是贺华勃及罗克法芮等许多大名鼎鼎的人物常常向他咨询或让他作决策的人，他曾经很妥善地帮助他们解决了一个个非常难处理的事件。

当时，尼一韦在英国想请著名的阿丝狄夫人给刚在纽约动工的阿斯托尼亚大饭店举行奠基典礼。

"不行，"阿丝狄夫人说，"此事恕我不能遵命，你们之所以需要我，只是让我为你们旅馆作做广告而已。"

而尼一韦的话的确使她大吃一惊。"夫人，的确如此。"尼一韦接着说，"然而，你也不会一无所获的，你也可以借此接近广大群众。因为，这个典礼将由广播电视向全国转播。"后来他又向她声明，他们并不希望她发表什么演说，只是要她到场露一下面就行了，并且反复强调了此举的意义。最后阿丝狄夫人便应允下来，答应出席他们的奠基典礼。

从这我们可以看出，尼一韦能使阿丝狄夫人答应的真正原因，还是在于他开始的时候，使夫人感到出其不意的让步。

阿丝狄夫人说："他们需要我做广告，这是我不愿意的。然而，他却坦白地承认了这一点。在这一点上他表示出了让步。"接下来尼一韦迎合了阿丝狄夫人的心理去劝说，结果他终于取胜了。

这一效应在美国心理学家西阿弟尼等人1975年做的实验中得到了印证。他们要求第一组被试者做一件没有工资的工作，即当少年犯的顾问，每星期两个小时，至少做两年。毫无疑问，没有一个人答应这样的要求。当所有人都拒绝时，实验者马上问他们，是否同意做别的事情，只需要很少的时间，即带着少年犯到动物园游玩两个小时；对第二组被试者只提出了较小的要求，要求他们带那些少年犯到动物园游玩；对第三组被试者提出可以在两种要求中间选择一个。结果他们同意的百分率分别为50％、16.7％、25％。

由此可见，运用这种留面子技术的效果是十分明显的。事实上，这种技巧在小商品市场中司空见惯。那些小商贩先漫天要价，然后再讨价还价，这时人们便以为他为此让步了，价格比较合理了，因此便接受了他们的要求。日常生活中，这类例子也比比皆是。例如，你想说服别人借给你500元，你可以先向他提出借2000元的要求，遭到拒绝后，待他向你解释原因时，你就可以说："既然2000元很难拿出手，那借500元总可以吧。"这样，他就有可能答应你这一较小的要求。

在人际交往中，我们也可以利用这种留面子技术，达到劝说别人接受意见的目的。劝说别人，并不意味着只是一味进逼，适当地退让和承认对方意见的合理性，倒显得通情达理，使人易于接受劝告。如果妻子只是劝说丈夫每天少抽几支烟，丈夫可能无动于衷，妻子进而要求戒烟，不许屋里有烟味，丈夫很可能赶紧让步，答应每天只抽五支烟，妻子也就达到要求丈夫少抽烟的预期目的了。

"反进门槛效应"的产生与心理反差的错觉作用密不可分。大要求与小要求会引起心理反差。一般来说，要求之间的差距越大，其心理反差也越大，给人的错觉也大。这正如鲁迅所说，你要求在墙上开个窗户，大家都反对；如果你提出要扒开屋顶，大家就同意开窗户了。因为开窗户这个小要求与扒屋顶这个大要求相比差得很远，大家以为自己得了便宜，免除了扒屋顶的后遗症，便答应了开窗户的要求。

实践证明，在社交中运用留面子技术是很有效的。在人际交往的过程中，我们要适当地运用留面子技术，以便达到我们使他人顺从、改变他人的目的。但是在运用留面子技术时，要注意以下几个方面：

我们要学会不露痕迹地使用留面子技术。在使用时一定要让对方处在无意识状态下。我们也要学会合理的让步法。一般来说，让步越大，其效应越大。但是，一旦被人认为这种让步是虚假时，其信任程度就发生了变化，他对你的让步就不信任了，从而不管你提什么要求，他都会认为是高的。

软磨硬泡，日久见效

求人办事时，有时候对方虽然能办，但是他却找各种各样的理由搪塞，弄得你无可奈何。这种情况下，有些性格顽强的人，他们软磨硬泡、友好地赖着对方，一副不达目的绝不罢休的样子。到最后，对方不得不答应他的请求。

宋朝的赵普曾做过太祖、太宗两朝皇帝的宰相，他是个性格坚韧的人。

在辅佐朝政时自己认定的事情，就是与皇帝意见相悖，也敢于反复地坚持。

有一次，赵普向太祖推荐一位官吏，太祖没有允诺。赵普没有灰心，第二天临朝又向太祖提出这项人事任命请太祖裁定，太祖还是没有答应。

赵普仍不死心，第三天又提出来。

连续三天接连三次反复地提，同僚也都吃惊，赵普何以脸皮这样厚。太祖这次动了气，将奏折当场撕碎扔在了地上。

但赵普自有他的做法，他默默无言地将那些撕碎的纸片一一拾起，回家后再仔细黏好。第四天上朝，话也不说，将黏好的奏折举过头顶立在太祖面前不动。太祖为其所感动，长叹一声，只好准奏。

大宰相赵普尚且能够放下脸面、软磨硬泡，聪明人也要懂得在求人办事时暂时收起自己的自尊心，多一分韧性和毅力，用诚心感化对方。

"软磨硬泡"以"攻心为上"为基调，和一般的处人方略大有不同。它能以消极的形式争取积极的效果，通过表现自己不达目的不罢休的决心和干劲给对方施加压力，同时增加接触机会，更充分地表明自己的态度、意识和情感，以影响对方，最终达到"攻心"的目的。

国外也流行一种说法叫"人盯人"。同样的内容，一次不行来两次，不断地反复向对方说明，从而达到"攻心"的效果。运用这种方法，必须有坚忍不拔的耐心，内坚外韧，对一度的失败，绝不灰心，1000 次的失败那我就 1001 次站起来。

这样软磨硬泡，还怕没有成就吗？软磨硬泡主要在于"攻心"，虽然它本身已经是"心计"的体现，如果再讲些策略，更会锦上添花。

1. 用行动去磨

"软磨硬泡"，不仅要能"泡"，还要会"泡"。换言之，"泡"，不是没有效果地耗时间，也不是强对人家耍无赖，而是要善于采取积极的行动影响对方、感化对方，促进事态向有利自己的方向转化。

俗话说："人心都是肉长的。"不管双方距离有多大，只要你善于用行动表明你的诚意，就会促使对方重新做选择，进而理解你的苦心，从固执的圈子里跳出来，那时你就将"泡"出希望了。

2. 借舌头去泡

有时候你去求人，对方推着不办，并不是不想办，而是有实际困难，或心有所疑。这时，你若仅仅靠实际的作为去"泡"，很难显成就，甚至会把对方"泡"火了，缠烦了，更不利于办事。

如遇这种情形，嘴巴最好抹点蜜。要善解人意，抓住问题的症结，巧用语言攻心。好话是开心的钥匙。当你把话说到点子上时，就会敲开对方心灵的大门。

3. 多一分理智

足够的耐心是办好事情的前提和基础。当事情受阻或出现僵局时，人们的直接反应通常是急躁、失意、恼火甚至发怒。然而，这怎么能促成事情的发展。你应多一些理性的分析，采取忍耐的态度。磨，意味着真诚，能引起人们的重视，能感动人；磨，显示积极主动地向对方解释，与对方沟通，不间断地软化对方的过程。因此必须是身心兼备，必须有百折不挠的精神。

磨，并不代表要无赖，而是一种静静的礼貌的企盼，等待对方尽快给予答复。不会让对方感觉你是故意找麻烦，故意影响他的工作和休息。要尽量善解人意，尽量减少对对方的干扰，这样，才能磨成功。为了办好事情，有必要增强抗挫折的能力，碰钉子后脸不红、心不跳，不气不恼，照样微笑与人周旋，只要还有一丝希望就要全力争取，不达目的绝不罢休。有这样顽强的意志就能把事情办成。

往脸上贴黄金，增加办事筹码

巧用手段为自己贴金，从气势上并不输给对手，然后你再故意说一些抬高自己身价的话语，对方肯定会想到你或许真的实力不凡。

要知道，生意场上谁也无法完全摸清伙伴和对手的底细。在这种大环境下，如果你势力较弱而又想把自己的事业做大，那么你就应该多往脸上贴些"黄金"，抬高身价，至少给对方一个你实力强大的假象，这样你才能成功地借助对方的力量。

有一年，国际木材市场需求增加，价格上扬，某大型林场看准这一时机，将林场的木材推入国际市场，市场反应良好。然而好景不长，几个月后，由于市场竞争激烈，木材的价格大幅下跌，如果继续坚持出口，林场将每年亏损上千万元。面对危机，场长认为，在国际交易中他们是后起者，在强手如林的情况下，挤进去非常不容易，应想办法站住脚才行。如果一遇风险和危机就退出来，那么，想再占领市场就会更困难。于是他决心带领大家从夹缝中冲出去。为此，他亲自参加一些大型宴会，借此搜集信息，寻找合伙对象，开辟新市场。

在一次宴会上，场长遇到国外一家著名的家具生产集团的总经理。场长开门见山，表明希望那家公司能够把他们的林场作为原料采购基地。外方公司的总经理说："现在我们的原料供应系统很稳定，你有什么优势让我们把别的公司辞掉，而选用你们的木材？"场长不卑不亢地列举了该林场三大优势：第一，我们林场的木材质量有保证，有很高的信誉；第二，我们可以长期合作，保证长期供货，长期供应价格上我们可以给予一定的优惠；第三，我们林场有自备码头，能保证货运及时，并有良好的售后服务，更重要的一点是保证信守合同。场长在大谈林场的三大优势后，还不紧不慢地对外方总经理说，林场刚刚与国际上另一家知名公司签订了供货合同。那位经理听说连那样的大公司都与中方的这家林场签订了合同，看来林场实力不弱啊！他立即同意就供货问题正式洽谈。签订合同之前对木材进行现场检测。经检测，木林质地良好，是家具原材料的上上之选，经过一番讨论，双方正式签订了合同，也该林场在国际市场上站稳了脚。

故事中，那位场长没有刻意地恭维对方，而是底气十足地向对方提出要求，紧接着在不经意中道出自己与另一家公司签订了合同，无形中抬高了林场木材的身价，让对方对他刮目相看，如此一来，事情自然好办多了。

可见，求人办事，手段一定要灵活，特别是在商业场合求陌生人时，如果自身力量较弱，处于劣势，那么你不妨巧用一些手段，往自己脸上贴金，增加自身分量，为自己办事创造一些更好的条件。

当然，脸上的"黄金"是有一定限度的，否则无限度地拔高自己只能是玩火自焚。

·第二章·

明心见性，与他人和谐相处

第一节　关怀贴心，获得朋友长久的青睐

记住有关对方的小事，让他感觉被重视

希望获得别人的关注是人类的天性之一，每个人都渴望受到别人的关注和重视，渴望成为人们谈话的焦点。我们在与人相处的过程中，不要只考虑自己的内心感受，更要注意满足别人的这种心理需求，例如，记住朋友的一些小事，关心他生活中的小细节和小烦恼，可以让朋友感觉被重视。

一次，威廉·比尔登门拜访当时的共和党领袖马可·汉纳。比尔对汉纳有些偏见，因此，对谈话并不表现出十分的热情。然而，比尔发现在整个交谈过程中，汉纳从头到尾都在讲关于比尔的事情：关于比尔的父亲，关于比尔对政治纲领的意见等。

汉纳说："你来自俄亥俄州吧？你的父亲是不是比尔法官？他是民主党的……"汉纳像是在和一位世侄交谈一样说："嗯，你父亲可是个非常厉害的角色，害得我的几个朋友在一次石油生意上损失不小！"

在整个谈话过程中，汉纳不时地讲到许多关于比尔的小事。就这样，当谈话结束的时候，比尔对于汉纳的反感已经烟消云散了。几天后，威廉·比尔甚至成了汉纳忠诚的支持者。在此后的几年中，威廉·比尔最愿意做的事情就是为自己曾经最厌恶的汉纳服务。

由此可见，在与人交往的过程中，努力记住对方的小事，并且在适当的时候让对方了解你记住了关于他的事情，能够让对方获得一种被人重视、被人关注的心理满足感，进而对你产生好感。并且，你所记住的事情越是微小、不起眼，当

对方得知你记住了他们时，对方获得的心理满足感就越大，对你产生的好感也就越大。

通过记住有关对方的小事来获得对方的好感，是一个非常有效的社交心理策略，无论对方是大人物还是普通人，这个方法都同样有效。以访问大人物而闻名的新闻记者马可森说："当你将大人物们曾经说过的话复述出来的时候，他们的心情就会显得格外的好，对你也会表现得格外友善。"

那些善于交际的人都十分明白这种策略所带来的好处，他们总会在适当的时刻顺便问一两句对方的个人事情，以表示他们将对方正在做的事、对方的喜好记挂在心上，让对方感觉这些小事他们早该忘记但是却没想到他们还挂在心上，从而让对方的心理产生非常愉悦的感受，进而对他们产生好感。

这个方法实施起来很容易，然而，或许正是因为它的容易，人们才常常忽略它，总是记得与自己有关的事，而忘记他人的事。因此，从现在开始，努力记住那些和朋友有关的事情吧，一旦那些在对方看来微不足道的小事从你口中说出时，你就在无形中靠近了对方。

和朋友说话也要有分寸，玩笑不可太过分

朋友之间互相开玩笑原本是件有趣的事情，可若是口无遮拦、毫不避讳地开玩笑，反而会伤了朋友情面，甚至因此而失去一个朋友。每个人都有自己的忌讳，人人都讨厌别人提及自己的忌讳。说话时如不小心就会冲撞了对方，引起别人的反感，有的甚至招来怨恨。所谓"说者无心，听者有意"，自己随口而出的一句话可能正好在别人的伤口上撒了把盐，让人恨得牙痒痒。

小马先天秃头。一天，大家在一起聊天，得知小马的发明专利被批准了。直肠子的小何快嘴说道："你小子，真有你的，真是热闹的马路不长草，聪明的脑袋不长毛。"说得大家哄堂大笑，小马的脸也红了起来。

小何原本是想夸奖小马，然而她的一句"聪明的脑袋不长毛"正好戳到小马秃头的痛处，夸奖不成，反而遭人埋怨。

生活中那些懂得幽默、会开玩笑的人特别受欢迎，被大家当作"开心果"。他们凭借一个得体的玩笑，不仅给他人带来了欢乐，而且能迅速获得别人的好感。但是，开玩笑也要有分寸，并不是所有的场合都适合开玩笑，并不是所有的话题都可以用来开玩笑，如果把握不好开玩笑的"度"，不仅会得罪人，甚至会

酿成悲剧。

报纸上刊载过这样一件事：

李某和几个朋友一起喝酒，几两酒下肚后，朋友和李某开起了玩笑："瞧你这丑样，你那儿子倒很漂亮，莫不是你媳妇跟别人生的？"这本来是句玩笑话，李某却偏偏是个小心眼的人。回家后，李某就跟妻子找碴："你说！我长的是啥样，为什么这孩子却是那模样？到底是不是和我生的？"他边说边逼近妻子，冷不防从妻子怀里抓过孩子，拎着小腿，把孩子扔到床上，又顺手抓起枕头压在了哭叫不已的孩子的脸上，可怜的孩子顿时没有了哭声。见此情景，妻子极力想救孩子，却被丈夫打倒在炉灶前。急恨交加中的妻子顺手抓起炉灶旁的炉钩，死命地甩向李某。只听李某"哎呀"一声，松开了枕头，慢慢地瘫倒在地上。妻子从地上爬起来，不顾一切地向儿子扑了过去，急忙掀去枕头，看到儿子的小脸憋得青紫，已经奄奄一息了。再看丈夫，他倒在地上，一动不动，一股液体顺着他的右腮淌下。原来她甩过去的炉钩的尖端，刚好嵌进李某的右边太阳穴，她见状吓得昏了过去。

只因朋友的一句玩笑话，顷刻间，好端端的三口之家毁于一旦。这就是乱开玩笑没有分寸的恶果。

开玩笑时，务必要考虑这个玩笑带来的后果，绝不要信口开河，随意开玩笑。不然，发生意外时，只会让我们后悔莫及。

朋友之间，不需要帮忙也要保持联系

现在逢年过节大家发短信总少不了一句话"有事没事常联系"。其实，与人相处，经常联系是很重要的。好不容易结交的朋友，如果长时间不联系，迟早会变成陌生人。

很多人都有过这样的体会：当自己遇到了困难，认为某人可以帮自己解决时，本想马上去找他，但后来想一想，过去有很多时候本来应该去看人家的，结果都没有去，现在有求于人了就去找他，是不是太唐突了？甚至因为太唐突了而担心遭到他的拒绝，但是这有什么办法呢？为人交友，本来就应该闲时多走动才对。缺少了必要的联系，时间一长，再牢靠的关系也会变得松懈，再好的朋友也会变得互相淡漠，到时候再去求人办事，就会不知不觉地平添一些隔膜。

所以，即使你现在不需要他人的帮助，你也有必要和他们保持联系。如果你只在需要他们支持或帮助的时候才想起与他们联系，那么很快他们就会觉得只是在利用他们，这样做不但不能和他们建立起良好的关系，还容易损害你们业已建立起来的关系。

关系的建立和发展自有其自己的规则。你和他人的关系持续的时间越长、联系越多，关系也就越深厚，你所得到的益处也就越多。而且积极的牢固的关系包含着给予和收益的双重内容，如果你在不需要他们的时候还是持续保持与他们的联系，那么当你真的需要他们的帮助时，他们也很乐意为你施以援手。经常和他人保持联系，即使你的联系方式很简单，比如一声问候："你好吗？""你的孩子该上初中了吧？成绩怎么样？""什么时候来我这里，我们一起吃午饭怎么样？"或者是一封电子邮件、一个电话、一张明信片，都会让他们觉得亲切。日后当你真的需要他们时，他们也不会觉得突兀，因为你已经为你们的关系提前投入了。所以要记住：闲时多走动，急时有人帮。

另外，你在日常生活中要广织"关系网"，且不要与人失去联络，不要等到有急事时才想到别人，因为"关系"就像一把剪刀，经常磨才不会生锈，若是半年以上不联系，你就可能已经失去这位朋友了。

为了不使好不容易才建立起来的人际关系毁于一旦，你就要不厌其烦地勤于打电话、写信以及登门拜访。其实，这些对你来说，都是举手之劳，在维护彼此的关系及沟通情谊的前提下，又何乐而不为？维护关系要注意以下几点：

1. 抓住适当时机联络"关系"

大忙人虽不好找，但并不表示他们绝对无法接近。你不必浪费时间在上班时间打电话给他们，要学会利用时间，"拉关系"的高手认为，傍晚六七点钟是与这些忙人接触的"黄金时刻"。秘书、助理等大都走了，只剩下一些"工作狂"还舍不得走，希望自己的"埋头苦干"能给上司留下深刻的印象。此时正是联络这些大忙人最适当的时机。

2. 牢记"关系"无所不在

关系无所不在，三人行，必有我师。不经意的人事交往，就可能发展出很不错的关系。

对这些有心人而言，人生就是一场游戏——会议室、酒吧、餐厅，甚至在澡堂里，处处都可以"增长见识"。跟人谈上一两个小时，一定可以学到一点东西。另外，出差、旅行也是拓展关系、提升沟通力的好机会。

3. 及时记录"关系"的进展

记录自己关系网的发展要像写日记一样，数十年如一日。记录每一次联系的情形，包括：姓名、地址、电话号码、你的看法以及日后的联络方法。

朋友之间的情谊，就像存钱一样，平时储蓄一点一滴，过了几年之后就有一笔钱了。朋友之间的关系需要维护和经营，平时互相不来往，相当于不存钱；有事才想到找人帮忙，相当于从存折中取钱，只取不存，存折迟早会空的。

朋友遭遇不幸，要及时安慰

朋友是什么？朋友就是能够一起分享快乐、承担痛苦的人，当对方遭受不幸时，能够一直陪在他身边安慰他的人才是真正的朋友。

许多人都有这样的疑惑，面对失意的朋友，我们很想安慰他们、帮他们走出失意，却常常好心办了坏事，偏偏说出他们不愿意听的话，让对方更加难过。如果故意回避有关的话题，又会让人觉得我们冷漠、无礼。可见，安慰并不是说两句好话那么简单，要想达到安慰别人的效果，要把握一定的原则和技巧，把安慰的话说得得体、受用。

首先，要静下心来听对方倾诉

处于悲伤和烦恼中的人，总希望有人能够听他们倾诉，说出来之后，心情就会好很多。当失意的朋友向你倾诉，要顺着你朋友的意愿行事，不要设法去逗他开心，只需要静心倾听，并尽可能地理解他的心情。理解是安慰的基础，而倾听是理解的前提。耐心的倾听最能够表达你对朋友的关怀和尊重。

其次，要尊重对方的感受，不要以自己为中心

有的人听了朋友的倾诉后，喜欢发表自己的意见，对朋友的感受不闻不问，甚至把自己相似的经历拉出来回顾一番，说自己当时是怎么做的，然后教导对方应该怎样。这样做的目的当然是出于好心，想帮助朋友解决问题，但是效果往往不佳。在安慰朋友时，一定要让对方做主角，尽量让他多说话，说出自己的想法，也不要对朋友的想法和感受表露出不解甚至不屑，这只会雪上加霜，让他更加难过。

第三，要尽可能乐观，同时还要切合实际

我们有时故意夸大乐观的一面来安慰朋友，恰恰招来对方的反感，觉得是在骗他、糊弄他，故意说点好听的，因此我们在安慰时，说话尽量要中肯，客观地分析问题，但引导他积极乐观。

第四，主动提供具体的援助

一个伤恸的人，可能对日常生活的细节感到不胜负荷。你可以自告奋勇，向他表示愿意替他跑腿，帮他完成一项工作，或是替他接送学钢琴的孩子。"我小腿骨折时，觉得生活完全不在我的掌握之中。"一位有个小女孩的离婚妇人说，"后来我的邻居们轮流替我开车，使我能够放松下来。"

有时候，再多的言语也比不上实际的行动。在朋友失意时，为他做一些力所能及的事情，比起那些"别难过""别担心"的话更能让对方感受到你的关心，也让对方更加有信心走出困境，这恐怕才是最好的安慰方式。

他人郁闷时，多说些让他宽心的话

许多人忧郁烦恼时，常常是因为心里有事想不开，或为名、或为利、或为情，自己心理不能平衡，总觉得自己吃亏倒霉。因此，我们在安慰朋友时，要尽量多说些让他宽心的话，引导他向好的一面去想，慢慢走出"死胡同"，等他想开了，烦恼自然消退了。

有一对男女青年小周和小胡，交朋友 3 年多，在一起看电影、下馆子，关系挺密切。可是，当小周把结婚的东西置办齐，要小胡和他去登记结婚时，小胡却突然与他中断了恋爱关系。小周去她家理论，又被拒之门外。他又气又恨，在门外叫骂，用头撞大门，要死在她家门外。

这时，正好小周单位的同事经过，就跑过来问他："你们之间有爱情吗？"小周被问得沉默了。同事又说："光在一起看看电影，逛逛街，吃吃喝喝，那不是爱情。真正的爱情不是用钱可以买来的。再说，'强扭的瓜不甜'，既然人家不爱你，你何必强求呢？你现在还年轻，为一个不爱你的姑娘去死，多不值得？你业务能力强，又有上进心，将来事业不可限量，只要好好干，还愁找不到一个好媳妇？"一番话把愁眉苦脸的小周说得眉眼舒展开了。

小周的失恋已成事实，且已经无法改变，想办法破镜重圆恐怕也是难以实现了。此种情况下，同事有意把小周的视线从眼前的糟糕状况中转移开，引导他放眼未来，同时给他指出开创未来的两点优势：年轻、工作上进，强调只要充分利用这些优势，就一定能够找到称心的人生伴侣。这样，小周的精神上有了寄托，精神状态也就好转了。

此外，当朋友遭遇困境时，对他表示肯定和鼓励也是不错的方法。

英国浪漫主义时期的大文豪斯科特，著作颇丰，不仅对英国小说史有划时代的影响，对当时的俄国、法国、美国文坛也激发出了新的动力。

可是，这样一个大文豪小时候并不优秀。身患小儿麻痹症的他，右脚行动不便，身体羸弱，几次重病差点丧命，本来就有些自卑，加上成绩不如人，便成了"学校怪胎"，言行常常不礼貌，爱缺课，学期末的评语总是很糟。只有一位老师知道，他虽然厌恶功课，对读书却充满兴趣，这位老师不停地给予他鼓励，而这也正是他的人生转折点。

成名后的斯科特曾回自己的母校参观，感触良多地问学校老师："现在学校成绩最差的孩子是谁？"然后，他学习当年看重他的那位贴心老师，告诉那位被称为最差的红着脸的小朋友说："你是个好孩子，我当年也跟你一样，成绩很差，不要灰心。"说完，他并从口袋掏出一枚金币送给这个孩子。

"一句话改变一个人的一生"，这句话在那个小朋友的身上应验了，他最终从爱丁堡大学毕业，成了优秀的职业律师。

到底是什么让学习成绩最差的那位学生成了一名优秀的律师，让一个问题学生成为一个大文豪？那就是一份希望，别人给他的一份希望，这也就是鼓励的艺术。

有人说，鼓励的艺术最高的境界会带给人新的希望。当一个人心情落到谷底时，只要有人对他说，"你一定可以渡过难关的"，或者说一句"我相信你可以做得到"，或者说"大家与你同在，会帮助你的"，都能给予人坚持下去的勇气和力量。

所以，当你安慰别人时，需要真正读懂对方的心，你可以给他一个希望的目标，在这份希望的指引下，他就可以很快走出失意，重新面对新生活。

真诚相待才受朋友欢迎

有这样一个感人的故事：

在美国西部的一个小镇上，少女安妮由于意外事故，成了"植物人"。现代化的医疗手段无能为力，安妮醒来的希望极为渺小，她的父母悲恸欲绝，而安妮的朋友东妮每天都来到她的床前，抓住安妮的手，轻轻呼唤她的名字，仿佛在同一个正常的人娓娓而谈，日复一日，年复一年，奇迹终于出现了，真诚战胜了死神，东妮的呼唤居然使安妮苏醒过来了。

这是朋友之间的真诚产生的奇妙的力量。茫茫人海，芸芸众生，我们在生活中与朋友相处怎能缺少真诚呢？

美国心理学家诺尔曼·安德林在 1968 年曾设计过一张表格，他列出 555 个描写人的形容词，让人们指出其中哪些人品最让人喜爱。结果表明，被人喜欢的选项中，位居前几位的竟有 6 个是与"真诚"有关的，而在评价最低的人品中，虚伪居首位。这说明了真诚的人能让人产生一种安全感，从而受人欢迎；虚伪的人让人讨厌，难结良友。要以诚待友，主要应做到以下几点：

1. 对朋友要讲真话

真正的朋友之间必定会有思想交流。自己对人、对事的看法，即使与朋友的看法相悖，也不应隐瞒。有的人从不向朋友说出心里话，该让朋友知道的事情也从不说出口，或者习惯兜着圈子说话，甚至自己有求于朋友时，也隐瞒真实情况，使朋友在帮助的过程中，因情况不明而陷入尴尬境地。这种交友态度，肯定是交不到真正的朋友的。

2. 赞美朋友要诚心

朋友在工作中取得了成绩，事业上获得了进展，我们应该为之高兴，诚心实意地给予赞美，和朋友一起分享快乐，这是友谊的表现。但是，赞美朋友要诚心，不要过于吹捧，阿谀奉承，这样对朋友是不利的。

3. 要诚恳指出朋友的缺点

奥斯特洛夫斯基说："友谊间的首要真诚，就是对朋友过失的批评。"对朋友的缺点能诚恳地提出批评，这对形成双方的友谊是十分宝贵的。

虽然各奔东西，陈玉怎么也不会忘记大学里与自己同居一室的梅姐。梅姐很具长者风范，很会照顾陈玉及别的姐妹，但对于姐妹的缺点也绝不姑息。陈玉有乱放东西的习惯，梅姐就对其屡犯屡说，每次，陈玉都觉得十分尴尬，很生气，可终于改正了这个习惯。气归气，但终能理解梅姐的苦心，心里很是感激，那是一种真爱。

4. 对朋友多一些体谅和理解

生活本来就充满矛盾，这是人与人之间产生误解和隔阂的根源，是通向友谊王国的"拦路虎"。与真心朋友交往就要给对方多一些理解，多站在别人的立场和角度来为他着想，这也就是所谓的"穿朋友的鞋子"。

古人说："同师曰朋，同志曰友。"《世说新语》里记载，管宁和华歆同席读书，同师教导，其朋友之情有多深厚，不得而知，但割席绝交是一件极其让人痛心的事。古代圣贤讲究君子安贫乐道，耻言富贵，管宁割席的缘由正是华歆有崇尚富贵之嫌。人们历来赞赏管宁的品节高尚，但从社交之道来看，管宁就因为一点点"富贵之嫌",就无丝毫规劝,轻而易举地"废"掉了人生占重要地位的友谊吗?

其实,管宁对朋友似乎太苛刻了,他们之间缺乏理解和体谅。所以,我们交友不一定得要求别人各个方面都完全符合自己,我们只要取其志同道合、情投意合就可以与他结为朋友,最后发展为知己。

要成为知心朋友,很简单也很难,说简单是因为你并不需要有万贯家财、聪明绝顶,说难是因为人性中从来就有自私、嫉妒之心,因此,我们只有对朋友以真诚相待,才能够用真心换真心。

你对朋友知心,朋友也会对你知心

生活中有一些人是相当封闭的,当对方向他们说出心事时,他们却总是对自己的事情闭口不谈。但这种人不一定都是内向的人,有的人话虽然不少,但是从不触及自己的隐私,不谈自己内心的感受。

有些人社交能力很强,他们可以饶有兴趣地与你谈论国际时事、体育新闻、家长里短,可是从来不会表明自己的态度。而一旦你将话题引入略带私密性的问题时,他就会插科打诨转移话题。可见,一个健谈的人,也可能对自身的敏感问题有相当强的抵触心理。相反,有一些人虽不善言辞,却总希望能向对方坦露心声,反而能很快和别人拉近距离。

小敏是同宿舍中最擅长交际的一个,并且人也长得漂亮。但同宿舍甚至同班的其他女孩都找到了自己的男朋友,唯独漂亮、擅长交际的小敏仍是独自一人。

为什么呢?原来她身边的同学都表示,她太神秘,别人很难了解她。和她有过接触的男同学也说,刚开始和她交往时,感觉她是个活泼开朗的女孩,但时间一长,就发现她很自私。小敏一直对自己的隐私讳莫如深,也从不和别人谈论自己,每当别人问起时,她就把话题岔开,怪不得同学们都觉得她神秘呢!

人之相识,贵在相知;人之相知,贵在知心。要想与别人成为知心朋友,就必须表露自己的真实感情和真实想法,向别人讲心里话,坦率地表白自己、陈述自己、推销自己,这就是自我暴露。这样以诚相待,不仅可以让别人读懂你,也有利于你读懂别人。

当自己处于明处,对方处于暗处,你一定会感到不舒服。自己表露情感,对方却讳莫如深,不和你交心,你一定不会对他产生亲切感和信赖感。当一个人向你表白内心深处的感受，你可以感到对方信任你，想和你达到情感的沟通，这就会拉近彼此的距离。

在生活中，有的人知心朋友比较多，虽然他（她）看起来不是很擅长社交。如果你仔细观察，会发现这样的人一般都有一个特点，就是为人真诚，渴望情感沟通。他们说的话也许不多，但都是真诚的。他们有困难的时候，总会有人来帮助，而且很慷慨。

而有的人，虽然很擅长社交，甚至在交际场合中如鱼得水，但是他们却少有知心朋友。因为他们习惯于说场面话，做表面文章，交朋友又多又快，感情却都不是很深。因为他们虽然说了很多话，却很少暴露自己的真实感情。

实际上，人和人在情感上总会有相通之处。如果你愿意向对方适度坦露，总会发现相互的共同之处，从而和对方建立某种感情的联系。向可以信任的人吐露秘密，有时会一下子赢得对方的心，赢得一生的友谊。

小鱼是某大学的研究生，刚入学不久，她就热衷于自我暴露。一天早上上课，课间时分，坐在前排的她转过身和一位同学借笔记，还回来时笔记本里竟然夹了一张男生的照片，于是小鱼打开了话匣子，跟后面的同学聊了起来，说那是她在火车上认识的新男友，正在热恋当中。她从自己和男友在哪儿租了房子、昨天买了什么菜、谁做的晚饭，说到她如何幸福，甚至说到二人世界里亲密的小细节……

这样的事情有很多，而且她经常不分时间、场合随便就跟别人讲自己的一些私事。到后来，同学们一见到她就躲开了，大家都受不了她了。

我们可以看出，在人际交往的过程中，自我暴露要有一个度，过度的自我暴露反而会惹人厌。

在人际交往中，自我暴露应注意以下几个问题：

1. 自我暴露应遵循对等原则

当一个人的自我暴露与对方相当时，才能使对方产生好感。比对方暴露得多，则给对方以很大的威胁和压力，对方会采取避而远之的防卫态度；比对方暴露得少，又显得缺乏交流的诚意，交不到知心朋友。

2. 自我暴露应循序渐进

自我暴露必须缓慢到相当温和的程度，缓慢到足以使双方都不感到惊讶的速度。如果过早地涉及太多的个人亲密关系，反而会引起对方的忧虑和不信任感，认为你不稳重、不敢托付，从而拉大了双方之间的心理距离。

真正的亲密关系是建立得很慢的，它的建立要靠信任和与别人相处的不断体验。因而，你的"自我暴露"必须以逐步深入为基本原则，这样，你才会讨人喜欢，才能交到知心朋友。

要想友谊长存，就要感激和回报别人的帮助

朋友之间的友情，既需要真心诚意，也需要感激与适当回报。

一位长期生活在中国的美国人杰姆曾说，他很喜欢东方的女孩子。他表示，西方女性把男士们的"绅士行为"视为"理所当然"。男士们帮女士提重物、搬东西，"理所当然"；男士帮女士开门、拉椅子，"理所当然"。同时，在西方教育背景下，男士也视这些绅士行为"理所当然"。

杰姆有一次因为扩大经营的需要，他们部门要从 10 楼搬到 8 楼，每个人必须把自己的东西以及一桌一椅搬下去。杰姆搬了一张椅子，发现真的很重，他担心女孩子搬不动，于是他告诉女同事，椅子交给他们有力气的男同事去搬。结果一路上，女同事陪他们聊天，搬完了，还忙着倒开水、泡咖啡给他们喝，让男同事们很是愉快。"如果在我们国家，搬重物理所当然是男孩子的工作，没有人会陪你聊天，没有人会感激地倒开水、泡咖啡给你喝。也许中国人没这个观念，但是中国女孩子体恤别人的作风，真的非常可爱，我们帮她们，不但乐意，而且开心，这种受人尊重的感觉真好。"

很多时候，我们会把别人对自己的好视为理所当然，朋友喜欢我们，我们当然不介意被"麻烦"，一些小事情也"帮"得十分乐意。可是俗话说："受人点滴，涌泉相报。"就是要我们常怀感恩的心，记得朋友的好。

与人相处我们当谨记一件事，"天底下没有谁帮谁是理所当然的，今天人家抽空过来那是人情，即使有钱可赚，也应心怀感激"。也许有人会说，找朋友帮忙，给几个钱或是请他吃顿饭，送个东西，好像把友谊给贱卖了，把朋友的交情看俗了。不！适度地表达我们的感激是必要的。也许我们不懂得比较"高尚"的做法，但吃顿饭、送个小礼物，也能表达我们的感谢。它的作用不在于"礼"的轻重，而是心意的表示，让朋友知道他这个忙帮得有"价值"，也许在他而言是举手之劳，对你来说却是很重要的。

最重要的是，你说出来了，他也听到了，知道你有多在乎这件事。就像杰姆

的女同事，一路陪他们聊天，事后还倒开水、泡咖啡，没花什么钱，却十足表现了她们的感激之情，而杰姆他们也感受到了，同时还说"很愉快"。

天下没有谁帮谁是理所当然的，不论是朋友、同事，或是上司与下属之间，都可以和谐相处，也可以为你赢得人缘。因为对方从你身上，处处得到尊重，时时获得感激，这对他而言，有了人格上的自我满足，那么他自然乐于与你共事，与你做朋友。

第二节　善用同理心，成功结交陌生人

首因效应：第一次见面就留下好印象

心理学中有一个词叫"首因效应"，首因效应强调的是第一印象的重要性，对于每一个人，无论别人对他的第一印象是正确的还是错误的，大部分人都依赖于第一印象的信息，而这个第一印象的形成对于日后的决定起着非常大的作用。它比第二次、第三次的印象和日后的了解更重要。第一印象的好与坏几乎可以决定人们是否能够继续交往。人的第一印象一旦形成，就很难改变，如果第一印象不好，也许下面的事情就可能失败。而良好的第一印象是一把在首次相见中能够打开机遇大门的钥匙。

英国伦敦大学学院一位系主任在谈到一位讲师时说："从她一进门，我就感到她是我所渴望的人。她身上散发着某种精神，被她那庄重的外表衬托得越发迷人。因为只有一个有高度素养、可信、正直、勤奋的人才有这样的光芒。30分钟之后，我就让她第二天来系里报到。她没有让我失望，至今她是最优秀的讲师。"这个激烈角逐的位置就这样由于一个迷人的第一印象落到了这位中国女博士的手中。

尽管人们理直气壮地告诉别人，不要仅凭一个人的外表妄下结论。但事实上是，全世界的人都在这么做。美国勃依斯公司总裁海罗德说："大部分人没有时间去了解你，所以他们对你的第一印象是非常重要的。如果你给人的第一印象好，你才有可能开始第二步，如果你留下一个不良的第一印象，很多情况下，我们会相信第一印象基本上准确无误。对于寻求商机的人，一个糟糕的第一印象，就失去潜在的合作机会，这种案例数不胜数。你必须花费更多的时间才能够抹去

糟糕的第一印象。"

可见，第一印象对于人们来说有着太大的作用，但常常被人们忽视。如果你不想失去任何成功的机会，如果你想在人际交往中如鱼得水，那么请别忘记第一印象的作用，因为人往往会根据第一印象判断人，你需要读懂这一点，并且要努力给别人留下良好的第一印象。

谈谈相似经历，成为"同道中人"

俗话说"巧妇难为无米之炊"，没有话题，谈话就没有焦点。陌生人见面，如果尽是客套寒暄，没有实际意思，那陌生人终究还是陌生人，陌生的局面终究还是化不开。因此，就要寻找共同话题，从相似的经历出发，迅速和对方成为"同道中人"。

事前规划，可事半功倍。与陌生人交往之前，要尽量对对方的职业、性格、兴趣等有一个比较全面的了解，这样，在交往过程中你就能做到有的放矢。

清末，在大太监李莲英的保荐下，盛宣怀受到权势显赫的醇亲王的接见，详细汇报有关电报的事宜。盛宣怀以前没有见过醇亲王，但与醇亲王的门客张师爷过从甚密，从他那里了解到了醇亲王两个方面的情况：

第一醇亲王不认为中国人比洋人差，自己的一套才是最好的。

第二醇亲王虽然好武，但自认为书读得不少，颇具文人风范。

盛宣怀了解到这些情况后，就抄了些醇亲王的诗稿，背熟了好几首，以备不时之需。"文如其人"这句话一点都不错，盛宣怀还从醇亲王的诗中悟出了些醇亲王的心思。

谒见之时，当他们谈到电报这一名词的时候，醇亲王问："那电报到底是怎么回事？"

"回王爷的话，电报本身并没有什么了不起，就是一个传递信息的工具，所谓'运用之妙，存乎一心'，如此而已。"

醇亲王听他能引用岳武穆的话，不免有所欢喜，随即问道："你也读兵书？"

"在王爷面前，怎么敢说读过兵书？不过英法内犯，皇帝大臣人人忧国忧民，那时如果不是王爷神武，力擒三凶，大局真不堪设想了。"

盛宣怀略停了一下又说："那时有血气的人，谁不想洗雪国耻，宣怀也就是在那时候，自不量力，看过一两部兵书。"

盛宣怀真是三句话不离醇亲王的"本行"，他接着又把电报的作用描绘得神乎其神，醇亲王也觉得飘飘然，觉得中国非办电报不可。后来醇亲王干脆把督办电报业的事托付给盛宣怀。

从上面这个例子我们明白，当你要特意去结识一位陌生人时，一定要多加准备，将其当成你人生中的一个重要经历。你可以通过多种渠道事先了解对方的背景、经历、性格、喜恶，在对对方基本情况了如指掌的前提下，读懂对方的心思，还要设想有可能出现的变故，做好以不变应万变的心理准备。求同存异，在交往中要尽力寻找双方在兴趣喜好等方面的共同点，以加深彼此交流。"酒逢知己千杯少"，两个意气相投的人碰到一起，往往能产生相见恨晚的感觉，双方日后的交往也会变得如鱼得水。

两个人刚见面时，不知道对方的性格、爱好、品性如何，往往会陷入难熬的沉默与尴尬之中。这时我们应当主动地在语言上与对方磨合，找到彼此的共同点或者相似的经历，例如在同一个城市生活、工作过，有相同的兴趣爱好，从事相似的职业，等等。如果彼此完全陌生尚未相识，那就要察言观色，以话试探，寻求共同点，抓住了共同点就抓住了可谈的话题。如果对方有什么顾虑，或是沉默的原因不明，那就没话找话说，随便找个话题，引起对方的兴趣，说个笑话，谈点趣闻都可以活跃气氛。

总之，在和陌生人交往时，不妨多多寻求彼此在兴趣、性格、阅历等方面的共同之处，使双方在共同的话题中获得更多关于对方的信息，迅速拉近距离，增进感情。

直呼其名，缩短彼此的心理距离

在和陌生人接触时，一个比较关键的细节就是该如何称呼对方。称呼得好，就可以迅速拉近彼此之间的心理距离，使双方很快建立友好关系；称呼得不到位，双方还是会形同陌路，关系难以发展，生意也就比较难做了。对于一些比较大众化的称呼来说，一般也不要使用，这会使对方感觉你和别人完全一样，没什么特别的，你们之间的关系也是一般而已。所以你应该使用一些比较特别的让别人感觉亲近的称呼，来迅速改变你们的关系。

在平常生活中，你可能听到这样的话，也可能对别人说这样的话：不用称我老师，叫我名字就行了。听了这话或说了这话，你和他（她）便感觉彼此的关系进了一步。在爱情片中，我们常常看到男女主人公这样的对白：不要叫我××，叫我阿×吧。看到这，你就知道，两人的关系发生了变化，至少某一方希望另一方认为两人的关系发生了变化。为什么会这样呢？因为彼此的称呼与彼此的心理距离有关。也就是说，两个人称呼的改变，通常意味着两个人心理距离的变化。与人交往，需要读出称呼里隐藏的信息，从而合理使用，使人际关系更融洽。

众所周知，对初次见面的人，一般会以对方的姓加上头衔，如×经理、×大夫、×老师等，而不直接以名字相称。时间长了，相处久了，熟悉了，才会直呼其名。也就是说，以名字相称是建立在两个人相对亲密的关系上的。当两个人心理上的距离愈来愈靠近时，他们的称呼也会从姓加头衔，然后到名，再到昵称。

我们也常常看到，某个人与另一个人虽然见面不久，关系不算是亲密，但他也以名字或昵称来称呼对方。这意味着什么？意味着他希望尽快拉近与对方的关系。这也是政治家们将对手"化敌为友"的惯用手法。面对一个从未谋面的人，他们也能够用一种非常自然、非常亲切的口吻喊出对方的名字。

这种通过改变称呼来拉近彼此间心理距离的方法，在销售行业也广为利用。

有一个业务推销员，一次要去拜访一位房地产公司的老总。房地产公司有位前台小姐叫钟晓慧。钟晓慧作为一位接待小姐，每天都要接触不少的访客，她可以清楚地区分哪些人亲切或哪些人不亲切。推销员要想见到老总，必须先过了她这一关。

第一次拜访时，推销员以锐利的眼神专注地看着她胸前的名牌标志，然后神采奕奕地和她打招呼："钟小姐，我是李总的朋友，我有很重要的私人事情要和他谈。""对不起，今天李总吩咐不见客。"钟晓慧一点都不给他面子。

第二天，推销员又来了。他这次改变了风格，在彼此熟悉之后，他说道："呀，改变发型了，很配合你的风格嘛，以后就叫你'晓慧'好了。晓慧，我今天有重要的事情得跟李总谈，请转告一声。'"他说完后热切地看着钟晓慧。钟晓慧这次变得非常爽快，立刻带他去见李总。

一般而言，"×小姐"是比较正式的称呼，如果总是运用这样的称呼，给对方的感觉是你始终和她保持着一段距离，她自然就要和你也保持距离了。但是，直接称呼对方的名字，是关系很好的朋友之间才用的，推销员很自然地改变称呼，便会迅速拉近彼此之间的距离，加深双方之间的关系。可见，如果总是局限于陌生人的礼仪，你是根本无法再进一步加强两个人的关系的。要想与陌生人迅速建立关系，或者改变你与朋友、顾客、客户之间的关系，就要改变你对他们的称呼，用一些亲切的称呼来拉近彼此的距离。

当然，就一般的生意场合而言，如何改变称呼还是要看具体情况，并不是越早改变称呼就越好，也不是一上来就直接称呼对方名字就好，你应该根据双方关系的进展情况来随机应变。有时你必须留出一段时间让对方慢慢习惯，不要太过急躁，否则会显得轻浮。在改变称呼时要不留痕迹，尽显自然。例如胡雪岩在初次拜见稽鹤龄时，先是称对方为"稽大哥"，然后称"老兄"，最后又改为"鹤龄兄"，在不露声色中就将彼此的关系加深，并且不着一丝痕迹，这种高超的交际手腕和生意手段着实令人感叹。

在生活中，这种交际方法也常为我们所用。比如，遇到一个难以接近的朋友，你试图接近他（她），不妨直呼其名或者请他（她）直接叫你的名字。面对你的同事，你希望与他（她）走得更近，不妨偶尔称呼他（她）的昵称或让他（她）称呼你的昵称。当然，你要表现得尽可能地自然，不要让对方感觉你是在装腔作势。如果真能那样，你们的距离就能因此而拉近，事情便很容易解决。

来点幽默，对方更乐意向你靠近

幽默的力量体现在沟通上，就像我们打开电灯开关，电力便沿着电线输送到电灯上一样，只要按下幽默的按钮，也能促使一股特别的力量源源而来。我们可以把这股幽默的力量导向他人，并与他人直接沟通，使我们和他人相处不至于紧张。在人际交往中，幽默的人总是受人欢迎，因为他能够给大家带来无尽的快乐，懂得了这一点，就更能赢得人心。幽默的人在结识陌生人方面往往比较成功，因为人们很难讨厌能让他们笑起来的人。在与陌生人相处时，幽默的言语能够巧妙地化解尴尬，让别人开心一笑，就自然而然地就拉近了彼此的距离。

为了丰富学生的课余生活，某大学专门邀请一位著名教授举办了一个讲座，但由于临时改变地点，时间仓促，又来不及通知，结果到场的人很少。教授到了会场才发现只有十几个人参加。

教授有点尴尬，但不讲又不行，于是随机应变，说："会议的成功不在人多人少，今天到会的都是精英，我因此更要把课讲好。"这句话把大家逗得开怀大笑。这一笑，活跃了气氛，再加上教授讲课充满激情，使得那一次讲座非常成功。

当然，在幽默的同时还应注意，重大的原则总是不能马虎，不同问题要不同对待，在处理问题时要极具灵活性，做到幽默而不落俗套，不失体面地博得他人一笑，这样才能有效拉近与他人的关系。

微笑，赢得他人好感的法宝

有句谚语说得好：微笑是两个模特之间最短的距离。在人际交往中，真诚的微笑可以拉近人与人之间的距离。尤其是初次见面时，人通常会有一种不安的感觉，存有戒心。因此，你要读懂人心，尽力消除别人的戒心。而微笑是人际关系的润滑剂，可以消除这种初次见面的心理状态，让人与人之间的沟通变得更容易。有人做了一个有趣的实验，以证明微笑的魅力。

他给两个模特分别戴上一模一样的面具，上面没有任何表情。然后，他问观众最喜欢哪一个人，答案几乎一样：一个也不喜欢，因为那两个面具都没有表情，他们不想选择。

然后，他要求两个模特把面具拿开，现在舞台上有两个不同的个性，两张不同的脸。他要其中一个人把手盘在胸前，愁眉不展并且一句话也不说，另一个人则面带微笑。

他再问每一位观众："现在，你们对哪一个人最有兴趣？"答案异口同声："是面带微笑的人。"

任何一个人都希望自己能给别人留下深刻的印象，赢得别人的好感，而微笑就是最得力的武器。试想，当你遇到一位陌生人正对着你笑时，你是否感觉到有一种无形的力量在推着你跟他认识。相反，如果你看到的是一张"苦瓜脸"，你还会有好心情吗？你是不是只能对这种人避而远之呢。

1. 微笑可以以柔克刚

法国作家阿诺·葛拉索说："笑是没有副作用的镇静剂。"办事时，可能遇到的人有脾气暴躁者，有吹毛求疵者，有出言不逊、咄咄逼人者，也有与你存有隔阂芥蒂的人，对付这些"难对付之人"，含蓄的微笑往往比口若悬河更令人信得过。面对别人的胡搅蛮缠、粗暴无礼，只要你微笑冷静，你就能稳控局面，用微笑放松对方的怒意，以微笑化解对方的攻势，从而以静制动，以柔克刚，摆脱窘境。我国乒乓球选手陈新华在一次与瑞典选手的比赛中总是面带微笑。也正是这微笑，使他在最后的关键时刻，镇定自若，愈战愈勇，使对手束手无策，手忙脚乱，成为手下败将。

2. 微笑是缓和气氛的"轻松剂"

当客人来访或是你走入一个陌生的环境，由于感到陌生或羞涩，往往会端坐不语或拘谨不安。此时，你若微笑，就能使紧张的神经松弛，消除彼此间的戒备心理和压抑感，相互产生良好的信任感和和谐感。记住：要使他人微笑，你自己必须先微笑。

3. 微笑是吸引他人的"磁铁"

社交中，人们总是喜欢和个性开朗、面带微笑的对象交往，而对那些个性孤僻、表情冷漠之人，则总是敬而远之。一个优秀的电视节目主持人、公关小姐、售货员，他们深受人喜欢的奥秘，就是他们具有动人的微笑。

当斯是底特律地区最受欢迎的节目主持人之一，他的受欢迎并不仅仅在底特律而是在全国。有的听众写信给这位声音里带着微笑的主持人，说他们已经听到了他的声音及他主持的节目，并且告诉当斯说，他们透过他的声音看到了他的微笑。

当斯经常"戴上一张快乐的脸"去工作，并不是暂时，而是经常，他把微笑加进他的声音，配合他的演说水平，使观众如沐春风。

当斯说："当你微笑的时候，别人会更喜欢你，而且，微笑也会使你自己感到快乐。它不会花掉你的任何东西，却可以让你赚到任何股票都付不出的红利。"

当斯正是使用微笑，拉近了与观众的距离，赢得了他人的好感。

把握好开头的 5 分钟，攀谈就会自然而然

人们第一次相遇，需要多少时间决定他们能否成为朋友？美国伦纳得·朱尼博士在所著的一本书中说："交际的点，就在于他们相互接触的第一个 5 分钟。"朱尼博士认为：人们接触的第一个 5 分钟主要是交谈。在交谈中，你要对所接触的对象谈的任何事都感兴趣。无论他从事什么职业，讲什么语言，以什么样的方式，对他说的话都要耐心倾听。如果你这样做了，你会觉得整个世界充满无比的情趣，你将交到无数的朋友。

而许多人同陌生人说话都会感到拘谨。建议你先考虑一个问题，为什么你跟老朋友谈话不会感到困难？很简单，因为你们相当熟悉。相互了解的人在一起，就会感到自然协调。而对陌生人却一无所知，特别是进入了充满陌生人的环境，有些人甚至怀有不自在和恐惧的心理。你要设法把陌生人变成老朋友，首先要在心目中建立一种乐于与人交朋友的愿望，心里有这种要求，才能有行动。

以到一个陌生人家去拜访为例：如果有条件，首先应当对要拜访的客人做些了解，探知对方一些情况，关于他的职业、兴趣、性格之类。

当你走进陌生人家时，你可凭借你的观察力，看看墙上挂的是什么？国画、摄影作品、乐器……都可以推断主人的兴趣所在，甚至室内某些物品会牵引起一段故事。如果你把它当作一个线索，就可以由浅入深地了解主人心灵的某个侧面。当你抓到一些线索后，就不难找到开场白。

如果你不是要见一个陌生人，而是参加一个充满陌生人的聚会，观察也是必不可少的。你不妨先坐在一旁，耳听眼看，根据了解的情况决定你可以接近的对象，一旦选定，不妨走上前去向他作自我介绍，特别对那些同你一样，在聚会中没有熟人的陌生者，你的主动行为是会受到欢迎的。

应当注意的是，有些人你虽然不喜欢，但必须学会与他们谈话。当然，人都有以自我兴趣为中心的习惯，如果你对自己不感兴趣的人不瞥一眼，一句话都不说，恐怕也不是件好事。别人会认为你很骄傲，甚至有些人会把这种冷落当作侮辱，从而产生隔阂。和自己不喜欢的人谈话时，第一要有礼貌；第二不要谈论有关双方私人的事。这是为了使双方自然地保持适当的距离，一旦你愿意和他结交，就要一步一步设法缩小这种距离，使双方容易接近。

在你决定和某个陌生人谈话时，不妨先介绍自己，给对方一个接近的线索，你不一定先介绍自己的姓名，因为这样人家可能会感到唐突。不妨先说说自己的工作单位，也可问问对方的工作单位。一般情况，你先说说自己的情况，人家也会相应地告诉你他的有关情况。

接着，你可以问一些有关他本人的而又不是秘密的问题。对方有一定年纪的，你可以向他问子女在哪里读书，也可以问问对方单位一般的业务情况。对方谈了之后，你也应该顺便谈谈自己的相应情况，才能达到交流的目的。

和陌生人谈话，要比对老朋友更加留心对方的谈话，因为你对他所知有限，更应当重视已经得到的任何线索。此外，他的声调、眼神和回答问题的方式，都可以揣摩一下，以决定下一步是否能纵深发展。

有人认为见面谈谈天气是无聊的事。其实，这要具体问题具体分析。如果一个人说："这几天的雨下得真好，否则田里的稻苗就旱死了。"而另一个则说："这几天的雨下得真糟，我们的旅行计划全给泡汤了。"你不是也可以从这两句话中分析两人的兴趣、性格吗？退一步说，光是敷衍性的话，在熟人中意义不大，但对于和陌生人的交往还是有作用的。

如遇到那种比你更羞怯的人，你更应该跟他先谈些无关紧要的事，让他心情放松，以激起他谈话的兴趣。和陌生人谈话的开场白结束之后，特别要注意话题的选择。那些容易引起争论的话题，要尽量避免，为此当你选择某种话题时，要特别留心对方的眼神和小动作，一发现对方厌倦、冷淡的情绪时，应立即转换话题。

在一起聚会时，常常会碰到请教姓名的事，"请问你尊姓大名"。你要牢牢记住对方的姓名，对方说出姓名之后，你应立即用这个名字来称呼他，当你碰到一个可能已经忘记了的人，你可以表示抱歉："对不起，不知怎么称呼您？"也可以说半句"您是——"，"我们好像——"，意思是想请对方主动补充回答，如果对方老练他会自然地接下去。

顺利地与陌生人开始攀谈，给人一个好印象，积累人脉资源为你所用。学会和陌生人攀谈，谁都可能成为你的朋友。

接触多一点，自能陌生变熟悉

美国心理学家扎琼克在 1968 年曾进行了"交往次数与人际吸引"的实验研究。他将被试者不认识的 12 张照片，按概率分为 6 组，每组两张，按以下方式展示给被试者：第一组两张只看 1 次，第二组两张看两次，第三组两张看 5 次，第四组两张看 10 次，第五组两张看 25 次，第六组两张被试者从未看过。在被试者看毕全部照片后，另外从未看过的第六组照片，要求所有被试者按自己喜欢的程度将照片排序。结果发现一种极明显的现象：照片被看的次数越多，被选择排在最前面的机会也越多。

这也就是所谓的"曝光效应"，人与人之间，交往的频率越高，刺激对方的机会就越多，"重复呈现"的次数越多，越容易形成密切的关系。两个人从不相识到相识再到关系密切，交往的频率往往是一个重要的条件。没有一定的交往，如果像俗话所说的"鸡犬之声相闻，老死不相往来"那样，则情感、友谊就无法建立。

简单的呈现确实会增加吸引力，彼此接近、常常见面的确是建立良好人际关系的必要条件。如果你想结交某人，就要多和对方接触，缩短和对方之间的空间距离和心灵距离，从而拉近彼此的关系。

黎雪和几个好友合伙经营一家广告公司，她打听到国内一家知名企业打算为新产品做广告宣传，就努力争取这笔生意。但她们公司是家新公司，在业内没有什么名气，被拒绝了。黎雪十分气馁，好友为了安慰她，特意邀请她前去自己的新居吃饭。到了楼下，她进了电梯正要关电梯时，一个人急匆匆地赶了过来。黎雪不经意地看了那人一眼，并暗暗惊喜。原来这人正是那家知名企业的宣传部主管，要是能和他拉近关系，还是有望赢得这次机会的。更巧的是，这位主管居然和好友住对门，黎雪不由心生一计，主动和那位主管搭讪："你好，我是住在你家对门的黎雪，还请多多指教。"

随后，黎雪暂时住在了好友家里，经常制造电梯偶遇的机会。眼看时机成熟，黎雪就在那位主管单独进电梯时，刻意抱了一大堆的资料，急匆匆地跑进电梯。一不小心，资料洒了一地，这些都是黎雪公司精心制作的一些广告作品文本册。主管帮忙捡拾起来，并对这些广告作品十分感兴趣，打听是哪家广告公司的作品。黎雪一脸谦虚："这是我们公司的作品，做得不好，还请多多指教。"

不久，黎雪公司的广告策划案被那位主管推荐给公司，并最终被选中了。

黎雪正是懂得利用邻近心理，多次制造偶遇，增加和那位主管接触的机会，才能借机毛遂自荐，赢得那笔生意。在人际交往中，要想得到别人的喜欢，就得让别人熟悉你，而熟识程度是与交往次数直接相关的。交往次数越多，心理上的距离越近，越容易产生共同的经验，取得彼此的了解和建立友谊，读懂了这一点，就可以适当采取行动，由此形成良好的人际关系。例如，教师和学生、领导和秘书等，由于工作的需要，交往的次数多，所以较容易建立亲近的人际关系。要想赢得别人的好感和信任，就得让别人注意到你，在彼此频繁的接触中由陌生变得熟识。一般来说，接触次数越多，心理上的距离越近，越容易建立友谊，读懂了这一点，就可以适当采取行动，赢得好人缘也就指日可待。

用细微的动作拉近与陌生人的距离

每个人对自己的身体周围都会有一种势力范围的感觉，而这种靠近身体的势力范围，通常只能允许亲近之人接近。如果一个人允许别人进入他的身体四周，就会有种已经承认和对方有亲近关系的错觉，这一原理对任何人来说都是相同的。读懂了人的这种心理特点，就可以采取适当行动，拉近彼此的关系。

例如，我们在百货公司买衬衫或领带时，女店员总是会说："我替你量一下尺寸吧！"这是因为对方要替你量尺寸时，她的身体势必会接近过来，有时还接近到只有情侣之间才可能有的距离，使得被接近者的心中涌起一种兴奋感。

再如，本来一对陌生的男女，只要能把手放在对方的肩膀上，心理的距离就会一下子缩短，有时瞬间就成为情侣的关系。推销员就常用这种方法，他们经常一边谈话，一边很自然地移动位置，跟顾客离得很近。

因此，与陌生人相处时，必须在缩短距离上下工夫，力求在短时间内了解得多些，缩短彼此的距离，力求在感情上融洽起来。只要你想及早造成亲密关系，就应制造出自然接近对方身体的机会。

有一场篮球比赛，一位教练要训斥一名犯了错的球员。他首先把球员叫到跟前，紧盯着他的眼睛，要这位年轻小伙子注意一些问题，训完之后，教练轻轻拍了拍球员的肩膀和屁股，把他送回到球场上。

教练这番举动，从心理学的观点来看，确实是深谙人心的高招：

第一，将选手叫到跟前。把对方摆在近距离前，两人之间的个人空间缩小，相对地增加对方的紧张感与压力。

第二，紧盯着对方的两眼。有研究表明，给孩子讲故事时紧盯着他的双眼，过后孩子能把故事牢牢记住。教练盯着球员的眼睛，要他注意，用意不外乎是使对方集中精神倾听训斥。否则球员眼神闪烁、心不在焉，很可能会把教练的训示全当成耳边风，毫不管用。

第三，轻拍球员身体，将其送回球场。实验显示，安排完全不相识的人碰面，见面时握了手和未曾握手，给人的感受大不相同。握手的人给对方留下随和、诚恳、实在、值得信赖等良好印象，而且约有半数表示希望再见到这个人。另一方面，对于只是见面而没有肢体接触的人，则给人冷漠、专横、不诚实的负面评价。

正确接触对方身体的某些部位，是传达自己感情最贴切的沟通方式。如果教练只是责骂犯错的球员，会给对方留下"教练冷酷无情"的不快情绪。但是一经肢体接触之后，情形便可能大大改观，球员也许变得很能体谅教练的心情："教练虽然严厉，但终究是出于对我的一番好意！"

此外，与陌生人交谈，应态度谦和，有诚意，力求在缩短距离上下工夫，力求在短时间里了解得多一些。这样，感情就会渐渐融洽起来。我国有许多一见如故的美谈，许多朋友，都是由"生"变"故"和由远变近的，愿大家都多结善缘，广交朋友。善交朋友的人，会觉得四海之内皆朋友，面对任何人，都没有陌生感。

第三节　以心交心，有效化解他人的敌意

请对方帮忙，让他感觉自己比你强

当我们有困难时，通常会寻求朋友的帮助，但有时也会不好意思开口，因为请别人帮忙总是要麻烦别人的事情。其实，请他人帮忙也能够起到联络感情的作用，甚至在你和他人之间产生误会和矛盾的时候，还能够起到化干戈为玉帛的效果。

他是一家小旅馆的侍者，这天深夜打烊，突然从门外进来一对老夫妇。这对老夫妇神情疲惫，看来是赶了很久的路。他本想说"本店客满了"，但看着老夫妇的神情又实在不忍，于是改口说："我想想办法。"

随后侍者带两位老人来到一间小而整洁的屋子，两位老人看屋子非常舒适，就欣然住下了。第二天早晨，两位老夫妇准备离开，到前台结账时却被侍者拒绝了。原来昨晚的房间是侍者自己的屋子，他把屋子让出来给老夫妇休息，自己在前台值了一夜班。

老妇人感动得几乎要流下热泪，她在胸前画着十字说："我的孩子，上帝会给你好的恩遇的。"

时间过得很快，一个月后，这个侍者突然接到一封来信，里面有一张去纽约的机票和一份聘任书。侍者按聘任书提供的地址来到工作地点，没想到竟是一座金碧辉煌的大酒店！原来那对老夫妇是有着亿万资产的富翁，他们被侍者的善良感动，特地为他买下这座酒店经营。在聘任书的简短附语中，这样说："你是我见过的最好的酒店经营者，这座酒店就是上帝给你的恩遇。"

多年之后，这个侍者成了世界顶级连锁酒店的经理，他一直认为，一切困难都能靠智慧解决，而爱，就是最高的智慧。

生活中，很多人因为怕引起他人的反感而从不找他人帮忙。其实，这种想法是完全错误的。不知道你注意到没有？当他人拜托你帮个小忙时，你不但不会觉得麻烦，反而会觉得十分高兴。如果对方的请求恰恰是你最拿手的，你不但会心情愉悦，而且还会因此而喜欢对方。不必为此感到怀疑，"请他人帮个小

忙"能够获得对方的好感是有其心理学理论依据的。

首先，请求他帮个小忙，能满足对方天性中的一种潜在的需要。当你请求他人帮个小忙的时候，实际上是主动将自己放在了一个相对较低的位置，从而抬高了对方，这样就能够满足对方获得他人尊重的本质需求，成就了对方的荣誉感。而你请他帮忙，代表你需要他，这让他感觉到自己被需要，觉得自己比你强，你满足了他的虚荣心，他也就无意再和你作对了。

其次，心理学上有个著名的认知失调理论，也就是说，当个体的行为与自我概念不一致时，就会产生不愉悦的心理体验。洞悉了人心的这些特点，有助于我们更好地处理人际关系。

当你无心或有意地伤害了某个人时，就会产生这样的问题："我为什么要这么对他呢?"如果答案是："我很粗心、很糟糕。"那么，你正面的自我感念就与伤害他人的负面行为对立起来，进而产生认知失调；为了避免认知失调的不良感受，你就会为自己的负面行为找一个合理的解释，使之与你的自我概念一致，比如，你会想："他让人讨厌! 他活该!"

同样，如果你帮助了某个人，而这个人是你所讨厌的，那么，自我概念和自我行为就产生了冲突，而避免认知失调的合理解释就只能是："我喜欢他，他很可爱!"

由此可见，当他人对你产生了误会、敌意时，最好的办法不是躲避也不是辩解，你只需要请求对方帮你一个小忙，他自然会把你当朋友看待。

想让别人喜欢你，先要喜欢上对方

很多人抱怨说，某某人莫名其妙地和自己过不去，在街上明明看见了也不打招呼、故意避开，偶尔说话也总是不远不近的，冷冰冰的感觉。这些人恐怕忽略了这样一个道理：每个人都会本能地喜欢那些喜欢自己的人，而讨厌那些讨厌自己的人。也就是说，如果有人对你态度不好，也许正是因为你对他的态度不好。因此，想要让别人喜欢你，你首先要喜欢上对方。

有心理学家曾做过这样一个实验：让被试者"无意中"听到一个刚与他说过话的伙伴告诉主试者喜欢或不喜欢他。接着，当这些同伴和被试者在一起工作时，被试者的面部表情会因他们听到的内容而异。当被试者听到同伴喜欢他们时，他们会比在听到同伴不喜欢他们时在非言语表现上更积极。另外，后来的书面评定显示，被喜欢的被试者比不被喜欢的被试者更多地被同伴吸引。其他的研究也证明了相似的结果：人们对那些他们认为喜欢他们的人更积极，持更积极的态度，这就是喜欢的互逆现象。

为什么会喜欢那些喜欢我们的人呢？这是因为喜欢我们的人使我们体验到了愉快的情绪，一想起他们，就会想起和他们交往时所拥有的快乐，使我们看到他们时，自然就有了好心情。而且，那些喜欢我们的人使我们受尊重的需要得到了满足。因为他人对自己的喜欢，是对自己的肯定、赏识，表明自己对他人或者对社会是有价值的。

对于喜欢的互逆现象，Dale Carnegie 很久以前就在著作《如何赢得朋友和影响他人》中提到，人们获得友谊的最好方式是"热情友善地称赞他人"。但是，在我们为赢得他人友谊而不遗余力地去赞美他人之前，我们需考虑一下情境，有时赞美并不一定能导致喜欢。

喜欢的互逆性规律也有例外发生，其中之一就是当我们怀疑他人说好话是为了他们自己时，别人的赞美并不会导致我们去喜欢他。

此外，对那些自我评价很低的人来说，喜欢的互逆性也不会发生。因为他们可能认为喜欢他的人没有眼光，并且因此而不去喜欢那些人。

在生活中，有很多这样的情况，就是两个人的相互喜欢是由一个人对另一个人单方面喜欢开始的。比如一个女孩开始时对一个追求她的男孩并没有多少好感，但是这个男孩子表现出了对她特别喜欢的态度，使这个女孩久而久之也对这个男孩动心了，最后接受了他的追求。当然，这个规律也不是绝对的。有时我们喜欢某个并不喜欢我们的人，相反，我们不喜欢的人有时却很喜欢我们。我们只能说在其他一切方面都相同的情况下，人有一种很强的倾向，喜欢那些喜欢我们的人，即使他们的价值观、人生观都与我们不同。

以低姿态化解别人对你的嫉妒

古人云："木秀于林，风必摧之。"就一般中国人而言，总是愿意大家彼此差不多，你好我也好，否则就会是"枪打出头鸟"。在日常工作中，因为有特殊才能或特殊贡献而冒尖的人，往往容易成为受打击的对象。谁在哪一方面出人头地，便较容易受到人们的攻击、嘲讽、指责；更有甚者，由于嫉妒心重还可能给你使绊子，让你生活在一种无形的压力之下，时时处处都有障碍，让你人做不好，事干不成。

拿破仑曾经说："有才能往往比没有才能更有危险；人们不可能避免遇到轻

蔑，却很难不变成嫉妒的对象。"真正聪明的人懂得以低姿态为自己筑起一座防止嫉妒的有效堤防，不会让自己惹火上身。当你一旦发现别人对你有嫉妒心理时，你可以采取以下几种方法化解：

1. 向对方表露自己的不幸或难言之痛

当一个人获得成功的时候，有人却可能因此感到自己是个失败者，是不幸的。这构成了嫉妒心理产生的基本条件。此时，你若向嫉妒者吐露自己往昔的不幸或目前的窘境，就会缩小双方的差距，并且让对方的注意力从嫉妒中转移出来。同时会使对方感受到你的谦虚，减弱了对方因你的成功而产生的恐惧，从而使其心理渐趋平衡。

2. 求助于嫉妒者

一方面，在那些与自己并无重大利害关系的事情上故意退让或认输，以此显示自己也有无能之处；另一方面，在对方擅长的事情上求助于他（她），以此提高对方的自信心和成就感，并让对方感到：你的成功对他，（她）并不是一种威胁。

3. 赞扬嫉妒者身上的优点

你的成功使嫉妒者身上的优点和长处黯然失色，于是，一种自卑感在其内心油然而生，以至于自惭形秽。这是嫉妒心理产生并且恶性发展的又一条件。因此，你适时适度地赞扬嫉妒者身上的优点，就容易使他（她）产生心理上的平衡，感受到"人各有其能，我又何必嫉妒他人呢?"当然，你对嫉妒者的赞扬必须实事求是，态度要真诚。否则，他（她）会觉得你在幸灾乐祸地挖苦自己，结果不但达不到消除其对自己嫉妒的目的，还可能挑起新的战火。

4. 主动出击相互接近法

嫉妒常常产生于相互缺乏帮助，又缺少较深感情的人中间。大凡嫉妒心强的人，社交范围很小，视野不开阔，只做"井底之蛙"，不知天外有天。只有投入到人际关系的海洋里，才能钝化自私、狭隘的嫉妒心理，增加容纳他人、理解他人的能力。因此，相互主动接近，多加帮助和协作，增进双方的感情，就会逐渐消除嫉妒。傲慢不逊的大人物是最令人嫉妒的，试想，如果一个大人物能利用自己的优越地位，来维护自己下属的利益，那么他就能筑起一道防止嫉妒的有效堤坝。

5. 让嫉妒者与你分享欢乐

"独乐乐，与人乐乐，孰乐?"在取得成功和获得荣誉的时候，你不要冷落了大家，更不要居功自傲，自以为是。你可以真诚地邀请大家（其中包括嫉妒你的人）一起来分享你的欢乐和荣誉，这样有助于消除彼此之间的紧张空气。当然，如果嫉妒者拒绝你的善意，则不必勉强于人，顺其自然。总之，"退一步海阔天空"，以低姿态，化解别人对你的嫉妒，不仅是一种灵活，更是一种内涵和宽容，它可以消融人和人之间的壁垒，让你的成就在嫉妒的布景中得到映衬。能引起别人的嫉妒，说明了你的才华；能有效地化解这种嫉妒，则说明了你的聪明和美德。

敢于承认错误，才能消除误会和敌意

认错并非示弱。一个人要承认自己的错误是需要勇气的。人际关系是生活中最难处理的事情，人都免不了有出错的时候。一旦错了，就得道歉，只有如此才能避免更大的损失。人非圣贤，孰能无过？很多人却认为承认错误是暴露了自己的缺点和错误，尤其在别人面前，是一件有失身份的事情，所以即使犯了错也不肯承认，遮遮掩掩，甚至在别人当面指出的时候总不肯承认，更不要说道歉了。

有时候明知是自己的不对，可是碍于所谓的身份或者面子，不肯主动认错，觉得认错是没面子的事情，所以冲突也就无法解决。其实一个人能主动承认错误，就是一种勇气，更是一种能说会道的策略。这不仅有助于解决相关的矛盾，也能取得一定的满足感。

"对不起"这三个字看起来简单，可是它的效用，不是别的字所能比拟的。这三个字，能使顽固者点头，能使怒气消减，甚至能化敌为友。与人道歉，要学会把"对不起"这三个字说出口，很多时候，越简洁的话语就越有分量，这三个字就足以表达你内心所有的歉意，无需再作过多的解释。"对不起"三个字，意思无非是让别人占上风，你既然让他占了上风，他还有什么更多的要求呢？息事宁人，善莫于此。

你不小心踩了别人的脚，说声"对不起"，被踩的人自然不会计较什么了。若因为你的过失，使别人吃亏，而你还不承认自己的错误，好像别人吃亏是咎由自取似的，这就不能使别人原谅你了。

消除厌恶感，避免伤害对方的感情，最聪明的办法是：自己谦逊一点。自己有过失的时候立刻道歉，别人会给予宽容。

莎莎在别人家做客时，失手将女主人最喜欢的一个花瓶打碎了，女主人的脸色顿时变得很难看，不过也没有说什么。以莎莎的经济实力是赔不起这个花瓶的，但是，如果不道歉，以后就无法继续往来了。

为了表示自己的歉意，莎莎挑选了一张精致的贺卡，写上自己的歉意。莎莎将卡片亲手交到女主人手里，并带了女主人最喜欢的龙井茶叶。女主人见莎莎一片诚心，自然也就不再计较了。

与他人产生不愉快后，诚心地道歉是消除误会的最好办法。你可以不直接说出"对不起"，而是像莎莎那样用一张卡片或一份小礼物，都可以表示歉意。最重要的是不要回避，一开始就要先承认自己的错误，而且道歉一定要有诚意。

小雯借朋友的衣服穿，却不小心因为疏忽把衣服刮破了，小雯觉得很抱歉，就在还衣服的时候，很诚恳地对朋友说："对不起，我不小心弄破了你的衣服，我拿到裁缝店帮你补好了，你看看。"朋友一看，那衣服补得跟新的一样，两人自然重归于好。

这种正面的直接道歉是最好，也是最佳的方式。假如小雯在还衣服的时候只是说："衣服破了，我赔钱给你吧。"对方肯定会婉言谢绝，但心里绝对会不舒服，觉得小雯的"道歉"只是形式上的，不够真诚，她们之间自然也就有了隔阂。

即使有非解释不可的客观原因，也必须在诚恳地道歉之后再略为解释，而不宜一开口就辩解不休。这绝对不是一种聪明的说话方式，因为你对自己的错误实际上是抱着抽象否定、具体肯定的态度。这种道歉，不但不利于弥合双方思想感情上的裂痕，反而会扩大裂痕、加深隔阂。真心实意地认错、道歉，不要强调客观原因，作过多的辩解，才是最佳的道歉方式。

卡耐基在人际关系原则中有一条：如果错在你，应当立即、断然地承认。我们要认识到认错并不会丢面子，也不会说明你能力差，相反，他还能证明你是个有勇气的人，大家也都会喜欢一个勇于承认错误的人。

"背后鞠躬"消除对方的敌意

在人际心理学中，有一种被称作"背后鞠躬"的劝说术，让第三者佯作无意地向对方道出你的善意或友好的想法，往往能够让彼此不睦的人际关系来个大转折。

有一次，有人在林肯总统面前搬弄是非，说外交部长埃德温·斯坦顿曾骂林肯是个该死的傻瓜。谁知，林肯听了以后不但没有生气，反而像闲话家常一般地说："如果斯坦顿说我是个该死的傻瓜，那么我很可能真的是，因为他办事一向都很认真，他说的十有八九都是正确的。"林肯的这番话很快传到了斯坦顿的耳朵里，斯坦顿听到他人转述过来的这番话的时候，感动极了。他在第一时间内跑到林肯面前，向林肯表示了自己崇高的敬意。

林肯正是利用了"背后鞠躬"的方法使斯坦顿改变了态度。那么为什么"背后鞠躬"能够取得这样的效果呢？心理学家认为，与当面表达善意相比，"背后鞠躬"往往能产生更加显著的效果，主要原因有 3 方面：

（1）人际交往遵循"相悦定律"，即谁喜欢你，你往往就会对谁报以同样的好感。因此，当你向对方"鞠躬"的时候，往往能够换回对方的"鞠躬"。

（2）采用"背后"的方式，能够绕过对方的心理防备区。如果你亲口向对方表达善意，即使你完全是出于真心的，也很有可能被对方冠以"无事献殷勤，非奸即盗"之名，进而对你所表达的善意产生排斥，甚至加重心理防备，使得你的善意完全失去效用。相反，如果信息是从第三者口中获得的，对方就不会怀疑其可信程度，因为对方会想："什么好处也捞不着，他没有必要对我说谎。"因此，借由第三者向对方传递善意，能够使你的诚意显得更加真切、可信。

（3）防止对方的负面自我概念产生消极作用。在人际交往中，很有可能，对方对你的敌意是出于对你的羡慕或者嫉妒。在这种情况下，对方对自己的自我概念持负面态度，即认为自我形象不好、不值得他人喜爱。如果对方有这样的一种心理，那么当你向对方说"你很好，我喜欢你"，对方很有可能认为你在消遣他，进而使关系更加恶劣。

此外，心理学家还指出，当人具有正面或中性的自我概念时，会对他人的善意报以同样的善意。然而，当人具有负面自我概念时，"相悦定律"的效果会大大降低。

采用第三者转述的方式，就能够穿过对方的这两个消极关卡。因为，他面对的对象是第三者，而他在第三者面前是不会有负面自我概念的。

在生活中，如果对方的敌意不是源于彼此间的利害得失，那么，"背后鞠躬"策略通常能有效化解对方的敌意。总之，如果对方是因为讨厌你才敌对你，又或者是因为嫉妒你才敌视你，那么，借第三者的口传递"喜爱、友善"的信息，告诉对方你"钦佩他、羡慕他、尊敬他"，往往能够给彼此的关系带来转机，有效地化解对方的敌意，其效果定能让你大吃一惊。

制造强大的敌人，引起同仇敌忾

在生活中，应坦诚待人，不可钩心斗角。但是，有的时候，还是需要讲究一些策略，比如，要争取某人的支持，就可以把双方的共同点扩大，找到共同的利益，树立共同的敌人，使对方与自己"同仇敌忾"，这种方法在要维护自己的合法、合理权益，而自己又势单力薄时是有效也有必要的。

如果双方为一点矛盾争得不可开交，就可以制造一个强大的共同敌人，引起同仇敌忾，从而转移对方的注意力，有助于双方"化敌为友"，达成共识。这样才能通力合作，促进彼此共同发展。

春秋时期，吴国和越国是敌国，经常交战。一天，十几个吴人和越人碰巧同乘了一艘渡船，但都互不搭理。

不料，船到江心时，天色骤变、狂风顿起、暴雨如注，巨浪汹涌而来，渡船剧烈地颠簸着，吴国的两个孩子吓得哇哇大哭，越国的一个老太太跌倒在船舱里。老艄公一面竭力掌好船舵，一面让大家速进船舱。另外两名年轻的船工，马上奔向桅杆解绳索，想把篷帆解下来，可一时又解不开。如果不赶快解开绳索，把帆降下来，船有可能会翻掉。

在这个千钧一发之际，乘客们都争先恐后地冲向桅杆去解绳索，此时也不分谁是吴人谁是越人了。他们那么默契，配合得就像左右手。

过了一会儿，渡船上的篷帆终于被降下来了，船颠簸得也不那么厉害了。老艄公望着风雨同舟、共渡危难的人们，叹道："吴越两国如果能永远和睦相处，该有多好啊！"

这个故事讲的就是《孙子兵法》中"吴越同舟"这个成语的来历。本来素有恩怨的吴越两国人，在面临更大的敌人，即暴风雨的袭击时，结果为了共同的利益而同心协力、合作默契。由此可见，即使是敌对的双方，当面临更大的敌人时，双方也会消除恩怨，同仇敌忾。这种心理真的很微妙，为此，心理学家曾做过一个实验来加以证明：

3个人为一组做简单的"撞球游戏"，谁最后被淘汰，谁就是获胜者。显然，这3个人分别构成了敌对关系。结果显示，如果在比赛中，有一个人遥遥领先，那么其他两个人就会联合起来，共同阻挠领先者得分。

了解了人们所普遍存在的这种心理，善加利用，就有可能解除对立者之间的警戒状态，让对方与自己达成一致，获得共赢。例如，具有同等竞争力的中小企业，彼此间难免存在矛盾，进而产生纠纷，甚至会演变到水火不容的地步。这时，如果让对方意识到，如果继续敌对下去，会让其他公司坐享渔翁之利。这样，对方就会产生一种危机感，不敢再"自相残杀"，让共同的敌人获益。而原先的那种敌对情绪也就大大减弱了，彼此间的关系也就更加和谐，从而"化敌为友"，积极解决问题，尽可能实现共赢。

其实，"共同的敌人"也未必真的存在，有些时候，可以故意制造一个"假想敌"，甚至可以演"双簧"，一个扮"白脸"，一个扮"红脸"。当然，这必须配合得天衣无缝，否则会弄巧成拙，使对方产生反感。

此外，还有一种情况，就是："共同的敌人"是存在的，但是又不知道具体是哪一个。在这种情况下，仍需要双方的通力合作。例如，在全球的软饮料市场上，可口可乐和百事可乐是前两强，没有哪个品牌能够挤进去。这就在于可口可乐和百事可乐这两个"夙敌"的默契配合，他们看不到具体的"共同的敌人"，但是他们在激烈的市场竞争中存在着无数的敌人。所以，无论两个"夙敌"如何激烈地竞争，都不靠打"价格战"来挤兑对方，只要防住第三方，他们的市场份额就可以继续维持了，利润也就得到了保证。

第四节　以心悦心，让爱情历久弥新

偶尔来点小惊喜，幸福不再递减

一个青年在沙漠里口渴难耐，这时有人给了他一杯水，他立刻一饮而尽，觉得这水就是玉液琼浆，美味无比。走着走着，他又得到了一杯水，他觉得很满足。走出沙漠之后，到处都有饮用水，这时他喝什么水都觉得无味了，喝多了反而是负担，这时候，一杯水能带给他的幸福几乎为零。可见，人们从同一事物中得到的幸福感和满足感，会随着物品的增多而减少，也会随着周围环境的变化而改变，这就是所谓的"幸福递减定律"。

爱情中，同样存在这种幸福递减的现象。相爱之初，两个人在一起的每一分、每一秒都好像天堂一般美好。即使只是简单地坐在一起聊聊天，也能感到巨大的幸福和满足。然而，随着时间的流逝，当人们从热恋进入到婚姻再到老夫老妻的阶段，这种幸福和满足感就越来越少。日子就会平淡下去，曾经的美丽公主变成了黄脸婆，曾经的英俊青年也变成了糟老头儿，生活就像一潭死水，没有半点涟漪。

如果你的爱情正走向这样的噩梦，你要赶紧刹车，挖空心思地给爱情增添一点小惊喜，化腐朽为神奇，重返爱情的美丽。一般来说，人都是喜欢惊喜和浪漫的，如果能够读懂对方的心思，适当地进行表达，就可能有意想不到的收获。比如，你可以准备一顿精心的烛光晚餐，偶尔送他一个小礼物，让浪漫、激情随处发生，在他眼中，你永远是第一次见面时的心跳。

出乎意料地给爱人一点儿惊喜，常会起到感情"兴奋剂"的作用。因此，不时地创造一点儿意外惊喜，对于增进夫妻双方的感情很有好处。如果瞒着对方，为他买一样他很想得到的物品，送一朵已经很久没有送过的玫瑰，创造一个他没有准备但却非常喜欢的活动等，都可使意外惊喜油然而生，从而在惊喜中迸发出强烈的感情之花。

甚至，一些看似微不足道的小动作也能给爱人带来惊喜。例如，当妻子在准备晚餐时，悄悄走进厨房轻轻搂住她的腰，说一句情意绵绵的话；早晨出门时，轻轻地拥抱一下……这些小动作带来了无限的小惊喜，让黯淡的生活立即变得丰富多彩，让疲惫和厌倦一扫而空，婚姻生活也愈加美满。

再或者，提笔写首情诗给你的爱人，他会因此感受到你的脉脉温情，并心存感动。即使你不怎么有文采，但情溢自成，尽管去把你心田的文字平铺到纸上，你会发现这些未经雕琢的文字透着鲜活的气息，像爱人的眼神脉脉含情。

尽情地去写下来，把那瞬间的灵感写下来！可以写他的一个微笑带给你的温暖感受，可以写他送给你的花儿带给你的激动心情……如果你们身各一方，你可以回想他的笑颜，唱一首你们共同的歌，将心间的感情痛快地流露，再以诗的形式写下来，寄给他，让他看后惊喜、感动！如果你又极富文采，更不该错过这样的好条件和好机会。趁着年轻时感情正丰富之时，记下你对他的爱恋；待到人生暮年，取出来细细读一读，也会别有一番情调。

即便你的恋人和你朝夕相处，你也可以采用这种浪漫的方式表达你的爱恋，写一首诗放在他经常做事的地方，让他不经意间就触摸到了你的温柔，感受到你无言的甜蜜柔情。你们的爱也会在你的小诗的陪伴下生长，这实在是一个不错的培育爱情之花的方法。

越吵越幸福，聪明的爱人会"吵架"

吵架是对情感中蓄积的不良情绪的一次释放，好像婚姻的"安全阀"，偶尔吵架的婚姻更趋于稳定，相反，从不吵架的夫妻，因繁杂的情绪长久积累，反而会使婚姻"超载"，有翻车的危险。

的确，十全十美的婚姻是不可能的，所以身处婚姻中的男女没有必要将生活中的吵架当作是一件多么了不得的事情，甚至因此认为你们的婚姻进入危机，要以一颗平常心对待彼此之间的分歧和争吵。要知道，和谐的婚姻，并不在于两个人志同道合，完全没有争吵，而在于争吵发生后，彼此如何处理与面对，这是婚姻生活中很重要的一门学问。夫妻之间争吵应遵循以下三个原则：

一是争吵时先处理心情，再处理事情

夫妻吵架往往不在于是谁的对错，而在于双方的心情好坏。心情好，能把坏事看成好事；心情不好，能把好事看成坏事。老年夫妻往往把对方的优点、短处，忽略不计，或看作理所当然，而单单斤斤计较对方的缺点、毛病。总是将这些看在眼里，烦在心里。于是挑剔、指责不断，吵架不止。夫妻间如果一方长期被挑剔、被否定、被指责，一定会发泄不快、沮丧的心情，夫妻吵架就在所难免，而且会由小吵到大吵，由善意转变成恶意。

二是不要企图改变对方，而要努力改变自己

老夫老妻在一起共同生活，但是两人的兴趣、爱好、性格以及思维模式和行为习惯很少有完全相同的。所以，各自对待生活的态度，处理事情的思想和方法会有很多不同之处。老夫老妻对自己老伴的这些特点。都能互相包容和顺应，而不能企图抹杀或改变，更不能企图把自己的兴趣、爱好、思维模式及行为习惯强加给对方。

三是夫妻争吵时不求胜利，只求沟通

夫妻吵架不必争谁是谁赢，只要在吵架中把自己心中的不满"吵"给对方就够了。有时大家说，吵架是一种强烈的沟通形式。因为通过吵架，即使对方没能完全接受你的观点、想法或意见，也已起到了交流感受、想法、意见的作用。尽管吵架是一种被动的沟通，但是，它比夫妻间有气发不出来，而闷在心里要好得多。

夫妻吵架时，彼此都处在不冷静的状态，脑子一热，什么事都干得出来，什么话也都说得出来。却不愿意去考虑：有些事做了，有些话说了，也许是自讨没趣、也许是劳民伤财、也许是无法收场，也许会给对方的心灵造成永远也无法弥补、消散的创伤和阴影。

记住以下的话以及与之相类似的话，属于争吵中的"忌语"，这些话是最容易伤害夫妻感情的，如果你希望自己的爱情能够天长地久，夫妻能够白头偕老，不管你当时怎样生气与动怒也不能将之说出口：

"窝囊废（真没用）。"

"跟你结婚真是倒了八辈子霉。"

"人家好，你就跟人家过去吧。"

"当初我真是瞎了眼，嫁给你！"

"要不是看在孩子的分上，我早和你离婚了，一分钟都不会在你们家多待！"

"你给我滚蛋！滚得远远的，我再也不想看见你！"

"我对你已经绝望了，你爱怎么着就怎么着吧，我不管了，还不行吗？"

夫妻吵架不求胜利，只求沟通的另一个方面是"不讲道理"是真道理。因为夫妻吵架，很少由原则问题引起，不必"较真"。如果凡事都"较真"，非要争出个谁对谁错的道理来，那么"较真"本身就已经错了。吵架并不是为了伤害对方。因为有爱，我们走到一起，只有沟通，才能相扶到老。

吵架是一种激烈的表达方式，细心的人能够从吵架中更好地读懂自己的另一半。只要把握了吵架的原则，吵架也可以成为一种很好的排毒工具，吵吵闹闹一辈子，痛并快乐着，其实，这才是婚姻的真滋味。

别拿自己的尺子量对方

一位智者对男人和女人说："你们要共进早餐，但不要在同一碗中分享；你们要共享欢乐，但不要在同一杯中啜饮。像一把琴上的两根弦，你们是分开的也是分不开的；像一座神殿的两根柱子，你们是独立的也是不能独立的。"

这段话形象地说明了婚姻关系中两个人的韧性关系，拉得开，但又扯不断。谁也不能过度地束缚对方，也不能彼此互不关心，有爱，但是都在适度的范围之内，这才是和谐的婚姻。可是很多人似乎并不能体会到婚姻的真谛，在他们眼里，对方身上有很多缺点，他们常常试图通过各种途径让对方改掉坏习惯。可是习惯的产生是日积月累的作用，在自己身上已经存在了十几或者几十年，当然不会轻易改掉。于是夫妻之间的矛盾就产生了。

夫妻之间产生争执的主要原因，是他们把婚姻当成一把雕刻刀，时时刻刻都想用这把刀按照自己的要求去雕塑对方。为了达到这个目的，在婚姻生活中，一方当然希望甚至迫使另一方摒除以往的习惯和言行，以符合自己心中的理想形象。但是有谁愿意被雕塑成一个失去自我的人呢？于是"个性不合""志向不同"就成了雕刻刀下的"成品"，离婚就成了唯一的一条路。

每个人本身都是"艺术品"，而不是"半成品"，人人都企望被欣赏，而不愿意被雕塑。所以，不要把婚姻当成一把雕刻刀，老想着把对方雕塑成什么模样。婚姻需要的是一种艺术的眼光，要懂得从什么角度欣赏对方，而不是去束缚对方，彼此之间的空间太小了，谁都会感到不安。

在生活中，我们常常会注意到，在深夜观看足球比赛的丈夫们，身边会有对足球并不是十分感兴趣的妻子陪着；虽然不喜欢厨房的油烟，可是妻子还是每天都准备好了可口的饭菜，等着大夫和孩子一起分享……

婚姻，不是一个人的付出，只有两个人同心协力，才能营造一个温暖的家。可是并不是所有的人都能注意到对方的付出，甚至有的人会把对方的付出看作是想当然的。如果对方稍微有什么地方做得不好，就加以指责，这样的做法无疑会伤害对方的心，会让他觉得一切的努力都白费了。

爱一个人，就应该让他感觉到幸福，而不是要给他原本疲惫的心灵增加新的创伤。所以，在夫妻生活中，一定要相互扶持、相互欣赏、相互鼓励。虽然因为个性的不同，两个人没有办法完全融为一体，但是一定要让对方感受到你的存在，让他体会到你对他的欣赏和爱护。在他犯错的时候，给予善意的提醒，而非指责，有时候一个善意的眼神也会让对方觉得很温暖；在他犯傻的时候，给予适当的爱抚，告诉他"你真可爱"，一句看似不经意的话语，却可以激起爱的涟漪，让对方感受到你的体贴。只有真正地懂得对方，体贴对方，夫妻才会和睦。

每个人都会有缺点，我们要做的是在对方的缺点中找寻到对方的闪光点，而不是试图改造对方，如果你想彻底把爱人改造成自己希望的样子，不如先试着改造自己。

男人要会"哄"，女人要会"柔"

妻子哭着对丈夫说："又要出差，好，我不拦你。你把你的宝贝儿子抱着一起出差去！你倒轻松，屁股拍拍走了！把家里的事扔给了我，我受够了！你一年到头不在家，家里什么也不管，让我母兼父职，既当娘来又当爹。我这是有男人还是没有男人？别人为什么不必这样？就你一个人受器重？我好命苦，谁知道我好命苦哇!"

丈夫说:"乖,求求你,别哭了,我的好太太。你的苦,我都知道。我常对人说,我有个好妻子,别人没得比,谁的妻子有你那么贤惠,那么漂亮、那么温柔、那么洁身自爱!"

妻子:"喂!别给我灌迷汤,想把我灌糊涂了,你好走人哇?"

丈夫:"我发誓!我要是骗你,罚我四条腿在地上爬,就这样爬,这样爬……"

妻子终于破涕为笑地说:"好王八!"

丈夫:"我这回出差,给你带一条巴黎绸的长裙,保证让所有的女人看了都眼红,既美慕、又嫉妒!"

妻子:"要粉红色带金线的。"

丈夫:"车要开了。"

妻子:"冰箱里那几个苹果带着路上吃。少喝酒、少抽烟!"

这就是最高级的"哄"。

夫妻相处,丈夫应该懂得妻子的心,适当地进行抚慰,这就需要把"哄"当润滑剂。一"哄"值千金,那些尝过"哄"字甜头的丈夫们,一定深刻体会了其中的妙处。"哄"是夫妻间爱的蜜汁。"哄"还是润滑剂,既能防锈,又能减少摩擦,降低噪音,减少损耗。做丈夫的,学一学"哄"的艺术吧!它会使你的家庭生活更愉快,夫妻关系更融洽。

男人会哄妻子,女人就应该会温柔。

许多女人过分地注意自己的装扮和衣饰,反而忘了表现出内心的温柔。学习过怎样赢得丈夫欢心艺术的女人,就不必担心在失去迷人的青春和姣好的身材之后,把握不住丈夫的心。著名作家哈代曾经写过,在新西兰某处的墓地有一块陈旧的墓碑,上面刻着一个女人的名字和一些文字:"她是多么温柔可爱。"

这位哀伤的丈夫,把这些字刻在他妻子的墓碑上,想必一定拥有数不尽的幸福回忆:当他回家的时候,有妻子微笑的面容在等候着他,热腾腾的饭菜摆在桌上,说一句陈旧的小笑话也会有人附和着大笑,家庭永远充满爱意与舒适等着他回来。

做个温柔可爱的女人,以及有个成功的丈夫,这两件事是很有关联的。根据专家的说法,一个男人的妻子如果能够使他快乐幸福,他就会有更多的机会获得事业的成功。

令人惊讶的是,许多深爱着自己丈夫的女人,却不知道如何使丈夫得到快乐和幸福。女人的内心虽然怀着天底下最深的爱意，却做着一些错事：应该让丈夫出门的时候，仍然紧缠着他不放；应该静静地听丈夫说话的时候，自己却喋喋不休；管理起家庭来又像是个军训教官。

想要使一个男人快乐幸福，只需使他感到舒适，以及让他按自己的意愿去做他必须去做的事，这样就可以了。我们都应该了解，只要使他快乐幸福，就等于为他在社会上获取成功作了最大的贡献，在40年或50年以后，他会说："她是多么温柔可爱。"

甜言蜜语多一点，爱情才不会枯萎

许多婚姻专家认为，在处理夫妻关系时，如果你真正爱对方的话，有时对一些特定的想法和感受反倒要秘而不宣，甚至要说点甜蜜的谎言。一般来说，婚姻中的男女都比较喜欢甜言蜜语，如果懂得双方的这种心理，适当运用，夫妻关系会更加融洽。

一位丈夫的腿短，他问妻子："你是否希望我是个身高腿长的男人？"

他的妻子如果照实回答肯定会伤他的心，因为身材矮小是天生的，无法补救。

因而妻子可以将事实修饰一番来满足丈夫的愿望。她说："如果我真想找高个的，我早就和那样的男人结婚了。而实际上并非如此，我嫁给你，我就要你这样的。"

这样回答肯定会让丈夫满意，因为妻子强调了她更爱丈夫具有的比长腿更有意义的特质。

每天对自己所爱的人多说几句好听的话，不要觉得害羞，如果几句甜言蜜语就能让你们的关系更亲密，这不是很简单的事情吗？看看下面的话，你说过多少？

"我毕生只爱你一人。"

"我依偎在你身旁，就会感觉到无上的幸福了。"

"对于我来说，你就是一切，什么东西也换不了你。"

"你是一个非常了不起而出众的人。"

"我了解你的想法，我无时无刻不在关心你。"

"只要和你生活在一起，我就感到心满意足了。"

只要是你想对他表现由衷的亲切感、喜爱之情，都可以添一些"甜味剂"，把它表达出来。

与她久别重逢时你可以讲："多希望时间就停在现在，我们可以永远在一起。"

你以充满爱意的眼神望着他："总是惦念着你！别的事我一概不想……我的感觉，好像你从未离开我。"

"你喜欢我吗？"你不妨大胆地问他。

"说说看，喜欢到什么程度？"或用这样的语气追问。"你要发誓永远爱我！"甚至你单刀直入地这样对他撒娇说。

"世界是为我们而存在，对不对？"

"为了你，我可以抛弃一切！"

"没有你，我不知道自己怎样过下去"

如果你总是在他耳边说着这样的甜言蜜语，任何人都会为之动容，爱你的人也会更加爱你，让他感受到你的爱意，他会更加疼爱你。

如果她去进修，告诉她，你很爱她这种好学不倦的精神。

如果他参加任何类型的义务团体，告诉他，能把时间运用在理想的目标上真好。

如果她和孩子们玩耍，告诉她，孩子能有这么一位妈妈真是太幸运了。

如果他说话很逗趣，告诉他，欣赏他的幽默感，感觉棒极了。

如果他很爱说话，告诉他，聚会中有他才有生气，他是"聚会的生命"。

如果她不爱说话，告诉她，真是一位难得的好听众，令你产生无比的安宁与平静。

如果他总是在外面和朋友玩到很晚才回家，可以说，晚上，你不在家里我会害怕。

如何赢得对方的爱，怎样才能让爱人高兴是一门艺术，需要以良好的口才去获得成功的艺术。如果你希望爱情之树常青，请不要吝惜你的甜言蜜语；为了你的爱情甜美，请不要羞于表白。

给对方多一点空间，才能进退自如

曾经一本杂志上登过这样一段对话：

一位女性向另外两位女性朋友抱怨："我突然发现最近我老公行踪很诡秘，每次回家都很晚，我感觉他在外面一定有了别的女人！"几乎就是肯定的语气。

这时候，另一位女性对她说："从明天开始，你隔一个小时就给他打一个电话，随时掌握他的行踪，我就是这么对付我老公的！"

第三位女性也发表了自己的意见："我赞同这样，最好每天下班回到家，让他自己交代一下一整天的行踪。"

这三个女人觉得她们这样做都是出于对丈夫的爱，关心他们。这是一个很好的理由吗？这到底是不是一种爱呢？确实，她们这种做法完全是出于对爱情的珍视，可是当这种爱发展成一种错误的病态时，爱情还会存在吗？

夫妻之间的关系做到真正的安全是保持距离，那么，该离多远？婚姻的安全距离到底是多大呢？远了，形同陌路；近了，又有可能彼此伤害对方。夫妻之间不像楚河汉界，清晰明了，你也不可能拿尺子去精确测量，分寸的拿捏实在要靠一个人的智商和情商。夫妻之间就像两只相互依靠彼此取暖的豪猪，离得远了温暖不到对方；靠得近了又会被对方的刺扎到。只好在一次次刺痛之后，慢慢地调整距离，营造出一个"中间地带"。

一天早晨，丈夫在临出门的时候，突然说："今天和朋友出游。"在以往，丈夫去哪里，妻子也不多过问，因为丈夫会随时告诉自己。但是这一次，丈夫一点招呼都没打，宣布一声就要出门。

妻子有点生气，她觉得出游这件事一定是事先约好的，至少在前一天就约好了，"他为什么不跟我说一声呢？他到底还有多少事情是瞒着我的？"心里这样想着，越想越不高兴，于是就拦着丈夫，要他说清楚。丈夫很生气地问："我的吃喝拉撒睡，是不是都要向你汇报？"说完摔门而去。

妻子开始赌气，接下来的好几天里，自己不管是和朋友吃饭还是晚回家，或是回娘家，一概不理丈夫，同时也闭口不问丈夫的一切事情。冷战了好几天之后，丈夫终于忍不住了，对妻子说："我现在终于知道了，你根本一点儿都不在意我。"妻子回答说："是吗？不是你自己说吃喝拉撒睡都不用向我汇报的吗？"

两个人同时笑了，他们之间的距离也调整到了最佳距离。就这样，两颗心在一种松弛的氛围中拉近了。

有些时候，确实就是这样，两人因为爱而彼此走近，近得恨不得不分你我。于是，两人走进婚姻，长相厮守。但是，彼此的距离却在不知不觉中慢慢被拉开，亲密有间。当你感到不安全的时候，你就会缩短距离，要求对方向你靠近，于是开始打探他的行踪，知道他的想法，要明确知道他一天到晚在干什么、想什么，现在在什么地方，这些事情在恋爱的时候他会主动向你汇报，可如今，不会了。但是你想把你们之间的距离回归到以前，但他的内心有了危机，感觉自己的私人领域被你侵占了，于是，他想都不想就转身逃跑。你逼得越紧，他反而跑得越快。

在这个时候，应该给你们的爱情一个"中间地带"，如何来营造这个"中间地带"呢？

1. 永远不要说多爱你

一位婚姻专家有句话真知灼见：女人永远不要让男人知道你多爱他，否则他会因此而自大。

2. 一天只打一通电话

在对方意犹未尽的时候先挂断电话，保持适度神秘感，世界上没有一个男人喜欢喋喋不休的女人。

3. 不必天天厮守

爱情的生命力是有限的，要让爱情寿命长一点就要保持一个适当的距离。

4. 不要为了一点小事就吃醋流泪

这样只会让对方对你的爱恋逐渐变成厌恶。翻看对方的短信，打探对方的行踪，对他的去向做无端的猜疑，"打破砂锅问到底"式的追问，都会令对方烦不胜烦。

空间距离很好测量，心理的距离却很难测量。爱情的安全线，恰恰是看不见、摸不着的心理距离。当心理距离越逼越近时，对方会仓皇地逃离你的掌控，因为他也想找个自己可以呼吸的地方，放松一下绷紧的心弦。只有读懂对方的这种心理，适当给对方一些私人空间，才能融洽双方关系，进退自如。

让他撒撒娇，满足他的顽童心理

男人也撒娇吗？当然。只是，男人撒娇不像女人那样明目张胆，略有粗心，就可能被你忽视。千万别对他们的撒娇视而不见，因为它不仅折射出男人对你的感情，更透露出他们的性格和心情。掌握了男人撒娇的命门，你就是最懂他的人，他最离不开的人了。

有调查发现，在不同国家、不同种族、不同教育背景、不同年龄特征、不同收入水平的 1400 个家庭中，都存在一种有趣的现象：男人在家中撒娇的概率远远超过妻子和孩子。也就是说，全世界成年男子的脆弱程度及抚慰需要都要高于女性，甚至高于孩子。

欣和她老公是一对新婚一年的小夫妻。每天早上，欣匆匆起床做早餐，当她把热腾腾的牛奶和面包端上餐桌时，老公东还赖在被窝里，已经是七点半了，再不起来上班就得迟到了。欣掀开东的被子想把他叫醒，却看见东半眯着眼睛，抱着枕头蜷在床上，含含糊糊地说道："宝贝，你得把我吻醒，要不我就不醒来。"欣看着丈夫的可爱相，只好低头轻吻东的双眼，这时东又故意娇娇地说："宝贝给我穿裤子。"说着还像小孩子一样把双腿举得高高的，欣被东憨憨的样子逗得直笑，又给他穿上裤子，并且像妈妈照顾儿子一样，给东仔细地扎好皮带。东这才跃起来，把欣抱住，一边用力地吻欣，一边说："宝贝真好。"

平心而论，放眼生活中大多数的恋情，绝大多数男人都扮演过类似的角色，绝大多数女人都当过类似的配合者。

心理学家分析，这些行为表明男人在撒娇。面对压力或者欣喜，女人可以撒娇、任性、打情骂俏。而男人呢？背负着从古至今的"男儿有泪不轻弹"的包袱，"喜怒哀乐不形于色"的古训，一直扮演着强者的社会形象。强者形象给男人带来某些特权的同时，也给男人带来了更多的心理压力。从小，男人就接受着这样的教育：你是男子汉，男子汉要刚强。即使在最新潮的家庭，也难免把男人看成全家的重心。遭遇风雨的时候，不更是首先由男人来遮风挡雨吗？你是强者，这就是男人的社会角色。

但是，男人的这一社会角色不过是社会文化的产物，男人并非钢浇铁铸，在自然本性上和女人一样，都有脆弱的一面，都有心灵的伤痛渴望抚慰。由于男人要扮演者，就得比女人承受更多的生活压力，而在公众场合比女人更少拥有宣泄的机会。但人总需要心理的自我调节，于是回到家中，他们便把自己的脆弱暴露给心理上的母亲，以获得心灵的抚慰。于是，男人也就更容易在女人面前撒娇了。

所以说，男人撒娇，是因此他已经把妻子或女友当成了至亲至爱的人，因此才会在妻子或女友面前，彻底蜕掉坚硬的躯壳，承认自己的脆弱并索要宠溺。

原来男人在保护疼爱自己的妻子或女友的同时，也同样需要被保护和疼爱。女孩子在面对自己的男人撒娇时，不要吃惊或反感，不要用所谓"男子汉"的标准苛责他，而应该学会读懂他那孩子般的眼神，宽容地对他笑笑，说乖宝宝，就听你的吧；或者温柔地抚摸他，充分满足他被纵容、被体贴的欲望。

爱情，只有不断努力才会成功

男女之间的感情不是一成不变的，不要以为一场"世纪佳缘"就可以一劳永逸，想要幸福美满，应该多花时间在爱情的经营上，要不然这颗种子播种下去，得不到良好的照顾，接受不到阳光的照耀和雨露的滋润，就算是一颗万里挑一的良种，也结不出丰硕的果实。爱情这颗幸福的种子，需要精心的照料，才能茁壮成长。

男女之间应该加深沟通，读懂对方的心理，妥善处理矛盾，从而更好地经营爱情。

要给爱情加点肥料。电影《大内密探零零发》中，人们不仅仅欣赏周星驰饰演的零零发绝妙的发明创造，更羡慕他和刘嘉玲饰演的妻子之间的恩爱。面对这样一个思维超越常理的丈夫，零零发之妻没有抱怨，反而一如既往地支持他，鼓励他。在两人陷入激烈的争吵之时，零零发之妻总能巧妙地化解矛盾，令争吵也变成一种甜蜜的幸福。她会在吵得特别凶的时候，突然一脸温柔："老公，你饿不饿？我煮面给你吃啊。"零零发张大嘴巴，一脸愕然，随后一把抱住妻子："老婆，我爱你。"或者，在争吵后，她跑出去躲起来，而零零发总能轻车熟路地把她从桌子底下揪了出来："你每次都躲到桌子底下，拜托下次换个地方躲，好吗？""可是，我害怕换个地方，你找不到我嘛。"当她一脸委屈地说出这样的话，任何男人也会如零零发一样心生爱怜，感动地拥她入怀，甘愿把全世界都给她。

要给爱情添点阳光，在旁人面前"晒晒"你们的幸福。一段感情如果长期不见天日，会因为无法得到肯定而开始产生自我怀疑。现在越来越多的人在博客上"晒感情"，也是通过这样的方式，让感情受到更多人的关注和祝福。同时，利用这样的方式提醒自己，这段感情对自己的重要意义，还会让夫妻因为受到众人的注视，而努力为爱多做一些事情，并且把感情更好地经营下去。无形之中，会让两个人因为受到越来越多的肯定，而有越来越多的信心和动力，经营最美好的爱情。

要给爱情浇水。让两个人在爱情中多一分理智的头脑和清醒的思维，过于炙热的感情需要冷静，这时相互泼泼冷水，可以让两个人看到彼此之间还有差异存在，还需要磨合，还有进步的空间。要避免激情一下子用完，使得两个人在之后的时间里，没有更大的潜力可供开发。当两人的关系过于紧张，需要缓和的时候，也需要相互泼泼冷水，让彼此都冷静下来，可以回到各自的空间好好想想，心平气和地坐下来交流。两个人最平淡的也是最隽永的就是长久的厮守。

要给爱情通风，再亲密的两个人也必须保留各自的空间。形影不离的距离只会让两个人感到透不过气。在结婚之后，两个人都还应该保留自己的朋友圈子，花时间在各自的人际交往上，不仅是为家庭打造更好的人脉关系，也是让夫妻之间保留一些新鲜感，不能因为日日的四目相对而显得平淡，最终厌倦。

要给爱情除虫，及时消除杂念，保持忠诚的信念，会更好帮助我们维护爱情。在感情的世界里，人们总难免遇到一些诱惑。金钱的诱惑、美色的诱惑、自由的诱惑，都会像一条条蛀虫，借欲望之名啃噬掉人们看似牢固的信念，让外表看起来坚不可摧的感情内部千疮百孔，岌岌可危。所以，及时地除虫可以让这些欲望在对爱情造成威胁之前就覆灭。要及时交流，并且相互给予鼓励，帮助对方战胜心魔，早日走出因为不满足而带来的不安和动摇。

要给爱情松土，梳理两人关系中出现的问题，制订未来家庭发展的计划。旧的问题不解决，会越积越大，最终成为两人关系中的毒瘤，根深蒂固地驻扎在感情的根基里，阻挠两人关系的改善和发展。可以说旧的矛盾不解决，就会带来源源不断的麻烦。而如果能趁早在关键问题上达成一致，两人关系就越容易得到巩固。

·第三章·

读对心做对事，增强职场沟通力

第一节　顺着上司的心，更易得赏识

不卑不亢，才能让上司另眼相看

经常可以看到有的下属对上司唯马首是瞻，马屁拍得让人感到肉麻。遇到马屁精，要是糊涂的上司，可能会重用一下；如果是非常精明的上司，这种人是很难得到重用的。在工作中，我们不应该因为上司比我们职位高就表现出奴颜婢色的样子，不论与什么样的上司共事，都要抱着不卑不亢的态度，只有这样，才能让上司对我们刮目相看。

例如，当自己在上司面前处于不利境地时，很多人为了迎合上司，讲了假话，那就违背了自己的内心，也未必会得到上司认可。在这个时候如果讲究点技巧，不卑不亢，既讲了真话，不违背自己的本心，又能使对方接受，岂不是一举两得。下面就是这样一个例子：

宋代有一位大臣，为官公正，为人刚正不阿。年轻时四处游学，机缘巧合，竟然认识了微服私访的当朝皇帝。皇帝心血来潮，写字画画去卖，只可惜水平实在不高。为官者告诉皇帝，他的画只值一两银子。皇帝听了既不服气又生气，但也不好发作。

来年这位青年进京赶考，高中状元，成了天子门生。觐见皇帝时才发现，原来当年卖画的老兄竟然是皇帝，皇帝也认出了他。皇帝屏退左右，只将这位状元留了下来，拿出当年只值一两银子的那幅画，问道："卿家认为这幅画价值几何？"

这位大臣赶紧前进一步说道："这幅画如果是陛下送给为臣的，那就价值万金，因为无论陛下送的是何物，对为臣来说，都是无价之宝。但如果拿去卖的话，这幅画就值一两银子。"皇帝听了，不禁拍掌大笑，知道自己有了一位才学渊博、品行端正的忠心之士。

这位大臣在这里并没违背自己的本意，而是讲了真话，这种不卑不亢的巧妙表达，也使皇帝觉得在理，因而也非常高兴。职场上也是如此，听惯了好话、奉承话的上司，常常苦于没有人能在他面前说句真话，而一旦有人真正从工作出发、就事论事，在上司面前不卑不亢，只要把握好说话的尺度，不伤上司的面子，反而能够得到另眼相看。相反，那些对上司低三下四的下属，不惜牺牲自己的尊严去奉承领导，只会惹人厌恶。俄国作家契诃夫曾写过一个小公务员的故事：

一个小公务员上班时，不小心打了一个喷嚏，当时上司就在他旁边，因此他总是担心自己打喷嚏会溅到了上司身上，上司会因此讨厌他。因此，小公务员多次找机会向上司解释这件事。

其实，上司根本没把这事儿放在心上。然而，小公务员多次解释，让上司十分厌烦和恼火，并为此责骂了小公务员。

作家笔下的这个小公务员或许表现得有些夸张，但细想起来，我们很多人在上司面前不也是如此吗？面对上司，有些人经常唯唯诺诺、卑躬屈膝，这样做或许不会招来什么麻烦，但上司也不会把你放在眼里，连你自己都看不起自己，谁还会重视你呢。

虽然下属和上司在职位上有高低之分，但彼此在人格上是平等的，对上司要做到有礼貌、谦逊，但是，绝不要采取"低三下四"的态度。绝大多数有见识的上司，对那种一味奉承、随声附和的人，是不会予以重视的。在保持独立人格的前提下，你应采取不卑不亢的态度。在必要的场合，你也不必害怕表达自己的不同观点，只要你是从工作出发，摆事实、讲道理，上司一般是会予以考虑的。

办事到位而不越位，不抢上司风头

在不该说话的时候说话、不该做主的时候做主，是职场新人常犯的毛病。无论你帮老板管了多少事，也无论你的老板多糊涂，甚至依赖你到了你不在他连电话都不会打的程度，他毕竟还是你的老板，大事小情毕竟还得由他来做主。事情要做到位，但千万不能越位，你做了上司该做的事情，表面上是你能力强，实际上是你抢了上司的风头，伤害了上司的自尊心，也是不尊重的表现。人都是有自尊心的，渴望被人尊重，作为下属更应该读懂上司的这种心理，不能随意越权办事。

有个杂志社给一个作家做了一期专访，等杂志出版以后，这个作家收到了一本，他想多要几本送给朋友，便打电话给这家杂志社主编。

主编不在，小张接了电话。"麻烦你转给一下主编，我希望多要几本这期杂志。""这个啊，没问题！您直接派人过来拿就成。"小张爽快地说。

作家正打算驱车去拿杂志时，却接到主编的电话："对不起！刚才我不在，杂志收到了吧？我刚才派人给您多送了几本过去。"停了一下，主编又说："可是，对不起，我想知道是哪位说您可以立刻过来拿。"

作家很奇怪，于是问道："有问题吗？""当然没问题，您要10本都可以，我只是想知道，是谁在自作主张。"

既然是别人点名找你的上司，作为下属就该转告，而不是替他做主。虽然只是一句话而已，但本来可以由上司做的人情，却被你无意挥霍了。想想看，像小张的行为，上司能不为此反感吗？领导就是领导，下属就是下属，不要自以为聪明，就可以自作主张，真正的好下属要懂得什么时候该说、什么时候该做。

不自作主张，这是你在处理公司事务时起码要做到的，而要想在这一方面做得更好，你还需要做到遇事时多和上司商量，多让上司给你做主。

你有没有常常向上司询问有关工作上的事，或者是自己的问题有没有跟他一起商量？如果没有，从今天起，你就应该改变方针，尽量详细地发问。下属向上司请教，并不可耻，而且是理所当然。有心的上司，都很希望他的下属来询问。下属来询问，表示他的眼里有上司，尊重上司，尊重上司的决定。另一方面也表示他在工作上有不明之处，而上司能够回答，才能减少错误，上司也才能够放心。

如果员工假装什么都懂，一切事都不想问，上司会觉得"这个人恐怕不会是真懂"而感到担心，也会对你是否会在重大问题上自作主张而产生担忧。在工作上，作重大问题的决策时，你不妨问问上司，"关于某件事，某个地方我不能擅自下结论，请您定夺一下"，或者"这件事依我看不这样做比较好，不知您认为应该如何"等。这样不管功过如何，都与你没多大关系。

其实，从客观来说，仅就工作而言，下属自作主张带来的后果，往往都不会是十分严重也并非全都是消极的方面。可以想象，哪有那么多员工笨到不知轻重的地步，敢于擅自替上司作出关乎单位整体利益的主张？除非他真的是个没有自知之明的人。然而，这种自作主张所带来的对职场上的等级及人际关系常态的冲击，往往是十分明显的。

上司反感下属的自作主张，其实不在于他的擅自决定给工作带来的损失——通常说来，这种损失是微小的。上司心中真正在意的是下属越权行事的行为，以及这种做事风格所反映的下属心中对上司的态度。

在职场上，必须时刻牢记一条：上司永远是决策者和命令的下达者，无论我们有多大的把握相信自己的判断力，无论你代替上司决定的事情有多么小，都不能忽略上司同意这一关键步骤。否则，当上司意识到本应由自己拍板的事情，被下属越俎代庖，他所产生的心理上的排斥感和厌恶感，以及对于下属不懂规矩的气恼，足以毁掉你平时小心经营、积极努力所换来的赏识。所谓"一招不慎，满盘皆输"，莫过于此。

想对上司提"意见"，出口要说提"建议"

有时候，你为了把工作做好，与上司沟通，给上司提意见是非常有必要的。那么你就必须要掌握一些技巧，别到了"引火烧身"的时候还不知情。上司一般都不喜欢听意见，只喜欢听建议，聪明的下属，要学会巧妙地将"意见"转化为"建议"。

王凯在某企业负责工程项目很多年了，最近集团新来一个空降的副总裁，而且非常能干。新官上任三把火，这个副总裁一上来就带来一个巨大的难题，他指挥的第一个工程方案就让王凯暗暗叫苦，因为按照这种操作手法在这个公司是无法完成的，这个企业的员工的素质也无法和原来副总裁的外企相比，资源和硬件更是无法相提并论。

想到这里王凯斗胆地向副总裁进言并说出了自己的想法。不料副总裁很生气地对他说："我在这一行干了这么多年，经验是成型的，没有完不成的任务，只有想不到的思路。你就按照我的指挥去做好了，完不成任务达不到目标就是领导指挥无方。"

王凯的进言不仅没有起到实质性的效果，还受到了上司训斥并把球抛回给他，工作完成不了，责任反而要王凯担着，真是"乌龟卖鳖价——不合算"。职场上的确有很多无奈，让你欲哭无泪，你必须随时保持警惕，认真揣摩对方的心里，三思而后行，因为可能你的一句话，一个小举动就会影响到你的升职加薪，影响到你在公司的去留。

那么应该怎样给上司提意见呢？我们总结了以下几条，以供参考：

1. 提意见一定要找个适当的时机

你的上司再能干也是一个普通人，所以你要照顾他的心情，选择合适的时机说。一般早晨刚上班，上司心情好，谈话效率很高；下班前，他忙碌了一天，心情极其烦躁，你千万别再火上浇油了。

2. 态度要诚恳，言语要适度

给上司提建议时，说话的态度一定要诚恳，要注意敬语的运用，委婉地把自己的意见表达出来，由于你的坦率和诚意，即使对方不完全赞同你的观点，也不会影响到他对你个人的看法。同时，在谈话中要学会察言观色，密切注意上司对你所说的话的反映，通过他的表情及身体语言所传达的信息，判断他是赞同你的观点还是反感，尽快调整自己的说话思路。

3. 跟上司拉近关系

平时要经常和你的上司拉近关系，比如开个玩笑，适当地唠唠家常等，还可以下班后一块吃饭、玩乐来拉近彼此的距离，当你准备提意见时，可以选择在下班后，找个轻松自在的地方，借吃饭之际或打高尔夫球之际，把自己的想法恰如其分地表达出来，这样反而能达到意想不到的效果。

4. 站在上司的立场想问题

不要总是想当然地站在自己或者自己这个圈子里想问题，一定要设身处地地站在上司的立场上考虑问题，要有让自己有全盘意识，学会通盘考虑问题，注意各种利益之间的"牵一发而动全身"的关系并恰当处理好，不仅要提出意见，更重要的是提出解决问题的方案。这样才能赢得上司的信任和赏识。

5. 对性情暴躁、自以为是型的上司

对性情暴躁、自以为是型的上司，首先，要把自己的身份放低一点，说话中肯、谦虚一点，谈话时刻注意对方的反应，通过表情和肢体语言，判断他是否接受你的观点。如果不接受，你千万别太坚持，让他自己撞了南墙再回头吧，到时候他反而会更加感谢你，并欣赏你的先见之明。

6. 对聪明睿智的上司

对于聪明睿智的上司，千万不要表现得比他强，提意见时要在恰当的时候蜻蜓点水似的提一下，让他心领神会。不一定非要在办公室提意见，可以在饭桌上、汽车里、走廊等不太正式的场合，趁他高兴，借着聊天开玩笑，随口就把意见温柔地抛过去。

勇于向领导"秀"出自己，别让自己的努力白费

"老实做人，踏实做事"固然重要，但也要懂得表现，做好本职工作的同时也要让领导注意到自己，别让事情"白"做了。很多人在单位里像老黄牛一样默默耕耘了很多年，但还是没有得到升迁的机会，有时不免抱怨上司太不够意思，没有多关照一下自己。其实，这种情况下，也许应该问问自己，有没有做过什么特别的工作给老板留下深刻的印象？有没有说过令老板都惊奇的话？等等，如果没有的话，那就不用抱怨什么了，因为你从来就不敢在老板面前展现自己与众不同的一面，一般来说老板都喜欢比较有特色并善于表现自己的人，只有洞悉老板的这种心理特点，才能更好地展现自己。如果能够像东方朔一样，善于抓住时机，在上司面前表现自己，情况也许就不一样了。

一开始，东方朔在汉武帝面前并不受重视，于是他就哄骗宫中看守马圈的侏儒们说："皇上认为你们这些人对朝廷无用，耕田劳作体力不够，任职做官又不能治理政事，参军入伍也不会指挥作战，只会白白耗费衣食，如今想把你们全部杀掉。"侏儒们听说后十分害怕，哭了起来。东方朔又建议他们："皇上就要从这里经过，你们何不叩头谢罪？"

当汉武帝来到马圈，侏儒们都跪在地上，一边磕头，一边痛哭。汉武帝问清怎么回事后，非常生气，派人把东方朔招来，责问道："你胆敢编造谎言，该当何罪？"东方朔正等待着这个机会，于是振振有词地说："我活着也要说，死了还要说。侏儒身高三尺，俸禄是一袋粟，钱是二百四十；臣东方朔身长九尺多，俸禄也是一袋粟，钱也是二百四十。侏儒饱得要死，臣却饿得要死。如果臣的话可以采用，请用厚礼待我；不采用，请让我回家。"汉武帝听了哈哈大笑，赦免了他的罪过。不久后，东方朔就被提升了官职。

不想当将军的士兵不是好士兵。要想出人头地，首先要让领导"注意"你，而后才会有可能"重视"你。晋升之路通过领导实现，有"野心"的你千万不要太默默无闻了，一定要选择合适的时机"秀"出自己，只有敢"秀"，才会成功。

但是在秀出自己的时候要把握好一定的原则，具体如下：

1. 推荐以对方为导向

在推荐自己的时候，注重的应该是对方的需要和感受，并根据他们的需要和感受说服对方，被对方接受。某重点高校学生琳琳，个性外向，多才多艺。她听

说一家知名刊物招聘记者，便立即前去面试，谁知由于准备工作不足，她对该刊物缺乏了解，回答此类问题时张口结舌，尽管她成绩很好，也很聪明能干，却没能赢得总编的好感。琳琳的自我表现因为导向错误而归于失败。

2. 不要害怕失败

人有百号，各有所好。对人才的需求也是这样。假如你尽管针对对方的需要和感受，还是说服不了对方，没能被对方所接受，你应该重新考虑自己的选择。但是不要因为一次失败便失去自我表现的勇气。你应该调整的是你的期望值，而不是自我表现的态度和方法。

3. 掌握一些方法

人们通过面对可以取得推荐自己、说服对方、达成协议、交流信息、消除误会等功效。自我表现时，应注意和遵守以下法则：依据面谈的对象、内容做好准备工作；语言表达自如，要大胆说话，克服心理障碍；掌握适当的时机，包括摸清情况、观察表情、分析心理、随机应变等。

4. 要有自己的特色

秀出自己必须先从引起别人注意开始，如果别人不在意你的存在，那就谈不上表现自己。那么，如何引起别人的注意呢？关键是要有自己的特色。这里所谓特色，就是你个人的风格、特点、优点、长处，那些有别于旁人的，不流于俗的东西，你尽可大胆展现出来，定会令人眼前一亮。

面对尴尬，及时帮上司打圆场

"人活脸，树活皮"，作为领导更是如此。领导平时会把面子看得非常重要，真要碰上什么尴尬的场面，那丢脸的感觉只会比常人更强烈。作为下属，应当想到给领导留脸面，尤其是在众人面前，替领导打个圆场，也会让领导更加喜欢你。

一家公司新招了一批职员，老板抽时间与这批职员见个面。他按员工姓名表把新员工一个个叫起来认识一下。

"黄烨（huà）。"老板微笑着叫道。全场一片静寂，没有人应答。

老板又念了一遍。

这时一个员工站起来，怯生生地对老板说："杨总，我叫黄烨（yè），不叫黄烨（huà）。"

人群中发出一阵低低的笑声。老板的笑脸不见了，脸上有些不自然。

一个精干的小伙子忽然站了起来，解释道："请杨总原谅，我是新来的打字员，是我把名字打错了。"

"太马虎了，下次注意。"老板挥挥手，接着念了下去。

之后不久，叫黄烨的那个员工被解雇了，而那个打字员则被提升为制作部经理。

在这样的场合公然指出老板的低级错误，必然会使领导很没面子。如果不是打字员出来打圆场，老板的这个低级错误一定会成为大家茶余饭后的笑谈。所以提意见的新员工被解雇，打字员被提升也是情理之中的事。

李珊今年刚刚大学毕业，进了某公司，当了一名职员。这天，领导拿着一份文件，让她传真到公司宣传部，李珊照办了。可谁知，第二天，领导怒气冲冲地走进了李珊的办公室，当着众多同事的面，大声斥责李珊："你怎么做事的？让你发份传真到组织部，你却给我发到了宣传部！"

李珊一下子蒙了，她仔细回忆了一下，确定领导昨天向她交代的确实是宣传部而非组织部，她想领导一定是在情急之中记错了。可是看着领导愤怒的脸，李珊二话没说，主动承担了责任："对不起，实在对不起！都怪我办事毛躁，本想抓紧时间办好，没想到闹了个大错。我一定会吸取教训的，保证不会有第二次了！"

说完，她赶紧又给组织部发了份传真。过了一天，李珊被叫到了领导的办公室，领导真诚地向她道了歉，说自己那天因为着急，错怪了李珊，并夸奖李珊小小年纪，就懂得忍辱负重。

面对领导的指责，李珊没有辩解也没有反驳，而是忍住了自己的委屈，把领导的失误归罪到自己身上，并且及时弥补了过失，因此得到领导的赏识。同样，在工作中遇到类似的情况时，要遵循一定的方式来处理：

（1）说话时应当想到给领导留脸面，尤其是在众人面前，不仅不能驳领导的脸面，还应维护他的面子。

（2）当领导错怪了你时，一定不要当着众人的面反驳上司，因为上司需要维护一定的威信和颜面，即使他错怪了你，你也不能当众让他下不了台。你应该暂时把责任承担下来，等上司清查过后发现自己错怪了你时，自然会为你当初的忍辱负重而感动。

（3）遇事要能为领导排忧解难、出谋划策，不能见事就躲、不替领导打圆场，甚至把尴尬境地硬推给领导。

让矛盾在自己手里解决，别把问题留给老板

为老板解决问题是每个员工应尽的职责，在遇到问题时，首先要想到的应该是如何解决这个问题，而不是将这个问题留给领导去处理，因为老板是负责公司整体管理、为公司制定发展战略的人，而不是全体员工的"问题汇总站"。老板雇用员工的目的，就是解决工作中的各种问题。老板有老板自己的问题需要解决，而员工也应该认识到，解决问题是自己的工作职责。所以，工作中遇到问题时，要明白到这是自己分内的事。能够解决问题，就有更多发挥潜能的机会，同时也能建立起自己的职场信誉和形象——这就是你在工作中该做的事。

但是，很多人会有这样一种错误认识，那就是老板应该比员工更积极，因为那是他自己的公司，而员工只不过是打工的。因此，解决问题是老板的事，员工要做的只是执行命令。

其实，在工作的过程中，不论级别、不分工种，所有人都免不了会遇上许多问题、挑战、压力，而解决这些问题，化解这些麻烦，也正是企业老板聘用员工的目的所在。所以，在自己的工作岗位上，一定要知道如何及时处理问题、如何正确地解决问题，切记不能把问题都留给上司。一般上司都喜欢富于责任感和主动性的下属，作为下属应该把握好这一点，更加积极主动地工作。

著名的出版家、作家阿尔伯特·哈伯德曾经说过："每个雇主总是在不断地寻找能够助自己一臂之力的人，同时也在抛弃那些不起作用、不能适应公司文化的人——那些到哪个岗位都无法发挥作用的人迟早都要被淘汰。"

要令自己与众不同，要让上司感到你是一位出色的员工，就要处处表现出你可以独立处理问题、可以为公司找出解决问题的方案，只有这样才能凸显自己的责任感、主动性和独当一面的卓越素质。

当你在工作中遇到问题，如果你不正视它，不设法解决它，它往往会给你带来更大的压力。与其动心思琢磨怎么逃避问题，不如把这种心机和才智运用到寻找解决办法上。

不仅如此，躲避问题的做法，势必会影响到你的同事与上司。因此，你要做的就是积极主动地发现问题、解决问题，而非等老板过来督促了才做。这个过程，能帮你提升自己思维技巧，了解工作细节，吸收行业日新月异的知识，锻炼

自己做决策的勇气，提高自己的能力和信心。渐渐地，你会发现，工作上的问题很容易在你自己那里得到解决。

波恩在商场里上班，他自认为是一个好雇员，做了自己应该做的事——记录顾客的购物款。然而有一天，当他正在和一个同事闲聊时，老板走了进来，他环顾四周，然后示意波恩跟着他。

老板一句话也没有说，就开始动手整理那些被订购出去的商品。然后他走到食品区，开始清理柜台，将购物车清空。

波恩惊讶地看着这一切，仿佛过了很久，才终于明白了：老板是在以行动告诉他，他应该像老板一样负责而主动地工作。老板望着发愣的波恩，告诉他："你是商场的主人翁，你的工作应该是积极主动的！"

清理柜台、摆放商品，也许不是老板给予波恩的"命令"。但柜台空了、商品摆放乱了，这确实是波恩工作中出现的问题。这个问题的存在，首先影响了商场的形象，其次影响了商场各个环节的工作效率，从而影响了波恩的工作效率。波恩还能说这些问题与自己的工作职责无关吗？

公司的问题与员工自身息息相关。能够解决问题，就有更多发挥潜能的机会，同时也建立了自己在职场中的信誉和形象，这也就是一个员工能为自己及公司做的事。

解决问题是自己的职责，把问题留给上司和老板就意味着工作不力。我们要把问题看作是自己的机会和发展空间，努力地借助问题来体现自己的价值，发掘出自己的潜能。

管理学家 Steven Brown 曾经说过："领导并不是问题的解决者，而是问题的给予者。"事实上，你和上司、老板的工作关系就是这样的简单——你去工作，而不是由你去安排上司的工作（把问题推给上司）。所以，在完成任务的过程中，你应该随时地提醒自己——解决工作上的问题是我分内的职责！

乐于加班，等于为自己加价

卡洛·道尼斯是世界知名的投资顾问专家，他最初为杜兰特工作时，职务很低，但现在已成为杜兰特先生的左膀右臂，担任其下属一家公司的总裁。他之所以能快速升迁，秘密就在于"每天多干一点儿"。

"在为杜兰特先生工作之初，我就注意到，每天下班后，所有的人都回家了，杜兰特先生仍然会留在办公室里继续工作到很晚，因此，我决定下班后也留在办公室里。是的，的确没有人要求我这样做，但我认为自己应该留下来，在需要时为杜兰特先生提供一些帮助。工作时，杜兰特先生经常找文件、打印材料，最初这些工作都是他亲自来做。很快，他就发现我随时在等待他召唤，并逐渐养成了招呼我的习惯……"

道尼斯自动留在办公室，使杜兰特先生随时可以看到他，并且诚心诚意为他服务。这样做获得了报酬吗？没有。但是他获得了更多的机会，赢得老板的关注，最终获得了提升。

道尼斯先生之所以能够在众多的同事中脱颖而出，就在于他每天都主动地加班。别的同事都走了，只有他还在那里工作，这样的人，想不引起老板的注意和重视都难啊。最后他也终于得到老板的赏识，获得了提升。

现在的职场中，加班是再正常不过的事了，甚至成为很多单位的一种不成文的规定，有人戏称"朝九晚五"。但是很多年轻人比较重视自我，讲究生活品位和质量，他们认为工作只是生活的一部分，生活中不应该只有工作。如果在工作时间之外还要加班，就属于无理要求了，他们往往不能接受。

阿美是一家公司的行政助理，工作已经两年了。最近一段时间，公司的业务突然多了起来，大家都忙得焦头烂额。这天，人事处的小李提醒她，现在工作紧急，希望她不要一下班就走，需要加班的时候还是要加班的。阿美不以为意地说她的工作都完成了，为什么要加班？然后就走了。阿美觉得她在8小时内又没有偷懒，该做的她也都做了，又不是卖给这个公司了。所以每天一下班，她还是按时回家，尽管办公室里大家都还没有走。后来，阿美的上司也对她说，下班之后大家都没有走，希望她最好能留下来继续工作。阿美当时就觉得很荒唐，她说如果下班之后还要留下来继续工作，那还要下班干什么？所以，她仍然不愿意加班。

然而，过了一段时间，公司要搬迁，阿美负责与业主谈判、订合同，通过招标确定家具商和装修商，还要负责平面设计方案的选择等，那事情简直多得成堆。根据以往的经验，完成搬家至少需要5个月的时间。可是上司却让阿美在两个月内办好公司的搬迁事宜，如果不能完成，就要解雇她。可事实上，光是室内装修就需要两个月，还有那么多其他的事情，阿美就是有三头六臂也没办法在两个月内完成。阿美想找上司沟通一下，好争取多一点时间，可上司执意坚持自己的想法，如果做不到就请阿美走人。阿美这才明白上司是故意在刁难自己，没办法，只好主动辞职了。

阿美的个性比较突出，很注重自我的感受和自我的生活，但不幸的是她所在的单位"老板文化"浓厚。当别人都在加班时她一个人悠闲自在地先走了，让老板认为她是个不尽责的员工，认为她对工作没有热忱，以至于最后给她安排了不切实际的工作，用这种悄无声息的方式将她逼走了。

人在职场，凡事不要太多考虑自己的感受，加班，可能不是你所愿意的，但却符合老板的心意。所以，满足老板的心意，会让他对你关注有加。同时，在加班的过程中，你可能会学到更多有用的东西，进而不断提升自己的实力。

加班，从法律意义上来讲，的确不是你的义务，但有时候工作繁忙时，适当加班也是需要的。从表面上来看，主动加班是一种"吃亏"，因为它占用了你的私人时间。但是，对于公司来说，加班却是一种贡献，所以，当你贡献得越多，那么得到的回报也会越多。

第二节　管理下属，要懂得体察下属的心

用建议替代命令，让他发挥主动性

从管理角度来讲，威胁和严厉的警告能够保证工作水准，但问题是，在日常工作中有时这样行不通，常常是领导刚转过脸去，大家又我行我素了。在可能的情况下，最好避免强制，使别人服从的最有效的方法是让对方觉得受到了尊重，例如："我知道你是不会被强迫的……""没有人非要强求你做……""任何人都强迫不了你的……""由你决定……"

当然，这些方法看起来有些冒险，但通常是非常有效的，因为它们首先消除了反抗心理，其次也可迫使对方接受任务。

领导管理员工就应该先商量后命令，不能让下属太过被动。

领导者大多数是富有各种经验，而且非常优秀的，所以大多时候照他的命令去做，是没什么错误的。可是如果领导者老是持这样的想法，就会令下属不满，令其感到压抑，而不能从心底产生共鸣，同时也变成因为没办法，只好"好吧，跟着你走吧"这样一种情况。如此，就不可能真正有好的点子，产生真正的力量。

所以在对人做指示或下命令时，要像这样发问："你的意见怎样？我是这么想的，你呢？"然后必须留意，是否合乎下属的意见，以及下属是否彻底了解，并且要问，至于问的方式，也必须使对方容易回答。

松下幸之助自从创立松下电器公司以来，始终是站在领导者的位置。但在此以前，他也曾经站在被人领导的立场，所以下属的心情，他多半能够察知。因为自己有过这样的体验，所以在下命令或做指示时，他都尽量采取商量的方式。

如果采取商量的方式，下属就会把心中的想法讲出来，而你认为下属言之有理，就不妨说："我明白了，你说得很有道理，关于这一点，我不这样做好不好？"诸如此类，一面吸收下属的想法或建议，一面推进工作。这样下属见自己的意见被采纳，就会把这件事当作是自己的事，认真去做；同时，因为他的热心，自然会产生不同的效果，这便成为其大有作为的活动潜力。做领导的，也应该读懂下属的心理，让他们拥有表达自己的机会，这样能够更加有效地沟通。

如果能以这样的想法来用人，则被用的人会自动自觉地做好工作，领导也会轻松愉快。因此，领导在用人时，应尽量以商量的态度推动一切事务。

恩威并重，不可不用的驭人方法

人都是有血、有肉、有感情的，一般情况之下，只要我们能以诚相待、将心比心，多为对方考虑，就很容易说服他按照我们的意思办事。但当我们需要说服的对象无理取闹、顽固不化时，我们不妨施之以威，采取恩威并施之策略。唯有如此，我们的说服效率才会更高。

明太祖朱元璋以其巩固边疆，维护国土而为中华民族作出了不朽的贡献，在明朝初定之时，西南少数民族并不完全归服，一则天高皇帝远，中央势力鞭长莫及；二则少数民族与中原汉族素有隔阂，因此，对此边远之地维持有效统治并非易事。可是，朱元璋在当时的形势下，就因为能够恩威并施，才解决了很多问题。

当时，朝廷驻贵州镇守的都督马烨趁水东、水西两邦改换首领之机，想"改土归流"，废掉水西、水东土司，改制郡县。因此，他将水西的女土司奢香抓来，鞭挞凌辱，欲以此挑起云南水东、水西诸邦怒气，来制造出兵借口。

此事一出，水部四十八部彝民都纷纷欲反，这使明太祖认识到武力强行并不能解决问题，对待云南各部还要采取抚慰政策。

这样一来，可借机让土司交出部分权力，去除各部与内地交通之屏障；二来可成就仁君之美名，收买人心，得到百姓拥戴。

尽管马烨也一片忠心，但这回不得不成为明太祖政治手腕的牺牲品。

明太祖接待了水东土司刘淑贞，听其诉说马烨的劣迹和世代守土之功。马皇后也召见了刘淑贞，并传唤设宴进京入朝，予以抚慰。这使刘淑贞和奢香很是感动。明太祖进一步问："汝诚苦马都督，吾为汝除之，然何以报我？"明太祖已打算用马烨的性命换取二位土司的归顺。奢香说："愿世世代代皆诸罗，令不敢为乱。"

明太祖斩马烨的同时，册封奢香为顺德夫人，刘淑贞为明德夫人。可谓极尽恩赐之能事。但明太祖心中有数，过于亲近厚待必定会使其得意忘形，不服管教，并以为朝廷懦弱。因此，朱元璋仍留了一手。

当奢香、刘淑贞历经回归时，明太祖命令沿途官府在两路中央陈设兵力，紧张武备设施，以震慑二女，让其明白朝廷并非软弱可欺，而是具备相当实力，若举兵反叛，下场将不会很好。

明太祖的这种做法可谓明智至极，效果也极佳，对其册封厚待，使二女领略了朝廷爱民之仁德；对其耀武陈兵，又使她们明白朝廷的威德。奢香等回去后，将朝廷兵力告知各部，于是众部心中顿生敬畏之情，归顺之心日强。

当我们使用恩威并施的方法之时，一定要注意考察对手的相关情况，分析对手的心理。如果对方具有丰富的经验，并且整个说服的形势对自己不利而对对手有利，那么，恩威并施的方法难于达到预期效果。反之，在整个形势对己有利而对对方不利的时候，特别是对方缺乏足够的经验，或者对方对达成某项协议心情较为迫切的情况下，一般效果甚佳。

告诉他"你很重要"，回报定比器重多

美国著名企业家杰克·韦尔奇说："天下最易使人颓丧不振、冲劲全失的就是来自上级主管的批评、责骂。"抛开那些伤人的话语，随之以各种各样的方式告诉他"你很重要"，受到肯定的下属自然会在尊重与肯定下全力以赴。

一个清洁工在一家大公司工作，他是一个被人忽视，被人看不起的角色。但就是这样一个人，在一天晚上公司保险箱被窃时，与小偷进行殊死搏斗，捍卫了公司财产。事后有人为他请功并问他为什么要这样做时，答案却出人意料。原来，这家公司的总经理从他身边经过时，总会不时地赞美他："你扫的地真

干净。"

就这么一句简简单单的话，使这个员工受到了感动，感受到了重视，并不惜以生命来捍卫公司的财产。正如美国著名的女企业家玫琳凯所说："世界上有两件东西比金钱和性更为人们所需——认可和赞美。"在人际交往中尤其如此，称赞、欣赏、尊重别人，会使他们感到被重视，从而更加彼此信赖。

许多事业上卓有成就的人成功的原因是他懂得驭人之术。而其中最重要的一点，也即最有效的一点就是：让别人感到自己很重要。因为每个人都想获得来自他人的尊重，得到别人的重视。那么，你就不妨满足他这个需要。

罗斯福也是一位懂得使别人感到自己很重要的人。只要是去过牡蛎湾拜访过罗斯福的人，无不为他那博大精深的学识所折服。不管对方从事多么重要或卑微的工作，也不管对方有着什么样显赫或低下的地位，罗斯福和他们的谈话总能进行得非常顺利。

也许你会感到十分的疑惑，其实不难回答，每当他要接见某人时，他都会利用前一天晚上的时间仔细研读对方的个人资料，以充分了解对方的兴趣所在，从而投其所好。这样精心准备怎能不使会面皆大欢喜呢！

贵为总统尚且如此，凡人为何不肯承认别人的重要？所以，要使下属真心地尊敬和喜欢你，非常乐意为你做事，原则上是要拿下属感兴趣之事当话题，让他感觉到自己的重要。在满足别人的重要性之后，很多事情都迎刃而解了。

据一些权威人士表示，甚至有人会借着发疯来从他们的梦幻世界中寻求自我满足。一家规模不小的精神病院的医生说："有不少人进入疯人院，是为了寻求他们在正常生活中无法获得的受重视的感觉。"人们为得到重视，连发疯都在所不惜，试想如果我们肯多给对方一分尊重、一句赞美，其影响该有多大？

身居上位者，极易产生一种高高在上之感，极易用一种俯视的心态去面对下属，仿佛他们只是自己实现理想的"棋子"，而忽略了其身为人对于自身肯定的需求。用真诚的心去肯定别人，就会拉近心与心的距离，形成一个良好的人际关系。

拉家常，让他不厌恶你的管理

很多管理者在工作中过于严肃，一切以工作为中心，显得缺乏人情味，总是和下属保持一段距离，以为这样可以树立自己的威信，使下属积极工作。其实，这种方式是不利于管理下属的，上司和下属之间虽然是上下级的关系，但人都是感情动物，总是一副冷冰冰的面孔，好像把下属当作工作的机器一样，反而会招来下属的厌恶。有效的办法是，在工作的闲暇时间，多和下属聊聊工作之外的事情，拉拉家常，和下属建立一层平等的朋友关系，互相分享一些生活中的趣事、烦恼，这样更能洞悉下属的心理，拉近彼此距离，让他不厌恶你的管理。

1952 年，尼克松参加了艾森豪威尔总统的竞选班子。就在这时有人揭发：加利福尼亚的某些富商以私人捐款的方式暗中资助尼克松，而尼克松将那笔钱作为参议员所得收入。

这样，那一年 10 月的一天晚上，10 点 30 分，全国所有的电视台、电台将各自的镜头、话筒对准了尼克松——他不得不通过电视讲话解释这些捐款的来龙去脉，为自己的清白作辩护。尼克松在讲话中并不单刀直入地为自己辩解，以清洗丑闻给他蒙上的灰尘，而是多次提到他的出身如何低微，如何凭借自己的一股勇气、自我克制和勤奋工作才得以逐步上升的。这合乎美国那种竞争面前人人平等的国情，也博取了观众和听众的同情。

说着说着，他话题一转，似乎是顺便提起了一件有趣的往事，他说道："我在被提名为候选人后，的确有人给我送来了一件礼物。那是在我们一家人动身去参加竞选活动的那一天，有人说给我寄了一个包裹。我前去领取，你们猜会是什么东西？"

尼克松故意打住，以提高听众的兴趣。"打开包裹一看，是一个条箱，里面装着一条西班牙长耳朵小狗，全身有黑白相同的斑点，十分可爱。我那 6 岁的女儿特莉西亚喜欢极了，就给它起了一个名字，叫'棋盘'。大家都知道，小孩子们都是喜欢狗的。所以，不管人家怎么说，我打算把狗留下来……"

尼克松当时还以为自己失败了，为此还流过不少眼泪。可最后事态的发展完全出乎大家的意料，成千上万封赞扬他的电报涌进了共和党全国总部，他因为表现出色而最终被留在了候选人的名单上。

这就是历史上有名的尼克松的"棋盘演说"。

从尼克松的成功演说，我们看到了拉家常的强大魅力。正如古人说得好："意越冷，越投机；语越宽，越醒听。由其冷意，无非苦心，宽语悉是苦心也。"与对方拉家常，犹似盘旋在高空的苍鹰，看样子逍遥自在，其实可让自己窥视、蓄势，不仅可以由此找准目标以便一击即中，而且可以直接拉近彼此的距离，使对方不厌恶你的"管理"。

与下属多聊一些家乡的情况、对方家人、孩子的情况，等等，虽然每个人都有各自不同的性格、爱好，但是对于一般的家常问题都是可以接受的，当你和下属拉家常时，彼此之间就变成了朋友的关系，而不再是上司和下属的等级关系，在平等的气氛下谈话，更容易拉近彼此的距离，有了这一层朋友般的情感作为铺垫，管理工作就会更加自然和顺利。

批评下属留有余地，备好"台阶"很重要

每个人都有自尊心，被批评的人常常因为被人伤了自尊而不愿承认错误，甚至引起口角，即使内心知道自己错了，嘴上也绝不承认，反而狡辩反击，这样的批评不但起不到应有的效果，反而使人际关系恶化，还有可能因口角而伤害自己。作为上司，在批评下属的时候，一定要注意维护下属的自尊心，切忌"一棒子打死"，批评之余给下属一个台阶下，才能让他积极作出改变。

例如，在批评下属时，先找出他的长处称赞一番，然后提出批评，最后再使用一些鼓励性的词语。这种方法使下属认为你的批评是公正客观的，自己既有过失，也有成绩。这样就减少了因批评所带来的抵触情绪，收到良好的批评效果。当下属听到你对他的某些长处表示赞赏之后，再听到对他的批评，心里往往会好受些。

假如一个好工人变成粗制滥造的工人，你会怎么做？你可以解雇他，但这并不能解决任何问题。你可以责骂那个工人，但这只能引起怨怒。

亨利·汉克是印第安纳州洛威市一家卡车经销商的服务经理，他公司有一个工人，工作每况愈下。但亨利·汉克没有对他吼叫或威胁他，而是把他叫到办公室里来，跟他进行了坦诚的交谈。

他说："希尔，你是个很棒的技工。你在这里工作也有好几年了，你修的车子也都很令顾客满意。有很多人都赞美你的技术好。可是最近，你完成一件工作所需的时间却加长了，而且你的质量也比不上你以前的水平。也许我们可以一起来想个办法解决这个问题。"

希尔回答说，他并不知道他没有尽到职责，并且向他的上司保证，他以后一定改进。

他做了吗？他肯定做了。他曾经是一个优秀的技工，他怎么会做些不及过去的事呢？

无论是先表扬、后批评，还是先批评、后表扬，总之，都要给下属一个台阶

下，在维护下属自尊心的同时认识到错误。

宽容下属的过失，让他甘心情愿为你做事

中国一直流传着"水能载舟，也能覆舟"的一句古训，它告诉我们，如果你想成为舟，就要有能力得到诸多的水来载你，而且也要有能力让这些水永远地载着你远航，而不是在某一时就将你彻底倾覆。生活中，有很多事仅靠我们自己的力量是无法完成的，必须密切联系人民大众，充分发挥他们的力量，让他们成为我们步入成功之旅的依靠，这样才能蒸蒸日上。在职场中，如何赢得下属的心，收获众人力量这笔无形的财富同样是管理者需要思考的问题。俗话说："人非草木，孰能无情。"作为上司，需要读懂下属的心，关怀下属，用宽容仁德赢的支持，以大展宏图。

小秦有一次去外地出差时，手提包被盗，包里面除了常用的钱物外，还有公司的公章。

小秦又内疚、又担心，但还是要硬着头皮去见经理。到了经理面前，他心虚地讲完了所发生的事情后，头都不敢抬地等着挨骂。

可出乎意料的是，经理不但没有骂他，反而笑着说："我再送你一只手袋好吗？你前段时间的工作一直非常出色，公司早就想对你有所表示，但一直没有机会，现在机会终于来了。"

一头雾水的小秦不知如何是好，但内心却充满了感激。

后来，小秦工作非常努力，兢兢业业，为公司赚了不少利润。同时，也有不少其他公司看重了他，有非常优厚的待遇来聘请他，可是他始终不为之所动。

不难看出，正是那位没有暴跳如雷的经理，用宽容的态度赢得了小秦的感激和衷心，使之决心为公司鞠躬尽瘁，任凭其他公司有多么优厚的待遇都不为所动。

这就是宽容的伟大力量。它既是人与人之间必不可少的润滑剂，更是对他人的一种尊重、一种接受、一种爱心。当我们遇到身边的人做错了什么，一味地指责、批评，甚至谩骂，真的就能起到大作用吗？莫不如放下愤怒，学会宽容，给身边人一个反思和感恩的机会，这样，能让彼此的感情更加牢固。

作为上司，宽容下属的过失并不代表懦弱，反而显示出大度和底气，因为尽管下属出错，一切都还是在你的掌控之中，并不会因此而大乱阵脚，这样的上司

一定会让下属敬佩有加。

主动为下属承担责任更能赢得下属的心

当老鹰盘旋在天空时，我们看到草地上觅食的老母鸡总是急忙招来小鸡，将它们藏匿在自己温暖的翅膀下。其实，上司对下属也应如此。俗话说："大树底下好乘凉。"倘若你能给你的下属提供一个乘凉的好地方，那么你的下属将会由于你的施恩而"报效"于你。

曹魏末年，大将军司马炎，命征南将军王昶、征东将军胡遵、镇南将军毋丘俭讨伐东吴，与东吴大将军诸葛恪对阵。毋丘俭和王昶听说东征军兵败，便各自逃走了。

朝廷将惩罚诸将，司马炎说："我不听公休之言，以至于此，这是我的过错，诸将何罪之有？"

雍州刺史陈泰请示与并州诸将合力征讨胡人，雁门和新兴两地的将士，听说要远离妻子去打胡人，都纷纷造反。司马炎又引咎自责说："这是我的过错，非玄伯之责。"

老百姓听说大将军司马炎能勇于承担责任，敢于承认错误，莫不叹服，都想报效朝廷。司马炎引两败为己过，不但没有降低他的威望，反而提高了他的声望。

如果司马炎讳败推过，将责任推给下属，必然上下离心，哪还会有日后的以晋代魏的局面呢？将帅的威信从律己中来，这是一个既浅显又深奥的道理。"身不正则令不从，令不从则生变。"对于雄霸天下的人来说，有了这种威信，就有了感召天下的力量源泉。

在领导眼中，你既然是"头儿"，你的下属犯错，即等于你的错，起码你是犯了监督不力或用人不当的错误。做下属的最担心的就是做错事，尤其是费了九牛二虎之力后却依然闯了大祸，因为随之而来的便是惩罚问题、责任问题。而生活原本就是一连串的过失与错误，再仔细、再聪明的人也有因失误翻船的时候。可翻了自己的小船便也罢了，而一旦不小心捅漏了多人共同谋生的大船，也就真有可能弄个"吃不了兜着走"的下场。因此，没有哪个人不害怕承担责任的。

不少上司在处理下属乃至自己本人的失误和错事的时候，总是想提出各种理由为自己开脱，唯恐遭到连累，引火烧身。殊不知，既是他人的"上司"，那么下属犯错，即等于是自己的错，起码是犯了监督不力和委托非人的错误。何况上司的责任之一，就是教导下属如何做事。

所以，作为上司，在下属工作失误之后，首先要冷静地检讨一下自己，然后和下属一起心平气和地分析整个事件；告诉他错在何处，最后重申他的宗旨——每一个下属做事都该全力以赴，漫不经心、应付差事是要受惩罚的。当然，还要让他明白，无论如何，自己永远是他们的后卫。那种不分青红皂白，无论下属的过错是否与自己有关都大发雷霆，不时强调"我早就告诉你要如何"或"我哪里管得了那么多"之类言语的上司们，不仅使下属更不敢于正视问题，不再感到丝毫内疚，而且避免不了日后同这种上司大闹情绪，甚至永远不可能再拥戴他。

所以，当下属在工作中犯了错误，受到大家的责难，处于十分难堪的境地时，作为上司，不要落井下石，更不要找替罪羊，而应勇敢地站出来，实事求是地为下属辩护，主动承担责任。

第三节　将心比心，赢得同事支持

把荣誉的蛋糕多切几块与人分享

行走职场，必须明白一个道理：没有人能独自成功，在取得成就的时候，把荣誉的蛋糕多切几块送给同事，才能得到长久的帮助和支持。毕竟，成功不是仅靠单打独斗得来的，让同事分享你的荣誉，会让你取得更大的成功。反之，如果总是自己独享胜利的果实，就会让身边的人丧失合作的积极性，下面的例子就值得我们反思。

一位销售主管这个月的业绩突出，她部门的业务员销售总额超出了同级部门的两倍还多。按照公司相关规定，主管可按业绩提成，得到一笔可观的奖金。老板很是为有这样一位得力助手而高兴，也暗自庆幸自己以前没有看错人，于是决定在公司开个例会，并把她推为大家的榜样，以此激励其他员工努力工作，还在最后特意安排了让这位主管作当众演讲。

这位主管在她的演讲中把自己的业绩归功于自己调配人员的技巧、处理大订单的果断和如何辛苦加班等。虽然说的这些也确实属实，她的确也是这么做的，但她唯一犯的错误就是自始至终都没提及一句感谢同事、下属之类的话。

会后，下属和同事们开玩笑要她请客庆祝，她一脸不屑、毫不客气地说："我得奖金，你们用得着这么开心吗？下次我会拿更多，到时再说吧……"

可是等到下个月，这位主管不仅没能再拿到奖金，甚至还因为没能完成销售任务而被扣掉了工资。更让人奇怪的是，她的下属越来越懒散，就连老板似乎也对她冷淡了许多。

由此可见，当你在工作中做出一些成就时，千万记得不要独享荣耀，否则这份荣耀会为你带来人际关系上的危机。"居功"的确可以凝聚别人羡慕的目光，可以给自己带来很大的成就感，但如果你只想把功劳一个人占尽，企图让光环只围绕自己一个人转，那就不是自私而是极度愚蠢了。一般每个人都会渴求荣誉，我们应该洞悉人性，适当与人分享荣誉，不可独自贪功。

独自贪功就是抢别人的好，这不仅不会给自己带来更多的好处，甚至还会引火烧身，激起公愤，最终害人害己。

谨记这个忠告，你就会受益无穷。不论在什么样的场合都适用，而且屡试不爽。工作上有了业绩，升职了、加薪了，不妨和同事们庆祝一番，对老板说声"谢谢"，对下属的配合与支持表示真诚的感谢，甚至是那些嘲笑过你的人，也要为他们给了你前进的动力而有所感谢，回到家中也不要心安理得地享受舒适的床铺，可口的饭菜，而要拥抱一下辛苦持家的妻子和养育自己的父母，让大家都感到你内心真诚的感激而一并与你分享快乐。

假如你真的照做了，相信你会有惊奇的发现。你身边的人将扶持着你走向更高的位置，他们期待着，仰望着你的高度，希望你能给自己带来荣誉的同时，也给他们带来荣誉，而不是嫉妒或冷眼旁观。

避雷针效应：能疏善导，化解职场矛盾

许多高大建筑物的顶端都安装有一个金属棒，打雷时，金属棒将电流通过金属线传到埋在地下的金属板，以保护建筑物免受雷击。金属棒并不能阻止雷电，但它能够疏导雷电，保护建筑物。

在职场上，个人的性格、脾气不同，加之同事之间复杂的利益关系，难以避免产生矛盾和冲突。同事之间有了矛盾并不可怕，只要我们能够面对现实，读懂对方行为背后潜藏的心理，积极采取措施去化解矛盾，同事之间仍会和好如初，就像避雷针一样，通过疏导和沟通化解矛盾。正所谓"善疏则通，能导则安"，不妨采用以下几个技巧：

1. 主动向他示好

既然他对你的敌意十分明显，在这种情况下，你就不能佯装不知了，而应当主动向对方示好，你可以在没有其他同事在场的情况下问他："我究竟有什么不对呢？"一般情况下，他会冷冰冰地回答你："没什么不妥。"此刻，你也许觉得自己是自找没趣，不知该如何是好，其实你完全可以巧妙应对。

既然他说没有不妥，你就乘机说："真高兴你亲口告诉我没事，因为万一我有不对的地方，我很愿意改进。我很珍惜咱俩的合作关系。一起去吃午饭，如何？"

这样，就可逼他面对现实和表态。要是一切如他所言的没事，共进午餐交流感情则是很自然的事。或者，邀他与你一起吃下午茶。在你离开办公室时碰上他，开心地跟他天南地北地聊一番。总之，尽量增加与他联络的机会。友善地对待，对方怎样也拒绝不得！

2. 勇敢地承认自己的错误

如果同事对你的敌意是由你的不当而引起的，你就该勇敢地承认自己的错误。这样不仅可以有效地防止对方对你的进一步攻击，避免你们之间的关系进一步恶化，同时，还可以挽回你与同事之间的合作，迅速扭转不利局面。

承认错误，最佳和最有效的策略是，向他简单地道歉："对不起，我实在有点过分，我保证不会有下一次。"

记住，在道歉时千万不要重提旧事，要是你重提旧事，企图狡辩些什么，只会惹来另一次冲突，同时，显得你也缺乏诚意，人家日后再也不会相信你了。记着，你的目标是将事情软化下来，与同事化敌为友。所以，最好静待对方心情好转或平和些时，再正式提出道歉。

3. 对你的同事微笑

对你身边的每一位同事微笑，尤其是那些对你不满，怀有敌意的同事。微笑是可以感染的，如果你平常总以亲切的微笑对待同事，即使是那些与你为敌的同事也如此，那你的同事关系一定会处理得很好，至少在工作中与你为敌的同事会感到你的友善，也许以后就不会再像以前那样对待你了。

4. 表示你的尊重

认真倾听对方的话，表现出你的礼貌和尊重，向对方表示你需要其帮助，就是让这位同事知道你需要他（她）。当然，你是否真的需要，那则是另外一回事。我们就是要利用这样的一种接纳，抬高对方的自尊，对方一高兴，就可以避免把谈话激化，尽可能减少或消除将来的敌对情绪。

5. 关注对方的成绩

你一定要时刻关注对方的成绩，即使是与工作无关的，也能够成为你们之间建立感情桥梁的机会。要记住，对别人的行动和成就表示真正的关心，是一种表达尊重与欣赏的方式，如果你的同事处处反对你是出于要证实他自己的能力，那么你承认对方在工作中某一方面的特长，就很有可能会平息冲突。

你做出以上努力以后，基本可以化解同事之间的矛盾。如果遇上一些顽固不化的人，在你做出努力后，他仍然不愿意和你和解，你也不要难过，遇上这样的人，谁也没办法。问题并不在你，你只管放心地去工作，别理会这类人就是了。

每天向周围的人问声"早上好"

在职场中处理好错综复杂的人际关系，往往就来自于一句小小的问候语。不管你昨天睡得多晚，有多累，在早起后，在这新的一天里，你都要精神百倍地向你周围的人问声"早上好"，尤其要向你的老板和同事问声"早上好"。

也许你认为说早安是很简单的事，或者没有这个必要。有些人向别人道早安时连身边的人都听不到，或蜻蜓点水似的一带而过，有的则极不情愿，毫无感情色彩地例行公事而已；有的看一眼别人便一声不响地坐下。

问声"早上好"就是打破从昨天下班之后到今天早上一直处于停顿状态的同事关系，重新开始新的一天的人际关系，所以这是一个很重要的行为。你如果希望在新的一天当中，自己的人际关系更加圆满新鲜，无论如何都要清新、明朗地和周围的人道早安！有这样一个小故事，说明了"早上好"的作用。

在去芝加哥上班的路上。一车的人谁也没有讲话，大家躲在自己的报纸后面，彼此保持着距离。

汽车在泥泞的路上前进。

"注意！注意!"突然一个声音响起。"我是你们的司机。"他的声音威严，车内鸦雀无声。"你们全都把报纸放下。""现在转过头去面对着坐在你身边的人。转啊!"全都照做，无一人露出笑容，这是一种从众的本能。"现在，跟着我说……"是一道用军队教官的语气喊出的命令："早安，朋友!"

大家跟着说完，情不自禁地笑了笑。

一直以来怕难为情，连普通的礼貌也不讲，现在腼腆之情一扫而光，彼此的界限消除了。有的又说了一遍后彼此握手、大笑，车厢内洋溢着笑语欢声……

"早安，朋友！"四个字一出口，奇迹出现了：彼此的界限消除了，为什么这四个字有如此巨大的魔力呢？

"早上好！"不仅仅是一句问候语，更是亲善感、友好感的表示，更是一种信任和尊重。"早上好"一旦说出了口，双方都有了亲切、友好的愿望，彼此间的距离缩短了，不仅增进了信任，还沟通了关系。

行走职场中，我们应该学会轻松地与人打招呼，不仅如此，还应该学会添加一些亲切的话题。比如，"早上好！今天真热啊！""辛苦你了！今天忙得够呛吧？"这样的话题，可以说也属于问候语的范畴，所以，如果添上这么一两句的话，无疑会有更佳的效果。又如，"天真热啊！真想跳到游泳池里凉快凉快！""今天真累，好好地休息一下吧，明天再努力干！"像这样的话题，既轻松自然，又不失礼节。

如果有一天，一位泛泛之交的点头同事向你说了上面的问候语，你一定会先感到惊讶，然后喜形于色吧。说不定这一问候语就是你俩友谊的开端，让你们成为无话不谈的好朋友呢。如果你特意赞美了别人，那就更加锦上添花了。比如，"今天的领带真漂亮！是你太太专门为你挑选的吧？""最近你好像干劲十足！好好加油吧！"像这样的话题，自然轻松，平易近人，足以让对方听后心里喜滋滋的。

工作一天的开始，同事之间刚见面的第一句话，几乎百分之百是常用的礼节性问候语，真挚亲切的问候，对于加深同事间的感情具有至关重要的作用。聪明的你，不要忘了，在踏进办公室的同时，带着八颗牙齿的微笑，像周围的人问声好。

关键时刻帮同事一把，更易赢得人心

每个人在工作中肯定都会遇到一些困难，在同事遇到困难时帮他一把，不仅播下人情，得到同事的感激，还为彼此的关系抹上甜甜的蜜，融洽而甜美。况且，帮助别人搬开脚下的绊脚石，有时恰恰也是为自己铺路——帮助同事即是帮助自己。在帮助别人时，任何一种努力都不会白费。帮助同事，既赢得了同事的尊重，更容易得到老板的器重，因为你在帮助同事的同时也向老板展示了自己的能力。

潘敏在一家塑料制品企业经营部上班。

一天，经理心急火燎地过来问："杨丽呢，她的那份合同做好了没有？"

恰巧杨丽出去办私事，临走时对潘敏说了一下。

潘敏说："杨丽刚刚出去，可能上厕所了吧，您需要哪份合同书？"

"就是与宏达塑钢窗厂签订的那份合同，越到节骨眼儿上越找不着人！"经理很着急。

"杨丽一会儿就回来，我先找一下。"

经理走后，潘敏马上给杨丽打电话，找到了那份合同，及时给经理送了过去。关键时刻潘敏主动帮助杨丽解决了难题，杨丽非常感动，此后两个人的关系也越来越好。

帮助有困难的同事，是我们分内的事情，切不可以此作为人情记在心头，不要沾沾自喜，自鸣得意，时常将别人的帮助挂在嘴边，这样的人，人们也不愿意接受他的帮助。也不要期望对方给你的回报，否则不但加深不了感情，反而落得个"势利"的帽子。

同事间的相互帮助并不一定表现在工作上，有时生活中的小事会给人极深刻的印象，从而改变同事对你的看法。

玛丽是一个单身女子，住在纽约的一个闹市区。有一次，玛丽搬一个大箱子回家。电梯坏了，玛丽只好自己扛着箱子上8层楼。琳达与玛丽是同事，但玛丽平时看不起琳达，有时还冷嘲热讽。因为琳达工作很差，有时还会弄巧成拙。此时，恰巧碰上琳达，琳达想帮玛丽把箱子搬上楼去。玛丽很难为情，琳达却主动上前，将箱子搬上楼去。事后，玛丽对琳达表示感谢，并开始重新认识她。经过交往，玛丽发现琳达其实是一个很好的女孩，爱好广泛而且热情周到，她俩反而成了很好的朋友。

像琳达这样，对那些对自己有偏见的同事热情地帮助，可以有效地化解彼此之间的尴尬，让对方重新认识自己，你的热心会使同事乐于帮助你，从而营造一个融洽的办公环境。

很多人在工作中都懂得与上司建立良好的关系，认为只要上司欣赏自己就万事大吉。其实同事之间的融洽关系也同样宝贵，试想，如果天天都要见面，坐在同一个办公室里工作，两人却互相讨厌甚至排挤，工作时的心情肯定大受影响，业务上也不能相互配合，最后只会影响你的工作表现。因此，心胸要开阔一些，同事有困难时主动帮一把，这不仅是对别人好，而且也是对自己好。

尊重职场里的老前辈，赢得老前辈支持

在工作中，与同事和上下级搞好关系十分重要，人际关系搞不好，工作就不好开展。有这样一位职员，工作年限不长，但能力很强，深受领导赏识，很快被提升为部门主管。但是下属中有位老职员，仗着自己资格老，以前有功劳，对他不服，让他很难办。遇到这种情况该怎么办呢？

要想改变这种境况，必须认清一点：职场中的"老前辈"对打通职场人脉网至关重要。每个人都自我感觉良好，认为自己并不比别人差，对别人不服气是正常心理，尤其是那些业务上比较强，对公司有贡献的老前辈们。他们通常有较强的自尊心，渴望获得别人尊敬，读懂他们的这种心理十分重要。所以，我们必须遵循一条准则，尊重老前辈的优点，承认他们的优势，慢慢解开他们心里的疙瘩。与这些老前辈们的关系处好了，必然对你拓展人脉大为有利。

战国时候的廉颇和蔺相如，就曾有这样的矛盾，不过蔺相如巧妙地将矛盾化解了，从而为自己拓展了良好的仕途人脉关系。

蔺相如本来是赵国一名宦官的门客，地位低下，因为偶然的机会被赵王所知，赵王派他带着和氏璧出使秦国，他不辱使命，出色完成了任务。从此以后，他接连被提拔，简直比坐直升机还快。最后官拜上卿，名字排在廉颇之前。

这下廉颇很不服气了，说："我是赵国的将军，有攻城野战、保卫国家的汗马功劳，可是蔺相如仅仅靠耍嘴皮子立了一点功，他的爵位却在我的上面。况且，蔺相如出身低微，他原来不过是宦官手下的一个门客。我同一个出身低贱的人担任同样的职务，实在是感到耻辱，而且现在还要我做他的下手，这让我简直受不了。"他对外扬言："我如果碰到蔺相如，一定要羞辱他一番。"

蔺相如听到这些话，总是避免和廉颇见面。每次朝会的时候，蔺相如常常假托有病，不愿和廉颇争位次的先后。后来有一次蔺相如外出，远远看见廉颇来了，蔺相如立即把车子掉转方向躲避，手下人对此不解。

后来蔺相如对自己的手下说："其实我哪是怕廉将军啊，我是为了国家着想啊。现在强秦之所以不敢发兵来攻打我们赵国，那是因为我和廉将军两人还活着。两虎相斗，必有一伤。我之所以忍辱退让，是由于我首先考虑到国家的患难和安危，而把个人之间的仇怨摆在次要地位的缘故。"

这话传到廉颇的耳朵里，廉颇感到很惭愧，觉得自己的境界实在太低了，于是真诚地负荆请罪，两人终于和解。

回到当今职场，新主管对待老的资深同仁，要以敬重、真诚的态度对待，比如，在聚会时，表示敬重之意，真诚地赞美他们为公司作出的贡献。在工作中不懂的事要和他们商量，不能因为对方职位不高或生性老实而有失敬意，这种人对公司上上下下很清楚，听他讲讲公司的历史，对新主管也是有益的。如此一来，年轻主管不但加深了对公司的了解，而且在老员工及众人心中，也能留下好的印象。

如果你在晋升之前和资深的前辈们搞好关系，表示出你对他的关心，在他需要帮助时，热心支援，那么，无论在你晋升的过程中，还是晋升后的工作中，他们都会给你很大的帮助。

当然，还有一点非常重要：你要加强自身业务素质，最好在业务上要强于他们，让他们心中服气，让他明白你的晋升靠实力，而不是靠关系爬上去的。

同事不是家人，不能乱发脾气

处于情绪低潮当中的人们，容易迁怒于周围的人，这是自然的，但是办公室是有规则的，为了展示真正的职业风范，更好地在职场中生存，则必须根除自己的陋习，不在同事面前发脾气。事实上，人们往往喜欢受到表扬，没有人是愿意受气的。在职场中，更应该洞悉人的这种心理。

林科长任财务科长的第三年，上司给他委派了一名新主任。新主任是老会计出身，没有多少文化，对所管辖的部属，谁工作认真、昼夜加班、出了成绩，他看在眼里，忘在脑后；谁迟到早退、不请假，或者没有给他及时送材料，他却牢牢记在心上，时不时地给点颜色瞧瞧。尤其是对财务科的工作总是挑毛病、找破绽，好像怎么看怎么不顺眼。

面对蛮不讲理的新主任，林科长既没有当面顶撞，也没有逢迎巴结。他经常和本科室的人员开会，定出工作程序，交给主任过目后，再切实执行，并做好系统记录，以便主任翻阅。这样自行安排工作，既减少了他这个财务科长与新主任的摩擦，也减轻了自己的负担。

有几次，林科长被主任严厉批评，但他没有任何的异常情绪，也没有把这种情绪带到工作中去。相反，林科长每受到委屈，必当机立断，检查自己的工作、处事是否有错误，并且有错必改，或是重新评价自己，进一步做好本职工作。

此外，对待这样的"大老粗"主任，林科长为自己的前途着想，时时小心、处处小心、步步小心，每一件事、每一句话都对主任格外尊敬，尊重主任的意见，多向主任请教，多多体谅主任的难处。

这样一年下来，主任对财务科长褒奖有加，再也不像以前那样恶声恶气了，又过了半年，林科长被提升为财务部主管。

愤怒常常使人失去理智，在愤怒的情况下做出的举动和判断往往是错误的。身在职场，你应学会控制自己的情绪，应像林科长一样懂得尊重上司，控制自己，才能更利于发展。

大凡身心健康者，每个人都有喜、有怨、有悲，也有愤怒心理情绪的存在或表现。生活是多变的，在多变的生活中每个人都会面临挫折、失望、沮丧、失败。在正常情况下，人会在遇到高兴事时，眉飞色舞；遇到伤心事时，愁眉苦脸。但是在办公室里，这种情况一定要控制。成功者碰到因这些问题引发的愤怒时，总是以积极的态度、积极的情绪来适应之，这就是情绪控制。

控制发怒的目的不是压迫愤怒，而是把愤怒的情绪巧妙地转移，导引为一种努力背后的动力，以推进自己的事业向前发展。这是通常说的聪明人的做法。

很多人经常把工作以外的怒气和不满带到工作中来，同事觉得你像随时都可能爆炸的炸弹，尽量绕开你的办公桌。客户打电话给你，你莫名地冲着他吼叫，然后不等对方说完就把电话挂掉。一整天，你总是用双手抱着头，一声不响地坐在那里，工作懒得做，话也懒得说，办公室的气氛因为你而变得死气沉沉。殊不知，你这种不够成熟的表现影响了你的工作，而且这样做也并不能使你解脱，你让你的同事们也感到不快，他们不喜欢这样。最重要的是，你的客户永远不会再与你联系。

办公室是一个集体场合，不同于你自己的家——即使在家里也要考虑家人的情绪，而同事是与你共同做事的人，不是来看你脸色、受你脾气的。正所谓"一人向隅，举座不欢"，即使你有一千个理由，也不应该把坏情绪带到办公室里来。

读懂不同类型的同事，才能制造融洽的氛围

一个公司就是一个社会的缩影，各种性格的人在一个公司里都有可能遇上，有些还是工作当中无可避免的麻烦人物。面对不同性格类型的人，如何调动他们，以使大家相处融洽，促进工作顺利进展呢？

1. 推卸责任的人

对那些习惯推卸工作职责的同事，在请他们协助工作时，目标必须明确，时间、内容等要求要讲清楚，甚至白纸黑字写下来，以此为证据。不为他们所提出

的借口而动摇，请温和地坚持原来的决议，表达你知道工作有困难性，但还是需要在一定范围内完成的期望。

如果他们试图把过错推给别人，不要被他们搪塞过去，你只需坚定说明那是另一回事，现在要解决的是如何达成原定的目标。如果他们真的遇到问题，除非真有必要，你不用主动帮他们解决，防止养成他们继续对你使用这招以摆脱工作的习惯。

2. 过于敏感的人

一些同事生性敏感，应尽量避免在其他人面前对他们做出可能冒犯的评语，要批评请私底下讲。即使像"有点""可能""不太"这类有所保留的语气，都会让他们心乱如麻，因此在批评时尽量客观公正，慎重你的用词，指出事实就好。尤其要让他们了解你只是针对事情本身提出意见，而不是在对他们做人身攻击。

针对他们过度的反应，你不要跟着乱了手脚急于辩解，那可能会愈描愈黑，只要重申事情本身就好。提出意见时也同时指出他们的优点，以及表现出色的地方，以建立他们的自信心。

3. 喜欢抱怨的人

他们之所以抱怨，是因为他们在意事情的发展。如果抱怨的内容跟你负责的业务有关，最好能有立即的响应或改善；如果他们抱怨的是无关紧要的琐事，听听就算了，也不需要动气反驳。遇到问题时，问问他们觉得最好的解决方法是什么，怎么样才能避免问题再度发生，将他们的力气引导到解决问题上。

4. 悲观的人

脸上总带有悲观情绪的同事害怕失败，不愿意冒险，所以会以负面的意见阻止工作、环境上的改变。你不妨问问他们认为改变后最坏的结果是什么，事先准备好应对的方法。

与悲观的同事合作时，告诉他们如果失败的话是整个团队的责任，而不会只责怪他们，解除他们的心理压力，他们就不会在一旁唠叨。

5. 喜怒无常的人

有些同事属于黏质型的，会喜怒无常。当他们表现出喜怒无常的行为时，不要回应他们无理的行为，找个借口离开现场，等他们冷静一点再回来。面对他们的情绪失控，不要被情绪影响，应以冷静、客观的态度响应，陈述事实即可，不需辩解。一旦他们恢复理智，要乐于倾听他们的谈话。万一他们中途又开始"抓狂"，就立即停止对话。

6. 沉默的人

办公室里总有一些不善说话，只在默默工作的同事。在与他们说话时不能语带威胁，要不带情绪并放低姿态。

花时间与他们一起将每个工作步骤写成白纸黑字，了解彼此对工作的认知。尽量让他们做自己分内的工作就好。

尽量多问一些开放性的问题，鼓励他们说话，如果他们一时无话可说就耐心等待，给他们时间思考，不用对彼此之间的沉默觉得不自在。称赞他们的成就，以符合他们需求的方式鼓励他们。

7. 清狂高傲型

对清狂高傲的同事，你根本用不着与之计较，他喜欢吹嘘自己，那就由他去吧。即使他贬低了你，你也不要去与他们较量，更不要低三下四，你只需长话短说，把需要交代的事情简明交代完即可。

在公司里，面对不同类型的同事，要把握他们各自的性格特点，积极调动，营造一个和谐融洽的工作氛围。

坚守和谐共处四项原则

与同事相处，"和谐"二字非常重要。不过，这两个字说起来容易，但做起来并不是那么简单。当同事在工作上有困难时，我们应该尽心尽力予以帮助，而不是冷眼旁观，甚至落井下石；当同事征求我们的意见时，不要向他发出毫无意义的称赞；当同事在无意中冒犯了我们，又没有跟我们道歉时，要以无所谓的心态，真诚地原谅他，如果今后他还有求于你，你依然要毫不犹豫地帮助他……

具体情况，可能很多很多，但总结起来，想与同事和谐相处，一定要遵循四项基本原则：

1. 友好为前提，不要有亲疏远近

同一个部门的同事，与脾气相投的 A 每天都高兴地寒暄，中午约在一起吃午饭；相反，对不易结交的 B 就不大爱打招呼。由于亲善与疏远而改变了与对方的交往方式，尽管这是个人之间的小事，但同在一个办公室，这样做并不好。

2. 不要随便插手同事的工作

无论多么要好的同事，背着上级互相分担或帮助别人工作都是不允许的。公司有各种各样的职务分工，它是一种有序的制度，无视这一点，会使某一方面的工作受到损失。互相帮助、鼓励是件好事，但应当禁止多余的帮助与随意的

插手。

3. 与同事交谈时不要涉及他人隐私

"交给了老婆多少奖金?""是不是被女朋友给甩了?"说话时涉及这类内容,即便单位里只有一人在场,也是冒犯了他人的隐私。的确,两个人谈一谈个人生活方面的心里话,会增加双方的亲密感,并且也并非"谁都不愿说"这种秘密,但是,在公司里说出来,就很容易形成谣传。因此,要想保持同事间的良好关系,就不要随便涉及他人的隐私。无话不说的"知心朋友"保留一两个人就可以了。

4. 对新同事既要指导,又要给予自主权

对于新同事,在他们熟悉工作之前,要耐心指导他们,这样才能显示出你的胸襟宽广。但是,也要给他们一定的自主权,不要因为他们是新同事而事事代劳。此外不要没头没脑地批评。培养新参加工作的同事,最重要的是"加强表扬"。当然,每个人无论做什么事都可能会失败,但如果在此时不分青红皂白地训斥,则会产生不利影响。要么使没有做好工作的人更加畏缩不前,要么会造成对方的反抗行为。如果说"我也经历过同样的失败"、"如果改为这样做,就会更好了",对方就会认为你能够理解他,会深受鼓舞。这样做效果很好,有益于今后的工作。

第四节　攻心为上,让客户说好

主动承认产品的缺点,能让客户觉得你可信

俗话说,"家丑不可外扬"。对销售人员来说,如果把自己产品的缺点告诉客户,无疑是在给自己的脸上抹黑,连王婆都知道自卖自夸,见多识广的销售人员怎么能不夸自己的产品呢?

其实,宣扬自己产品的优点固然是必不可少的,但这个原则在实际执行中是有一定灵活性的,就是在某些场合下,对某些特定的客户,只讲优点不一定对销售有利。相反,适当地把产品的缺点暴露给客户,也是一种策略,不但不会使客户反感,反而能赢得他的深度信任,从而更乐于购买你的产品。因为每位客户都知道,世上没有完美的产品,就好像没有完美的人,每一件产品都会有缺点,面

对客户的疑问，要坦诚相告。如果刻意掩饰，客户不但不相信你的产品，更不会相信你的为人。

陈刚是一名不动产销售人员，有一次他负责销售 K 市南区的一块土地，面积有 80 平方米，靠近车站，交通非常方便。但是，由于附近有一座钢材加工厂，铁锤敲打声和大型研磨机的噪音不能不说是个缺点。

尽管如此，陈刚打算向一位住在 K 市工厂区道路附近，在整天不停的噪声中生活的人推荐这块地皮。原因是其位置、条件、价格都符合这位客人的要求，最重要的一点是他原来长期住在噪音大的地区，已经有了某种抵抗力，他对客人如实地说明情况并带他到现场去看。

"实际上这块土地比周围其他地方便宜得多，这主要是由于附近工厂的噪音大，如果您对这一点不在意的话，其他如价格、交通条件等都符合您的愿望，买下来还是挺合算的。"

"您特意提出噪音问题，我原以为这里的噪音大得惊人呢，其实这点噪音对我来讲不成问题。况且这里一到下午 5 时噪音就停止了，不像我现在的住处，整天震得门窗咔咔响，我看这里不错。"

不用说，这次交易成功了，那位客人从 K 市工厂区搬到了 K 市南区。

陈刚主动承认房子周围噪音大的缺陷，为什么还成功了呢？因为这个缺点是显而易见的，即使他不讲出来，对方也一望即知，而讲出来反而更显示陈刚的诚实，而这是销售人员身上难得的品质，会使客户对他增加信任，从而相信他推荐的产品的优点也是真的。最重要的是客户相信了陈刚的人品，那就好办多了。

有的产品的缺点即使一时看不出来，客户回去打听也很容易得知，还不如当时就给他讲清楚。客户心里明白，任何产品都是不可能没有缺点的，你讲出来他会觉得很正常，他还会觉得其他产品的缺点不过是销售人员不告诉他罢了。如果那个缺点不是什么大缺点，无关紧要，那么一定会对销售有利。

恪守信用赢得客户长久的信赖

信用是长时间积累的信任和诚信度，它是我们在生意场上与人竞争和与人共处时最重要的素质和资本。一个生意场上的高手，应该是一个恪守信用的人，以一颗诚信之心去经营，才会赢得客户的信任与尊重，并赢得更多的生意和机会。

一个顾客走进一家汽车维修店，自称是某运输公司的汽车司机。

"在我的账单上多写点零件，我回公司报销后，有你一份好处。"他对店主说。

但店主拒绝了这样的要求。

顾客纠缠说："我的生意不算小，会常来的，你肯定能赚很多钱！"

店主告诉他，这事他无论如何也不会做。

顾客气急败坏地嚷道："谁都会这么干的，我看你是太傻了。"

店主火了，他要那个顾客马上离开，到别处谈这种生意去。

这时，顾客露出微笑并满怀敬佩地握住店主的手："我就是那家运输公司的老板，我一直在寻找一个固定的信得过的维修店，你还让我到哪里去谈这笔生意呢？"

面对诱惑，店主没有心动，不为其所惑，坚守诚信，因此他赢得了顾客的信任。诚信是为人之本，立业之基，是打开你人际关系的"万能钥匙"。

现如今，社会复杂，世事难料，人与人之间往往有一层隔膜或一道难以逾越的鸿沟，最终只能导致彼此之间的疏远和冷漠。我们需要的是信任、信赖和相互扶持，这就需要我们敞开心扉，用真诚和诚实对待别人，用诚信之心面对周围的人和事物，因为只有诚信才能打动别人，赢得尊重。

尼泊尔的喜马拉雅山南麓是风靡世界的旅游胜地，但是，谁能想象到这样一块胜地早年却是那样寂寞地无人问津、无人涉足，而它的美貌乍现于天下却源于一位少年的诚信。

起初，有很多日本人到这里来观光旅游，他们想目睹喜马拉雅山的壮观和伟岸。由于不熟悉当地的环境和方言，有一天，几位日本摄影师不得不请当地一位少年代买啤酒，结果，这位少年为之跑了 3 个多小时才买回了啤酒。第二天，那个少年又自告奋勇地再替他们买啤酒。这次摄影师们给了他很多钱，但直到第三天下午那个少年还没回来。于是，摄影师们议论纷纷，都认为那个少年把钱骗走了。但令人意想不到的是，第三天夜里，那个少年却敲开了摄影师的门。原来，他只购得 4 瓶啤酒，为了购买另外的 6 瓶，他又翻了一座山，趟过一条河才购得。然而，小男孩返回时却因绊倒摔坏了 3 瓶。他哭着拿着碎玻璃片，向摄影师交回零钱，在场的人无不动容。这个故事使许多外国人深受感动。后来，到这儿的游客就越来越多……

"无信者不足以立于天下"，也许一个背信弃义的人在人际交往中可能取得暂时的利益，能暂时得意，也不会有羞辱之感，但是时间会碾碎他、时间会抛弃他，时间会让他曾经"购买"的"股票"全部贬值，而且贬得一文不值。

投其所好，迅速拉近关系

与人交流时，我们应该多谈对方感兴趣的话题，对待客户尤其如此。想要引起客户的兴趣、赢得客户的好感，就要从他的爱好出发。探明客户的爱好，并适当满足其心理需求，先从心理上接近客户，以得到客户的信任或赏识，这样就容易实现销售目标。

美国纽约的迪巴诺面包公司生产的面包质量好，深受各地顾客的欢迎，可以说是远近闻名。可奇怪的是，该面包公司附近的一家大饭店始终没有向这家公司买过一次面包。

面包公司的经理迪巴诺为了让自己的产品打入这家大饭店，使用了各种促销手段，诸如每天给饭店经理打电话介绍自己生产的面包的特色及种类，每周前往饭店拜访经理，参加饭店组织的各种活动，甚至在这家饭店包了个房间，住在那里谈生意。这样一直坚持了4年多都无济于事，真是费尽周折，用心良苦，然而，一次次的推销面包的谈判都以失败告终。

于是，他一改以前的做法，开始对饭店经理本人关注起来。

通过多方面的调查了解，他知道了饭店经理的个人爱好和所热衷的事物：饭店经理是美国某一饭店协会的会长，非常热衷于自己的事业，不管协会在什么地点、什么时间开会，一定前往。迪巴诺了解了这一情况后，又下工夫对该协会作了较彻底的研究。当他再去拜访饭店经理时，只字不提推销面包的事，而是以饭店协会为话题大谈特谈。

这一招很灵验，果然引起了饭店经理的极大兴趣，双方的心理距离一下子拉近了。饭店经理神采飞扬、兴趣浓厚，和迪巴诺谈了35分钟有关协会的事，还热忱地请迪巴诺也加入该协会。

几天以后，迪巴诺面包公司就接到了这家大饭店采购部门打来的电话，请他把面包的样品和价格表送过去，饭店准备订购该公司的面包。这个消息着实让迪巴诺惊喜万分，四年多的努力终于没有白费。

尽管迪巴诺公司的面包物美价廉，尽管迪巴诺对饭店经理穷追不舍，然而他的推销工作却没有任何进展。而当他调整了策略之后，抓住了饭店经理关心和感兴趣的问题，形势便大为改观，进而实现了自己多年来的愿望。由此可见，投其所好策略在与客户打交道的过程中起着不可忽略的作用。

对客户投其所好的具体方式很多，例如给客户提供美好的令人难忘的款待，恰到好处地略施恩惠，赠送适当的礼品，陪同客户观光旅游，等等，都是可以视对方的兴趣爱好而采用的。与客户沟通交谈，不妨就投其所好。这样事情也可以办成，还能给客户留下良好的印象，赢得他人的喜欢。

完美形象，让客户一"见"钟情

生意场上，有的人能如鱼得水，有的人却跌跌撞撞。对此，人们总喜欢用"同人不同命"这个词进行解嘲式地概括。那么，为什么同样的人生，却有着不同的境遇、不同的结果呢？

英国一位华裔投资商在 1999 年网络飞腾的时代来到北京的中关村，和一位电脑才子会谈投资。他说："我怎么也不能相信眼前这个穿着旅游鞋、牛仔裤，头发如同干草，说话结结巴巴的小子会向我要 500 万美金的投资，他的形象和个人素养都不能让我信服他是一个懂得如何处理商务的领导人。"

这位电脑天才，空有一身才华，只因为衣着随便而失去了一大笔投资。一般来说，良好的形象能够让人心情愉悦，产生信任感。商务人士更需要懂得人的这种心理，树立良好形象。

可以毫不夸张地讲，好形象是人生的一种资本，充分利用它不仅能给你的日常生活增光添彩，更有助于提升你的影响力。良好的形象有助于增进人际关系，营造和谐气氛，令你在人际关系中左右逢源、无往不利，从而促进你的成功。

红顶商人胡雪岩在上海新开张的商行遭到当地商人的联合挤兑，不久就波及了大本营杭州。一些大客户生怕胡雪岩垮台，闻风而动，都准备中止和他的生意往来。

这天胡雪岩从上海回来了，他们悄悄躲在暗处观看，以为会看到胡雪岩灰头土脸的样子。结果他们失望了，他们看到了衣着鲜亮、精神抖擞的胡雪岩。

他们还不放心，又跟踪胡雪岩到他的商行去。他们认为胡雪岩会暂停生意进行整顿。可是胡雪岩的商行不仅没有关闭，而且他还亲自坐镇，在柜台上悠然自得地喝起茶来。这令他们糊涂了，一个人遭受这么大的打击，竟然还能够如此镇定从容？最终，胡雪岩的气度征服了这些客户，他们又对胡雪岩恢复了信心。

其实，当时胡雪岩的处境已是山穷水尽，他就是凭那坚如磐石的镇定形象，才稳住了不利的局面。

曾有人说过："形象是一个人的招牌，坏形象会毁了你的一生，而好形象会令你的影响力迅速提升。"没错，尤其在今天竞争日益激烈的社会里，每个人都承受着巨大的压力，同时又被利益驱使着，犹如急流中团团旋转的浮萍。如果我们能静下心来，认真地树立起自己的好形象，那就好比给自己的人生打造了一块金招牌，能令你在风高浪险的生命历程中从容地经营人生，从容地成就人生。

抓住客户的真实需求，对症下药

客户无论是购买产品还是服务，都是为了满足某方面的需求。因此，能否成功地打动客户，研究客户的心理，抓住客户的真实需求是关键。再诱人的语言也没有比能得到用户从心理上认同更为重要，要在销售上取得成功，那就要体察客户最真实的需求，针对顾客的消费心理，攻心为上。

周末的黄昏，许多青年男女伫立街头。他们中间有不少人是等待与情侣约会的，有两个擦鞋的男孩，正高声吆喝着以招徕顾客。其中一个说："请坐，我为您擦擦皮鞋吧，又光又亮。"另一个却说："约会前，请先擦一下皮鞋吧！"结果，前一个擦鞋男孩摊前的顾客寥寥无几，而后一个擦鞋男孩的吆喝却收到了意想不到的效果，一个个青年男女都纷纷请他擦鞋。

这究竟是什么原因呢？

我们听到第一个擦鞋男孩的话，尽管他的话礼貌、热情，并且附带着质量上的保证，但这与此刻青年男女们的心理差距甚远。因为，在黄昏时刻花钱去"买"个"又光又亮"，显然没有多少必要。人们从这儿听出的印象是"为擦鞋而擦鞋"的意思。

而第二个擦鞋男孩的话就与此刻青年男女们的心理非常吻合。一句"约会前，请先擦一下皮鞋"，真是说到了青年男女们的心坎上。可见，这位聪明的擦鞋男孩传送的是"为约会而擦鞋"的温情爱意，一下子就抓住了顾客的心，因而大获成功。我们也该从中受到启发，研究心理，察言观色，得到准确的无形信息。知己知彼，百战百胜。

可见，只有弄清楚顾客的真实需求，才能迈出成功销售的第一步。在销售的过程中，顾客接受销售信息宣传、购买销售商品大致因为以下几种需要：

第一，便利心理的需要

顾客普遍要求在购买商品时享受到热情周到的服务，要求合适的购买时机和购买方式，得到携带、使用、维修及保养等方面的便利。

第二，爱美心理的需要

俗话说，爱美之心，人皆有之。这句话说的便是顾客追求美的消费心理需求。随着社会文明的不断进步和人民生活水平的不断提高，人们的审美要求也随之水涨船高。

第三，好奇心理的需要

许多顾客对一些造型奇特、新颖的商品，以及刚投入到市场的新式产品或服务活动，会产生浓厚的兴趣，希望马上能够购买和使用。

第四，求实心理的需要

这一类顾客在选择厂家和购买商品时，比较注意是否经济实惠、物美价廉。尤其是他们对产品价格的变化十分敏感。

第五，从众心理的需要

这是一种赶时髦、追新潮、紧跟时代潮流的心理需求。在现代社会，人们受社会舆论、风俗习惯、流行时尚的引导，所见所闻对他们的需求触动很大，致使一般的顾客都会追求时尚。

第六，特殊心理的需要

有这种心理的顾客大都希望自己在判断能力、知识层次、经济地位、价值观念等方面高于他人，独树一帜。

值得强调的是，顾客的购买需要是多种多样的，一个人往往受几种消费心理需要的左右和支配。"购买需要"是一个弹性很大的因素，在考察和分析顾客的购买需要时，要充分考虑到重要的突破口，这才有利于提高自身的业务水平和企业适应市场变化的应变能力。

了解客户最重视的人和物

有些东西，为之埋单的人可能并不感兴趣，往往是因为他所重视的人需要而将商品买下。就比如有些东西，一旦你提到孩子，百分之百能让大人心动。孩子就是家长的宝贝，家长总会欣然为孩子花钱。

连续几个月，推销员李力一直想给某私立大学著名教授推销教育保险。根据以往的经验，这种保单是很好做的，教授和教授夫人应该都是极重视教育的人。可这次不管李力如何说服，他们对保险仍兴致不高。

一天李力又去了，只有教授夫人一个人在家，李力又跟她说起教育保险，她仍然没什么兴趣。

李力放眼在屋子里寻找，一眼看见了立柜上的照片，就挺有兴趣地走了过去，一张一张看起来。"哦，这位是……""是我父亲，他可是位了不起的医生。""医生这一行可真了不起，救死扶伤。""是啊。我一直很崇拜的，可惜我丈夫是个文学教授……"

说到这里，李力觉得自己有了点想法，或许可以试一试，就把话题扯开，聊起了教育保险。当谈话无法进行之时，李力就对她说："太太，我今天来这里以为会碰上一个真正关心子女的家长，看来是我错了，真遗憾！"

好强的教授夫人，对这一"诱饵"迅速作出反应，说："天下的父母哪有不希望儿女成才的。唉，我那个儿子，一点也不像他父亲，头脑不灵光。他父亲也说，这孩子不聪明，无法当学者。"

李力甚表惊讶地说："父母是父母，孩子是孩子，你们随随便便地认定孩子的将来是不对的，父母不能只凭自己的感觉就为孩子定位。"然后，李力诚恳地说："您和您丈夫是想让孩子读文科吧！"

"是啊，他父亲一直想让孩子在文学上有所成就，可这孩子对文学没什么兴趣，倒是对理工科挺感兴趣。这孩子很喜欢待在他外公的诊所里，而且他理工科成绩还不错。"

"如果是这样，你们应该让孩子自己来选择自己的专业。"李力由衷地说。教授夫人也接受了李力的观点，并开始计算起孩子的成绩，作了归纳分析，一时显得挺高兴的。

之后，李力就不断地提供意见给教授夫人："如果上医学院，至少要花20万元，还有其他琐碎的开销……"

其实，教授夫人一直期盼儿子能青出于蓝而胜于蓝，希望孩子能够上医学院，以证明他的能力不输给父亲。李力看出了这一点，一下子打动了她，不断扩大一个母亲的梦想，于是她当场买下李力推荐的"5年期教育保险"。

观察客户周围的事物，设法找到客户的心结，然后打开它，客户就没有理由拒绝你。一流的推销员一定都是善于利用各种各样的资源为推销铺路的人，他们绝对不会放过客户最重视的人或物这一环节。

以孩子作为突破点，不仅是女性的软肋，男性照样吃这一套。有句话就是：可怜天下父母心。不过如果对方没有子女或者尚未婚娶，就没必要非要从孩子入手，可以尝试发现他别的爱好。比如家里放着吉他，也许是因为吉他有什么来历；家里的椅子非常别致，你可以夸赞他的椅子设计出色，一定价值不菲，等等。

因此，当你销售受阻、无计可施时，别忘了想想客户身边什么最重要，让这些为你的销售开路。

制造一种旺销的景象

每一个人都懂得时间的重要性，运用这一点制造紧迫感是非常有效的。如果是推销房地产，你有必要这样对客户说："我相信你明白生意场上'时间就是一切'的含义。我觉得要是你今天放弃购买这套房屋的话，你会感到很后悔，每个人都能看见房价在飞涨。"

你可以随时从报纸及电视广告中看到那种限时报价，商场和超市都在运用这种技巧出售所有商品，不管是弹簧床垫还是冰镇橙汁。例如，一位零售商会说某某报价在某段规定时间内有效，客户要是错过的话，就会失去获得好交易的机会。限时报价如此有成效，这就不难理解为什么美国公众常常被铺天盖地的鼓动性广告所包围。

几年前，气流公司的董事会主席韦德·汤普森和总裁莱里·哈托共同做了一个电视广告，表示他们将为那些购买了该公司最新款汽车的客户提供1.5万美元的储蓄公债，而这笔公债只能在规定时间内领取。这个广告尤其吸引了那些常为买了豪华车回家而感到不安的老年夫妇，当他们了解到公债可以最终转让给他们的子孙时，他们的内疚感减轻了许多。

虽然1.5万美元的市政公债要在10年后才能兑付，但是在客户中却产生了轰动效应，很多人都赶在报价到期之前急着购买该公司的汽车。

任何人买东西都有一个理由，所以为了使销售成功，你必须向你的客户提供他为什么应当买你的产品的具体理由。如果你的言语中体现不出这一重点，客户就无法产生立刻购买的动因。你可以说你的产品存货不多，客户不尽快买的话，很可能遭遇可怕的后果，这样的说法往往能创造出客户购买的必要性。

当你推销汽车时，你会有一种感觉，那就是客户本来急于拥有一辆新车，但不知为什么又犹豫不决。这时你可以说："我们的车库里只剩下一辆这种颜色和款式的车了，要是您想要的话，我可以替您准备好，今天下午就可以取货。但是，如果您选择等一等的话，我担心这辆车会很快被别人买走，我们今天上午就已经卖出了两辆这样的车。当然，我们还有另外一个办法，那就是我给别的推销员打电话，让他们替你选一辆，但那样可能需要等上一个星期，而且，我也不敢保证您就能得到您真正喜欢的车。"

对于那些垄断性产品或别人不易得到的东西更容易制造出紧迫感，因为它是独一无二的。人们普遍在有紧迫感的时候，更容易下定决心，因此，你可以恰当利用这种心理。如果你告诉他："如此不易获得的珍品，你一旦与它失之交臂，下一秒它将有可能出现在你隔壁邻居家的客厅里，成为他炫耀的资本，你会后悔莫及。"一般对方都会心动，并行动起来。